Christine Morgenstern
Gleichstellung

Christine Morgenstern hat viele Jahre in der Landesregierung Rheinland-Pfalz die Frauenabteilungen in den jeweils zuständigen Ministerien geleitet. Vom Mai 2015 bis zu ihrem Ruhestand im Februar 2019 war sie Leiterin der Abteilung Gleichstellung im Bundesministerium für Familie, Senioren, Frauen und Jugend.

Christine Morgenstern

Gleichstellung

Impulse aus der Frauenbewegung und Erfahrungen aus einem Vierteljahrhundert Frauenpolitik

VSA: Verlag Hamburg

www.vsa-verlag.de

Umschlaggrafik: melitas/Getty Images/iStockphoto
Druck- und Buchbindearbeiten: Beltz Grafische Betriebe GmbH, Bad Langensalza
ISBN 978-3-96488-161-8

Inhalt

Frauenpolitik für eine gerechte Gesellschaft

»Was macht ihr eigentlich im Frauenministerium?« wurde ich anfangs oft gefragt, als ich im Juni 1991 Leiterin der Abteilung Frauen im neu gebildeten Ministerium für die Gleichstellung von Frau und Mann in Rheinland-Pfalz wurde. Die Frage entsprang nicht immer neugierigem Interesse; oft war die dahinter liegende Frage »Wieso ein Frauenministerium?!« und die Botschaft »Das braucht doch keiner!« Sehr verbreitet war die Auffassung, die Geschlechterfrage sei lediglich eine Frage des privaten Arrangements und das wiederum Privatangelegenheit von Paaren und nichts, in das sich der Staat einzumischen hätte.

Dass dem gesellschaftliche Erwartungen an Frauen und Männer und eine strukturelle Arbeitsteilung zugrunde liegen, war selten im Blick. Mir begegneten aber auch viele männliche Kollegen anderer Ressorts oder der Landtagsverwaltung mit Interesse am Thema und an der Diskussion darüber, wie Gleichstellung am besten zu erreichen sei.

Auch dass ich meine Tätigkeit bei der Staatsanwaltschaft für eine Position in einem Ministerium aufgegeben hatte, dem manche damals keine lange Haltbarkeit vorhergesagt hatten, war bei einigen auf Verwunderung gestoßen. Zwar hätte eine Auflösung des Ministeriums nicht automatisch zu einer Entlassung geführt, man hätte in diesem Falle aber eine durchaus unwillkommene Tätigkeits- und Statusänderung erfahren können. Daran hatte ich aber angesichts der spannenden Aufgabe keinen Gedanken verschwendet, und die Skeptiker sind ohnehin eines Besseren belehrt worden. Als es 1994 tatsächlich zur Auflösung des Ministeriums für die Gleichstellung von Frau und Mann kam, wurde das gesamte Personal unter Beibehaltung der Abteilung Frauen in das damalige Ministerium für Bildung und Kultur eingegliedert. Rose Götte wurde Frauenministerin, und ihre Vorgängerin Jeanette Rott-Otte, die erste Frauenministerin des Landes Rheinland-Pfalz, wurde ihre für Frauenpolitik zuständige Staatssekretärin.

In den Anfangsjahren des Ministeriums für die Gleichstellung von Frau und Mann galt es, intern einen Organisationsentwicklungsprozess auf den Weg zu bringen, um aus der ehemaligen Leitstelle für Frauenfragen des Landes Rheinland-Pfalz ein Ministerium aufzubauen. Die Leitstelle war 1986 in Nachfolge des Referates für Frauenfragen eingerichtet worden, das 1979 im damaligen Sozialministerium geschaffen worden war. Ein Jahr später wurde die Leitstelle bei der Staatskanzlei angesiedelt.

Organisatorisch war die Umwandlung der Leitstelle in ein Ministerium ein Kraftakt, der nicht immer reibungsfrei verlief, da neue Strukturen, Abläufe und Arbeitszusammenhänge geschaffen werden mussten. Inhaltlich war es eine Herausforderung, mit anfangs sehr wenig Personal alle Arbeitsfelder abdecken zu müssen, da es Aufgabe des Ministeriums war, sich als Querschnittsministerium mit allen Themen aus frauenpolitischer Perspektive zu befassen. Dazu war es aber erforderlich, sich das grundlegende Fachwissen der zuständigen Ressorts anzueignen. Umgekehrt war deren Neigung, sich die frauenpolitische Perspektive zu eigen zu machen, oft nur schwach ausgeprägt, zumal man überzeugt war, dies ohnehin schon immer mitgedacht zu haben.

In den Ministerien hatte sich der Einfluss der Frauenbewegung zu Beginn der 1990er-Jahre noch nicht grundlegend niedergeschlagen. Zwar gab es in den Ländern mittlerweile Leitstellen für Frauenfragen oder ähnlich wenig machtvolle Strukturen, in einigen wenigen sogar schon Frauenministerien (in Hessen, Niedersachsen, Nordrhein-Westfalen und Schleswig-Holstein). Die eigentliche Herausforderung bei allen Konstruktionen war es aber, Frauenpolitik wirksam und nachhaltig in den Strukturen und damit im politischen System zu verankern und so zu tatsächlichen Veränderungen zu kommen.

Noch schien das Thema Frauen- und Gleichstellungspolitik aber vielen suspekt, weil es weder als fachliches Thema noch als eine eigenständige Aufgabe (und gleichzeitig Querschnittsaufgabe!) gesehen, sondern eher als eine Provokation, mindestens aber als irritierend wahrgenommen wurde. In den Augen vieler Ministerialbeamter war ein »Frauenministerium« mit seinen Themen, Ansätzen, Projekten und Bündnispartnerinnen ein Fremdkörper in der Landesverwaltung mit ihren klaren Strukturen und Dienstwegen, ihrer Hierarchie und ihren hergebrachten Grundsätzen des Berufsbeamtentums.

Gerade in einem ländlich geprägten Flächenland wie Rheinland-Pfalz, das bis 1991 ununterbrochen unter CDU-Führung gestanden hatte, wirkte ein Frauenministerium nicht nur auf Menschen außerhalb der Verwaltung, sondern auch auf so manchen Ministerialbeamten oder Abgeordneten eher lila-latz-hosig und exotisch im Gefüge der Verwaltung. Da konnte es schon mal vorkommen, dass in einer Dienstbesprechung, zu der eine Referentin des Ministeriums für die Gleichstellung von Frau und Mann eingeladen hatte, (männliche) Vertreter anderer Ressorts ihre Butterbrote auspackten. Oder dass man(n) sich bei Reden der Gleichstellungsministerin im Landtag lachend auf die Schenkel klopfte.

Das änderte sich mit der Zeit – spätestens, als 1994 das Frauenministerium in den Augen der von Frauen- und Gleichstellungspolitik anfangs irritierten Kollegen in ein »richtiges«, nämlich ein klassisches Ministerium eingegliedert wurde, dem eine »richtige« Politikerin vorstand. Das heißt eine, die nicht »nur« Frauenpolitikerin war, sondern – wie Rose Götte – Bildungs- und Kulturministerin, und damit unbestreitbar »ernsthafte« Aufgaben stemmen musste.

Auch in diesem neu zugeschnittenen Ministerium für Kultur, Jugend, Familie und Frauen, war – ebenso wie in den nachfolgenden Ministerien, in die die Frauenabteilung eingegliedert wurde – das Befremden zunächst groß. Wozu eine eigene Frauenabteilung? Schließlich waren Frauen doch grundsätzlich »mitgemeint«, wenn Ministerien Gesetzentwürfe erarbeiten, den Haushalt und Förderprogramme aufstellen oder Richtlinien vorbereiten. Das war in dieser Zeit eine weitverbreitete Vorstellung inner- und außerhalb der Verwaltung, weshalb viele nicht nur ein eigenes Ministerium, sondern auch eine eigene Abteilung für überflüssig hielten.

Der ersten Frauenministerin des Landes Rheinland-Pfalz, Jeanette Rott-Otte, war es daher ein großes Anliegen, Verständnis und Unterstützung für dieses wichtige Politikfeld durch gute Kommunikation und vorzeigbare Ergebnisse zu erreichen. Dazu war es erforderlich, immer wieder an konkreten Beispielen deutlich zu machen und ins Bewusstsein zu bringen, dass, wie und in welchen Bereichen Frauen und Männer eben (noch) *nicht* gleichgestellt sind:

- in der Gesellschaft, im Beruf, in der Politik, in der Wissenschaft und in der Kultur ebenso wie in der Medizin und in manchen Rechtsbereichen,
- dass sie auch unterschiedlich wahrgenommen und behandelt werden,
- zu verdeutlichen, woher diese Ungleichheit kommt und was nötig ist, um sie zu überwinden, weil sie sich keineswegs mit der Zeit auswächst, sondern der gezielten politischen Interventionen bedarf.

Diesen Paradigmenwechsel in den Mainstream zu bringen, war herausfordernd – aber durchaus produktiv. Die für Frauenpolitik zuständigen Ministerinnen nach Jeanette Rott-Otte (Rose Götte, Doris Ahnen und Malu Dreyer), für die ich in dieser Zeit tätig war, hatten die neue Aufgabe engagiert und mit großem Interesse übernommen und jeweils eigene Schwerpunkte gesetzt.

Als ich fast 24 Jahre später – von Mai 2015 bis Februar 2019 – im Bundesministerium für Familie, Senioren, Frauen und Jugend die Abteilung Gleichstellung leitete, war das Politikfeld schon deutlich besser etabliert, hatte zumindest das Irritierende verloren. Geblieben waren ein mehr oder weniger ausgeprägtes Unverständnis mancher Ministerien für frauenpolitische Themen trotz verbaler Aufgeschlossenheit und die fehlende Selbstverständlichkeit, unterschiedliche Auswirkungen von Maßnahmen, Gesetzen und Vorhaben auf Frauen und Männer in eigener Zuständigkeit zu prüfen oder auch nur zu erkennen. Das wurde gerne dem Frauenministerium überlassen und keineswegs durchgängig als eigene Aufgabe im Ressortbereich angesehen.

Der notwendige Perspektivenwechsel, Gleichstellungspolitik auch als Teil der eigenen Ressortzuständigkeit anzusehen, gelingt nach meiner Erfahrung am besten, wenn die gleichstellungspolitischen Aufgaben und Themen länderübergreifend sind und von europäischen oder internationalen Institutionen begleitet oder – besser noch – vorgegeben werden.

Es war für mich sehr spannend, die Entwicklung der Frauen- und Gleichstellungspolitik auf Landes- und Bundesebene – und davor in meiner politisch aktiven Zeit in der SPD – mitverfolgen und mitgestalten zu können:

- die großen Linien, die sich in diesen Jahren in diesem Politikfeld aufgetan haben, darunter auch einige exemplarische Konfliktlinien, die schon zu meiner Anfangszeit und auch heute noch oder teilweise wieder die Debatten prägen,
- die Erfolge der Frauenpolitik,
- und die Schnittmengen zwischen ökonomischen und frauenpolitischen Interessen.

Als beunruhigend habe ich die gegenläufigen Entwicklungen wahrgenommen und die mit unterschiedlichen Begriffen geführten neuen oder scheinbar neuen Debatten, bei denen manches durcheinandergerät und deshalb der begrifflichen, politischen und strategischen Klärung bedarf.

Aus heutiger Sicht kann ich feststellen, dass – gemessen an 1991 – sehr viel erreicht worden ist – national und international. Aber es bleibt auch noch viel zu tun, bis Gleichstellung ganz selbstverständlich in der Mitte der Gesellschaft angekommen und die Gleichstellung von Frauen und Männern tatsächlich erreicht sein wird.

Ich bedanke mich für die Unterstützung meiner Arbeit ganz besonders bei Christoph Habermann und Ruth Müller-Lindenberg.

1. Gleichstellung – wo stehen wir heute?

> *»Ja, es gibt Rückschläge. Aber es gibt noch viel mehr Fortschritte. Die Geschichte der Frauen ist seit 1971 eine Geschichte der Erfolge. Zeit, sie endlich auch zu genießen!« (EMMA, Januar/Februar 2007)*

Tatsächlich hat die Frauenbewegung in den letzten Jahrzehnten sehr viel erreicht. Vieles wurde besser – aber nicht alle Verbesserungen haben alle Frauen erreicht. Ein großer Erfolg ist aus meiner Sicht, dass es gelungen ist, Frauenpolitik auf allen Ebenen – Bund, Länder, Kommunen, in den Verwaltungen und teilweise auch in den privaten Unternehmen – institutionell zu verankern. Nur so kann Frauen- und Gleichstellungspolitik wirklich etwas bewegen und für alle wirksam werden. Auch wenn es immer wieder Rückschritte gegeben hat, sind mit diesen Strukturen Fortschritte erzielt worden, die sonst kaum möglich gewesen wären: darunter Gesetze, große Programme, Kampagnen, eine gleichstellungsbewusstere Kultur in Behörden, Unternehmen und Einrichtungen, der Auf- und Ausbau von Infrastrukturen für Frauen, etwa zum Schutz vor Gewalt, zum Wiedereinstieg in den Beruf nach der Elternzeit und tragfähige Kooperationsstrukturen im internationalen Bereich.

Bei alldem war und ist das Zusammenspiel mit der Frauenbewegung sehr wichtig und hat sich als ein kaum zu überschätzender Erfolgsfaktor erwiesen. In den Frauenorganisationen und -verbänden können Themen und Anliegen aufbereitet, breit diskutiert und öffentlich gemacht und damit der Boden dafür bereitet werden, dass sie von der Politik aufgegriffen und umgesetzt werden können.

Doch trotz rechtlicher Gleichstellung, trotz institutionalisierter Gleichstellungspolitik auf kommunaler, Landes- und Bundesebene, trotz vieler Maßnahmen, Gesetze, Programme und Kampagnen haben wir noch immer geschlechtsspezifische Ungleichheiten.

Gender Pay Gap: Es gibt weiterhin ein deutliches Lohngefälle zwischen Frauen und Männern: Im Jahr 2021 war der durchschnittliche Bruttostundenlohn von Frauen noch immer 18% (unbereinigter Gender Pay Gap) niedriger als der der Männer: Frauen verdienten mit durchschnittlich 18,62 Euro brutto in der Stunde 4,16 Euro weniger als Männer mit 22,78 Euro. Der bereinigte Gender Pay Gap lag demnach bei 6%.[1]

---

1 Gender Pay Gap 2020: Frauen verdienten 18% weniger als Männer – Verdienstunterschied bei durchschnittlich 4,16 Euro brutto pro Stunde; destatis; Pressemitteilung Nr. 106 vom 9.3.2021.

Gender Pension Gap: Noch deutlicher fällt die Rentenlücke aus: So beziehen Frauen im Durchschnitt eine um 49% geringere eigene Alterssicherungsleistung als Männer (in den neuen Ländern ist der Unterschied mit 23% deutlich geringer als in den alten Ländern mit 55%.[2] Nach einer Studie der Universität Mannheim und der Tilburg University im Auftrag von Fidelity International hätte eine Frau, die mit 67 Jahren in den Ruhestand geht, mit Stand heute monatlich 140 Euro weniger gesetzliche Rente als ein Mann. Nach 15 Jahren Rentenbezug summiere sich dieser Abstand auf insgesamt rund 25.000 Euro.[3] Bis zum Alter von 35 Jahren gebe es kaum einen Unterschied bei den zu erwartenden Rentenansprüchen. Ab etwa 35 Jahren würden Männer aber deutlich mehr Rentenpunkte erwerben als Frauen und könnten daher auch mit höheren Rentenzahlungen rechnen. Bei den 36- bis 45-jährigen Frauen liege die geschlechtsspezifische Rentenlücke bei 15%, bei den 46- bis 55-jährigen bei 27%.

Altersarmut ist somit bei vielen Frauen programmiert. Im Jahr 2019 lag die Altersarmutsgefährdungsquote von Frauen bei 16,6%, die der Männer bei 15,2%.[4] Die OECD prognostiziert sogar einen weiteren Anstieg der Altersarmut, wenn die Politik nicht gegensteuere.[5] Zu den Risikogruppen zählen Menschen mit unterbrochenen Erwerbsbiografien, Alleinerziehende, Selbständige und atypisch Beschäftigte, die in Teilzeit oder mit befristeten Verträgen arbeiten, also mit großer Mehrheit Frauen. Für sie beziffern die Autor/-innen die Rentenlücke auf 46(!)%. Der OECD-Durchschnitt beträgt 25%.

»Damit ist Deutschland innerhalb der OECD-Länder Schlusslicht und liegt noch hinter Luxemburg, den Niederlanden und Österreich«, stellte der Tagesspiegel fest.[6] Als Gründe für die große Differenz benennt die Studie den

---

[2] Ergänzender Bericht der Bundesregierung zum Rentenversicherungsbericht 2020 gemäß § 154 Abs. 2 SGB VI; S. 32; www.bmas.de/SharedDocs/Downloads/DE/Rente/alterssicherungsbericht-2020.pdf.

[3] Alexandra Niessen-Ruenzi/Christoph Schneider: »The Gender Pension Gap in Germany«, im Auftrag von Fidelity International; www.uni-mannheim.de/ newsroom/presse/pressemitteilungen /2019/september/gleicher-job-weniger-rente-frauen-erhalten-26-prozent-weniger-gesetzliche-rente-als-maenner/.

[4] Armutsgefährdung und materielle Entbehrung bei älteren Menschen; Statistisches Bundesamt 2022; destatis: armutsgefaehrdungsquote-in-deutschland-nach-geschlecht; de.statista.com/statistik/daten/studie/436178/umfrage/.

[5] OECD Pensions at a Glance, 2019 – OECD and G20 Indicators; read.oecd-ilibrary.org/social-issues-migration-health/pensions-at-a-glance-2019_b6d3dcfc-en#page7.

[6] Cordula Eubel: »Nirgendwo ist die Rentenlücke zwischen Männern und Frauen größer«, Tagesspiegel, 27. 11.2019; www.tagesspiegel.de/politik/deutschland-im-oecd-vergleich-schlusslicht-nirgendwo-ist-die-rentenluecke-zwischen-maennern-und-frauen-groesser/25275228.html.

hohen Anteil an Teilzeitbeschäftigung sowie »die überdurchschnittlich hohen Lohnunterschiede in Deutschland«. Risikofaktoren sind Teilzeit, Minijobs und Beschäftigung im Niedriglohnsektor. Ursache dafür, dass sich darin so viele Frauen in den westlichen Bundesländern befinden, ist wiederum die traditionelle Rollenverteilung, deretwegen Frauen häufiger als Männer auf Teilzeit oder Minijobs ausweichen (müssen). In den neuen Bundesländern hat die Frauenerwerbstätigkeit eine andere Tradition und andere strukturelle Voraussetzungen.

Geschlechtsspezifische Arbeitsteilung: Frauen tragen weiterhin die Hauptlast der Haus- und Familienarbeit: Der Gender Care Gap, also der »prozentuale Unterschied der durchschnittlichen täglichen Zeitverwendung zwischen Frauen und Männern für unbezahlte Sorgearbeit«, beträgt laut dem Zweiten Gleichstellungsbericht der Bundesregierung 52,4%.[7] Frauen sind nach wie vor überwiegend für die Sorgearbeit zuständig: In Familien mit zwei Kindern wenden sie durchschnittlich 6,3 Stunden täglich an Werktagen und 8,9 Stunden am Wochenende für deren Betreuung auf – Männer zwei bzw. 5,3 Stunden.[8] Diese Arbeitsverteilung hält sich nach wie vor und prägt weiterhin den Arbeitsmarkt – zulasten von Frauen.

Frauen sind mehrheitlich im Dienstleistungssektor tätig: Im Juni 2019 betrug der Anteil weiblicher Beschäftigter in diesem Bereich 61,7%, in medizinischen Gesundheitsberufen 82,1%, in den Reinigungsberufen 74,5% und in Verkaufsberufen 72,1%.[9] Die TOP 10 Ausbildungsberufe von Frauen waren im Jahr 2020: Kauffrau für Büromanagement, Medizinische Fachangestellte, zahnmedizinische Fachangestellte, Industriekauffrau, Kauffrau im Einzelhandel, Verkäuferin, Verwaltungsfachangestellte, Kauffrau im Groß – und Einzelhandel und Bankkauffrau.[10] Im Bereich der Informatik- und anderer IT-Berufe sind Männer dagegen mit 83% der Beschäftigten vertreten, im Bereich Bauplanung, Architektur und Vermessung mit 70,7%.[11]

---

[7] Zweiter Gleichstellungsbericht der Bundesregierung, Bundestags-Drucksache 18/12840, 21.6.2017 S. 9.

[8] Ann-Kathrin Eckardt: »Familienaufstellung – Vater Mutter, Kind – die Kleinfamilie mit klarer Rollenverteilung war lange das Leitbild der Deutschen. Doch unser Zusammenleben verändert sich. Familie heute, was heißt das eigentlich?«, Süddeutsche Zeitung vom 16./17.1.2021.

[9] destatis: TOP 10 Ausbildungsberufe 2020; www.destatis.de/DE/Themen/ Gesellschaft-Umwelt/Bildung-Forschung-Kultur/_Grafik/_Interaktiv/top-10-ausbildungsberufe-frauen.html.

[10] de.statista.com/statistik/daten/studie/167555/umfrage/frauenanteil-in-verschiedenen-berufsgruppen-in-deutschland/#statisticContainer.

[11] Ebd.

Führungspositionen sind auch heute noch überwiegend männlich besetzt: Der durchschnittliche Frauenanteil in den Aufsichtsräten der aktuell 105 börsennotierten und voll mitbestimmten Unternehmen, die unter die Quote fallen, lag vor dem Inkrafttreten des Gesetzes für die gleichberechtigte Teilhabe von Frauen und Männern an Führungspositionen im öffentlichen Dienst und in der Privatwirtschaft (FüPoG) im Januar 2015 bei 19,9%, in deren Vorständen bei 5(!)%. 2021 sind immerhin 33,19% der Aufsichtsratsmitglieder dieser Unternehmen Frauen, in den Vorständen der vom Gesetz betroffenen Unternehmen in den Vorständen 2021 13,2%. Allerdings: 13% der Unternehmen haben in beiden Gremien keine einzige Frau.[12]

Geschlechterstereotype verstellen nach wie vor häufig den Blick auf die Qualifikationen von Frauen und erschweren so eine Berufsplanung und -ausübung, die sich an den Fähigkeiten und Neigungen statt an vorgegebenen Rollenmustern orientiert.

Sexismus und Gewalt gegen Frauen sind in der Gesellschaft strukturell verankert und immer noch eine große Herausforderung.

Begriffsverwirrungen: Im Laufe der letzten 40 Jahre hat sich der frauenpolitische Diskurs insgesamt stark verändert. Neue Strategien, Begriffe und Handlungsfelder (zum Beispiel Gender Mainstreaming, Diversity, Antidiskriminierungspolitik, Intersektionalität) sind hinzugekommen, die zu neuen Debatten geführt haben, aber auch zu Begriffsverwirrungen. Häufig wurden und werden unter denselben Begriffen unterschiedliche Phänomene und Konzepte verstanden und umgekehrt. Eine Klärung ist daher sinnvoll und fruchtbar. (Auch) dafür ist es nützlich, sich auf die Grundlagen und die Geschichte der Frauenpolitik zurückzubesinnen. Dabei stellt man fest, dass die grundsätzlichen Fragen, über die schon vor mehr als 100 Jahren gestritten worden ist, auch heute noch aktuell sind und sich wie ein roter Faden durch die frauen- und gleichstellungspolitischen Debatten und Auseinandersetzungen ziehen.

---

[12] Women-on-Board-Index 185 II – Frauenanteil im Aufsichtsrat und Vorstand der 160 im DAX, MDAX und SDAX sowie der 27 paritätisch mitbestimmten, im Regulierten Markt notierten Unternehmen (Stand 1.1.2022), Hrsg. FidAR.

2. Der lange Weg zur Gleichberechtigung

»Für uns Sozialisten kann ... das Frauenwahlrecht nicht wie für die bürgerlichen Frauen das Endziel sein. Wir schätzen aber seine Eroberung als eine Etappe, aufs innigste zu wünschen im Kampfe um unser Endziel.« (Clara Zetkin, 1907)

100 Jahre Frauenwahlrecht und die Wegbereiterinnen

Die Feiern zum 100. Geburtstag des Frauenwahlrechts im Jahr 2018 waren ein guter Anlass, zurückzublicken und zu fragen, was wir aus der Geschichte des Frauenwahlrechts lernen können, welche Analysen und darauf fußenden Strategien sich daraus ableiten lassen. Für Clara Zetkin (1857–1933), Repräsentantin der proletarischen Frauenbewegung, Frauenrechtlerin, Sozialistin, später Kommunistin und Mitglied des Reichstags waren Frauenrechte »keine Sonderrechte, sondern Menschenrechte«. Mit dieser Forderung schlug sie im Jahr 1910 die Einführung eines Internationalen Frauentags vor und ließ diesen auf der II. Internationalen Sozialistischen Frauenkonferenz in Kopenhagen beschließen. Er sollte fortan in jedem Land stattfinden und vor allem für das Frauenwahlrecht mobilisieren. Der erste Frauentag fand in Deutschland am 19. März 1911 statt.

Clara Zetkin ging aber noch einen Schritt weiter (und zwar den entscheidenden Schritt!) und forderte die vollständige berufliche und gesellschaftliche Gleichberechtigung der Frau und ihre aktive Teilnahme am Klassenkampf. Denn die Emanzipation der Frauen war nach ihrer Überzeugung nur zu erreichen durch die »Emanzipation der Arbeit vom Kapital«.[1]

Auf der gleichen Linie lag Hedwig Dohm (1831–1919), ebenfalls wichtige Vordenkerin und Wegbereiterin der heutigen Gleichstellungspolitik, Frauenrechtlerin und Schriftstellerin. Sie schrieb für politische und feministische Zeitschriften ebenso wie für Literaturzeitschriften und Tageszeitungen. Schon 1873 forderte sie das Stimmrecht für Frauen und setzte sich vehement dafür und für gleiche Bildung und Ausbildung für Mädchen wie für Jungen sowie für die völlige rechtliche, soziale und ökonomische Gleichberechtigung von Frauen und Männern ein. Ökonomische Selbständigkeit war für sie *die* Voraussetzung dafür, dass Frauen auch in der Partnerschaft wirtschaftlich gleichberechtigt und unabhängig leben können.

Bereits 1903 (!) befasste sich Hedwig Dohm mit der Glorifizierung der Mutterliebe, die mit der Realität oft nichts zu tun habe: »Viele Frauen haben

---

[1] Clara Zetkin: Für die Befreiung der Frau, Rede auf dem Internationalen Arbeiterkongress zu Paris am 19. Juli 1889; www.projekt-gutenberg.org/zetkin/essays/chap002.html.

vielleicht keine anderen Vorzüge, oder gar keine; sie können vielleicht nicht einmal kochen; da bleibt ihnen doch immer noch die Mutterliebe. Die kostet keine Arbeit, wird nicht erworben, ist von selbst da, und je heftiger sie da ist, umso mehr rückt sie die Mutter in eine verklärende Beleuchtung.« Haus- und Familienarbeit sei jedoch die am schlechtesten bezahlte Arbeit: »Welche Klasse unter den Arbeitern ist die elendste? Die Frauen. Wer verdient 16 oder 18 Sous für zwölfstündige Arbeit? Die Frauen«.[2] Hausarbeit und Kindererziehung sollten daher nach ihrer Ansicht außerhäuslich organisiert werden, damit auch Mütter ihrem Beruf weiter nachgehen könnten. Schon früh waren also die Frauenfrage und die geschlechtsspezifische Arbeitsteilung als gesellschaftlich relevante Themen benannt worden.

Louise Otto-Peter (1819-1895), Schriftstellerin, Journalistin, Mitbegründerin des Leipziger Frauenbildungsvereins und prominenteste Vertreterin der bürgerlichen Frauenbewegung, organisierte 1865 die erste Frauenkonferenz, auf der der Grundstein gelegt wurde für die Gründung des Allgemeinen Deutschen Frauenvereins. Sie forderte energisch, »dass Frauen bei denjenigen Gesetzen, welche sie selbst betreffen, eine Stimme haben... auch da, wo es gilt, Vertreter des ganzen Volkes zu wählen – denn wir Frauen sind ein Teil dieses Volkes«.

Dass in dieser Zeit nach den Vereinsgesetzen Frauen noch jegliche politische Betätigung untersagt war, hielt sie nicht von ihrem Engagement ab. Mit ihrem Verein setzte sie sich dafür ein, dass Menschenwürde und Humanität auch für Frauen gelten und forderte eine höhere Bildung für Mädchen und Frauen und die »Befreiung der weiblichen Arbeit von allen Hindernissen«. Sie hat damit die Frauenfrage zum gesellschaftlichen Thema gemacht und wirkungsvoll dafür mobilisiert – zwar ohne die Rolle der Frau als Hausfrau und Mutter generell infrage zu stellen, aber mit dem großen Verdienst, sich schon 1849 in der von ihr herausgegebenen »Frauen-Zeitung« für die Rechte der Frauen, »auch in Angelegenheiten des Staates«, eingesetzt zu haben. Gleich in ihrer ersten Ausgabe schrieb sie: »Wo sie das Volk meinen, zählen die Frauen nicht mit«[3] und meinte damit die Nationalversammlung in der Frankfurter Paulskirche.

[2] Hedwig Dohm: Der Frauen Natur und Recht; Zur Frauenfrage zwei Abhandlungen über Eigenschaften und Stimmrecht der Frauen, Hamburg 1876.

[3] Luise Otto-Peter: Die Freiheit ist unteilbar; »Frauen-Zeitung«, Leipzig, April 1849.

Das Frauenwahlrecht!

Am 12. November 1918 erhielten die Frauen endlich das Wahlrecht, für das sie so lange gekämpft hatten: Der Rat der Volksbeauftragten erklärte das gleiche, geheime, und direkte Wahlrecht für alle mindestens 20 Jahre alten männlichen und weiblichen Personen. Die kämpferischen Frauen hatten gesiegt! Neben den couragierten Vorkämpferinnen für das Frauenwahlrecht hatte dazu nicht zuletzt auch die Rolle beigetragen, die Frauen im Ersten Weltkrieg übernehmen mussten: Frauen leisteten Schwerstarbeit bei der Versorgung der Verwundeten, in den Rüstungsfabriken und in der Logistik.

Am 19. Januar 1919 konnten Frauen in Deutschland erstmals ihr neu errungenes aktives und passives Wahlrecht auf nationaler Ebene bei der Wahl zur Deutschen Nationalversammlung nutzen – und machten zahlreich davon Gebrauch: Mehr als 82% der wahlberechtigten Frauen gingen zur Wahl, 37 Frauen von 432 Abgeordneten (knapp 12%) zogen in den Deutschen Reichstag ein.

Die erste Rede einer Frau in diesem Parlament begann Marie Juchacz, Sozialdemokratin und Gründerin der Arbeiterwohlfahrt am 19. November 1919 mit den Worten: »Wir Frauen sind uns sehr bewusst, dass in zivilrechtlicher, wie auch in wirtschaftlicher Beziehung die Frauen noch lange nicht die Gleichberechtigten sind. Wir wissen, dass hier noch mit sehr vielen Dingen der Vergangenheit aufzuräumen ist, die nicht von heute auf morgen aus der Welt zu schaffen sind. Es wird hier angestrengtester und zielbewusstester Arbeit bedürfen, um den Frauen im staatsrechtlichen und wirtschaftlichen Leben zu der Stellung zu verhelfen, die ihnen zukommt.«[4]

Die Frauenfrage in der SPD

Wie recht Marie Juchacz hatte! In den Parteiprogrammen der SPD wurde die Frauenfrage zwar stets thematisiert, jedoch in unterschiedlicher Gewichtung und Radikalität: 30 Jahre nach ihrem wichtigen Erfurter Parteitag vom 14. bis 20. Oktober 1891 bekräftigte die SPD 1921 im Görlitzer Programm ihr Ziel, die Klassengesellschaft aufzuheben und forderte neben einem »Allgemeinen Recht der Frauen auf Erwerb« umfangreiche Arbeitsschutzmaßnahmen, darunter »ein Nachtarbeitsverbot für Frauen (und Jugendliche)«. Das Görlitzer Programm war auch in anderer Hinsicht frauenpolitisch interessant. Für die damalige Zeit geradezu spektakulär war die Forderung nach »vollständiger verfassungsmäßiger und tatsächlicher Gleichstellung aller über 20 Jahre alten Staatsbürger ohne Unterschied des Geschlechts,

[4] Zitiert nach: Johanna Roth: »Frauenwahlrecht in Deutschland – Die Uroma der Demokratie«, taz, 11.11.2018; taz.de/Frauenwahlrecht-in-Deutschland/!5546912/.

der Herkunft und der Religion« und die »Mitwirkung der Frauen in allen Justizämtern«. Das fand sich auch im Heidelberger Programm von 1925 wieder, in dem die Gleichstellung der Frau mit dem Mann, gleiches Recht der Frauen auf Erwerbsarbeit, Erleichterung der Ehescheidung sowie die Gleichstellung unehelicher Kinder mit ehelichen Kindern ins Programm aufgenommen wurden.

Leider setzte sich diese Entwicklung nicht in gleicher Weise linear fort: Das neue Grundsatzprogramm der SPD, das Godesberger Programm, das die SPD am 15. November 1959, also 80 Jahre nach Bebels Werk »Die Frau und der Sozialismus« mit 324 gegen 16 Stimmen verabschiedete, war deutlich von der Restauration der 1950er-Jahre geprägt. Im Kapitel »Frau – Familie – Jugend« fand sich folgendes (rückwärtsgewandte) Verständnis von Gleichberechtigung der Frauen: »Die Gleichberechtigung der Frau muß rechtlich, sozial und wirtschaftlich verwirklicht werden. Der Frau müssen die gleichen Möglichkeiten für Erziehung und Ausbildung, für Berufswahl, Berufsausübung und Entlohnung geboten werden wie dem Mann. Gleichberechtigung soll die Beachtung der psychologischen und biologischen Eigenarten der Frau nicht aufheben. Hausfrauenarbeit muß als Berufsarbeit anerkannt werden. Hausfrauen und Mütter bedürfen besonderer Hilfe. Mütter von vorschulpflichtigen und schulpflichtigen Kindern dürfen nicht genötigt sein, aus wirtschaftlichen Gründen einem Erwerb nachzugehen.« Das Godesberger Programm, das gemeinhin als Ausweis dafür galt, dass die SPD Ende der 1950er-Jahre politisch auf der Höhe der Zeit war, war es also frauenpolitisch offenkundig noch nicht; die klassische Rollenverteilung wurde nicht angetastet.

Einfluss der Frauen(-bewegung) auf die SPD

Die Neue Frauenbewegung blieb auf die SPD nicht ohne Einfluss. Das Berliner Programm von 1989 zeigte eine deutlich fortschrittlichere frauenpolitische Ausrichtung und spiegelte klar den Willen wider, im Zuge der deutschen Einheit auch die Frauenrechte zu modernisieren, um tatsächliche Gleichheit zu erreichen: »Wir müssen die Arbeit neu bewerten und anders verteilen. Wer nicht nur Erwerbsarbeit, sondern auch Haus-, Familien- und Eigenarbeit gerecht verteilen will, muß vorrangig die tägliche Arbeitszeit verkürzen. Wir erstreben als Regel zunächst den sechsstündigen Arbeitstag in der Fünf-Tage-Woche, damit Frauen und Männer Erwerbsarbeit, Haus- und Familienarbeit, ehrenamtliche Tätigkeit und kulturelle Teilhabe besser miteinander verbinden können.«

Die ausdrückliche Erwähnung einer gerechten Teilung der Hausarbeit ist kein Zufall: Hausarbeit war in den 1970er- und 1980er-Jahren ein wichtiges Thema. (Auch) SPD-Frauen problematisierten, dass Hausarbeit nicht als der Erwerbsarbeit gleichwertige Arbeit angesehen wurde (das hat sich bis heute gehalten!), was sich nicht zuletzt in dem stolzen Satz vieler Ehemänner zeigte »Meine Frau braucht nicht zu arbeiten«. National und international forderten einige autonome Frauengruppen daher »Lohn für Hausarbeit«.

Auch diese Forderung war keineswegs neu; sie wurde bereits Anfang des 20. Jahrhunderts von der Frauenrechtlerin Käthe Schirmacher erhoben, die schon sehr früh Überlegungen zum ökonomischen, rechtlichen und sozialen Wert von Hausarbeit angestellt hatte. Hausarbeit war für sie »eine produktive Tätigkeit«, die bezahlt werden müsse – unabhängig davon, ob sie innerhalb oder außerhalb der Ehe geleistet werde: »Der Gedanke, den nationalökonomischen Wert der häuslichen Frauenarbeit abzuschätzen, zu prüfen, ob die Frauen für die Erfüllung so zahlreicher Pflichten das gebührende Äquivalent an Geld, an bürgerlichen und politischen Rechten, an sozialer Wertschätzung erhalten, dieser Gedanke ist den Nationalökonomen nur selten gekommen (...) Verdiente dieser Gegenstand die Aufmerksamkeit des Mannes nicht? Oder hat man gefühlt, daß hier eine Gefahr vorlag, eine Mine, die springen und das Gebäude der ›Männerwelt‹ zum Sturze bringen konnte?«[5]

Ihre Fragen zur unsichtbaren, aber essenziellen Arbeit, die Frauen verrichteten, waren in den 1970er-Jahren zwar noch nicht beantwortet, aber immerhin wieder zu einem Thema geworden. Allerdings wollten nicht alle, die diese Forderung erhoben, tatsächlich auch Lohn für Hausarbeit erstreiten, sondern teilweise mit dieser plakativen Forderung die gesellschaftliche Auseinandersetzung über den Wert der verborgenen Hausarbeit wieder in Gang setzen und eine Veränderung herbeiführen.

Das eigentliche Ziel war für viele eher »Lohn gegen Hausarbeit«: »Hausarbeit wird sichtbar, wenn sie nicht gemacht wird«, schrieb Gisela Bock, »weil Frauenarbeit im Haus nichts wert ist, ist sie außer Haus weniger wert; weil für Frauen wenig Geld schon viel bedeutet, kann man sich leisten, sie mit wenig abzuspeisen.« Es sollte daher also nicht etwa »die Situation der Hausfrau institutionalisiert, sondern Hausarbeit verweigert (...), ihre Struktur und die geschlechtsspezifische Arbeitsteilung infrage (gestellt) werden«.[6] Noch deutlicher wurden die Initiatorinnen der Kampagne »Lohn für Hausarbeit«

5 Käthe Schirmacher: Die Frauenarbeit im Hause. Ihre ökonomische, rechtliche und sociale Wertung, F. Dietrich, Leipzig, 1905; www.fembio.org/biographie.php/frau/biographie/kaethe-schirmacher.

6 Mareen Heying: Lohn für Hausarbeit – alte Kämpfe, aktuelle Forderungen, Das Feministische Blatt 4/2021; schirmacherproject.univie.ac.at/kaethe-schirmacher-biografie-materialien/.

1973: »Wenn wir Lohn für Hausarbeit fordern, meinen wir, dass wir das Geld brauchen, aber nicht die Arbeit!«[7] Hausarbeit sei zwar gesellschaftlich notwendig, aber unbezahlbar und müsse deshalb in den Mittelpunkt der Auseinandersetzung um Arbeit rücken.

Aus heutiger Sicht mutet die Debatte befremdlich an; seitdem hat es natürlich deutliche Verbesserungen gegeben, die zwar nicht auf diese Forderung zurückzuführen sind, aber zum Teil schon auf die Debatte, die mit anderer Akzentuierung und anderer Stoßrichtung auch in der SPD und in den Frauenverbänden sowie bei den Gewerkschaftsfrauen geführt wurde: die Elternzeit und die Vätermonate, den massiven Ausbau der Ganztagsbetreuung, der Ganztagsschule und der Kinderkrippen, mit Tagesmüttern, Freistellung bei Erkrankung des Kindes etc. Geblieben ist die bis heute ungleiche Verteilung der bezahlten und der nicht bezahlten Arbeit zwischen Frauen und Männern. Dabei ist sie in vielerlei Hinsicht unbezahlbar und unverzichtbar – nicht nur für das Wohl der Familie und für einen reibungslosen Arbeitsprozess, sondern für die ganze Gesellschaft.

Unbezahlbar? In der Schweiz wurde der monetäre Wert von Hausarbeit tatsächlich einmal berechnet. Demnach leisteten in der Schweiz im Jahr 2016 Menschen ab 15 Jahren 9,2 Milliarden Stunden unbezahlte Arbeit gegenüber 7,9 Milliarden bezahlten Stunden. »Die unbezahlte Arbeit ist 408 Milliarden Franken wert«, lautete die Überschrift der Medienmitteilung des Schweizer Bundesamtes für Statistik. »Die Frauen übernehmen 61,3% des unbezahlten Arbeitsvolumens, die Männer 61,6% des bezahlten Arbeitsvolumens.«[8] Zum Vergleich: Das Bruttoinlandsprodukt in der Schweiz betrug im gleichen Jahr 685,44 Mrd. CHF.[9]

Mit dem Hamburger Programm, das die SPD nach langen Beratungen im Jahr 2007 beschlossen hat, entwickelte sie ihre frauenpolitischen Vorstellungen weiter: »Wir wollen eine gleichberechtigte und gerechte Teilhabe von Frauen und Männern an existenzsichernder Erwerbsarbeit. Arbeit, die überwiegend von Frauen gemacht wird, ist oftmals schlechter bezahlt. Für gleichwertige Arbeit muss aber gleicher Lohn gezahlt werden. Wir wollen die Trennung in typische Frauen- und Männerberufe überwinden. Erfor-

---

[7] Ebd.

[8] Eidgenössisches Departement des Innern EDI, Bundesamt für Statistik BFS: Medienmitteilung 3 Arbeit und Erwerb Nr. 2017-0252-D, Satellitenkonto Haushaltsproduktion 2016, Die unbezahlte Arbeit ist 408 Milliarden Franken wert; www.bfs.admin.ch/bfs/de/home/statistiken/arbeit-erwerb/unbezahlte-arbeit.assetdetail.3882343.html.

[9] Statista: Bruttoinlandsprodukt (BIP) in der Schweiz von 2010 - 2020; veröffentlicht am 16.9.3021; de.statista.com/statistik/daten/studie/14415/umfrage/bruttoinlands-produkt-in-der-schweiz/.

derlich sind gesetzliche Maßnahmen für die gleiche Teilhabe von Frauen an Führungspositionen in Unternehmen, Verwaltung, Wissenschaft und Forschung sowie Aufsichtsgremien. Wir wollen das Steuerrecht so umgestalten, dass es für Frauen keine Hürde darstellt, erwerbstätig zu werden und ihrer beruflichen Emanzipation nicht im Wege steht. Wenn wir gleiche Teilhabe für Frauen und Männer verwirklichen wollen, müssen wir alle Lebensbereiche umgestalten: Wer die menschliche Gesellschaft will, muss die männliche überwinden.«

Die Frauenfrage und die soziale Frage

Die Frauenfrage war und ist nie nur eine Frage der gleichen Rechte – auch wenn gleiche Rechte eine entscheidende Voraussetzung für Gleichberechtigung und Gleichstellung sind. Das hatte Clara Zetkin bereits auf dem Internationalen Arbeiterkongress in Paris am 19. Juli 1889 sehr deutlich gemacht: »Wenn die soziale Emanzipation von den politischen Rechten abhinge, würde in den Ländern mit allgemeinem Stimmrecht keine soziale Frage existieren.«[10] Die soziale Lage war zu Beginn des 19. Jahrhunderts gekennzeichnet durch die Verwerfungen, die mit der Industrialisierung einhergingen: Armut als Folge die Existenz nicht sichernder Löhne, unzureichende Ernährung und schlechte Wohnverhältnisse bestimmten in dieser Zeit das Leben der arbeitenden Bevölkerung. Auch wenn sich deren Lebensbedingungen seitdem deutlich verbessert haben, besteht die große soziale Ungleichheit sowohl in den reichen Ländern als auch im weltweiten Vergleich nicht nur bis heute fort, sondern hat in den letzten Jahrzehnten sogar noch zugenommen.

Vor allem die Vermögenskonzentration nimmt mehr und mehr zu, wie u.a. der Global Wealth Report 2020 zeigt: Demnach besaßen im Jahr 2019 die reichsten 10% weltweit zusammen rund 84% des gesamten Vermögens; die reichsten 1% unter ihnen mit einem durchschnittlichen Netto-Geldvermögen von über 1,2 Millionen EUR – fast 44%.[11] Die Entwicklungsorganisation Oxfam Kanada hat in einer kurz vor Beginn der Jahrestagung des Weltwirtschaftsforums (WEF) 2020 in Davos veröffentlichten Studie die Geschlechterdiskrepanz der Vermögensverteilung weltweit aufgezeigt – beruhend auf Daten der Schweizer Großbank Credit Suisse zum Vermögen der Weltbevölkerung und auf Recherchen des Magazins Forbes zum

[10] Susanne Gretter: Clara Zetkin - Biografie; www.fembio.org/biographie.php/frau/biographie/clara-zetkin.

[11] www.allianz.com/economic_research/publikationen/spezthemen-fmo/23092020_AllianzWealthReport2020.html.

Vermögen der Superreichen.[12] Danach besitzen Männer 50% mehr Vermögen als Frauen. Ein Grund für diese Ungleichheit sei die von Frauen geleistete Arbeit außerhalb der Erwerbsarbeit, also Kinderbetreuung, Pflege von Angehörigen, Hausarbeit etc. Hier leisteten »Frauen und Mädchen (...) den Löwenanteil unbezahlter Hausarbeit, Pflege und Fürsorgearbeit – weltweit pro Tag weit mehr als zwölf Milliarden Stunden«, was einem Gegenwert von mehr als elf Billionen US-Dollar pro Jahr entspreche, wenn man den Mindestlohn zugrunde lege.

In ihrem Bericht vom Januar 2020 beleuchtet Oxfam Deutschland die Situation von Frauen und kommt zu dem Schluss, dass sie weltweit durchschnittlich 23% weniger verdienen als Männer und häufiger prekäre oder schlecht bezahlte Arbeiten verrichten müssen. »Die Zahlen machen deutlich, dass es sowohl in Deutschland als auch weltweit mit Blick auf die Verringerung von Ungleichheit und das Schaffen von Geschlechtergerechtigkeit großen Handlungsbedarf gibt«, so das Resümee des Berichts.[13]

Gleichberechtigung im Grundgesetz

Einen festen Platz unter den klugen und kämpferischen Frauen, die für Frauenrechte gekämpft haben, ist Elisabeth Selbert, Mitbegründerin der SPD nach dem Zweiten Weltkrieg und Mitglied des Parlamentarischen Rates, der 1949 das Grundgesetz ausgearbeitet hatte. Ihrer Weitsichtigkeit, Beharrlichkeit und ihrer erfolgreichen Mobilisierungskampagne ist es zu verdanken, dass statt der ursprünglich vorgesehenen Formulierung »Alle Männer und Frauen haben dieselben staatsbürgerlichen Rechte und Pflichten« der Programmsatz »Männer und Frauen sind gleichberechtigt« ins Grundgesetz gekommen ist – ein Grundrecht, an dem sich das gesamte Recht zu orientieren hat.

Das war und ist kein Selbstläufer, sondern ein langer und mühsamer Prozess. Elisabeth Selbert hatte das vorausgesehen und im Entwurf des Grundgesetzes in Artikel 3 den Satz hinzugefügt: »Die Gesetzgebung hat dies (die Gleichberechtigung – C.M.) auf allen Rechtsgebieten zu verwirklichen.« Der Allgemeine Redaktionsausschuss des Parlamentarischen Rates war dagegen der Auffassung, das sei eigentlich selbstverständlich und befand deshalb: »Dieser Satz kann entfallen. Der Artikel 138c (eine Übergangsvorschrift im

---

[12] Oxfam Canada: Time to care: Unpaid an underpaid care work and the global inequality crisis; Januar 2020.

[13] Oxfam Deutschland: »Im Schatten der Profite - wie die systematische Abwertung von Hausarbeit, Pflege und Fürsorge Ungleichheit schafft und vertieft«; www.oxfam.de/system/files202_oxfam_ungleichheit_studie_deutsch_schatten-der-profite.pdf.

Entwurf zum Grundgesetz – C.M.) muss allerdings dann folgenden Wortlaut erhalten: ›Das entgegenstehende Recht bleibt bis zu seiner Anpassung an diese Vorschrift des Grundgesetzes in Kraft, jedoch nicht länger als bis zum 31. März 1953‹.« Mit anderen Worten: Der Redaktionsausschuss war davon ausgegangen, dass binnen vier (!) Jahren alle rechtlichen Regelungen, die dem neuen Gleichstellungsgebot zuwiderliefen, angepasst sein sollten – ein hehrer und überaus ambitionierter Anspruch! Elisabeth Selbert wäre sogar noch weitergegangen: Sie wollte das dem Gleichberechtigungsgebot entgegenstehende Recht binnen zwei Jahren abgeschafft sehen. Tatsächlich hat es sehr viel länger gedauert, bis die rechtliche Gleichstellung erreicht worden ist; noch 1953 musste sie vom Bundesverfassungsgericht angemahnt werden.

Dennoch fand sich im Bürgerlichen Gesetzbuch (BGB) bis 1958 die aus dem Jahr 1896 stammende Maßgabe, dass »dem Manne (...) die Entscheidung in allen das gemeinschaftliche eheliche Leben betreffenden Angelegenheiten zu(steht); er bestimmt insbesondere Wohnort und Wohnung«. Dieser die Frauen entmündigende Paragraf wurde im Jahr 1958 mit dem »Gesetz über die Gleichberechtigung von Mann und Frau auf dem Gebiet des bürgerlichen Rechts« aufgehoben – allerdings auch erst fünf Jahre, nachdem das Bundesverfassungsgericht im Dezember 1953 klargestellt hatte, dass seit dem Ablauf der in Artikel 117 gesetzten Frist Männer und Frauen auch im Bereich von Ehe und Familie gleichberechtigt seien.

Trotzdem

- wurde erst 1957 das Recht des Ehemannes aufgehoben, einen Arbeitsvertrag seiner Frau zu kündigen, wenn er mit ihrer Erwerbstätigkeit nicht einverstanden war;
- erhielten Frauen erst 1958 das Recht, ein eigenes Konto zu eröffnen und über ihr eigenes Geld zu entscheiden;
- durften Ehefrauen noch bis 1976 (!) nur dann erwerbstätig sein, wenn sie dies mit ihren Pflichten als Ehefrau und Mutter vereinbaren konnten;
- wurde erst im Jahr 1977 der Versorgungsausgleich eingeführt, der Frauen eine wirtschaftliche Absicherung nach der Scheidung ermöglichte;
- befand der Bundesgerichtshof noch im November 1966, dass die Frau ihren ehelichen Pflichten nicht dadurch genüge, dass sie »die Beiwohnung teilnahmslos geschehen lasse«; vielmehr fordere die Ehe von ihr »eine Gewährung in ehelicher Zuneigung und Opferbereitschaft«;[14]
- ist die Vergewaltigung in der Ehe erst seit 1997 (!) auch als Vergewaltigung strafbar und nicht lediglich als sexuelle Nötigung.

[14] Bundesgerichtshof, Urteil vom 02.11.1966, AZ IV ZR 239/65, NJW 1967, 1078.

Aus der Erfahrung, dass Rechtsgleichheit keineswegs automatisch die tatsächliche Gleichheit nach sich gezogen hat, wurde im Jahr 1994 der Artikel 3 Absatz 2 des Grundgesetzes um einen eindeutigen Handlungsauftrag des Staates ergänzt: »Der Staat fördert die tatsächliche Durchsetzung der Gleichberechtigung von Frauen und Männern und wirkt auf die Beseitigung bestehender Nachteile hin.« Auch diese Grundgesetzänderung, die durch die deutsche Einheit ausgelöst worden war, hatte des massiven Drucks der Frauen und Frauenverbände bedurft.

Kein Wunder also, dass es sehr lange gedauert hat, bis sich Frauen Zutritt zu den Schaltstellen der politischen Macht verschaffen konnten:

- 1961 wurde mit Elisabeth Schwarzhaupt die erste Bundesminister*in* zur Bundesgesundheitsministerin ernannt. Von der ersten Kabinettssitzung ist überliefert, dass der damalige Bundeskanzler Konrad Adenauer die Kabinettmitglieder mit seinem üblichen jovialen »Moin, meine Herren!« begrüßt haben soll. Dagegen soll Elisabeth Schwarzhaupt protestiert haben und mit der Antwort des Bundeskanzlers »Meine Dame, in diesem Kreis sind Sie ein Herr!« abgespeist worden sein.
- 1972 wurde Annemarie Renger die erste Bundestagspräsident*in* in Deutschland überhaupt!
- 1993 kam mit Heide Simonis die erste Ministerpräsident*in* in dieses Amt.
- 1994 wurde Jutta Limbach zur ersten Präsident*in* des Bundesverfassungsgerichts ernannt.
- 2005 wurde Angela Merkel Deutschlands erste Bundeskanzler*in* – und war so lange in diesem Amt, dass sie schon mal von einem kleinen Jungen gefragt wurde, ob eigentlich auch Männer Bundeskanzler werden dürften!

Parteiübergreifende Fraueninitiativen

Es war und ist also ein langer und mühsamer Weg zur tatsächlichen Gleichstellung von Frauen – trotz großartiger Streiterinnen für Frauenrechte, trotz wichtiger Etappensiege, trotz der Neuen Frauenbewegung und immer wieder neuer Initiativen. Eine bemerkenswerte Initiative von SPD-, GRÜNEN- und anderen fortschrittlichen Frauenpolitikerinnen war die »Selbstverpflichtung für einen neuen Gesellschaftsvertrag – Frauen wollen eine andere Politik«.[15] Ziel dieser 1998 geschlossenen Vereinbarung war es, gleiche Chancen und soziale Gerechtigkeit für Frauen und Männer zu realisieren. Gefordert wurde darin u.a.:

---

[15] »Für einen neuen Aufbruch in der Frauenpolitik«, Frauenthemen – Informationen der SPD Nr. 26, Mai 1998.

- die gleichberechtigte Teilhabe von Frauen und Männern als ein demokratisches Grundrecht,
- Chancengleichheit für Mädchen und Jungen in Erziehung und Bildung
- eine gerechte Verteilung der bezahlten und unbezahlten Arbeit zwischen Frauen und Männern,
- ein gewaltfreier Umgang zwischen Frauen und Männern,
- eine gesunde Umwelt und
- die friedliche Regelung von Konflikten.

Interessant ist daran auch die Verknüpfung der drei großen Themen Gleichberechtigung, Umweltschutz und Frieden. Leider hatte diese Initiative – trotz der beachtlichen Liste prominenter Initiatorinnen und Erstunterzeichnerinnen – nicht die erforderliche Resonanz erhalten; die Zeit war offenbar noch nicht reif dafür. Die institutionalisierte Frauenpolitik war noch ein zu neues Politikfeld, als dass daraus schon ein wirksamer öffentlicher Handlungsdruck hätte aufgebaut werden können.

Auch war Frauenpolitik alles andere als ein unumstrittenes Feld. Es war nicht nur das »weiche« Thema, das in seiner Mobilisierungsfähigkeit noch nicht erkannt worden war, sondern es waren auch die Politikerinnen selbst, die – zumal mit dem Thema Frauen und Gleichstellung – entweder von den männlichen Kollegen nicht ernst genommen oder aber bekämpft wurden, weil sie an Tabus rührten, die auch das eigene politische Selbstverständnis der männlichen Kollegen infrage stellten. Oder sie wurden schlicht als Konkurrenz wahrgenommen, die anderen die politische Karriere verhageln konnten. Andrea Ypsilanti und Heide Pfarr sind Beispiele für Politikerinnen, die aus ihrem Amt gedrängt wurden – nach meiner festen Überzeugung nicht, weil sie politische Fehler gemacht oder einen Skandal ausgelöst hätten, sondern weil sie Frauen waren und als solche (eine andere) Politik machten.

Ebenfalls 1998 starteten Alice Schwarzer, Inge Wettig-Danielmeier, Christine Bergmann, Lore Peschel-Gutzeit, Sabine Bergmann-Pohl, Regine Hildebrandt, Irmgard Karwatzki und Ulla Schmidt (alle SPD), Rita Süssmuth und Bärbel Sothmann (CDU), Michaela Geiger und Ursula Männle (CSU), Sabine Leuthäuser-Schnarrenberger (FDP) sowie Andrea Fischer und Rita Grieshuber (GRÜNE) die »Bonner Fraueninitiative für eine aktive Frauenpolitik!« Ihr Ziel war es, Frauen für die anstehende Bundestagswahl zu mobilisieren und Fraueninteressen prominent zu platzieren. Kernforderungen waren auch hier die gerechte Verteilung von Erwerbs- und Familienarbeit zwischen Frauen und Männern, Gesetze zum Schutz von Frauen und Kindern vor Pornographie, vor sexualisierter Gewalt und vor Menschenhandel, mehr Frauen in der Politik und mehr Engagement der Wählerinnen.

Kurzum: »Mehr Gewicht, mehr Teilhabe, mehr Rechte für alle!«[16] Diese Initiativen machten deutlich, dass frauenpolitische Anliegen parteiübergreifend eingefordert wurden und die männlichen Parteikollegen nicht mehr daran vorbeikamen, Frauenpolitik auf die Agenda zu setzen.

Neuer Aufbruch mit Rot-Grün?

Die Hoffnung auf einen Aufbruch in der Frauenpolitik erhielt neue Nahrung, als die SPD mit Gerhard Schröder und Oskar Lafontaine die Bundestagswahl gewann und damit nach 16 Jahren die Kanzlerschaft von Helmut Kohl ablöste. Am 27. Oktober 1998 wurde er zum Bundeskanzler gewählt und bildete die erste rot-grüne Koalition auf Bundesebene. Dem 17-köpfigen Kabinett gehörten fünf Frauen an: Heidemarie Wieczorek-Zeul, Edelgard Buhlmann, Herta Däubler-Gmelin, Andrea Fischer und Christine Bergmann. Ein guter Start! Die Ministerinnen gingen auch sehr ambitioniert zu Werke. Überzeugend stellten die vier sozialdemokratischen Ministerinnen ihre gleichstellungspolitischen Vorhaben bzw. ihren frauenpolitischen Fokus auf die Arbeitsbereiche ihrer Ministerien auf einer Bundeskonferenz der Arbeitsgemeinschaft sozialdemokratischer Frauen in Potsdam vor. Ihnen war durchaus bewusst, dass Rot-Grün seinen Sieg den Stimmen der Wähler*innen* zu verdanken hatte.

Die Zeit schien reif zu sein für einen »Neuen Aufbruch für die Frauenpolitik«, wie ihn der Koalitionsvertrag versprach. Sie schien reif dafür zu sein, die Gleichstellung von Frauen und Männern »wieder zu einem großen gesellschaftlichen Reformprojekt« zu machen, die gleichberechtigte Teilhabe der Frauen in Beruf und Gesellschaft und den Aufstieg von Frauen in Unternehmen und Verwaltungen zu fördern, ein »effektives Gleichstellungsgesetz« mit »verbindlichen Regelungen zur Frauenförderung (...) auch in der Privatwirtschaft« auf den Weg zu bringen und »die gleichberechtigte Teilhabe von Frauen in der aktiven Arbeitsförderung« voranzutreiben.

Weitere konkrete Vorhaben waren laut Koalitionsvertrag u.a.

- Verbesserung der Rahmenbedingungen zur Schaffung von mehr Kinderbetreuungseinrichtungen,
- Koppelung öffentlicher Auftragsvergabe an frauenfördernde Maßnahmen,
- Förderung von Dienstleistungsagenturen,
- ein Gewaltschutzgesetz, und ein »Nationaler Aktionsplan der Bundesregierung zur Bekämpfung von Gewalt gegen Frauen«,

[16] »Ein Bündnis für die Frauen«, 1. Mai 1998, EMMA 3/1998; www.emma.de/artikel/bonner-politik-ein-buendnis-fuer-die-frauen-265016.

- Verbesserung der rechtlichen und sozialen Situation von Prostituierten durch gesetzliche Regelungen.

Diese (und weitere) Vorhaben waren in der Tat vielversprechend und schienen einen Paradigmenwechsel in der Frauenpolitik einzuleiten.

Einiges wurde auch erreicht:

- Mit einem Nationalen Aktionsplan (NAP) der Bundesregierung, an dessen Umsetzung konsequent und engagiert gearbeitet wird, wurde erstmals ein umfassendes Gesamtkonzept zur Bekämpfung von Gewalt gegen Frauen entwickelt und mit konkreten Maßnahmen und Strukturen hinterlegt. Handlungsfelder dieses Aktionsplanes, dem zwischenzeitlich noch vier weitere gefolgt sind, sind Prävention, Rechtsetzung, die Zusammenarbeit staatlicher Institutionen mit den Nichtregierungsorganisationen in diesem Bereich sowie mit deren Hilfsangeboten, deren bundesweite Vernetzung, die Sensibilisierung von Fachleuten und der Öffentlichkeit und die internationale Zusammenarbeit. Zur Begleitung des NAP wurde eine Bund-Länder Arbeitsgruppe gegen häusliche Gewalt eingesetzt und eine weitere zum Themenkomplex Menschenhandel, die beide bis heute die Expertisen zusammenführen sowie gemeinsam Maßnahmen entwickeln und begleiten. Auch die Arbeit mit Gewalttätern wurde als wichtiges Arbeitsfeld thematisiert.
- Mit der Einführung von Gender Mainstreaming hat der Bund eine wichtige Vorreiterrolle übernommen; die Länder sind dem mit unterschiedlicher Intensität und unterschiedlichem Tempo gefolgt und konnten deutlich von den Materialien zur Einführung und Umsetzung von Gender Mainstreaming und von der temporär eingerichteten Geschäftsstelle profitieren.
- Mit dem Prostituiertengesetz wurde die (angemeldete) Prostitution aus der Illegalität geholt und den dort Tätigen erstmals eine sozialversicherungsrechtliche Absicherung ermöglicht.

Doch es blieb auch manches beim Versprechen:

- ein effektives Gleichstellungsgesetz mit verbindlichen Regelungen zur Frauenförderung auch in der Privatwirtschaft;
- die Koppelung öffentlicher Auftragsvergabe an frauenfördernde Maßnahmen;
- die Förderung von Dienstleistungsagenturen;
- auch das Ehegattensplitting wurde unter Rot-Grün nicht angetastet – und ist es bis heute nicht.

Trotzdem gab es durchaus Gegenwind. So ließ sich zum Beispiel der Spiegel-Redakteur Matthias Matussek wortreich und -gewaltig über »das fortwährende feministische Gesause« aus, das »im Laufe der letzten 30 Jahre reale Entrechtungen für Männer nach sich gezogen und Gräben zwischen den Geschlechtern aufgeworfen – und einen großen Teil der Frauen ebenso ratlos gemacht (habe)«. »Die Tirade« sei »institutionell erstarrt, in Quoten und Gleichstellungsbehörden, in männerfeindlicher Rechtsprechung und einem bürokratischen Tunnelsystem von Frauenhäusern und Befreiungsseminaren, einem gewaltigen, gutsubventionierten Propaganda-Betrieb, für den der Mann immer Täter, die Frau immer Opfer ist (…). Der feministische Diskurs (habe) (…) zur Zertrümmerung von Familien und Zersetzung von Beziehungen geführt.«[17]

Diese Ambivalenz – auf der einen Seite das Bekenntnis zu einer fortschrittlichen Gleichstellungspolitik, die in einigen Bereichen auch verwirklicht wurde, auf der anderen Seite eine gemessen am Erreichten heftige Gegenreaktion – bildete sich auch in den Repräsentanten der rot-grünen Regierung und ihrer Politik ab: Mit Gerhard Schröder und Joschka Fischer waren Männer in machtvolle Positionen gekommen, die starke Frauen und ihre politischen Erfolge offenbar nicht auf Augenhöhe akzeptieren konnten oder wollten.

Umso deutlicher fiel das gewollte Zur-Schau-Stellen starker Männlichkeit aus. Eindrückliches Beispiel war die »Elefantenrunde« nach der Bundestagswahl 2005. Gerhard Schröder und die SPD hatten diese Wahl zwar ebenso wie die CDU mit Angela Merkel verloren, die SPD aber überraschend deutlich höher als die CDU. Gleichwohl trumpfte Schröder mit einer Hybris auf, die selbst seine damalige Ehefrau anschließend als »suboptimal« bezeichnete. Sowohl die Moderatoren als auch die übrigen Teilnehmer/-innen waren verdutzt, als er mit einer bei dem Wahlergebnis verblüffenden Selbstüberschätzung behauptete, niemand außer ihm sei in der Lage, eine stabile Regierung zu bilden. Es wurde mehr als deutlich, dass er Angela Merkel nicht als satisfaktionsfähig ansah. Bekanntlich ist es danach aber zu einer großen Koalition unter Merkel gekommen, die das Amt als Bundeskanzlerin bis 2021 innehatte. So kann man sich täuschen!

Die Kehrseite einer vergleichsweise fortschrittlichen Frauenpolitik bei gleichzeitig fehlender Einsicht in deren Notwendigkeit (»Gedöns« war kein Ausrutscher, sondern Ausdruck eines tiefsitzenden Ressentiments) war der Bruch mit friedens- und sozialpolitischen Kernanliegen der SPD: So beteiligte sich Rot-Grün im Frühjahr 1999 unter anderem mit Luftangriffen am mörderischen Jugoslawien-Krieg, obwohl es dafür kein UN-Mandat gab und ebenso an dem völkerrechtlich zweifelhaften Afghanistan-Krieg im Jahr

[17] Matthias Matussek: Die Frauen sind schuld, Spiegel 5/1998, www.spiegel.de/spiegel/spiegelspecial/d-7719685.htm.

2001, der nicht nur bis heute seine blutige Spur zieht, sondern nach dem Abzug der kriegführenden Armeen das Land wieder ähnlich dastehen lässt wie 20 Jahre zuvor, als es zur Demokratie gebombt werden sollte.

Dass die GRÜNEN diese Angriffskriege mitgetragen hatten, war ein radikaler Bruch mit ihrem Selbstverständnis, mit dem sie in ihren Anfangsjahren als Friedenspartei und integraler Bestandteil der Friedensbewegung gestartet waren: Anfang der 1980er-Jahre hatten sie noch an vorderster Front für atomare Abrüstung gekämpft und waren mit Hunderttausenden von Menschen gegen den NATO-Doppelbeschluss vom 12. Dezember 1979 und gegen die Stationierung von Pershing II-Raketen und Cruise-Missiles-Marschflugkörpern in Deutschland auf die Straße gegangen.

Ein gleichermaßen harter Bruch für die SPD, die sich bis dato als »Schutzmacht der kleinen Leute« verstanden hatte, wie Johannes Rau es einmal formulierte, waren die von Gerhard Schröder durchgesetzten Hartz-Gesetze der rot-grünen Koalition. Die damit einhergehende bewusste und zielgerichtete Ausweitung des Niedriglohnsektors und der Umbau eines Teils des Sozialsystems zugunsten eines repressiven und schikanösen Alimentationssystems haben zur Verarmung von Langzeitarbeitslosen geführt und die soziale Spaltung in der Gesellschaft verschärft. Wer jahrelang in die Arbeitslosenversicherung einbezahlt hatte, stürzte in »Hartz IV« ab und stand nach zwölf Monaten genauso schlecht da wie jemand, der nie erwerbstätig gewesen war und nie Beiträge in die Sozialversicherung einbezahlt hatte. Das war weder Zufall noch Ausdruck eines pragmatischen Politikstils, sondern eine gewollte Abkehr von den Grundwerten, die die Sozialdemokratische Partei groß und stolz gemacht hatten: Gleichheit, Solidarität und soziale Gerechtigkeit.

Ausdruck dieser absichtsvollen Kehrtwende ist das knapp ein Jahr nach seinem Amtsantritt von Gerhard Schröder und dem britischen Premier Tony Blair präsentierte Papier »Der Weg nach vorne für Europas Sozialdemokraten – Ein Vorschlag von Gerhard Schröder und Tony Blair« vom 8. Juni 1999, das diese am gleichen Tag der Öffentlichkeit vorgestellt hatten. Der als »Anstoß zur Modernisierung« der Sozialdemokratie deklarierte Aufschlag ist ein Plädoyer für die Abwendung von »traditioneller« sozialdemokratischer Politik. Das Verständnis dessen, was »links« sei, dürfe nicht »ideologisch (eingeengt werden)«. Die »Politik des Dritten Weges« (Blair) und die »Neue Mitte« (Schröder) sollten »Europas neue Hoffnung« werden.[18]

---

[18] »Der Weg nach vorn für Europas Sozialdemokraten. Ein Vorschlag von Gerhard Schröder und Tony Blair vom 8. Juni 1999«, Blätter für deutsche und internationale Politik, Nr. 7, 1999, S. 887-896.

Mit »Neue(n) Konzepte(n) für veränderte Realitäten« wollte man angeblich »Arbeitsplätze schaffen, Wohlstand fördern, (...) soziale Ausgrenzung und Armut bekämpfen; materiellen Fortschritt, ökologische Nachhaltigkeit und Verantwortung für zukünftige Generationen miteinander vereinbaren; Probleme wie Drogen und Kriminalität, die den Zusammenhalt unserer Gesellschaften bedrohen, wirksam bekämpfen und Europa zu einem attraktiven Modell in der Welt machen.«

Ein seltsames Konglomerat, das an der Ernsthaftigkeit des verbalen Engagements für diese Herausforderungen mehr als zweifeln ließ – zumal gleichzeitig staatliche Ausgaben gekürzt und in der öffentlichen Verwaltung »Effizienz-, Wettbewerbs- und Leistungsdenken« (eingeführt), »Bürokratie auf allen Ebenen abgebaut, Leistungsziele formuliert, die Qualität öffentlicher Dienste rigoros überwacht und schlechte Leistungen ausgemerzt« werden sollten. Auch »die sozialen Sicherungssysteme (müssen) sich den Veränderungen in der Lebenserwartung, der Familienstruktur und der Rolle der Frauen anpassen. Sozialdemokraten müssen Wege finden, die immer drängenderen Probleme von Kriminalität, sozialem Zerfall und Drogenmißbrauch zu bekämpfen. Wir müssen uns an die Spitze stellen, wenn es darum geht, eine Gesellschaft mit gleichen Rechten und Chancen für Frauen und Männer zu schaffen.« Diese ebenfalls zusammenhanglose Aufzählung allein macht schon deutlich, dass am allerwenigsten an eine Verbesserung des alltäglichen Lebens von Frauen gedacht war, sondern man vielmehr den Frauen in den eigenen Parteien ein Stück Zucker hinwerfen wollte.

Als wichtigste Elemente einer »Modernisierung« des Sozialstaates galten Schröder und Blair u.a. die Vereinfachung der Unternehmensbesteuerung und die Senkung der Körperschaftssteuersätze sowie die Reduzierung der Steuerbelastung von hohen Einkommen und Unternehmertum. Dazu waren ihnen die »Senkung der gesetzlichen Lohnnebenkosten durch strukturelle Reformen der sozialen Sicherungssysteme und eine zukunftsorientierte, beschäftigungsfreundliche Steuer- und Abgabenstruktur« wichtige Bausteine.

Wo bis dahin die SPD in all ihren Programmen und Verlautbarungen für das Recht auf Arbeit, gute Arbeitsbedingungen und faire Löhne eingetreten war, formulierten die Autoren des Neuen Wegs, dass: »Teilzeitarbeit und geringfügige Arbeit besser (seien) als gar keine Arbeit, denn sie erleichtern den Übergang von Arbeitslosigkeit in Beschäftigung (...), Arbeitgeber durch den gezielten Einsatz von Subventionen für geringfügige Beschäftigung und die Verringerung der Steuer- und Sozialabgabenlast auf geringfügige Beschäftigungsverhältnisse« ermutigt werden, »Einstiegsjobs« in den Arbeitsmarkt anzubieten. Denn: »der Arbeitsmarkt (brauche) einen Sektor mit niedrigen Löhnen, um gering Qualifizierten Arbeitsplätze verfügbar zu machen«.

Das hat sich bekanntlich sehr schnell als Irrtum erwiesen; die prekären Beschäftigungsverhältnisse waren und sind stattdessen *für viele* eine Sackgasse, aus der es kein Zurück mehr in ein Normalarbeitsverhältnis gibt. Und wo die SPD zuvor Arbeiter/-innen und Angestellte vor Massenentlassungen und Konjunktureinbrüchen, besser gesagt: in strukturellen Krisen schützen wollte, wurde nun das Arbeitslosigkeits- und Armutsrisiko individualisiert: Die Botschaft des »Fördern und Fordern« war eindeutig: Der Einzelne hat es jetzt selbst in der Hand. Das war nicht mehr und nicht weniger als die »soziale Enteignung der Arbeiterschaft«, wie Andrea Ypsilanti es formulierte.[19]

Mit dem Godesberger Programm von 1959, das ja mit seinem deutlichen Bekenntnis zur Marktwirtschaft von einigen als Abwendung von der klassischen Arbeiterpartei SPD angesehen wurde, hatte das jedenfalls nichts mehr zu tun. Dort waren die Verantwortung des Staates im Hinblick auf die Gefahren der Kapitalkonzentration, die Machtverteilung zwischen Arbeitenden und Unternehmen sowie die daraus folgende Verantwortung des Staates noch klar formuliert: »Die Bändigung der Macht der Großwirtschaft (als) zentrale Aufgabe einer freiheitlichen Wirtschaftspolitik« und als Ziel sozialdemokratischer Wirtschaftspolitik »stetig wachsender Wohlstand und eine gerechte Beteiligung aller am Ertrag der Volkswirtschaft, ein Leben in Freiheit ohne unwürdige Abhängigkeit und ohne Ausbeutung«.[20]

Erst recht steht das Schröder-Blair-Papier im Widerspruch zu dem seinerzeit maßgeblichen Berliner Programm, das der SPD-Parteitag kurz nach dem Mauerfall und wenige Monate vor der deutschen Einheit am 20. Dezember 1989 beschlossen hatte. Darin heißt es zur Rolle und Verantwortung von Wirtschaft und Staat: »Wir wollen Demokratie in der ganzen Gesellschaft, auch in der Wirtschaft, im Betrieb und am Arbeitsplatz verwirklichen, wirtschaftliche Macht begrenzen und demokratisch kontrollieren.«[21]

Im Kapitel »Die Zukunft der Arbeit und der freien Zeit« wird dort auch der gesellschaftliche Reichtum mit der Verantwortung für gute Arbeits- und Lebensbedingungen verknüpft: »Der gesellschaftliche Reichtum, den wir durch die Entfaltung der Produktivkräfte erreicht haben, ermöglicht drastische Verkürzungen der Erwerbsarbeitszeit und erweitert die Möglichkeit zur Verbesserung der Arbeits- und Lebensverhältnisse« und »eine men-

---

19 Andrea Ypsilanti: »Rechts gewinnt, weil Links versagt«, Denken, Wissen, Handeln, Frankfurt a.M. 2019, S. 181.

20 Grundsatzprogramm der Sozialdemokratischen Partei Deutschlands vom 20. Dezember 1989, geändert auf dem Parteitag in Leipzig am 17.4.1998, S. 9, 8.

21 Berliner Programm, beschlossen am 20.12.1989 in Berlin, S. 19, 20, 26.

schengerechte Gestaltung der Arbeitswelt« insgesamt. All das sind Forderungen, die die Gleichberechtigung von Frauen und Männern unterstützen.

Aber es war eben nicht die Agenda des Kanzlers Gerhard Schröder, der es mit seiner *Agenda 2010,* den Hartz-Gesetzen, der Rente mit 67 bei gleichzeitiger Absenkung des Rentenniveaus und Teilprivatisierung der Altersvorsorge durch die Riester-Rente (die nicht einmal diejenigen erreicht, die am dringendsten auf eine auskömmliche Rente angewiesen sind),[22] der Privatisierung wichtiger Bereiche der öffentlichen Daseinsvorsorge, den Einschnitten im Gesundheitssystem u.v.m. schließlich erreicht hatte, dass die SPD »auch für einen modernen Unternehmer wählbar« geworden war. Er hat der klassischen Parteibasis einen Bärendienst erwiesen, indem er der Partei einen ideologischen Kurswechsel aufgedrückt hatte, bei dem nicht mehr der arbeitende Mensch im Mittelpunkt steht, der mit seiner Arbeit Wohlstand erwirtschaftet, sondern hohe Steuergeschenke für Unternehmen, die Entlastung von Unternehmen von sie angeblich einengenden Arbeitsschutzgesetzen, von hohen Lohnnebenkosten und von der Verantwortung für eine humane Arbeitswelt. »Rot-Grün hat damit in trauriger Weise Sozialstaatsgeschichte geschrieben«, wie Ulrich Schneider bitter feststellte.[23]

Die Politik der Teil-Privatisierung der Rente will die derzeitige Bundesregierung aus SPD, Bündnis 90/Die Grünen und FDP weiter ausbauen: Die Koalitionäre haben sich in ihrem Koalitionsvertrag 2021–2025 auf den Einstieg in eine teilweise Kapitaldeckung verständigt und auf die Möglichkeit der gesetzlichen Rentenversicherung, ihre Kapitalreserven am Kapitalmarkt »reguliert« anzulegen.

Das wird die Rentenversicherung sicher nicht stärken, ebenso wenig wie die Einführung der Riester-Rente. Es wird vielmehr weiteren Verwaltungs- und Bürokratieaufwand erzeugen und die eigentlich für die Altersvorsorge der jetzigen Rentnergeneration vorgesehenen Mittel einem riskanten Spiel am Kapitalmarkt aussetzen. Von einer Koalition »des Fortschritts« hätte man dagegen eher eine Einbeziehung derer, die nicht in die gesetzliche Rentenversicherung einzahlen, wie Beamt/-innen und Selbständige, erwarten dürfen und eine nachhaltige Stabilisierung der gesetzlichen Rente.

---

[22] Alexander Hagelüken: »Für Millionen Deutsche wird im Alter das Geld knapp«, Süddeutsche Zeitung Nr. 231, 6.10.2021.

[23] Ulrich Schneider: Kein Wohlstand für alle!? Wie sich Deutschland zerlegt und was wir dagegen tun können, Frankfurt a.M. 2017, S. 51.

Die Neue Frauenbewegung

Die immerhin programmatisch positive frauenpolitische Entwicklung der SPD und ihre Politik im Themenfeld Gleichstellung wären ohne die Neue Frauenbewegung nicht möglich gewesen. Startschuss der Neuen Frauenbewegung war der berühmt gewordene Tomatenwurf der SDS-Delegierten Sigrid Rüger auf der 23. Delegiertenversammlung des Sozialistischen Deutschen Studentenbundes am 13. September 1968. Sie protestierte mit dieser Aktion dagegen, dass Helke Sander als Vertreterin des Aktionsrats zur Befreiung der Frauen dessen Positionen auf der Delegiertenversammlung zwar vorstellen durfte, eine Diskussion darüber aber nicht zugelassen wurde. Der Aktionsrat analysierte: »Wir (...) stimmten in den Chor unserer männlichen Genossen ein, dass die Emanzipation der Frau nur in einer Gesellschaft verwirklicht werden kann, die frei von Unterdrückung ist. Doch dieser allgemeine Singsang nutzte uns wenig, wenn es an die konkrete Arbeit ging.«[24]

Helke Sander zog daraus in ihrer Rede für den Aktionsrat zur Befreiung der Frau auf eben dieser Konferenz des SDS den Schluss: »Wir können die gesellschaftliche Unterdrückung der Frau nicht individuell lösen, wir können damit nicht auf Zeiten nach der Revolution warten, da eine nur ökonomisch-politische Revolution die Verdrängung des Privatlebens nicht aufhebt, was in allen sozialistischen Ländern bewiesen ist.«[25]

Die kämpferischen Frauen hatten sich damit deutlich von ihren männlichen Genossen abgegrenzt, weil in deren Vorstellung Frauen als Subjekte der Befreiung im Klassenkampf nicht vorkamen. Die daraus entstandene autonome Frauenbewegung sah die Herrschaftsverhältnisse primär in den Geschlechterverhältnissen und entwickelte eine weibliche Gegenkultur mit eigenen Räumen für Frauen wie Frauenzentren, -cafés und -buchläden, Frauenkultur und Frauenunis. Es entstanden Frauengesundheitszentren, Selbsthilfeprojekte; Frauenhausinitiativen sowie die »Notrufe und Beratung für vergewaltigte Frauen« – Einrichtungen, die inzwischen zur unentbehrlichen Infrastruktur in den Kommunen geworden sind.

Die autonome Frauenbewegung deklinierte die gesellschaftlich relevanten Bereiche wie Arbeit, Wissenschaft, Gesundheit, Kultur etc. durch und stellte den herkömmlichen Vorstellungen eine weibliche Perspektive gegenüber. Sie schob Debatten an, die vieles veränderten: Selbstbestimmung, Au-

[24] Aktionsrat für die Befreiung der Frau, Flugblatt 1967/1968, Quelle: FrauenMediaTurm – Feministisches Archiv und Bibliothek.

[25] Ilse Lenz (Hrsg.): Die Neue Frauenbewegung in Deutschland – Abschied vom kleinen Unterschied, Wiesbaden 2009, S. 38.

tonomie und Sexualität wurden zu den beherrschenden Themen vieler engagierter Frauen. Die Abschaffung des § 218 StGB wurde lautstark wieder auf die Agenda gesetzt – zunächst auch mit Erfolg: Der Bundestag stimmte am 12. Februar 1976 für einen Kompromiss, wonach der Schwangerschaftsabbruch zwar rechtswidrig blieb, aber nicht strafbar war, wenn eine medizinische, kriminologische, eugenische oder soziale Indikation vorlag. Doch der Kampf ist noch nicht ausgefochten. Bis heute ist das Thema Schwangerschaftsabbruch eine offene Wunde in der Geschichte der Frauenbewegung (siehe Kapitel 9 »Der ewige Kampf um den § 218«).

Ich war damals als Jungsozialistin einerseits beeindruckt von den autonomen Frauen, die kompromisslos alles auf den Müllhaufen der Geschichte werfen wollten, was der Gleichberechtigung von Frauen im Wege stand. Andererseits irritierte mich ihre in meinen Augen teils sektiererische Haltung, mit der einige von ihnen uns SPD-Frauen anfangs begegneten: reserviert bis abweisend, weil sie uns eher als Frauen sahen, die sich gemein machten mit den Männern, denn als Bündnispartnerinnen, die für die gleiche Sache, aber in jeweils anderen Formen und Strukturen kämpften.

Aus diesen Begegnungen habe ich dennoch sehr viel mitgenommen und nicht nur Respekt vor der politischen Kompromisslosigkeit verspürt, sondern auch freundschaftliche Kontakte knüpfen können.

3. Institutionalisierte Frauenpolitik– der Fortschritt ist (k)eine Schnecke

> *»Gleichstellung lässt sich nicht durch den großen Wurf erreichen, sondern sie erfordert viele kleine Schritte in vielen Bereichen: Gleichstellung ist eine Querschnittsaufgabe. Sie umfasst die Wirtschaft und das Arbeitsleben ebenso wie die politische Gestaltung im Bunde, in den Ländern und in den Gemeinden.«*
> (Malu Dreyer, 2007)

Für die Etablierung des neuen Politikfeldes Frauen-bzw. Gleichstellungspolitik auf Regierungsebene waren wichtige Voraussetzungen:

- der politische Wille und der dafür erforderliche gesellschaftliche Druck, Frauenpolitik zu einem eigenen Politikfeld zu machen und es nicht mehr nur in den jeweiligen Ressorts »mitdenken« zu lassen,
- die Schaffung klarer Zuständigkeiten, Behörden und Rahmenbedingungen,
- Instrumente zur Entwicklung und Durchsetzung gleichstellungspolitischer Strategien,
- Maßnahmen und Gesetze.

Der gesellschaftliche Druck kam von der Neuen Frauenbewegung. Sie machte »das Private politisch«. Die Lebenswirklichkeit von Frauen rückte ins Scheinwerferlicht: ihre durch Heirat auf das Hausfrauen- und Mutterdasein reduzierte Rolle, die finanzielle und soziale Abhängigkeit vom Ehemann, ihre partielle Rechtlosigkeit in wichtigen Bereichen des Bürgerlichen Rechts und ihr weitgehend faktischer Ausschluss aus verantwortlichen Positionen in Wirtschaft und Politik.

Obwohl die Neue Frauenbewegung und die von ihr ausgelösten Bewegungen ihre Themen massiv und wirksam in die Öffentlichkeit gebracht hatten, dauerte es noch Jahre, bis ihre Forderungen die Regierungspolitik auf Bundesebene erreichten und Frauenpolitik dort institutionell verankert wurde. Dabei hatte schon 1978 die Enquete-Kommission »Frau und Gesellschaft« des Bundestages ihren Abschlussbericht vorgelegt und u.a. gefordert:

- weiter gehende Befugnisse und Beteiligungsrechte für den damaligen Arbeitsstab Frauenpolitik,
- ein Prüfrecht für alle Regierungsvorlagen zu deren Auswirkungen auf die Situation der Frauen,
- die Einrichtung von Gleichbehandlungsstellen, eingebunden in ein Netzwerk verschiedener Institutionen von der Bundesebene bis hin zur kommunalen Ebene und eine entsprechende Prüfempfehlung an Bund, Länder und Gemeinden.[1]

---

[1] www.bundestag.de/dokumente/textarchiv/21987896_enquete1-199442; Drs. 8/4461.

Ein Jahr später wurde das erste Ressort für die Gleichstellung von Frauen auf Landesebene geschaffen: die Leitstelle zur Gleichstellung der Frau in Hamburg mit Eva Rühmkorf an der Spitze – ab 1983 im Rang einer Staatsrätin, was einer Staatssekretärin in anderen Bundesländern entspricht. Acht Jahre nach der Empfehlung der Enquete-Kommission erweiterte die Bundesregierung 1986 schließlich das Ministerium für Jugend, Familie und Gesundheit von Ministerin Rita Süßmuth um den Bereich »Frauen«. Frauenpolitik wurde damit zu einem eigenständigen Politikfeld, das bis heute als Abteilung in einem Bundesministerium in der Bundesregierung vertreten ist.

Erfolge des Bundesfrauenministeriums

Trotz der – gemessen an der großen (Querschnitts-)Aufgabe – relativ geringen Personal- und Haushaltsressourcen sowie der im Rahmen der Querschnittszuständigkeit eher schwachen Einwirkungsmöglichkeiten auf andere schwergewichtige Ressorts gingen und gehen viele wichtige Impulse auf ganz unterschiedlichen gesellschaftlichen und wirtschaftlichen Feldern von dort aus. Beispielhaft seien die Folgenden erwähnt.

Die längst überfällige konsequente Bekämpfung von Gewalt an Frauen wurde zu einem großen und relevanten Thema der Bundesregierung und mit wichtigen Gesetzen, Aktionsplänen und Kooperationen sowie mit einem großen Bundesförderprogramm zu einem Schwerpunkt der Arbeit ausgebaut. Vergewaltigung in der Ehe wurde endlich als Vergewaltigung und nicht mehr lediglich als Nötigung unter Strafe gestellt. Ohne gesellschaftlichen Druck von Frauenverbänden und -organisationen hätte es diese Reform aber vermutlich nicht gegeben. Auch die sehr viel später erst umgesetzte Reform des § 177 Strafgesetzbuch (Vergewaltigung) mit der »Nein-heißt-Nein«-Lösung kam erst auf Druck von außen zustande (siehe Kapitel 6). Weitere wichtige Gesetze sind unter anderem das Gesetz für die gleichberechtigte Teilhabe von Frauen und Männern an Führungspositionen (FüPoG), das Bundesgleichstellungsgesetz (BGleiG), das den Abbau struktureller Benachteiligung von Frauen im öffentlichen Dienst zum Ziel hat und das Bundesgremienbesetzungsgesetz (BGremBG).

Auch wenn es zunächst so schien, als endeten hier die gesetzgeberischen Kompetenzen des Bundesfrauenministeriums: Dank der Stärke der Ressortchefinnen, des hohen Engagements der dort Beschäftigten und der guten Kooperation mit den Frauenverbänden, -projekten, -vereinen, der ASF, den Gewerkschaftsfrauen und dem Deutschen Frauenrat und seinen Mitgliedsorganisationen konnte das BMFSFJ im Laufe der Zeit seinen Spielraum deutlich erweitern. Weitere wichtige Gesetze kamen in der jüngsten Zeit hinzu: darunter

- das Entgelttransparenzgesetz,
- das Prostituiertenschutzgesetz,
- das Gesetz zur vertraulichen Geburt,
- das Hilfetelefongesetz sowie
- das Gesetz zu dem Übereinkommen des Europarats vom 11. Mai 2011 zur Verhütung und Bekämpfung von Gewalt gegen Frauen und häuslicher Gewalt (Istanbul-Konvention).

Gleichstellungsorientierte Familienpolitik

Die Etablierung eines eigenständigen Frauenministeriums, das auch zuständig für Familienpolitik ist, hat auch zu einer moderneren und fortschrittlicheren Familienpolitik geführt. Mit dem Kita-Ausbau und der Ganztagsbetreuung für Grundschulkinder, dem Elterngeld und der Elternzeit, der Anrechnung von Kindererziehungszeiten in der Rente und vielem mehr fördert die Politik unter Federführung des BMFSFJ ein partnerschaftliches Rollenverständnis in der Gesellschaft, das sich durch die Politik der Bundesregierung zieht und mit finanziellen Anreizen und gesetzlichen Regelungen abgesichert wird. Allerdings muss man einschränkend dazusagen, dass das Elterngeld eine eher mittelschichtsorientierte Leistung ist, die an den armen Familien vorbeigeht: Während das vorherige Erziehungsgeld an Einkommensgrenzen gebunden und damit besonderes ärmeren und armen Familien zugutegekommen war, ist das Elterngeld als Lohnersatzleistung ausgestaltet: Elternteile mit kleinem Einkommen erhalten daher wenig und die ärmsten Familien überhaupt nichts, weil das Elterngeld auf Hartz IV angerechnet wird.

Daran ändert sich auch nach dem Koalitionsvertrag 2021–2025 nichts, der aber immerhin einige Verbesserungen insgesamt für Hartz-IV-Empfänger/-innen vorsieht. So soll »anstelle der bisherigen Grundsicherung (Hartz IV) ein Bürgergeld (eingeführt werden). Dieses »soll die Würde des und der Einzelnen achten, zur gesellschaftlichen Teilhabe befähigen sowie digital und unkompliziert zugänglich sein«. Zudem sollen die Zuverdienstmöglichkeiten verbessert und ein einjähriges Moratorium für Sanktionen unterhalb des Existenzminimums gelten.

Die Gleichstellungsberichte der Bundesregierung machen deutlich, wie viel frauenpolitisch noch zu tun bleibt: Eine Politik, die eine gleichberechtigte Arbeitsteilung zwischen Frauen und Männern fördert und die Sorgearbeit als Aufgabe beider Partner unterstützt und entsprechend flankiert, muss energisch vorangebracht werden und braucht dazu weitere wichtige Weichenstellungen. Frauen- und Familienverbände fordern das schon lange. So fordert etwa der Deutsche Frauenrat eine »bezahlte Freistellung für Väter und Co-Mütter«.[2] Bei lesbischen Paaren gilt derzeit nur die Frau, die das Kind zur Welt gebracht hat, rechtlich als Mutter. Ihre Lebenspartnerin oder Ehefrau, die »Co-Mutter« kann oft nur über eine oft langwierige Stiefkind-Adoption als Mutter anerkannt werden. Dem soll laut Koalitionsvertrag 2021–2025 abgeholfen werden: »Wenn ein Kind in die Ehe zweier Frauen geboren wird, sind automatisch beide rechtliche Mütter des Kindes, sofern nichts anderes vereinbart ist. Die Ehe soll nicht ausschlaggebendes Kriterium bei der Adoption minderjähriger Kinder sein.«

Darüber hinaus fordert der Deutsche Frauenrat unter Bezugnahme auf ein vom DGB-Bundesvorstand in Auftrag gegebenes Gutachten zur Umsetzung der EU-Vereinbarkeitsrichtlinie vom 20.6.2019, dass beide Elternteile innerhalb der ersten 30 Tage nach der Geburt »mindestens zwei Wochen« bezahlt der Arbeit fernbleiben können. Das stärke die aktive Vaterschaft, tue den Kindern gut und fördere eine gleichberechtigte Arbeitsteilung in Paarhaushalten und damit auch die Erwerbstätigkeit der Frauen. Die Bundesregierung müsse danach eine Vaterschaftsfreistellung einräumen; die deutsche Elterngeld-Regelung reiche dazu nicht aus, denn danach seien für Väter nur zehn Tage Vaterschaftsurlaub direkt nach der Geburt des Kindes möglich.[3] Die Bundesregierung hat die EU-Richtlinie bisher nicht in deutsches Recht umgesetzt, weil sie die deutschen Regelungen zur Elternzeit als ausreichende Umsetzung ansieht.

Der Bericht »Agenda 2030 – Nachhaltige Familienpolitik« der Bundesregierung zeigt ebenfalls in diese Richtung: Er enthält konkrete und überprüfbare Entwicklungsziele für eine moderne und an Partnerschaftlichkeit orientierte Familienpolitik bis zum Jahr 2030, darunter auch Ziele, die »zu einer weiteren Gleichstellung der Geschlechter bis 2030« beitragen sollen:

- Die Müttererwerbstätigkeit nähert sich weiter der Vätererwerbstätigkeit an;
- rund 80% der erwerbstätigen Mütter erzielen ein existenzsicherndes Erwerbseinkommen;
- rund jeder zweite Vater nimmt Elternzeit und bezieht dabei Elterngeld (zum Vergleich: Im Jahr 2020 war jeder vierte Elterngeldbeziehende

[2] Deutscher Frauenrat: Sorgearbeit aufwerten und umverteilen - Das Politische wirkt privat, 13. November 2020; www.frauenrat.de/das-politische-wirkt-privat/.

[3] Stefan Treichel, Hochschule Emden/Leer: »Zur Notwendigkeit einer Umsetzung der Vereinbarkeitsrichtlinie in das geltende Arbeits- und Sozialrecht« im Auftrag des DGB-Bundesvorstandes, Berlin 2021.

männlich (25%). Im Jahr 2015 waren es erst 21%.[4] Allerdings planten die Männer deutlich kürzere Elternzeiten als Frauen: nämlich 3,7 Monate im Durchschnitt gegenüber 14,5 Monaten;[5]

- Reduzierung des Abstands der Zeit, die Väter und Mütter minderjähriger Kinder in die Familie investieren, um 30 Prozentpunkte auf dann 80%.[6]

Das klingt gut. Denn gerade bei der »Inanspruchnahme von Elternzeit durch Väter« ist noch viel Luft nach oben. Der Bericht zeigt, dass der Anteil der Väter, die mehr als zwei Monate Elterngeld beziehen, gegenüber 2008 kaum gestiegen ist (S. 38): Von den Vätern der 2015 geborenen Kinder, die Elterngeld erhielten, bezogen (lediglich) 25% diese Leistung mehr als zwei Monate, 2008 waren es 20,8%. »Die durchschnittliche Bezugsdauer lag bei 3,4 Monaten.« Im Bericht werden deshalb auch vereinbarkeitsfördernde Angebote gefordert, die Vätern explizit zur Verfügung stehen, damit beiden Elternteilen die Vereinbarkeit von Familie und Beruf ermöglicht werden könne – zum Beispiel flexible Arbeitszeiten und »eine Unternehmenskultur, in der das Familienengagement von Vätern gefördert wird« (S. 40). Des Weiteren soll das Fortschrittsziel »Partnerschaftlichkeit« den Wunsch nach einer gleichberechtigten Arbeitsteilung zwischen den Partnern stärker mit der Lebenswirklichkeit in Einklang bringen.

Der Koalitionsvertrag sieht immerhin die Einführung einer zweiwöchigen vergüteten Freistellung für die Partnerin oder den Partner nach der Geburt eines Kindes vor und die Erweiterung der Partnermonate beim Basis-Elterngeld um einen Monat – auch für Alleinerziehende.

Und das Ehegattensplitting?

Frauenpolitisch ist die Abschaffung des Ehegattensplittings seit Jahrzehnten überfällig. Begründet wurde diese aus dem Jahr 1958 stammende Regelung im Einkommenssteuerrecht damit, eine Benachteiligung der Ehe bei der Besteuerung gegenüber Unverheirateten zu vermeiden. Da die Erwerbstätigkeit von Frauen in dieser Zeit ohnehin nicht dem damaligen Leitbild von Ehe und Familie entsprach, schien das Ehegattensplitting auch im Interesse der Frauen zu sein, denn die Regel war, dass der Ehemann als Alleinverdiener das Einkommen der Familie bestritt. Dieses Leitbild entspricht zwar längst

[4] Bericht der Bundesregierung »Agenda 2030 – Nachhaltige Familienpolitik«, S. 34; www.bmfsfj.de/resource/blob/142626/e593258f01dcb25041e3645db9ceaa5b/agenda-2030 -langfassung-data.pdf.

[5] Frauke Suhr: Mehr Männer nehmen Elternzeit – zumindest kurz; 11.5.2021; de.statista.com/infografik/24835/anteil-der-vaeter-in-deutschland-die-elterngeld-beziehen/.

[6] Ebd.

nicht mehr der gesellschaftlichen Realität; gleichwohl bleibt es weiterhin bestehen und fördert »in der Kombination Ehegattensplitting, beitragsfreie Mitversicherung in der gesetzlichen Krankenversicherung und Minijobs das Arrangement der Zuverdiener-Familie, in der ein Partner, meistens die Partnerin, relativ wenig zum Erwerbseinkommen des Haushalts beiträgt und sich auf die Sorgearbeit konzentriert«, was mit einer »langfristigen Schwächung der beruflichen Karriereperspektiven« und damit »über den Lebensverlauf hinweg mit erheblichen Einkommensrisiken verbunden ist«, wie der Zweite Gleichstellungsbericht der Bundesregierung zeigt.[7]

Minijobs sind für viele Mütter eine Möglichkeit, Familie und Beruf besser zu vereinbaren und die Steuerlast insgesamt niedrig zu halten, wenn der Partner ein höheres Einkommen hat. Der Splittingvorteil rechnet sich dann zwar für das Familieneinkommen, ist für die Frauen aber mit Risiken verbunden – nicht nur, weil Minijobs in der Regel krisenanfälliger sind, sondern auch, weil sich ihr geringes Einkommen auf die Rentenansprüche auswirkt.

Doch alldem zum Trotz kann sich das am Leitbild der Hausfrauenehe orientierte Ehegattensplitting, das die Alleinverdiener-Ehe begünstigt und Ehen, bei denen der Einkommensunterschied zwischen den Partnern besonders hoch ist, bis in die heutige Zeit nicht nur halten, sondern wurde sogar im Jahr 2013 auf gleichgeschlechtliche Paare ausgedehnt. Und das obwohl längst unbestritten ist, dass es egalitäre Beziehungen zwischen den Eheleuten erschwert, weil der steuerliche Vorteil umso höher ausfällt, je größer die Einkommensdifferenz ist. Teilzeitarbeit, ohnehin eine Domäne der Frauen, wird so begünstigt und damit der Einkommens-Gap weiter verfestigt. In keinem anderen Land Europas findet man noch diese Form der Bevorzugung von Ehen mit einer traditionellen Arbeitsteilung. In Schweden wurde sie bereits 1972 abgeschafft, was dort zu einer höheren Erwerbstätigkeit von Frauen geführt hat.

Warum also hält sich in Deutschland das Ehegattensplitting so hartnäckig – entgegen aller berechtigten Kritik, entgegen allen wissenschaftlichen Erkenntnissen? Die damalige Bundesfrauenministerin Ursula von der Leyen hatte Anfang der 1990er-Jahre fünf Jahre lang die wichtigsten familienpolitischen Instrumente (u.a. Kindergeld, Elterngeld, Kita-Ausbau und Ehegattensplitting) daraufhin analysieren lassen, wie sich diese auf zentrale Ziele wie Vereinbarkeit von Beruf und Familie, Erfüllung von Kinderwunsch und wirtschaftliche Stabilität von Familien auswirkten. Der im Jahr 2014 vorge-

---

[7] Unterrichtung der Bundesregierung zum Zweiten Gleichstellungsbericht der Bundesregierung, 21.6.2017. Drs. 18/12840; www.bmfsfj.de/bmfsfj/service/publikationen/zweiter-gleichstellungsbericht-119796.

stellte Bericht hat deutlich gezeigt, dass das Ehegattensplitting nicht zur Vereinbarkeit von Beruf und Familie beiträgt, weil es einen Anreiz schafft, (außerhäuslich) weniger zu arbeiten. Gäbe es das Ehegattensplitting nicht, würden deutlich mehr Mütter arbeiten, Frauen wären damit finanziell besser abgesichert, Zudem würde die Abschaffung des Ehegattensplittings mehrere Milliarden Euro für erfolgreichere familienpolitische Instrumente freisetzen.[8] Clemens Fuest, Präsident des Münchner Ifo-Instituts, kann sich als Alternative dazu ein Realsplitting vorstellen.[9]

Leider ist aus diesem eindeutigen Ergebnis bis heute keine Konsequenz gezogen worden: Das Ehegattensplitting scheint unantastbar zu sein – obwohl selbst der Internationale Währungsfonds, die OECD und die EU-Kommission die kritische Einschätzung der Untersuchung teilen – wenngleich eher aus wirtschaftlichen als aus gleichstellungspolitischen Gründen. Warum also schafft die deutsche Politik das Ehegattensplitting nicht ab? Es hilft schließlich weder den Paaren, die gleichviel verdienen, noch den Alleinerziehenden, und auch den Geringverdienenden hilft es nur sehr wenig, Aber es kostet jährlich mindestens 20 Milliarden Euro. »Mit einer Kosten-Nutzen-Abwägung, das sei vorweggenommen, hat das nichts zu tun. Im Gegenteil: Der Fall zeigt beispielhaft, warum eine gesetzliche Regelung überlebt, obwohl sie ökonomischer Logik und gesellschaftlichen Entwicklungen widerspricht«, stellte die Journalistin Mischa Täubner zutreffend fest.[10]

Aber da ist zum einen die Angst vor dem Bundesverfassungsgericht, wenn man Familien etwas »wegnimmt«. Auch die Angst vor einer Debatte in Wahlkampfzeiten, die man nicht mehr einfangen kann, könnte eine Rolle spielen, denn Gegner der Abschaffung könnten vielleicht wirkungsvoll damit punkten. Dabei dürfte jedem klar sein, dass die Zeit für das Ehegattensplitting längst abgelaufen ist; es passt einfach nicht mehr in die heutige Zeit mit gleichberechtigten Partnerschaften, dem Selbstverständnis der Frauenerwerbstätigkeit und der staatlichen Förderung genau solcher Lebensmodelle, die sich mit dem Ehegattensplitting nicht vereinbaren lassen.

»Wir wollen noch vorhandene strukturelle Hemmnisse abbauen und werden dazu eine ressortübergreifende Gleichstellungsstrategie entwickeln und mit einem Aktionsplan umsetzen«, stand schließlich auch im Koalitionsvertrag 2018–2021 von CDU und SPD im Kapitel Gleichberechtigung von Frauen

---

8 Holger Bonin/Katharina Spieß/Holger C. Stichnoth/Katharina Wrohlich: Familienpolitische Maßnahmen in Deutschland – Evaluationen und Bewertungen, Vierteljahreshefte zur Wirtschaftsforschung, 1/2014.

9 »Besser splitten – IFO-Chef fordert eine Reform des Ehegattensplittings«, Süddeutsche Zeitung vom 16.9.2021.

10 Mischa Täubner: »Der ewige Zankapfel«, Brand eins 11/2015, S. 133f.

und Männern.[11] Aber gemeint waren damit wohl doch nicht alle strukturellen Hemmnisse, denn das Ehegattensplitting ist dort mit keinem Wort erwähnt – übrigens auch nicht in der Gleichstellungsstrategie der Bundesregierung.

Immerhin hat es Eingang in das Zukunftsprogramm der SPD gefunden, wenngleich wenig konkret formuliert, während das Kapitel Gleichstellung ansonsten ambitionierter ist und »ein Jahrzehnt der Gleichstellung« verspricht.[12] Beim Ehegattensplitting aber wird die frauenpolitische Begründung gar nicht erst erwähnt: »Das Ehegattensplitting bildet die gesellschaftliche Realität nicht mehr ab und schließt viele Haushalte mit Kindern von dem gewährten Steuervorteil aus. Nutznießer sind stattdessen vor allem Alleinverdiener-Ehepaare mit hohen Einkommen unabhängig von der Kinderzahl. Wir werden das Ehegattensplitting für neu geschlossene Ehen ändern. Die allermeisten Haushalte mit Kindern werden durch die Kindergrundsicherung finanziell bessergestellt werden. Normalverdienende auch ohne Kinder werden keine Einbußen erleiden. Für bestehende Ehen werden wir zudem ein Wahlrecht einführen.«

Das hätte getrost etwas mutiger formuliert werden dürfen. Aber im Koalitionsvertrag 2021–2025 taucht das Ehegattensplitting erst gar nicht auf. Wenigstens sollen danach die Steuerklassen III und V abgeschafft bzw. in das Faktorverfahren der Steuerklasse IV überführt werden, »das dann einfach und unbürokratisch anwendbar ist und mehr Fairness schafft«.[13]

Auch in der Schweiz werden Stimmen lauter, die ein Steuersystem fordern, das die Einkommen der Ehepartner gleichbehandelt und nicht das oft geringere Einkommen der weniger verdienenden Ehefrau steuerlich benachteiligt. Am 9. März 2021 starteten FDP-Frauen dort eine Volksinitiative zur Einführung einer Individualbesteuerung. 2022 will der Bundesrat eine konkrete Vorlage in das Anhörungsverfahren schicken. 2024 sollen das parlamentarische Verfahren und eine Volksabstimmung stattfinden.[14] Eine spannende Entwicklung, die auch der Debatte um das Ehegattensplitting in Deutschland neuen Schwung verleihen könnte. Es ist in sich nicht schlüssig, das Unterhaltsrecht zu ändern, das Steuerrecht mit dem Ehegattensplitting aber unangetas-

---

[11] »Ein neuer Aufbruch für Europa – Eine neue Dynamik für Deutschland – Ein neuer Zusammenhalt für unser Land«; Koalitionsvertrag zwischen CDU, CSU und SPD, 2018-2021, S. 136.

[12] Zukunftsprogramm der SPD, S. 23.

[13] Koalitionsvertrag 2021–2025 zwischen SPD, Bündnis90/Die GRÜNEN und FDP »Mehr Fortschritt wagen – Bündnis für Freiheit, Gerechtigkeit und Nachhaltigkeit« (im Folgenden immer zitiert als » Koalitionsvertrag 2021–2025«), S. 115.

[14] (Steuergerechtigkeitsinitiative) – Zeit für eine Veränderung – endlich! www.individualbesteuerung.ch/.

tet zu lassen. Beides hängt schließlich eng mit der Vorstellung von Partnerschaft bzw. von Aufgabenteilung innerhalb der Ehe und Familie zusammen.

Die beiden Rechtssysteme folgen indessen entgegengesetzten Logiken und sind heute nicht mehr miteinander kompatibel, denn das Steuerrecht privilegiert seit Jahrzehnten eine Form der eheinternen Arbeitsteilung, die sich heute bei einer Trennung für Frauen aber bitter rächt.

Seit der Unterhaltsreform 2008 gilt der Grundsatz der Eigenverantwortung, das heißt, dass Frauen sich nicht länger auf eine dauerhafte Unterhaltszahlung auch nach langer Ehe einrichten können. Das Steuerrecht gehört daher dringend angepasst; es sollte sich ebenfalls am Leitbild einer partnerschaftlichen Ehe orientieren, das eine damit einhergehende gleichberechtigte Aufgabenteilung unterstützt. Auch könnte die Abschaffung des Ehegattensplittings wichtige wirtschaftliche Effekte auslösen. Eine Umstellung auf eine individuelle Besteuerung von Ehepartnern könnte Berechnungen des RWI zufolge immerhin ca. 390.000 zusätzliche Vollzeit-Arbeitsplätze schaffen, wenn der Steuertarif nicht angepasst würde sowie 581.000 Arbeitsplätze bei einer Erhöhung des Grundfreibetrags.[15]

Wichtige Förderungen des BMFSFJ

So manche Programme, Projektförderungen, Initiativen und Kampagnen des BMFSFJ wirken auf den ersten Blick – gemessen an den ganz großen Programmen und Gesetzen dieses und anderer Ressorts – vielleicht weniger spektakulär, haben aber gleichwohl eine große Wirkung:

- Mit der Unterstützung beim Aufbau und der weiteren Arbeit von Da(Migra), der Dachorganisation der Selbstorganisationen von Migrantinnen hat das BMFSFJ diesen ein wirksames Sprachrohr gegeben und eine gute Zusammenarbeit mit dem BMFSFJ, mit der Beauftragten für Migration und Integration und mit dem Kanzleramt ermöglicht. Frauen- und migrationsspezifische Interessen und Belange können so auf höchster Ebene eingebracht und aufgriffen werden.

  Die Mobilisierungsfähigkeit der 71 Migrantinnen-Organisationen ist beeindruckend; ich habe die Zusammenarbeit mit ihnen auch immer als sehr gut und bereichernd erlebt. Ihre Arbeit ist umso wichtiger, als in vielen Ländern Europas – auch in Deutschland – Rechtspopulismus und Nationalismus wieder gewachsen sind und Ängste geschürt werden, die auf dem Rücken von Migranten und Migrantinnen ausgetragen werden.

---

[15] Ronald Bachmann/Philipp Jäger/Robin J. Jessen: »A split decision: Welche Auswirkungen hat die Abschaffung des Ehegattensplittings auf das Arbeitsangebot und die Einkommensverteilung?« – Diskussionspapier, RWI Materialien, Heft 144, Juni 2021.

- Mit der Förderung und Unterstützung der Gründung von Weibernetz e.V., einem bundesweiten Zusammenschluss von Frauen und Mädchen mit unterschiedlichen Beeinträchtigungen haben diese – ebenso wie die Landesnetzwerke und Koordinierungsstellen behinderter Frauen – seit 1998 eine politische Interessenvertretung auf Bundesebene und ein bundesweites Netzwerk, das mit ihnen gemeinsam an der Verbesserung ihrer Lebenssituation arbeitet.
- Durch die erfolgreiche Vernetzung und Unterstützung wichtiger Initiativen wie Pro Quote Medien, Pro Quote Film, Pro Quote Regie, Pro Quote Bühne und Pro Quote Medizin sowie dem Verein FidAR e.V. (Frauen in die Aufsichtsräte), mit Projekten von *Pinkstinks* gegen sexistische Werbung wird die Aufmerksamkeit auf nach wie wirkmächtige strukturelle Diskriminierungsprozesse gerichtet; so können geeignete Gegenmaßnahmen entwickelt werden.
- Die Unterstützung beim Aufbau und Betrieb des Deutschen Digitalen Frauenarchivs, einem Internetportal zur Frauenbewegung, über das zentral auf die Archivbestände aller deutschsprachigen Frauenarchive, -bibliotheken und Dokumentationsstellen zurückgegriffen werden kann, ist eine wichtige Grundlage für Forschungs-, Bildungs- und Informationsarbeit, die damit verstetigt wurde. Dies und die Förderung für das Haus der Frauengeschichte in Bonn tragen dazu bei, die Geschichte der Frauen und der Frauenpolitik auch für die Zukunft lebendig zu halten und zu sichern.
- Mit der Initiative Klischeefrei, der Unterstützung des Boys'Day (neben dem Girls'Day) und dem Projekt »Neue Wege für Jungs« werden bundesweit Initiativen und Projekte unterstützt und vernetzt, die jungengerechte Angebote zur Berufs- und Lebensplanung durchführen und eine Berufsorientierung frei von Geschlechterstereotypen fördern.

Frauenpolitik der Länder – Rückschau aus persönlicher Erfahrung

In den Landesregierungen wurden ab Anfang der 197Oiger Jahre zunächst Frauenreferate, Beauftragte für Frauenfragen oder Leitstellen für Frauenfragen eingerichtet. Nach der Einrichtung der Leitstelle in Hamburg am 1.1.1979 mit Eva Rühmkorf als Leiterin wurde 1988 das erste Frauenministerium in einem Flächenland in Schleswig-Holstein unter der Regierung von Ministerpräsident Björn Engholm gebildet mit Gisela Böhrk als Frauenministerin. Das war damals eine kleine Sensation, bedenkt man, wie mühsam sich die Frauen nicht nur das Wahlrecht, sondern auch ihren Platz auf der politischen Bühne haben erkämpfen müssen.

1991 hatten zehn Landesregierungen Frauen- bzw. Gleichstellungspolitik als eigenständige Aufgaben organisatorisch verankert: Baden-Württemberg, Berlin, Brandenburg, Hamburg, Hessen, Niedersachsen, Nordrhein-Westfalen, Rheinland-Pfalz, Saarland und Schleswig-Holstein sowie der Bund. In Bremen war es eine Zentralstelle für die Verwirklichung der Gleichberechtigung der Frau, in Bayern eine Leitstelle für die Gleichstellung von Frauen und Männern im Staatsministerium für Arbeit und Sozialordnung, in Mecklenburg-Vorpommern eine Frauen- und Gleichstellungsbeauftragte des Landes beim Sozialministerium, in Sachsen und in Sachsen-Anhalt wurde jeweils eine Staatssekretärin für die Gleichstellung von Frau und Mann bzw. für Frauen- und Gleichstellungsfragen in der Staatskanzlei ernannt. Lediglich im damals CDU-regierten Thüringen war dieser Politikbereich beim Ministerbüro des Ministeriums für Soziales und Gesundheit angesiedelt und in der Ministeriumsbezeichnung nicht eigens genannt. Die Frauen- und Gleichstellungspolitik war damit bundesweit etabliert. Mit dem guten Austausch der für Frauen- und Gleichstellungspolitik zuständigen Abteilungs- oder Stabsstellenleiter/-innen konnten Erfahrungen weitergegeben, gegenseitige Unterstützung erfolgen und gemeinsame Vorstellungen und Beschlüsse vorbereitet und entwickelt werden.

Heute wird das Politikfeld Frauen- oder Gleichstellungspolitik in den meisten Ressortbezeichnungen explizit erwähnt: in Berlin, Bremen, Hamburg, Mecklenburg-Vorpommern, Niedersachsen, Nordrhein-Westfalen, Rheinland-Pfalz, Saarland, Sachsen, Sachsen-Anhalt, Schleswig-Holstein und Thüringen. In vier Ländern (Baden-Württemberg, Bayern, Brandenburg und in Hessen) taucht das Politikfeld Frauen oder Gleichstellung in der Ministeriumsbezeichnung mittlerweile aber überhaupt nicht mehr auf.

Auf hoher politischer Ebene etabliert

Zu einem wichtigen Gremium des Austauschs und der gemeinsamen Beschlussfassungen wurde die Einrichtung einer Frauen- und Gleichstellungsministerinnenkonferenz (GFMK). Diese höchste Repräsentation nach der Ministerpräsidentenkonferenz drückte sich auch im Beschluss der GFMK aus, die sich am 7.11.1991 in Potsdam konstituierte: Gemeinsam wollen danach die für Gleichstellungs- und Frauenpolitik zuständigen Minister/-innen und Senator/-innen »die Gleichberechtigung von Frauen und Männern in allen gesellschaftlichen Bereichen vorantreiben und dazu zukünftig eine enge und regelmäßige Kooperation« pflegen.[16]

---

[16] »Frauenpolitik auf hoher politischer Ebene etabliert« – Beschluss zur Konstituierung der GFMK vom 7.11.1991, zwd Nr. 60/1991, S. 8.

Die erste GFMK war von großer Intensität der Debatten untereinander und mit der damaligen Bundesfrauenministerin Angela Merkel von Sachkenntnis und Leidenschaft geprägt. Es war eine kämpferische Aufbruchstimmung in den historischen Räumen des Cecilienhofs in Potsdam mit politisch gut verankerten und durchsetzungsstarken Persönlichkeiten wie Christine Bergmann, Gisela Böhrk, Regine Hildebrandt, Prof. Heide Pfarr, Ilse Ridder-Melchers und Waltraud Schoppe, um nur einige zu nennen.

Es gab eine große Bandbreite an Themenfeldern, die – wenngleich für viele nicht auf den ersten Blick erkennbar – höchst frauenrelevant waren: Arbeitsmarktinstrumente des AFG, Nachtarbeit und geringfügige Beschäftigung, eigenständige soziale Sicherung, Kranken- und Pflegeversicherung, Verfassungsreform, Gewalt gegen Frauen und Europa.

Zusätzliche Spannung im positiven Sinne gewann die Konferenz so kurz nach der Wende auch dadurch, dass die höchst unterschiedlichen (Erwerbs-) Biografien der ostdeutschen und der westdeutschen Teilnehmerinnen die Sichtweisen, Themen und Debatten beeinflussten. »Man kann nur etwas verändern, wenn man sich dafür einsetzt«, mahnte die Brandenburger Frauenministerin Regine Hildebrandt und kämpfte leidenschaftlich dafür, die Errungenschaften der Frauen in der DDR nicht zurückzudrehen, sondern im geeinten Deutschland weiterzuentwickeln. Insbesondere die Auseinandersetzung um den § 218 StGB wurde in diesen Anfangsjahren heftig geführt, und die Vertreterinnen der neuen Bundesländer mussten bitter erfahren, dass sie nicht nur ihrem Gewissen und ihrem Amtseid unterworfen waren, sondern dass auch die Vertreterin der damaligen konservativen Bundesfrauenministerin ihre Erwartungen sehr deutlich an sie adressierte.

Für mich war es ungemein spannend zu erleben, wie sehr sich in den folgenden, die GFKM vorbereitenden Abteilungs- oder Stabstellenleitungsrunden die Diskussionskultur änderte, wenn sich in einem Land die politischen Mehrheiten änderten: Anfangs waren die Vertreterinnen von rot-grün regierten Ressorts deutlich in der Mehrheit, was sich später umkehrte. Trotzdem habe ich die Debatten in den Konferenzen und die Gespräche am Rande derselben immer als sehr konstruktiv, kollegial und oft auch als freundschaftlich erlebt.

Die jeweils in der politischen Minderheit befindlichen Kolleg/-innen hatten allerdings zuweilen eine deutlich andere Wahrnehmung, fühlten sich häufig nicht eingebunden, nicht ernstgenommen oder niedergestimmt. Das änderte sich mit der Zeit, und bis zu meinem Ausscheiden im Februar 2019 waren (und sind es sicher auch heute noch) die fachliche Qualität der Beschlüsse und ihre Vorbereitung, die Offenheit der Diskussionen um die Sache und um den richtigen Weg und das Vertrauen in die Kolleginnen und

Kollegen, dass ein offenes Wort nicht missbraucht würde, neben der hohen Fachlichkeit ein ganz dickes Pfund.

Zwischenbilanz der institutionalisierten Frauenpolitik

Im Mai 2004 bilanzierte die 14. GFMK 25 Jahre institutionalisierte Frauenpolitik: »Institutionalisierte Frauenpolitik hat trotz begrenzter personeller und finanzieller Ressourcen, der Eingrenzungsversuche auf Ressortpolitik einerseits und andererseits der Notwendigkeit, eine ›Allzuständigkeit‹ im Sinne einer Querschnittausgabe für alle Politikfelder erfüllen zu müssen, bemerkenswerte Fortschritte erzielt.« Nach wie vor seien die aktuellen Lebensbedingungen für Frauen und Männer höchst ungleich: »Insbesondere hinsichtlich der Partizipation von Frauen an Entscheidungsprozessen, der Teilhabe von Frauen in Politik, Wirtschaft und Wissenschaft, der Einkommensunterschiede zwischen Frauen und Männern und der sozialen Absicherung von Frauen fällt die Bilanz zum Nachteil von Frauen aus. Zwar haben sich insgesamt gesehen die Lebensentwürfe in den letzten 25 Jahren insoweit denen der Männer angeglichen, als die Frauen in den alten Bundesländern zunehmend erwerbstätig sind. In den neuen Ländern war das schon zu Zeiten der DDR eine Selbstverständlichkeit.«

Eine Lastenumverteilung im Bereich von Hausarbeit, Kindererziehung und Pflege von Angehörigen im Hinblick auf eine zunehmende Beteiligung von Männern habe in den alten und in den neuen Ländern gleichermaßen nicht stattgefunden. Auch der Leitbildcharakter der traditionellen Versorgerehe habe sich als »überaus veränderungsresistent gegenüber frauen- und gleichstellungspolitischen Forderungen erwiesen«. Die GFMK folgerte daraus, dass »Frauen- und Gleichstellungspolitik in den Fokus gesellschaftspolitischer Zukunftsstrategien rücken (müsse)« und setzte dabei auch auf die konsequente Anwendung der Doppelstrategie Gender Mainstreaming und spezifische Frauenförderung. Beide Strategien müssten aber »fachlich kompetent und zielorientiert eingesetzt, angestoßen und begleitet werden«.[17]

Heute wirkt die Bilanz immer noch bescheiden; die tatsächliche Gleichstellung von Frauen ist noch lange nicht verwirklicht: »Trotz unbestreitbarer Fortschritte sind wir auch 70 Jahre nach Inkrafttreten des Grundgesetzes und rund ein Vierteljahrhundert nach der Einführung von Art. 3 Abs. 2 Satz

[17] 14. Konferenz der Gleichstellungs- und Frauenministerinnen, -minister, -senatorinnen und -senatoren der Länder, Hauptkonferenz am 24./25.6.2004 »Wirkungen und Erfolge institutioneller Gleichstellungspolitik«, www.gleichstellungsministerkonferenz.de S. 20ff.

2 GG in vielen Bereichen noch zu weit entfernt von echter Gleichstellung«, stellten die Ländervertreterinnen 2019 in ihrem Leitantrag nüchtern fest.[18]

Also kein großer Durchbruch? Mühsam nährt sich das Eichhörnchen. Die selbstbewussten und starken Ministerinnen mussten oft gegen harte Widerstände kämpfen, um etwas zu bewegen. Gerade in der Frauenpolitik gibt es nichts geschenkt. Gemeinsames Handeln und einheitliche oder wenigstens klare Mehrheitsbeschlüsse der GFMK sind deshalb eine wichtige Grundlage für die Arbeit in den Ländern und geben wertvolle Impulse für die Bundespolitik. Die intensiven Vorarbeiten auf Fachebene, der Austausch und die Offenheit der Diskussionen haben stets zu einem konstruktiven Arbeitsklima geführt, das nur einmal verloren zu gehen drohte, als einige CDU-regierte Länder im Jahr 2005 die GFMK mit der Jugend- und Familienkonferenz verschmelzen wollten, wozu es dann aber glücklicherweise nicht kam. Bis zum heutigen Tag ist die GFMK ein wichtiges Austausch- und Beschlussforum der Länder und eine etablierte Fachkonferenz.

Gleichstellungspolitik am Beispiel Rheinland-Pfalz

In Rheinland-Pfalz hat die institutionalisierte Frauenpolitik auf Landesebene Fahrt aufgenommen, als 1991 die SPD unter Rudolf Scharping eine Koalition mit der FDP bildete und damit nach 44 Jahren die CDU-geführte Landesregierung ablöste. Erste Frauenministerin wurde die Landtagsabgeordnete Jeanette Rott, die am 18.5.1991 ihr Amt im neu gebildeten Ministerium für die Gleichstellung von Frau und Mann (MGFM) antrat. Aus der früheren Stabsstelle Frauenpolitik, die 1982 in der Staatskanzlei eingerichtet worden war, wurde ein kleines Ministerium mit einer Fachabteilung unter meiner Leitung und einer Zentralabteilung. Beide Abteilungen bestanden aus jeweils vier Referaten.

Die Landesregierung trug mit dem neu gebildeten Ministerium der Erkenntnis Rechnung, dass Frauenpolitik als eigenständiges Politikfeld verankert werden muss, da sie keineswegs automatisch »mitgedacht« wird, wie das immer wieder behauptet worden war. Rheinland-Pfalz war damit einer Entwicklung gefolgt, die in einigen SPD-regierten Ländern schon vollzogen war. SPD-bzw. Rot-Grün-regiert waren zu dieser Zeit die Länder Berlin, Brandenburg, Bremen, Hamburg, Hessen, Niedersachsen, Nordrhein-Westfalen, Rheinland-Pfalz, Saarland, Schleswig-Holstein und Sachsen-Anhalt.

---

[18] www.gleichstellungsministerkonferenz.de/documents/beschluesse-und-entschliessungen-der-29-gfmk-mit-bildnachweis_15724219891_1578566568.pdf.

Dort waren oder wurden eigene Frauen- oder Gleichstellungsministerien gebildet (Schleswig-Holstein, Nordrhein-Westfalen, Niedersachsen) bzw. eine Zentralstelle für die Verwirklichung der Gleichberechtigung der Frau (Hamburg, Bremen) oder das Thema Frauen als eigener Politikbereich dem für Arbeit zuständigen Ministerium zugeordnet (Berlin, Brandenburg, Hessen, Saarland). Der Austausch mit den für Gleichstellungspolitik zuständigen Kolleginnen dieser Frauen- und Gleichstellungsministerien war gerade in der Anfangszeit sehr wichtig. Vor allem in Nordrhein-Westfalen, dessen Gleichstellungsministerium mit dem rheinland-pfälzischen im Aufbau und in der Struktur vergleichbar war (wenn auch nicht bezüglich der Größe!) und in Hessen gab es bereits Erfahrungen und Erfolge, von denen Rheinland-Pfalz profitieren konnte.

Erfolge

Wichtige Initiativen des neu gebildeten Ministeriums für die Gleichstellung von Frau und Mann (MGFM) in Rheinland-Pfalz waren u.a. das Landesgleichstellungsgesetz (LGG), die gesetzliche Verankerung und Stärkung der kommunalen Gleichstellungs- und Frauenbüros, eine große landesweite Kampagne gegen Gewalt an Frauen und die Bereitstellung dringend notwendiger Mittel zur Stärkung der Infrastruktur zum Schutz von Frauen vor Gewalt wie Frauenhäuser und Notrufe sowie eine landesweite Kampagne »Ohne uns läuft nichts!« zur Information über geringfügige Beschäftigung und Arbeitsmarktpolitische Programme für Frauen.

Mit dem Modellprojekt »Führen in Teilzeit« hat das MGFM ein wichtiges Thema angestoßen und damit nicht nur Frauen den Weg in eine Führungsposition erleichtert, sondern auch Männer in Führungspositionen – zum Beispiel im Polizeibereich – ermutigt, ihre Arbeitszeit zu reduzieren, um mehr Zeit für die Familie zu haben, ohne deshalb auf eine Führungsposition verzichten zu müssen. Das Projekt hat große Resonanz in der Landesverwaltung und über Rheinland-Pfalz hinaus erfahren, was auch dem Projektbegleiter, Professor Domsch zu verdanken ist.

Frauengerechte Verkehrs-, Stadt- und Raumordnungsplanung (Genderplanning) wurde erstmals zum Thema und mit Modellprojekten im ländlichen Raum konkret umgesetzt. Dazu gehörten Analysen des unterschiedlichen Mobilitätsverhaltens von Frauen und Männern, das in der Verkehrsplanung bis dahin kaum eine Rolle gespielt hatte. Dass Frauen wesentlich komplexere Wegeketten zurücklegen – zur und von der Arbeitsstelle, Kinder zur Kita oder Schule bringen und abholen, einkaufen, Arztbesuche, Behördengänge etc. –, war zu dieser Zeit in der Politik noch nicht angekommen. Das war ein besonderes Problem, weil gerade in den dünn besiedelten ländlichen Räumen der öffentliche Nahverkehr eine sehr geringe Taktung und Abdeckung hatte und das einzige Auto der Familie vom Vater benötigt wurde. Zur frauengerechten Planung gehörten auch die Analyse und Vermeidung von Angsträumen wie Unterführungen, dunkle Parkhäuser und einsame Wege mit spärlicher Beleuchtung. So konnte eine hohe Sensibilität für diese Themen erreicht werden, und die federführenden Ministerien für Verkehr, Raumordnung und ländliche Räume brachten großes Interesse dafür auf.

Auch die Unterstützung beim Aufbau eines pro familia-Zentrums fiel in diese Zeit. Seit 1992 können dort in der »Medizinischen Einrichtung für Schwangerschaftsabbruch und Nachsorge« – entsprechend den Anforderungen des Bundesverfassungsgerichts wirtschaftlich, räumlich und personell von der Beratungsstelle getrennt – ambulant Schwangerschaftsabbrüche durchgeführt werden. Damit wurde in Rheinland-Pfalz die Lücke in der Versorgung ungewollt schwangerer Frauen verkleinert. Das war und ist gerade in einem katholisch geprägten Land, wo die Schwangerschaftskonfliktberatung und die stationäre Versorgung überwiegend in konfessioneller Trägerschaft sind, ein wichtiger Baustein in der medizinischen Infrastruktur für ungewollt schwangere Frauen. Bis zu diesem Zeitpunkt mussten Frauen, die eine Schwangerschaft nach der Notlagenindikation abbrechen wollten, in anderen Bundesländern versorgt werden.

pro familia hat mit seiner Beratungsstruktur in Rheinland-Pfalz einen guten Ruf. Wohl deshalb hat es seinerzeit zwar Gegenwind, aber keine unüberwindbaren Hindernisse bei der Förderung des neuen pro familia-Zentrums durch das Gleichstellungsministerium gegeben. Auf der Informationsveranstaltung des Ministeriums zur Vorstellung des Projekts hatte ich noch mit Protesten oder gar Störungen gerechnet, aber es wurde eine sehr informative Veranstaltung mit fundierten fachlichen Fragen und sachlichen Debattenbeiträgen, durchaus auch vereinzelten kritischen Beiträgen von katholischer Seite, aber in einer ruhigen Atmosphäre.

Trotzdem war es eine herausfordernde Aufgabe, die Einrichtung konzeptionell, baulich und personell entsprechend den Anforderungen des Bundesverfassungsgerichts so zu gestalten, dass auch der kritischste Jurist keinen verfassungsrechtlichen Haken finden konnte. Aber es ist gelungen. Mit dem damaligen Ministerium für Arbeit, Soziales und Gesundheit, das für die Beratungsstellen und für die medizinische Einrichtung zuständig war, hatte es deshalb intensive Gespräche, Begehungen und (auch) bauliche Planänderungen gegeben. Im September 1992 konnte es dann dank der Zuschüsse durch das Gleichstellungsministerium eröffnet werden. Mit dem jährlichen Zuschuss, den das Land aus dem Einzelplan des Frauenministeriums für die institutionellen Kosten des pro familia-Zentrums gewährt, ist gar nicht erst der (im Übrigen abwegige) Verdacht aufgekommen, die Einrichtung müsse aus wirtschaftlichen Gründen eine bestimmte Anzahl an Schwangerschaftsabbrüchen durchführen.

Auf Bundesebene war Rheinland-Pfalz Anfang der 1990er-Jahre noch ein kleines neues Lichtlein neben den Lichtgestalten aus Nordrhein-Westfalen, Hessen, Niedersachsen, Brandenburg, Berlin oder Schleswig-Holstein mit ihren starken Frauenministerinnen, ihren gut ausgestatteten Abteilungen mit erfahrenen und durchsetzungsstarken Abteilungsleiterinnen und ihrer scheinbar festen Verankerung in der Landesregierung. Im Laufe der Jahrzehnte konnten von diesen Ländern nur Nordrhein-Westfalen und Berlin ihre starke Stellung halten. Der Backlash Mitte der 1990er-Jahre kostete die Frauen- und Gleichstellungspolitik in einigen (unionsregierten) Bundesländern ihre eigenständigen Ministerien, teils sogar Abteilungen, Ressourcen und damit ihre gute strukturelle Verankerung.

In Rheinland-Pfalz, das in dieser Hinsicht nie den ganz großen Wurf für sich beanspruchen konnte, hat die Frauen- und Gleichstellungspolitik nicht nur überlebt, sondern dank der SPD-Regierung, damals mit der FDP, später in der Koalition mit den Grünen und heute mit Grünen und FDP, auch immer ihre Verankerung in der Landesregierung halten und festigen können – wenngleich auch hier die Aufgaben der Frauenpolitik im Laufe der Jahre immer wieder in ein anderes Ressort eingegliedert worden sind. Diese Umressortierungen waren aber durchaus spannend und produktiv – auch wenn der organisatorische Aufwand des Zusammenführens stets beträchtlich war. Die Ministerinnen, die nach einer Umressortierung des Gleichstellungsministeriums in andere Ministerien für Frauenpolitik zuständig waren, hatten eine erfolgreiche politische Biografie. Sie waren bis dahin gerade keine ausgewiesenen Frauenpolitikerinnen gewesen, hatten aber ein gutes Standing, das ihnen innerhalb und außerhalb der frauenpolitischen Landschaft Anerkennung verschaffte.

Rose Götte, Doris Ahnen und Malu Dreyer waren schon zu dieser Zeit politische Schwergewichte, die innerhalb der Landesregierung und im Parlament ernst genommen wurden, auch wenn sie nun für dieses neue und von manchen – mit welcher Absicht auch immer – als »weich« angesehene Politikfeld standen. So konnten sie viel erreichen. Am schwersten hatte es Jeannette Rott-Otte, die zwar als Landtagsabgeordnete Frauenpolitik engagiert bearbeitet und ins Parlament eingebracht hatte, als erste Frauenministerin in Rheinland-Pfalz aber in der männerdominierten Verwaltung mit ihren hergebrachten Grundsätzen des Beamtentums, ihrer Verwaltungslogik und ihrer Männlichkeitskultur von vielen als irritierender Faktor wahrgenommen wurde. Sie hatte anfangs permanent gegen Häme, Anfeindungen und Widerstände zu kämpfen – sowohl im Parlament als auch in der Presse. Umso beachtlicher ist ihre mit großer Beharrlichkeit geleistete Pionierarbeit. Ihren größten Triumph, das mühsam erstrittene Landesgleichstellungsgesetz, konnte sie nicht mehr selbst in den Landtag einbringen. Diesen Erfolg durfte ihre Nachfolgerin Rose Götte verbuchen; das Frauenministerium war 1994 in das Kulturministerium, ab dann Ministerium für Kultur, Jugend, Familie und Frauen, eingegliedert worden.

Dass das kleine Frauenministerium aufgelöst bzw. in ein anderes Ressort integriert worden war, war zunächst auf Unverständnis gestoßen und hatte Proteste bei den Frauenverbänden und -organisationen ausgelöst; viele sahen darin einen Rückschritt in der Frauenpolitik. Doch die Befürchtung, damit würde einer eigenständigen Frauenpolitik die Grundlage entzogen, bewahrheitete sich zum Glück nicht. Vielmehr hatten die nachfolgenden Frauenministerinnen Rose Götte, Doris Ahnen und Malu Dreyer nicht nur ein politisches Interesse daran, diesen Verdacht gar nicht aufkommen zu lassen, sondern sahen ihre neue Aufgabe auch als ein wichtiges Politikfeld an, für das sie sich jetzt ebenso engagiert und sachkundig einsetzten wie ihre Vorgängerin.

Kooperationen und Zusammenarbeit

Um in der Frauenpolitik überhaupt etwas zu erreichen, mussten Bündnisse geschmiedet werden. Die Zusammenarbeit mit wohlmeinenden oder überzeugten männlichen Kooperationspartnern und Kollegen anderer Ressorts galt es regelmäßig auf ihre Tragfähigkeit zu überprüfen. Auch der guten Kooperation mit der Frauenbewegung außerhalb der Institutionen und anfangs auch der mit den kommunalen und Gleichstellungsbeauftragten nach dem Landesgleichstellungsgesetz war ein langer und nicht selten schmerzlicher Annäherungsprozess vorausgegangen, oft geprägt von Vorbehalten, Missverständnissen und diffusen Abwehrmechanismen – auf beiden Seiten.

Den jeweiligen Standpunkt zu erkennen und anzuerkennen, war der Schlüssel zum Erfolg. Runde Tische, Workshops, abgestimmte Projekte und Vorhaben, vertrauliche Gespräche, Transparenz – kurz: die gemeinsame Arbeit, die vertrauensbildend wirkte, schuf bald tragfähige Strukturen und Bündnisse, besonders beim Schwerpunktthema Bekämpfung von Gewalt gegen Frauen, aber auch beispielsweise in der Arbeitsmarktpolitik und bei der Umsetzung des Landesgleichstellungsgesetzes.

Viele Kommunen hatten zu dieser Zeit schon Gleichstellungs- oder Frauenbüros gebildet: Das erste in Deutschland entstand 1980 in Bremen auf gesetzlicher Grundlage, das erste in Rheinland-Pfalz wurde 1986 in Bad Kreuznach eingerichtet. Die kommunalen Gleichstellungsbeauftragten waren – ohne dass sie diese Rolle absichtsvoll gewählt hätten – aus praktischer Erfahrung Scharniere, Mittlerinnen zwischen den unterschiedlichen politischen Ebenen. Das war sehr wertvoll, denn immer wieder musste die Kooperation Belastungstests aushalten: zum Beispiel, als mit der Änderung der Kommunalverfassung die kommunalen Gleichstellungsbeauftragten zwar gesetzlich verankert wurden, dies ihre Stellung aber nicht grundlegend stärkte, weil die notwendigen Konkretisierungen, etwa zur personellen und finanziellen Ausstattung fehlten. Eine besondere Herausforderung waren auch die schmerzlichen Abstriche, die im Referentenentwurf zum Landesgleichstellungsgesetz (LGG) in vielen Abstimmungsrunden gemacht werden mussten, vor allem bei der Verbindlichkeit so mancher Vorgaben.

Die Gleichstellungsbeauftragten nach dem Landesgleichstellungsgesetz (LGG) in ihren neuen (verwaltungsinternen) Aufgaben zu unterstützen und damit ihre Position in den Dienststellen zu stärken, war eine wichtige Aufgabe. Dazu haben ein regelmäßiger Austausch und Workshops mit ihnen und ihren Dienststellenleitungen und/oder Personalverantwortlichen beigetragen. Die größte Unterstützung war im Jahr 2001 die Einrichtung der »Service- und Vernetzungsstelle Beraten – Weiterbilden – Vernetzen« für behördlich wirkende Gleichstellungsbeauftragte in Rheinland-Pfalz. Mit ihren Angeboten Netzwerkbildung, Informationen und Weiterbildung hat sie maßgeblich zur Professionalisierung der Gleichstellungsbeauftragten beigetragen und ihnen damit zu einem deutlich besseren Standing in ihren jeweiligen Behörden verholfen. Die behördlichen Gleichstellungsbeauftragten arbeiten und kämpfen seitdem nicht mehr allein in ihren Dienststellen, sondern können auf eine gute Vernetzungsstruktur, hilfreiche Informationen und Unterstützung sowie auf den organisierten Erfahrungsaustausch mit ihren Kolleginnen zurückgreifen. Bis heute ist die Service- und Vernetzungsstelle eine sehr wichtige und etablierte Einrichtung.

Die Entwicklung der Zusammenarbeit mit den im Anti-Gewaltbereich engagierten Frauen war zunächst ebenfalls ein schwieriger und fragiler Prozess. Auch hier brachten ganztägige Workshops mit den Vertreterinnen der Dachorganisationen und mit den Mitgliedern des »Runden Tisches im Rheinland-pfälzischen Interventionsprojekt gegen Gewalt in engen sozialen Beziehungen« den Durchbruch. Die Workshops in angenehmem Ambiente mit versierten Moderatorinnen und Moderatoren, viel Zeit für die Reflexion der Arbeit und für die Vermittlung der jeweiligen Standpunkte erweiterten die Sichtweisen und Perspektiven aller Beteiligten. Auch hier zeigte sich: Die beste Grundlage für eine erfolgreiche Kooperation ist das Erkennen, Verstehen und Respektieren der jeweiligen Standpunkte.

Ein wichtiger Partner für das Ministerium ist bis heute der von der früheren Landesfrauenbeauftragten Prof. Maria Böhm (CDU) im Jahr 1976 eingerichtete Landesfrauenbeirat, ein partei- und verbandsübergreifend zusammengesetztes Beratungsgremium der Landesregierung, dem mittlerweile 14 landesweit tägige Organisationen angehören und der sich zu einem wirkmächtigen politischen Gremium entwickelt hat. Die gute Zusammenarbeit ist umso wertvoller, als der Beirat die ganze Bandbreite der frauenpolitischen »Szene« in Rheinland-Pfalz widerspiegelt und mit seinen fundierten Stellungnahmen schon sehr viel erreicht hat. Er hat bis heute die Arbeit des Gleichstellungsministeriums konstruktiv – aber auch durchaus kritisch – begleitet und wichtige Initiativen unterstützt oder angestoßen.

Sein größter Erfolg war aus meiner Sicht, dass er den Landtag davon überzeugen konnte, den Gleichberechtigungsartikel 17 Abs. 3 der Landesverfassung von Rheinland-Pfalz »Frauen und Männer sind gleichberechtigt« anlässlich deren Reform am 18.5.2000, um den Satz zu ergänzen »Der Staat ergreift Maßnahmen zur Gleichstellung von Frauen und Männern in Staat und Gesellschaft, insbesondere in Bildung und Ausbildung, in der Familie sowie im Bereich der sozialen Sicherung. Zum Ausgleich bestehender Ungleichheiten sind Maßnahmen, die der Gleichstellung dienen, zulässig.«

Die kommunalen Gleichstellungsbeauftragten

1982, also vier Jahre nach dem Abschlussbericht der Enquete-Kommission des Bundestages »Frau und Gesellschaft« entstand in Köln das erste Frauenbüro auf kommunaler Ebene. Auf der Grundlage der Empfehlung der Enquete-Kommission, auf allen Ebenen der staatlichen Verwaltung Anlauf-, Prüf- und Koordinierungsstellen einzurichten, wurden in den kreisfeien Städten und Landkreisen nach und nach kommunale Gleichstellungs- bzw. Frauenbüros eingerichtet. Organisatorisch sind sie meistens formal bei der Verwaltungsspitze angesiedelt, was überwiegend positiv bewertet wird, kritisch wird dagegen mehrheitlich ihre personelle und finanzielle Ausstattung gesehen.[19]

Anfangs arbeiteten die Gleichstellungs- bzw. Frauenbüros weitgehend im luftleeren Raum, da es für ihren Auftrag, ihre Aufgaben und ihre Arbeitsweisen noch keine gesetzlichen Grundlagen gab. Gleichzeitig waren sie aber

[19] Zur Situation der kommunalen Gleichstellungsstellen und Frauenbüros – eine Diskussionsgrundlage, BAG kommunaler Frauenbüros (Hrsg.), gefördert vom BMFSFJ und vom Ministerium für Gesundheit, Emanzipation, Pflege und Alter des Landes NRW, S. 5.

auch in einer schwierigen Dreifachrolle: nach außen als Anlaufstelle für die Bürgerinnen, verwaltungsintern als Ansprechpartnerin für die weiblichen Beschäftigten in allen Fragen der Gleichstellung und als Expertin in Sachen Gleichstellung für die gesamte Kommunalverwaltung.

In den Kommunen werden die Lebensbedingungen der Menschen konkret gestaltet, beeinflusst und erfahrbar; die kommunalen Gleichstellungsbeauftragten und -büros haben daher eine wichtige und vielschichtige Aufgabe. Das musste sich in den Verwaltungen erst einmal durchsetzen. In der Anfangszeit wurde deren Rolle und Aufgabe in ihrer Tragweite häufig nicht erkannt. Das und die Tatsache, dass sie zunächst ohne gesetzliche Verankerung arbeiteten, bedingte sich gegenseitig und erschwerte die Arbeit dieser Pionierinnen.

Häufig waren ihre Aufgaben und Aufgabenbeschreibungen unklar, arbeiteten sie ohne Vorbilder, sollten aber mit meist knappen Ressourcen reüssieren. Dabei waren sie mit völlig gegensätzlichen Erwartungen konfrontiert: Teils erwartete ihr Dienstherr wenig oder gar nichts von ihnen, weil er sie für überflüssig hielt, teils waren die Erwartungen unerfüllbar hoch: seitens der Verwaltung, die von ihnen in allen Bereichen die Expertise in Sachen Frauen- und Gleichstellung erwartete und seitens der frauenpolitischen Aktivistinnen, die in den Gleichstellungsbüros und -beauftragten zu Recht einen wichtigen Hebel für Veränderungen sahen.

Erst Ende der 1980er-Jahre wurden die kommunalen Frauenbüros und Gleichstellungsstellen, ihre Organisation und ihre Aufgaben in den Ländern gesetzlich verankert. Es blieb aber häufig bei allgemeinen Aussagen, geringem Konkretisierungsgrad und fehlenden Vorgaben zu Ausstattung, Finanzierung und Kompetenzen der Gleichstellungsstellen.

Vor allem für die neben- oder ehrenamtlich tätigen Gleichstellungsbeauftragten (in den rheinland-pfälzischen Kommunen waren nur die Frauen- und Gleichstellungsbeauftragten der kreisfreien Städte hauptamtlich; in Nordrhein-Westfalen waren sie das in Kommunen mit mehr als 10.000 Einwohner/-innen), waren die Rahmenbedingungen ihrer Tätigkeit eine tägliche Herausforderung. Was für andere Beauftragte selbstverständlich war (eigenes Büro, Ausstattung, Etat, personelle Unterstützung, klare Aufgabenbeschreibung und Rechte), mussten sie anfangs oft noch selbst erarbeiten und oder mühsam erkämpfen. Ohne Einbindung in die Verwaltungshierarchie ein herausforderndes Unterfangen!

Trotz dieser schwierigen Rahmenbedingungen haben sich die kommunalen Gleichstellungsbeauftragten und -stellen zu einer unersetzlichen Stütze der Verwaltung, zu wichtigen Anlaufstellen und zu einer politisch und fachlich versierten festen Säule in ihren Kommunen entwickelt. Mittlerweile gibt es in Deutschland ein Netz von über 1.800 kommunalen Gleichstellungsbeauftragten. Wertvolle Unterstützung erhielten sie durch die Vernetzungsstelle für Frauenbeauftragte in Hannover sowie durch die bis heute vom BMFSFJ geförderte Bundesarbeitsgemeinschaft kommunaler Frauenbüros.

In Rheinland-Pfalz war eine weitere wichtige Unterstützung, dass sich 1988 die damals 33 (heute 43) kommunalen Gleichstellungsbeauftragten zu einer Landesarbeitsgemeinschaft zusammengeschlossen haben, dass sie an den Angeboten der Service- und Vernetzungsstelle für die LGG-Gleichstellungsbeauftragten partizipieren können und bis heute auch bundesweit bestens organisiert und vernetzt sind.

Auch die »Europäische Charta für die Gleichstellung von Frauen und Männern auf kommunaler und regionaler Ebene«, die zum Ziel hat, mehr Gleichheit in den Kommunen und Regionen zu schaffen, ist eine wertvolle Grundlage für die kommunale Gleichstellungsarbeit. Sie wurde vom Europäischen Rat der Gemeinden und Regionen Europas (Council of European Municipalities and Regions, CEMR) im Jahr 2006 verabschiedet und soll die Kommunen und Regionen verpflichten und darin unterstützen, die Gleichstellung der Geschlechter als eigenständige Aufgabe zu sehen und sie durch entsprechende Programme und Aktionspläne zu unterstützen.

Mehr als 1.800 Kommunen in 35 Ländern haben sich mit ihrer Unterzeichnung den Zielen der Charta verpflichtet. In Deutschland haben weit über 50 Kommunen die Charta unterzeichnet – darunter Berlin, Bonn, Dresden, Düsseldorf, Frankfurt am Main, Hamburg, Hannover, Lübeck, Magdeburg, Mainz, München, Rostock, Saarbrücken und Stuttgart – und einen Beschluss zur Umsetzung der Charta gefasst sowie entsprechende Aktionspläne zu deren Umsetzung erstellt. Die Charta ist damit zu einem wichtigen Hebel geworden, um gleichstellungspolitische Fragestellungen auch außerhalb der Frauen- und Gleichstellungsstellen in den Kommunen zu thematisieren und zu verankern und regelmäßig darüber zu berichten. Ob dieses Instrument auch effektiv dafür genutzt wird, steht und fällt mit dem Engagement der Spitzen der Verwaltungen und damit, dass die kommunalen Gleichstellungsbeauftragten gut vernetzt sind.[20]

Gleichstellungspolitik der EU und international

Von außen betrachtet wirkt die Europäischen Union auf manche weit weg und schwer beweglich. Dabei gibt es von der EU nicht nur wichtige Impulse, sondern innerhalb der EU auch gute und wichtige Einwirkungsmöglichkeiten

[20] www.frauenbeauftragte.org/themen/europäische-gleichstellungscharta.

seitens des Bundes und im Zusammenspiel mit den Ländern – auch in Kooperation mit den nationalen und europäischen Frauenverbänden. In den Rechtsgrundlagen der EU hat Gleichstellung eine lange Tradition und seit den EU-Verträgen von 1957 ihren festen Platz. Anfangs war es der Grundsatz des gleichen Entgelts für Frauen und Männer, der bis heute im Vertrag über die Arbeitsweise der Europäischen Union (Artikel 157) verankert und die Grundlage dafür ist, dass die EU für Chancengleichheit und Gleichbehandlung im Bereich Beschäftigung tätig werden kann. Auch positive Maßnahmen zur Stärkung der Rolle der Frau sind auf dieser Rechtsgrundlage möglich.[21] Dass Gleichstellung in der Politik der EU weiterentwickelt worden ist, liegt aber nicht nur am Grundverständnis von Kommission, EU-Parlament und den jeweils zuständigen EU-Kommissar/-innen, sondern ist auch dem Interesse an einer gut funktionierenden Wirtschaft geschuldet, denn Gleichstellung von Frauen und Männern wird als »*die Grundlage für eine innovative, wettbewerbsfähige und florierende europäische Wirtschaft*« angesehen.[22]

Wichtige Richtlinien haben zu mehr Gleichstellung in den EU-Ländern beigetragen, darunter

- die Richtlinie 2004/113/EG des Rates vom 13. Dezember 2004 zur Verwirklichung des Grundsatzes der Gleichbehandlung von Männern und Frauen beim Zugang zu und bei der Versorgung mit Gütern und Dienstleistungen und
- die Richtlinie 2011/36/EU des Europäischen Parlaments und des Rates vom 5. April 2011 zur Verhütung und Bekämpfung des Menschenhandels und zum Schutz seiner Opfer sowie zur Ersetzung des Rahmenbeschlusses 2002/629/JI des Rates.

Diese und weitere Richtlinien haben der Gleichstellungspolitik in den Ländern der EU einen enormen Schub gegeben; sie sind eine rechtliche Grundlage für das Handeln der EU und damit auch eine politische Verpflichtung. Sie machen die Maßnahmen justiziabel und verpflichten und unterstützen Bund und Länder in ihren gleichstellungspolitischen Anstrengungen. Auch die programmatischen Initiativen der EU und die finanzielle Ausstattung haben zur Stärkung der Gleichstellungspolitik deutlich beigetragen.

---

[21] Kurzdarstellungen des EP zur Europäischen Union, Gleichstellung von Frauen und Männern; www.europarl.europa.eu/factsheets/de/sheet/59/gleichstellung-von-mannern-und-frauen.

[22] Gleichstellung zwischen Frauen und Männern: Kommission dringt auf mehr Fortschritte; ec.europa.eu/germany/news/20200305-gleichstellung_de.

Gleichstellungspolitik der EU-Kommission

Ein wichtiges frauenpolitisches Dokument ist die Mitteilung der Kommission »Ein verstärktes Engagement für die Gleichstellung von Frauen und Männern – eine Frauen-Charta – Erklärung der Europäischen Kommission anlässlich des Internationalen Frauentags 2010 sowie des 15. Jahrestags der Verabschiedung einer Erklärung und einer Aktionsplattform auf der Weltfrauenkonferenz der Vereinten Nationen in Peking und des 30. Jahrestags des Übereinkommens der Vereinten Nationen zur Beseitigung jeder Form von Diskriminierung der Frau.« Darin ist »die Gleichheit von Frauen und Männern« als ein Grundrecht genannt, ein gemeinsamer Wert, auf dem die Europäische Union beruhe.[23] Konkretisiert wird dieses Bekenntnis mit folgenden Zielen und Handlungsfeldern:

- gleiche wirtschaftliche Unabhängigkeit,
- gleiches Entgelt für gleiche oder gleichwertige Arbeit,
- Gleichstellung der Geschlechter in Entscheidungsprozessen,
- Würde und Unversehrtheit der geschlechtsspezifischen Gewalt ein Ende setzen,
- Gleichstellung der Geschlechter über die EU hinaus.[24]

Mit dem »Strategischen Engagement für die Gleichstellung der Geschlechter 2016–2019«, das die EU-Kommissarin für Justiz, Verbraucher und Gleichstellung im Dezember 2015 vorgestellt hat, soll Geschlechtergleichstellung in alle Politikbereiche der EU und in die EU-Förderprogramme integriert und durch konkrete Aktionen und wirksame Schritte gefördert werden. Dazu sind über 30 Leitaktionen für die in der Charta aufgeführten Handlungsfelder genannt und mit Zeitvorgaben und Indikatoren für deren Überwachung versehen.[25]

Im März 2020 hat die Kommission ihre »Strategie für die Gleichstellung der Geschlechter für den Zeitraum 2020–2025« als Kommissionsmitteilung vorgestellt und so mit einer hohen Verbindlichkeit versehen. Inhaltlich sind

---

[23] Mitteilung der Kommission anlässlich des Internationalen Frauentags 2010 sowie des 15. Jahrestags der Verabschiedung einer Erklärung und einer Aktionsplattform auf der Weltfrauenkonferenz der Vereinten Nationen in Peking und des 30. Jahrestags des Übereinkommens der Vereinten Nationen zur Beseitigung jeder Form von Diskriminierung der Frau; eur-lex.europa.eu/LexUriServ/.

[24] Ebd.

[25] Strategisches Engagement für die Gleichstellung der Geschlechter (2016–2019); Luxemburg, Amt für Veröffentlichungen der Europäischen Union, 2016, Brussels, 3.12.2015, SWD (2015) 278 final.

darin sechs politische Handlungsfelder benannt, die sie in den Ländern der EU mit konkreten Maßnahmen angehen will:

1. Freiheit von Gewalt und Stereotypen,
2. Entfaltung einer geschlechtergerechten Wirtschaft,
3. gleichberechtigte Führungsverantwortung in der Gesellschaft,
4. Gender Mainstreaming und eine intersektionelle Perspektive in der EU-Politik,
5. Finanzierung von Maßnahmen zur Förderung der Gleichstellung der Geschlechter in der EU,
6. Förderung der Gleichstellung der Geschlechter und Stärkung der Rolle der Frau weltweit.[26]

Die Strategie ist ein sehr ambitioniertes Dokument, das – wenn es so konsequent umgesetzt wird, wie es ernsthaft aufgesetzt wurde – der Gleichstellung der Geschlechter in den EU-Ländern einen enormen Schub geben kann. Leider ist Gender Mainstreaming in der praktischen Politik der EU aber noch nicht durchgängig selbstverständlich. In der Griechenland-Krise haben die EU und der IWF Griechenland eine Sparpolitik aufgezwungen mit dramatischen Kürzungen in den Bereichen Arbeitslosengeld, Gesundheit und Pflege und öffentlicher Dienst – Reformen, die »Frauen stärker getroffen haben als Männer, weil sie stärker für formelle und informelle Pflege- und Erziehungsarbeiten zuständig sind«.[27]

Umso wichtiger ist es, sehr genau darauf zu achten, dass die Maßnahmen der Strategie für die Gleichstellung der Geschlechter 2020–2025 nicht nur auf dem Papier stehen, sondern durchdekliniert und konsequent umgesetzt werden – in der Corona-Krise, aber auch in der Wirtschafts- und Finanzpolitik generell. Gender Mainstreaming könnte damit auch in Deutschland wieder Aufwind bekommen. Das Potenzial dieser Strategie ist noch lange nicht ausgeschöpft, und es ist an der Zeit, deren oft bürokratisch-formelhafte Handhabung zu überwinden und wieder mit ernsthaftem Engagement zu beleben. Dass der Koalitionsvertrag 2021–2025 von SPD, Grünen und FDP diese wichtige Strategie mit keinem Wort erwähnt, ist allerdings kein Signal für einen neuen Aufbruch!

---

[26] Strategie für die Gleichstellung der Geschlechter 2020–2025, Mitteilung der Kommission an das Europäische Parlament, den Rat, den Europäischen Wirtschafts- und Sozialausschuss und den Ausschuss der Regionen, COM(2020) 152 final, Brüssel, 5.3.2020.

[27] Elsa Koester: »Küche, Kinder, Krise. Austerität; Europas Sparpolitik traf zuerst vor allem Männer und sorgte etwa in Spanien für eine Nivellierung des Gender Pay Gap. Das änderte sich jedoch bald«; Der Freitag 26/2018; www.freitag.de/autoren/elsa-koester/kueche-kinder-krise.

Gleichstellung international

Ein wichtiger Ansatz für die Arbeit im internationalen Bereich ist auch der »EU-Aktionsplan für die Gleichstellung der Geschlechter und die Stärkung der Rolle der Frau im auswärtigen Handeln 2021-2025« (GAP III). Mit ihm sollen in der Außenpolitik die Fortschritte in der Gleichstellungspolitik beschleunigt und die Erfolge gesichert werden, die bei der Geschlechtergleichstellung in den 25 Jahren seit der Annahme der Erklärung von Peking und ihrer Aktionsplattform erzielt worden sind. Dazu soll ein auf den Wandel der Geschlechterrollen bezogener intersektionaler Ansatz gefördert und die Gleichstellung konsequent in alle Politikbereiche und Maßnahmen einbezogen werden. Die EU will dabei mit gutem Beispiel vorangehen und auf höchster Ebene eine Führung mit ausgewogenem Geschlechterverhältnis schaffen.

Mit den Schlussfolgerungen des EU-Vorsitzes »Bekämpfung des geschlechtsspezifischen Verdienstgefälles: Bewertung und Aufteilung von bezahlter Erwerbsarbeit und unbezahlter Betreuungs-, Pflege- und Hausarbeit« haben sich die EU-Mitgliedsstaaten (außer Polen und Ungarn, weshalb es auch keine entsprechenden Ratsschlussfolgerungen gegeben hat) auf einen Rahmen für die ausgewogene Aufteilung von bezahlter und unbezahlter Betreuungsarbeit zwischen Frauen und Männern verständigt. Aufgeführt werden u.a. die Verringerung von finanziellen Fehlanreizen, die Aufwertung von Haus- und Betreuungsarbeit und die Prüfung einer finanziellen Unterstützung bei der Inanspruchnahme haushaltsnaher Dienstleistungen, die Harmonisierung von geschlechtersegregierten, intersektionalen Daten und die Entwicklung eines EU-Indikators für das geschlechtsspezifische Betreuungsgefälle (Gender Care Gap).

Weitere Akteure und Motoren der Gleichstellungspolitik sind:

Das *Europäische Parlament*, das auch zu einem starken Motor der Gleichstellung von Frauen in Europa geworden ist. Auf seine Initiative wird im Mehrjährigen Finanzrahmen der EU für den Zeitraum 2021-2027 »der durchgängigen Berücksichtigung der Gleichstellung der Geschlechter im EU-Haushalt höhere Priorität eingeräumt«.[28] Leider findet das in der Kurzdarstellung der Bundesregierung[29] keine Erwähnung; hier werden lediglich die Handlungsfelder Agrarpolitik, Forschung, die stärkere europäische Zusammenarbeit in der Migrationspolitik, die Sicherheits- und Verteidigungspolitik sowie der Klimaschutz und der neue Rechtsstaatsmechanismus genannt.

---

[28] Europäischer Rat, Rat der Europäischen Union; Langfristiger EU-Haushalt 2021-2027 und Aufbaupaket; www.consilium.europa.eu/de/policies/the-eu-budget/long-term-eu-budget-2021-2027/.

[29] www.bundesregierung.de/breg-de/aktuelles/eu-finanzen-1769028.

Der *Europäische Gerichtshof* hat mit wegweisenden Urteilen wichtige gleichstellungspolitische Impulse gegeben: In seinem Urteil vom 1. März 2011 – C-236/09 – zu Unisex-Tarifen im Versicherungsvertragsrecht hat der EuGH den Leitsatz aufgestellt, dass die Berücksichtigung des Geschlechts von Versicherten als Risikofaktor diskriminierend und mit dem Grundsatz der Gleichheit von Frauen und Männern (Art. 21 und 23 der EU-Grundrechtscharta) unvereinbar sei.[30]

Ein wichtiges Urteil ist auch im Vorabentscheidungsersuchen des Arbeitsgerichts Watford ergangen: Hier klagten Arbeitnehmerinnen unter Berufung auf Art. 157 AEUV (Vertrag über die Arbeitsweise der Europäischen Union) auf das gleiche Entgelt wie ihre männlichen Kollegen, da ihre Leistungen mit denen der männlichen Kollegen gleichwertig seien, auch wenn sie in unterschiedlichen Betrieben verrichtet würden. Der EuGH befand, dass nach dieser Vorschrift »jeder Mitgliedstaat die Anwendung des Grundsatzes des gleichen Entgelts für Männer und Frauen bei gleicher oder gleichwertiger Arbeit« sicherzustellen habe. Ziel der Vorschrift sei es, bei gleicher oder gleichwertiger Arbeit in Bezug auf sämtliche Entgeltsbestandteile und -bedingungen jede Diskriminierung aufgrund des Geschlechts zu beseitigen. Der Grundsatz des gleichen Entgelts für Männer und Frauen bei gleicher oder gleichwertiger Arbeit gehöre zu den Grundlagen der Europäischen Union. Artikel 157 erlege eindeutig eine Ergebnispflicht auf und habe zwingenden Charakter. Das beziehe sich auf eine *»gleiche Arbeit«* ebenso wie auf eine *»gleichwertige«*. Die in Art. 157 AEUV begründen Rechte für Einzelne seien, von den nationalen Gerichten zu gewährleisten.[31]

In einem neueren Urteil vom 24. Februar 2022 hat eine spanische Haushaltshilfe den Zugang zur Arbeitslosenversicherung erstritten, den bis dato Hausangestellte in Spanien nicht hatten. Der EuGH sieht darin eine klare Geschlechterdiskriminierung und einen Verstoß einer nationalen Bestimmung gegen die »EU-Richtlinie zur Gleichbehandlung im Bereich der sozialen Sicherheit«, denn es seien fast ausschließlich Frauen als Hausangestellte tätig (nach Schätzungen Spaniens etwa 95%). Durch die spanische Regelung würden Hausangestellte »von einem gesetzlichen System der sozialen Sicherheit« und damit von »Leistungen bei Arbeitslosigkeit« ausgeschlossen.[32]

---

[30] Urteil vom 1.3.2011 – C – 236/09; datenbank.nwb.de/Dokument/Anzeigen/443611/.

[31] Gerichtshof der Europäischen Union: Urteil in der Rechtssache C-624/19 Tesco Store, Pressemitteilung Nr. 95/21, Luxemburg, 3.6.2021 EuGH.

[32] Rechtssache C-389/20; aus: Ralf Streck: Europäischer Gerichtshof beendet Diskriminierung von Hausangestellten; 26.2.2022, Telepolis.

Das *Europäische Institut für Gleichstellungsfragen (EIGE)* wurde 2010 mit Sitz in Vilnius gegründet. Die Kommission hat sich damit eine wichtige Einrichtung geschaffen, die mit Forschung, Vernetzung, Bündelung von Erfahrungen und Expertisen den Weg für ein besseres Verständnis und eine größere Sensibilisierung für die Geschlechtergleichstellung in allen Lebensbereichen ebnet. EIGE erhebt und analysiert Daten zu geschlechtsspezifischen Ungleichheiten, liefert Informationen über den Stand der Gleichstellung in den EU-Staaten und unterstützt damit die politischen Entscheidungsträger/-innen darin, die Geschlechtergleichstellung in Europa zu fördern und so das Leben von Frauen und Männern zu verbessern. Mit dem Gender Equality Index, der Gender Mainstreamig Plattform, den Datenbanken und der kontinuierlichen Aufbereitung des Themas Gewalt gegen Frauen ist EIGE für die EU ein wichtiges Kompetenzzentrum für wissensbasierte Entscheidungen in Gleichstellungsfragen und kann auch für die neue Bundesstiftung Gleichstellung (siehe Kapitel 6) ein wichtiger Partner sein.

In meiner Zeit als Mitglied des Verwaltungsbeirats der EIGE, der das Direktorium unterstützt, habe ich den offenen Austausch untereinander, mit der damaligen Direktorin des EIGE, Virginija Langbakk (seit 22.2.2020 ist Carlien Scheele neue Direktorin) und mit der Vertreterin der Kommission sehr schätzen gelernt. Die Arbeit war getragen von dem Bewusstsein, dass eine so große Aufgabe nur gemeinsam bewältigt werden kann. Entsprechend waren die Diskussionen mitunter zwar hart in der Sache, aber immer wertschätzend im Umgang miteinander. Dazu hat auch die hohe Integrationskraft der sehr anerkannten Direktorin beigetragen.

Deutschland hatte im Rahmen seiner *EU-Ratspräsidentschaft* das »Gleichstellungsjahr 2020« ausgerufen. Das war eine gute Entscheidung, zumal Deutschland im Gleichstellungsindex 2021 des European Instituts for Gender Equality (EIGE) – wenn auch nur knapp mit 68,6 von 100 Punkten – auf Platz 10 lag.[33] Im Programm »Gemeinsam. Europa wieder stark machen!« der deutschen EU-Ratspräsidentschaft 1. Juli – 31. Dezember 2020 fand sich dazu zwar leider nur Allgemeines, prioritär sollte aber immerhin sein, »das Gebot des gleichen Entgelts für gleichwertige Arbeit für Frauen und Männer zu verwirklichen, die Gleichstellung von Frauen und Männern weiter vorantreiben und sichtbar zu machen sowie (sexuelle) geschlechtsspezifische Gewalt zu bekämpfen«. Auch die »gerechte Bewertung und Aufteilung

[33] Haufe online-Redaktion: Deutschland bei Gleichstellung auf Platz 10 – NEWS 15.11.2021 – EU-Gleichstellungsindex 2021; www.haufe.de/personal/hr-management/gleichstellungsindex-gleichstellung-in-eu-laendern-im-vergleich_80_502518.html.

der bezahlten und unbezahlten Arbeit zwischen den Geschlechtern in Europa, um den Gender Pay Gap wirksam reduzieren zu können« sollte stärker in den Fokus rücken: »Denn die Corona-Krise hat gezeigt, wie wichtig sowohl bezahlte als auch unbezahlte Arbeit für die wirtschaftliche Stabilität und das Wohlergehen unserer Gesellschaften ist.«[34]

Am 6.7.2021 unterzeichneten die Bundesfrauenministerin, ihre portugiesische Amtskollegin und ihr slowenischer Amtskollege auf einer Auftaktveranstaltung die gemeinsame »Trio Presidency Declaration on Gender Equality«. Darin verpflichten sich die drei EU-Staaten, im Bereich Geschlechtergerechtigkeit eng zusammenzuarbeiten, um

- die negativen Folgen der Corona-Pandemie für Frauen abzumildern,
- das EU-weite Hilfesystem für von Gewalt betroffene Frauen auszubauen
- den »Gender Pay Gap« in Europa zu reduzieren,
- geschlechtsspezifische Stereotype und Rollenbilder zu wandeln und
- die »Istanbul-Konvention« zu ratifizieren.

Deutschland hat auf einer Video-Konferenz der Minister/innen für Arbeit, Soziales und Gleichstellung am 13. Oktober 2020 ankündigt, sich für die Ratifizierung der Istanbul-Konvention durch die EU und ihre Mitgliedsstaaten einzusetzen.[35] Noch stockt das Verfahren, weil einige Mitgliedsstaaten, darunter Lettland, Bulgarien und Ungarn, die Konvention noch nicht ratifiziert haben.

Da war es natürlich eine herbe Niederlage für die Frauenrechte, dass die Türkei aus der Istanbul-Konvention ausgetreten ist und damit Polen und Ungarn eine Steilvorlage geliefert hat! Ein weiteres Zeichen dafür, dass Frauenrechte schwer unter Druck sind – eine Konteroffensive, der die EU dringend ein starkes und glaubwürdiges Bekenntnis zur Gleichstellung von Frauen und Männern entgegensetzen muss.

Insgesamt wurden unter der deutschen Ratspräsidentschaft die wichtigen Themenschwerpunkte gesetzt, wenngleich gerade im Hinblick auf die Maßnahmen zur Bewältigung der Corona-Krise unter Genderaspekten zum Teil noch sehr allgemein. Dabei wäre hier schon eine deutliche Positionierung zur sozialen Ausgewogenheit bei der Verteilung der Mittel und zu deren gendergerechter Steuerung hilfreich gewesen.

---

[34] Programm – Gleichstellung von Frauen und Männern – Neue Impulse für die Gleichstellung der Geschlechter in Europa; www.eu2020.de/eu2020-de/programm/gleichstellung-von-frauen-und-maennern-europa/2365248.

[35] Videokonferenz der Arbeits- und Sozialministerinnen und -minister der EU: Das waren die Themen der virtuellen Tagung; 13.1.2020; www.eu2020.de/eu2020-de/aktuelles/artikel/videokonferenz-der-arbeitsminister-eu-mitbestimmung-und-gleichstellung/2403034.

4. Mehr Frauen in die Politik! Die Quote in den Parteien

Bündnis90/Grüne

DIE Grünen waren die erste Partei, die (mit ihrer Parteigründung) im Jahr 1979 eine Frauenquote in ihrer Satzung verankerten – eine Quote von mindestens der Hälfte aller Mandate und Parteiämter. Ihr Frauenanteil unter den Mitgliedern betrug 2019 42,4%.[1]

SPD

Die *SPD* beschloss nach langer Auseinandersetzung auf ihrem für die SPD-Frauen legendären Münsteraner Parteitag am 30.8.1988 mit 362 Ja- und 54 Nein-Stimmen eine Quote, die stufenweise von zunächst 33% für Ämter und Mandate ausgehend ab 1998 mindestens 40% betragen sollte. Es war ein fulminanter Sieg für die SPD-Frauen – aber man tut wohl keinem Unrecht, wenn man feststellt, dass nicht alle 362 Ja-Stimmen aus voller Überzeugung abgegeben wurden! Freilich schmälerte das nicht den großen Erfolg für die Frauen in der SPD. Lange genug hatten sie dafür beharrlich gekämpft, allen voran Inge Wettig-Danielmeier, von 1981 bis 1992 Bundesvorsitzende der ASF und Karin Junker, von 1992 bis 2004 deren Bundesvorsitzende.

Auch Herta Däubler-Gmelin, die spätere Bundesjustizministerin, und Elke Ferner, ASF-Bundesvorsitzende und später Bundestagsabgeordnete und Parlamentarische Staatssekretärin im Bundesfrauenministerium, hatten engagiert für die Einführung der Quote gekämpft.[2] Herta Däubler-Gmelin wurde auf diesem »Quoten- Parteitag« als erste Frau zur stellvertretenden Parteivorsitzenden gewählt.

Natürlich waren seinerzeit auch nicht alle Frauen in der SPD begeisterte Quotenanhängerinnen. So gab es etwa die Sorge, als »Quotenfrau« nicht ernst genommen zu werden, wenn Frauen »nur« wegen der Quote und nicht ihrer Kompetenz und Überzeugungskraft wegen zum Zuge kommen könnten (eine Frage, die sich die Männer nie gestellt hatten!). Andere befürchteten (meist zu Recht!), von der Quote könnten genau jene Frauen profitieren, die alles andere als frauenpolitisch engagiert oder auch nur interessiert waren.

---

[1] Joachim Behnke: »Grüne Frauenquote – Die Gleichberechtigteren«; 26.6.2021; www.spiegel.de/politik/gruene-frauenquote-die-gleichberechtigteren-a-3c86596f-9c10-45bc-9b3c-ac2f92b0df96.

[2] Bundesparteitag der SPD in Karlsruhe, 14.–17.11.2005; Gleichstellungsbericht von Elke Ferner (MdB), Bundesvorsitzende der Arbeitsgemeinschaft Sozialdemokratischer Frauen (ASF); asf.spd.de/fileadmin/user_upload/2005_Gleichstellungsbericht.pdf.

Und einigen männlichen Genossen war die Quote schon gar nicht willkommen: »Die Parteifrauen hatten es in der Männerpartei SPD nicht geschafft, sich aus eigner Kraft zu behaupten und im Wettbewerb um Posten und Karrieren mitzuhalten. Dieses Bild der ›Quotenfrauen‹ passt aber so gar nicht ins Bild der ›starken Frauen‹, das so werbewirksam in der Öffentlichkeit zur Schau gestellt wird«[3] war nur eine der boshaften und frustrierten Reaktionen auf den Quotenbeschluss.

Neben den grundsätzlichen Einwänden war anfangs auch die Frage nach der Verfassungsmäßigkeit eines solchen, in die freie Willensbildung der Parteimitglieder eingreifenden Instruments durchaus Thema – eine Debatte, die für die SPD-Quote keine längere Nachwirkung hatte. Umso schärfer waren die Debatten im Zuge der Diskussion um Quoten im öffentlichen Dienst und sind es heute die Auseinandersetzungen um Parität in den Parlamenten. Die damalige ASF-Vorsitzende Inge Wettig-Danielmeier betonte immer wieder, dass die »Frauenquote« eine Mindestabsicherung für Frauen *und* für Männer in allen Parteigremien und für die Kandidatenaufstellung für öffentliche Wahlen sei. Tatsächlich ist es in der SPD seither selbstverständlicher geworden, Frauen und Männer gleichermaßen zu berücksichtigen, was den Frauenanteil in allen Bereichen deutlich erhöht und zu einer fortschrittlichen Programmatik in der Frauen- und Gleichstellungspolitik geführt hat. Dazu beigetragen hat maßgeblich, dass die ASF und die Jungsozialistinnen die Diskussionen nicht auf das (formale) Instrument beschränkt, sondern intensiv dafür gekämpft haben, in der SPD wieder eine neue und zukunftsorientierte Frauenpolitik aufzugleisen und breit zu verankern.

Der Frauenanteil in den wichtigen Gremien der Partei hat sich damit kontinuierlich nach oben entwickelt:

- im Parteivorstand von 25% im Jahr 1986 auf 50% im Jahr 2021,
- im Präsidium von 46,7% im Jahr 1986 ebenfalls auf 50% im Jahr 2021.

CDU/CSU

Die *CDU* hat 1996 auf ihrem Parteitag in Hannover ein sogenanntes Frauenquorum eingeführt, eine abgeschwächte Form der Frauenquote, mit der der Frauenanteil in bestimmten Positionen erhöht werden soll. Ein Drittel der Parteiämter und Mandate soll (freiwillig) mit Frauen besetzt werden, was man durch Appelle und Sanktionen an und für die jeweiligen Gremien zu erreichen hoffte. Diese unverbindliche Festlegung ist seitdem im Statut der CDU verankert. 24 Jahre später, am 8.7.2020, hat sich deren Struktur-

[3] Klaus Funken: »SPD: 25 Jahre Frauenquote sind genug«, 2.5.2012; www.bundestag.de/abgeordnete/biografien/mdb_zahlen_19/frauen_maenner-529508.

Tabelle 1: Repräsentanz von CDU-Frauen (2020)

Präsidium	33,3%
Bundesvorstand	41,0%
Bundestagsabgeordnete	22,0%
Ausschussvorsitzende	12,5%
Hauptamtliche der Bundespartei (Bereichs- und Stabsstellen-Leitung)	50,0%
Hauptamtliche Landesgeschäftsführer oder Generalsekretäre	5,9%

und Satzungskommission auf eine Frauenquote für Parteiämter und Mandate verständigt. Sie enthält eine Drittelbeteiligung von Frauen an Parteiämtern in der CDU und an öffentlichen Mandaten. Ab 2021 soll stufenweise ein Mindestanteil von Frauen in Vorstandsgremien ab der Kreisebene gelten – zunächst von 30%, ab dem Jahr 2023 dann 40%, und ab 2025 soll die volle Parität erreicht sein. Im Jahr 2020 stellte sich die Repräsentanz von Frauen in den maßgeblichen Gremien der CDU ausweislich des »Berichts zur politischen Gleichstellung von Frauen und Männern in der CDU«, der auf dem 33. Parteitag der CDU am 15. und 16. Januar 2021 vorgestellt wurde, wie in Tabelle 1 ausgewiesen dar.

Die Fortschritte werden in dem Bericht gewürdigt, die Defizite aber angesichts eines Frauenanteils unter den CDU-Abgeordneten von 22% selbstkritisch benannt. Die Struktur- und Satzungskommission hatte die oben genannten verbindlichen Quoten empfohlen (mit Abweichungsklausel, falls nicht genügend Frauen zur Verfügung stünden), des Weiteren eine dynamische Quote von einem Drittel für die Delegiertenwahlen zum Bundesparteitag und den Landesparteitagen ab 1.1.2021; ab einem weiblichen Mitgliederanteil von über 30% soll eine Quote von 40% und bei mehr als 40% Frauen unter den Mitgliedern eine Quote von 50% gelten: Für den Bundestag und die Landtage gilt, dass ab 1.1.2021 mindestens ein Drittel, ab 1.1.2023 mindestens 40% und ab 1.1.2025 mindestens 50% Kandidatinnen unter den ersten zehn Listenplätzen sein sollen und unter drei aufeinanderfolgenden Plätzen mindestens eine Frau. Damit will die CDU-Führung jetzt Ernst machen: Die CDU hat auf ihrem Parteitag am 9.9.2022 eine bis 2029 befristete Frauenquote bei der Vergabe von Parteiämtern beschlossen. 559 Delegierte hatten dafür gestimmt, 409 gegen diesen Vorschlag des Bundesvorstands. Danach sind ab 2023 Vorstände ab der Kreisebene zu einem Drittel mit Frauen zu besetzen, ab 2024 zu 40% und ab Mitte 2025 mit 50%, wie die Tagesschau berichtete.[4]

4 www.tagesschau.de/inland/cdu-parteitag-beschliesst-frauenquote-101.html.

Die *CSU* hatte auf ihrem Parteitag im Oktober 2019 die Chance, die Partei frauenpolitisch zu modernisieren und sich damit als Zukunftspartei zu präsentieren, nicht genutzt. »Nach einer lebendigen und leidenschaftlichen Debatte hat der Parteitag eine moderate Ausweitung der Beteiligung von Frauen in den Gremien beschlossen«, hieß es im CSU-Blatt »Top aktuelle CSU – CSU-Parteitag: Aufbruch Bayern. Zukunft Deutschland« vom 19.10.2019. Doch hinter der euphemistischen Überschrift »Wir brechen auf in eine neue Zeit!« verbirgt sich dieses selbst für langjährige CSU-Funktionäre ernüchternde Ergebnis der »lebendigen und leidenschaftlichen Debatte«: »Die bewährte Regelung für den Parteivorstand und für die Bezirksvorstände bleibt wie bisher. Die engeren Vorstände (Vorsitzender, stellvertretende Vorsitzende, Schatzmeister, Schriftführer, Digitalbeauftragter) müssen künftig auf Landes– und Bezirksebene mit Frauen und Männern paritätisch besetzt sein, auf Kreisebene ist diese paritätische Besetzung eine Soll-Regelung. In den Kreisvorständen sollen künftig 40% Frauen vertreten sein (Soll-Vorschrift).« Einen Monat vorher hatte sich der Bundesdelegiertentag der Frauen noch für paritätische Listen ausgesprochen: Der (virtuelle) Parteitag am 22.5.2020 griff das Thema Gleichstellung vorsichtshalber gar nicht mehr auf. Im beschlossenen Leitantrag »Deutschland stark machen – Aus Corona lernen und wachsen!« sind Frauen lediglich mit einem Satz erwähnt.

DIE LINKE

Die Partei *DIE LINKE* hat sich bereits seit 26.3.2007 in ihrer Bundessatzung verpflichtet, »bei Wahlen von Vorständen, Kommissionen, Arbeitsgremien und Delegierten (...) grundsätzlich mindestens zur Hälfte Frauen zu wählen. Ist dies nicht möglich, bleiben die den Frauen vorbehaltenen Mandate unbesetzt, eine Nachwahl ist jederzeit möglich. Kreis- und Ortsverbände, deren Frauenanteil bei weniger als einem Viertel liegt, können im Einzelfall Ausnahmen beschließen. | (5) Bei der Aufstellung von Wahlbewerberinnen und Wahlbewerbern für Parlamente und kommunale Vertretungskörperschaften ist auf einen mindestens hälftigen Frauenanteil in der Fraktion bzw. in der Abgeordnetengruppe hinzuwirken. Bei Wahlvorschlaglisten sind einer der beiden ersten Listenplätze und im Folgenden die ungeraden Listenplätze Frauen vorbehalten, soweit Bewerberinnen zur Verfügung stehen. Hiervon unberührt bleibt die Möglichkeit der Versammlung, einzelne Bewerberinnen abzulehnen. Reine Frauenlisten sind möglich.«

Mit Stand Dezember 2019/2020 hatte die Partei

- unter den Mitgliedern einen Frauenanteil von 36,4%,
- im Europaparlament einen Frauenanteil von 57%,
- in Bundestag und Landtagen insgesamt einen Frauenanteil von 52%.

Parität? Parität!

Die Forderung nach einer gesetzlichen Regelung für eine gleichberechtigte Repräsentanz von Frauen in den Volksvertretungen wurde schon vor einigen Jahren erhoben und hat in der jüngeren Zeit an Dynamik gewonnen. Aus gutem Grund: Der Frauenanteil im Deutschen Bundestag hatte sich im Verlauf der letzten Jahrzehnte eine Zeitlang positiv entwickelt, stagniert aber wieder und war teilweise sogar rückläufig (siehe Tabelle 2). Der magere Frauenanteil ist im Wesentlichen auf den Einzug der AfD zurückzuführen, deren Frauenanteil unter den Abgeordneten bei blamablen 13% liegt (siehe Tabelle 3). Auch die Unionsparteien und die FDP sind mit deutlich unter 30% noch weit entfernt von einer gleichberechtigten Vertretung der Geschlechter in ihren Fraktionen.

Mit 256 weiblichen von 735 Abgeordneten in der 20. Legislaturperiode ist zwar nach der letzten Bundestagswahl eine leichte Steigerung gegenüber zu verzeichnen: Die danach im Bundestag erreichten 34,9% Frauenanteil sind aber noch immer deutlich von einer paritätischen Zusammensetzung entfernt. »Nach der Wahl scheint das Heft des Handelns einmal mehr in männlicher Hand«, kommentierten die 43 in der »Berliner Erklärung« zusammengeschlossenen Initiatorinnen und Frauenverbände dieses Wahlergebnis.[5] Auch die frühere Bundestagspräsidentin Rita Süssmuth kritisierte den niedrigen Frauenanteil: »Von Parität sind wir noch weit entfernt.« Der Bundestag müsse jetzt die gesetzliche Regelung des Frauenanteils in Parlamenten auf Bundes-, Landes- und Kommunalebene einleiten.[6]

In den Landesparlamenten ist ebenfalls noch deutlich Luft nach oben – in allen Parteien (siehe Tabelle 4). Die Kampagnen und Initiativen um mehr Frauen in der Politik und um ein entsprechendes Paritätsgesetz gehen deshalb weiter.

Vieles ist in der Vergangenheit bereits initiiert worden: Das BMFSFJ hat seit 2016 in Kooperation mit der EAF Berlin Paritätsveranstaltungen in mehreren Bundesländern durchgeführt, den von der EAF 2019 herausgegebenen Leitfaden »Macht zu gleichen Teilen – Ein Wegweiser zu Parität in der Politik« sowie entsprechende Kampagnen (»Frauen Macht Kommune«) gefördert und Untersuchungen durchgeführt (z.B. »Engagiert vor Ort – Wege und Erfahrungen von Kommunalpolitikerinnen« oder »Frauen führen Kommunen – eine Untersuchung zu Bürgermeisterinnen und Bürgermeistern in

---

[5] »Bundestagswahl – Kritik am niedrigen Frauenanteil im neuen Bundestag«, DW 28.9.2021; www.dw.com/de/kritik-am-niedrigen-frauenanteil-im-neuen-bundestag/a-59342271.

[6] Ebd.

Tabelle 2: Frauenanteile in den Legislaturperioden (LP)

1.–10. Legislaturperiode	zwischen 6,8 und 9,8%
11. Legislaturperiode	< 20%
12. und 13. Legislaturperiode	20 – 30%
14. Legislaturperiode	30,9%
18. Legislaturperiode	36,5%
19. Legislaturperiode	30,7%
20. Legislaturperiode, seit November 2021	35,0%

Tabelle 3: Frauenanteil im Deutschen Bundestag nach Parteien 2017 und 2021:

	2017	**2021**
B90/Die GRÜNEN	58,2%	58%
Die LINKE	53,6%	53,8%
SPD	41,8%	41,7%
FDP	23,8%	25%
CDU/CSU	19,9%	23%
AfD	10,9%	13%

Quelle: 2017 = www.bundestagswahl-2021.de/frauenanteil-im-bundestag;
2021 = de.statista.com/statistik/daten/studie/741896/umfrage/frauenanteil-im-deutschen-bundestag-nach-wahlperiode

Tabelle 4: Frauenanteile Abgeordnete in den Landesparlamenten (Oktober 2021

Bayern	27,3%
Hamburg	43,9%
Nordrhein-Westfalen	27,6%
Sachsen	27,7%
Sachsen-Anhalt	27,8%
Niedersachsen	28,5%
Baden-Württemberg	29,2%
Thüringen	31,0%
Schleswig-Holstein	31,5%
Rheinland-Pfalz	31,7%
Brandenburg	31,8%
Saarland	33,3%
Hessen	34,3%
Berlin	36,1%
Mecklenburg-Vorpommern	36,7%
Bremen	36,9%

Quelle: www.lpb-bw.de/frauenanteil-laenderparlamenten#c8378

Ost und West«). In Rheinland-Pfalz hat das Frauenministerium von 2010 bis 2014 mit Blick auf die Kommunalwahl 2014 in Kooperation mit den kommunalen Gleichstellungsbeauftragten in fünf Regionen das Projekt »Mit Mentoring vor Ort – Mehr Frauen in die Kommunalpolitik!« durchgeführt. Frauen, die ein politisches Amt anstrebten bzw. sich politisch engagieren wollten, konnten dabei auf die Unterstützung erfahrener Politikerinnen zurückgreifen. Mit solchen und ähnlichen Projekten auf Bundes- und Landesebene konnte die öffentliche Aufmerksamkeit auf das Thema mehr Frauen in die Parlamente gerichtet werden. An der Übernahme eines Mandats interessierte Frauen wurden ermutigt und darin unterstützt, ihre Potenziale einzubringen.

Auch die Frauenverbände machen schon seit Langem Druck für mehr Frauen in der Politik:

- Der Deutsche Frauenrat, Dachverband von rund 60 bundesweit aktiven Frauenorganisationen, hatte gemeinsam mit der Konferenz der Landesfrauenräte und der Bundesarbeitsgemeinschaft kommunaler Frauenbüros und Gleichstellungsstellen die Vorsitzenden der demokratischen Parteien in den Bundesländern aufgefordert, »sich im Zuge der laufenden Nominierungsprozesse für mehr Frauen bei der Aufstellung der Kandidat*innen für die Listen- und Direktmandate zur Bundestagswahl 2021 einzusetzen« und Anfang 2019 die Kampagne »#MehrFrauenindieParlamente« ins Leben gerufen.
- Der Deutsche Frauenring startete 2019 die Petition »#50Prozent Frauen in den Parlamenten«, die dem Bundestag übergeben wurde.
- Der Deutsche Juristinnenbund hat Vorschläge für Änderungen im Parteiengesetz erarbeitet. Er begleitet die Entwicklung kontinuierlich mit gut aus- und aufgearbeiteten Expertisen.

Das ist auch bitter nötig. Nach über 70 Jahren Gleichberechtigung im Grundgesetz ist eine gleichberechtigte Repräsentanz von Frauen in der Politik mehr als überfällig – auch in den Kommunen: Nur 9% der Rathäuser wurden 2019 von einer Frau geführt. In den kommunalen Vertretungen lag der durchschnittliche Frauenanteil im gleichen Jahr in allen Ländern dramatisch unter 50%; laut 4. Gleichstellungsatlas 2020 des BMFSFJ (Zahlen des Statistischen Bundesamtes) im Durchschnitt sogar weniger als ein Drittel, nämlich klägliche 27,7%. Auch in den Kommunalparlamenten lag der Anteil an weiblichen Mandatsträgerinnen bei nur 27,7% (siehe hierzu auch Tabelle 5).

Tabelle 5: Frauenanteil in den Kommunalparlamenten 2020 in%

Bremen	41,9%
Berlin	39,4%
Hamburg	38,4%
Hessen	32,4%
Rheinland-Pfalz	31,0%
Nordrhein-Westfalen	30,1%
Brandenburg	28,4%
Saarland	28,4%
Niedersachsen	26,5%
Bayern	26,0%
Thüringen	26,0%
Baden-Württemberg	24,9%
Mecklenburg-Vorpommern	24,8%
Sachsen-Anhalt	20,3%
Sachsen	20,0%

Zahlen aus Schleswig-Holstein fehlen mangels Vergleichbarkeit in der Übersicht.

Gesetzesinitiativen und Urteile

In Rheinland-Pfalz versuchte die rot-grüne Landesregierung bereits zur Kommunalwahl 2014 ein Paritätsgesetz »light«, nach dem »Frauen und Männer gleichmäßig in Vertretungskörperschaften repräsentiert sein (sollen) (Geschlechterparität)« und dazu »bei der Aufstellung der Wahlvorschläge die Parteien und Wählergruppen aufgefordert« (werden sollten), »Geschlechterparität anzustreben«. Die Stimmzettel bei den Landtagswahlen sollten »den Text des Artikels 3 Abs. 2 Satz 1 Grundgesetz enthalten, den Geschlechteranteil in der Vertretungskörperschaft und den Geschlechteranteil auf dem Wahlvorschlag – bis zu dem Platz, der der Hälfte der in der Wahl zu vergebenden Plätze entspricht (aussichtsreiche Plätze)«. Auch sollten die Stimmzettel darüber informieren, wie viele Frauen auf den vorderen Plätzen der Wahllisten stehen. Der Verfassungsgerichtshof Rheinland-Pfalz hat darin jedoch in einem von der AfD angestrengten Verfahren des einstweiligen Rechtsschutzes am 4.4.2014 »erhebliche Gründe für die Annahme (gesehen), dass sich die genannten Vorschriften – vorbehaltlich einer abschließenden Prüfung im Hauptsacheverfahren – als verfassungswidrig erweisen werden, weil sie den Grundsatz der Freiheit der Wahl verletzen«.[7]

---

[7] VGH Rheinland-Pfalz A 15/14 und VGH A 17/14; www.landesrecht.rlp.de/bsrp/document/KVRE003331415.

Zur Begründung führte das Gericht in seinem Beschluss aus, dass aus dem Grundsatz der Freiheit der Wahl das an den Staat gerichtete Verbot amtlicher Wahlbeeinflussung folge; dieses setze der konkreten Gestaltung des Stimmzettels Grenzen. Das gelte auch dann, wenn damit die Verwirklichung materieller Verfassungsaufträge gefördert werden solle. Die unbedingte Unzulässigkeit der staatlichen Einwirkung auf die Willensbildung des Wählers folge in diesem Fall bereits aus ihrem unmittelbaren zeitlichen und räumlichen Zusammentreffen mit dem eigentlichen Wahlakt.[8]

Auch Brandenburg scheiterte vor dem dortigen Verfassungsgerichtshof mit seinem Paritätsgesetz, gegen das AfD und NPD Verfassungsbeschwerden eingelegt hatten. Das vom brandenburgischen Landtag am 31.1.2019 beschlossene Gesetz sah eine gesetzliche Quote von 50% für Frauen auf den Wahllisten bei Landtagswahlen vor. Die Parteien hätten dazu auf ihren Wahllisten ebenso viele Frauen wie Männer als Kandidat/-innen aufstellen müssen. Dazu kam es aber nicht: Der Verfassungsgerichtshof Brandenburg erklärte am 23.10.2020 dieses Paritätsgesetz für verfassungswidrig und damit für nichtig. In der Begründung heißt es: Die Vorgabe einer paritätischen Besetzung von Landeslisten für Wahlen zum Landtag Brandenburg verletze die Parteienfreiheit, die Wahlvorschlagsfreiheit und die Chancengleichheit der politischen Parteien. Änderungen im Wahlrecht, die Auswirkungen auf das Demokratieprinzip hätten, seien dem Verfassungsgesetzgeber vorbehalten und damit dem Zugriff des einfachen Gesetzgebers entzogen. Auch ermächtige Art. 12 Abs. 3 Satz 2 der Landesverfassung nicht zur einfachgesetzlichen Änderung verfassungskonstituierender demokratischer Strukturprinzipien. Das Paritätsgesetz überschreite daher den durch das Demokratieprinzip der Landesverfassung gesetzten Rahmen. Schließlich verletze das Gesetz die Grundrechte auf Gleichheit der Wahl und das Verbot der Ungleichbehandlung wegen des Geschlechts.[9]

Einige Monate zuvor hatte auch der Thüringer Verfassungsgerichtshof (ThVerfGH) mit einer Mehrheit von sechs zu drei Stimmen die dortige Regelung im Landeswahlrecht für nichtig erklärt, wonach Parteien ihre Kandidatenlisten für Landtagswahlen abwechselnd mit Männern und Frauen zu besetzen hatten (»Reißverschlussprinzip«). Danach sollten Wahlvorschläge,

---

[8] Täte sie das nicht, könnte sie ja auch ihren Zweck nicht erfüllen, Artikel 3 Absatz 2 Satz 2 GG auch im Wahlverfahren zu berücksichtigen!

[9] Verfassungsgericht Brandenburg, Beschluss vom 16.7.2020 – VfGBbg9/19; verfassungsgericht.brandenburg.de/verfgbbg/de/ entscheidungen/entscheidungssuche/detail-entscheidung/~16-07-2020-vfgbbg-919-sonstige_und VfGBbg 55/19.

die nicht diesen Anforderungen entsprächen, zurückgewiesen oder teilzurückgewiesen werden. Das Gesetz hätte am 1.1.2020 in Kraft treten sollen.

Sechs Richter befanden in ihrem Mehrheitsvotum jedoch, dass die Regelungen das Recht auf Freiheit und Gleichheit der Wahl sowie das Recht der politischen Parteien auf Betätigungsfreiheit, Programmfreiheit und Chancengleichheit beeinträchtigten, denn es schränke »die Freiheit der Wählerinnen und Wähler ein, auf die Verteilung der Geschlechter im Parlament durch die Wahl einer Liste Einfluss zu nehmen, auf der jeweils nur oder überwiegend Männer oder Frauen aufgeführt sind«. Auf diese Weise werde »eine bestimmte geschlechtsbezogene Zusammensetzung des Parlaments determiniert«. Bürger könnten sich bei der Aufstellung der Landeslisten nicht mehr auf jeden, sondern nur noch auf jeden zweiten Platz bewerben. Das beeinträchtige ihr in Art. 47 der Landesverfassung (LV) garantiertes passives Wahlrecht. Schließlich werde auch die Programmfreiheit der Parteien eingeschränkt, denn das Paritätsgesetz hindere sie daran, Inhalte und Aussagen ihres Programms mit einer spezifischen geschlechterbezogenen Besetzung ihrer Listen zu untermauern.[10]

In einem Sondervotum haben drei Richter/-innen festgestellt (nebenbei: an dem Urteil zum Paritätsgesetz wirkten acht Richter und eine [!] Richterin mit), dass sich das Urteil nicht angemessen mit dem Verfassungsauftrag in Art. 2 Abs. 2 Satz 2 der Thüringer Verfassung (dieser entspricht Art. 3 Abs. 2 Satz 2 GG) auseinandersetze. Gegen die vielfältigen strukturellen Benachteiligungen von Frauen, gerade in der Politik, sei die Paritätsregelung ein nach der Thüringer Verfassung zulässiges Förderinstrument, durch das Chancen-, aber nicht Ergebnisgleichheit erzeugt werde. Bei anderen als zulässig anerkannten Regelungen sei der Eingriff deutlich stärker, z.B. bei der Sperrklausel, den Überhangmandaten oder dem Mindestwahlalter.[11]

Der Deutsche Frauenrat kritisierte das Urteil scharf: es sei ein herber »Rückschlag für die Gleichstellung in Thüringen und darüber hinaus«. Die Entscheidung mit der Freiheit und Gleichheit der Wahl zu begründen, ignoriere, »dass Wähler*innen auch heute das Geschlechterverhältnis im

---

[10] VerfGH Thüringen 2/20, Urteil vom 15.7.2020; dejure.org/dienste/vernetzung/rechtsprechung?Gericht=VerfGH%20Th%FCringen&Datum=15.07.2020&Aktenzeichen=VerfGH%202/20. Die Argumentation ist richtig! Aber genau das ist ja auch der Sinn der Sache! Es soll gerade vermieden werden, dass die Wahllisten die Hälfte der Bevölkerung nicht oder völlig unzureichend repräsentieren und davon natürlich auch die Politik beeinflusst wird.

[11] Sondervotum; www.rechtslupe.de/brennpunkt/das-thueringer-paritaetsgesetz-oder-keine-zwangsweise-frauenquote-bei-der-landtagswahl-3214959#20-sondervotum-des-richters-he%C3%9Felmann.

Parlament nicht beeinflussen können, wenn auf Wahllisten hauptsächlich Männer stehen«, so das Vorstandsmitglied Elke Ferner.[12] Auch die frühere Bundestagspräsidentin Rita Süssmuth hielt mit ihrer Kritik an dem Urteil nicht hinter dem Berg: »Das Urteil des Thüringer Landesverfassungsgerichts will alles beim Alten belassen. Unsere Verfassung erlaubt dem Gesetzgeber, die Parteien zu verpflichten, Frauen und Männer in Parlamentswahlen paritätisch aufzustellen, und damit ist ein solches Gesetz verfassungskonform.«[13]

Die Urteile der Landesverfassungsgerichte Brandenburg und Thüringen wurden dem Bundesverfassungsgericht in Karlsruhe vorgelegt. Dieses hat die Verfassungsbeschwerde gegen das Urteil des Thüringer Verfassungsgerichtshofs am 6.12.2021 als unzulässig zurückgewiesen: Die geltend gemachte Verletzung von »rügefähigen Grundrechten oder grundrechtsgleichen Gewährleistungen« sei nicht genügend dargelegt worden.[14] Auch greife das Paritätsgesetz Thüringens in die Grundsätze der Freiheit und Gleichheit der Wahl ein. Weder aus der Thüringer Verfassung noch aus dem Grundgesetz könne das Erfordernis eines paritätischen Wahlvorschlagsrechts abgeleitet werden.

Der 2. Senat hatte bereits mit Beschluss vom 15.12.2020 eine Wahlprüfungsbeschwerde von zehn Klägerinnen als unzulässig verworfen.[15] Diese hatten in ihrer Beschwerde das Fehlen gesetzlicher Regelungen zur paritätischen Ausgestaltung des Wahlvorschlagsrechts der Landeslisten und Wahlkreiskandidaturen für die Bundestagswahl vom 24.9.2017 gerügt. Obwohl bei der Bundestagswahl 2017 mehr als die Hälfte der Wahlberechtigten (51,5%) Frauen waren, hatte deren Anteil an den Direktkandidaturen in den Wahlkreisen lediglich bei 25% gelegen, ihr Anteil an den jeweils ersten fünf Listenplätzen der Parteien bei 34,7%. Der Frauenanteil Im Bundestag war damit gegenüber der vorherigen Legislaturperiode von 36,3 auf 30,7% gesunken. Das geltende Wahlorganisationsrecht, so die Klägerinnen, wirke sich also zulasten von Frauen aus.

---

[12] Deutscher Frauenrat, »Herber Rückschlag für die Demokratie – Jetzt muss Bundesverfassungsgericht entscheiden«, Pressemitteilung vom 15.7.2020; www.frauenrat.de/herber-rueckschlag-fuer-die-demokratie-jetzt-muss-bundesverfassungsgericht-entscheiden/.

[13] Rita Süssmuth: »Paritätische Regeln sind verfassungskonform«; dpa 16.7.2020; www.berlin.de/aktuelles/berlin/6235561-958092-suessmuth-paritaetische-regelungen-sind-.html.

[14] Bundesverfassungsgericht; Beschluss vom 6.12.2021 – 2 BvR 1470/20 –.

[15] Pressemeldung Nr. 11/2021 vom 2.2.2021 zum Beschluss des Bundesverfassungsgerichts vom 15.12.20, AZ 2 BvC 46/19.

Nach Auffassung des Senats (fünf Frauen und drei Männer) unter der Vizepräsidentin Doris König hatten die Klägerinnen aber nicht substanziiert dargelegt, dass der Gesetzgeber nach der Verfassung *verpflichtet* sei, das Wahlvorschlagsrecht der politischen Parteien paritätisch auszugestalten. Es spreche »viel dafür, dass sich ein gesetzliches Paritätsgebot als Eingriff in das Recht der freien Wahl darstellt, da die Möglichkeit der freien Kandidatur und des freien Vorschlagsrechts beeinträchtigt wird, wenn aufgrund einer gesetzlichen Quotierung den Wahlbewerbern je nach Geschlechtszugehörigkeit nur bestimmte Listenplätze zur Verfügung stehen«. Der Gesetzgeber sei daher nicht in der Pflicht, das Wahlvorschlagsrecht paritätisch auszugestalten; das Wahlrecht sehe in dieser Frage nicht einmal einen Gestaltungsspielraum für den Gesetzgeber vor. Auch gewährleiste »der Grundsatz der Freiheit der Wahl, dass die Wählenden ihr Urteil in einem freien, unbeeinflussten Prozess der Willensbildung gewinnen und fällen können«.[16]

Der 2. Senat des Bundesverfassungsgerichts hat sich sehr ausführlich mit den Wahlrechtsgrundsätzen befasst und damit, in welchem Spannungsverhältnis diese zu einer etwaigen gesetzlichen Paritätsregelung stehen. Er zeigt deutlich auf, wo in der Wahlprüfungsbeschwerde dazu fundiertere und substanziiertere Darlegungen und Begründungen erforderlich gewesen wären. Diese Anforderung ließe sich in ein einem weiteren Verfahren sicher erfüllen.

An einigen Stellen kommt die konträre Auffassung des Senats aber sehr deutlich zum Ausdruck, nämlich bei der Frage, ob der Gesetzgeber verpflichtet ist, das Wahlrecht in Richtung eines Paritätsgesetzes umzugestalten: »Nach Art. 38 Absatz 1 Satz 2 ist jeder Abgeordnete Vertreter des gesamten Volkes. (...) Dieses ›freie Mandat‹ der Abgeordneten beinhaltet eine Absage an alle Formen einer imperativen, von Unternehmen, Gewerkschaften, Volksgruppen, Verbänden, Alters- oder Geschlechtergruppen) ausgehenden inhaltlichen Bindung des Abgeordneten bei der Wahrnehmung seines Mandats. Sind die einzelnen Abgeordneten aber Vertreter des ganzen Volkes und an Aufträge und Weisungen nicht gebunden, kommt es für die Vertretung des Volkes gerade nicht darauf an, dass sich das Parlament als verkleinertes Abbild des Elektorats darstellt.«[17]

Darin wird ein Verständnis von Frauen als einer Gruppe unter vielen deutlich, das es als grundgesetzwidrig, weil willkürlich erscheinen lässt, eine einzelne Gruppe herauszugreifen und bevorzugt zu behandeln. Warum – so

---

16 www.rehm-verlag.de/Gleichstellungsrecht/aktuelle-beitraege-zum-gleichstellungsrecht /paritaetsgesetz-in-thueringen-fuer-nichtig-erklaert/.

17 Bundesverfassungsgericht; Beschluss vom 6.12.2021 – 2 BvR 1470/20 –.

die dahinterstehende Frage – sollte das dann nicht auch für Menschen mit Migrationshintergrund, mit Behinderungen, für LGBTI oder sozial Schwache gelten? Diese Frage ist leicht zu beantworten: weil das Geschlecht Frau oder Mann nicht irgendein gruppenbezogenes Merkmal ist, sondern ein Merkmal, das in (fast) allen Gruppen vorkommt. Das Geschlecht Frau/Mann ist eine übergeordnete Kategorie, die nicht auf einer Ebene steht mit sozialen oder demografischen Gruppen von Menschen, wie sie das Bundesverfassungsgericht beispielhaft aufgezählt hat. Es ist vielmehr konstitutiv für das soziale Zusammenleben, ja für das Leben überhaupt.

In allen gesellschaftlichen Gruppen ist es daher erforderlich, die Situation von Frauen (und Männern) genau zu betrachten und geschlechtsbezogene Benachteiligungen, die auf traditionellen Rollenmustern und auf einer gesellschaftlichen geschlechtsspezifischen Zuschreibung und faktischen Zuteilung von Aufgaben entstehen, zu erkennen und abzubauen.

Das zu erkennen und politisch aufzugreifen, ist nicht durch den Grundsatz der »Gesamtrepräsentation« des einzelnen Abgeordneten gewährleistet. Dieser Grundsatz kann deshalb auch nicht für das Geschlechterverhältnis oder die Besetzung von Mandaten durch Frauen und Männer gelten. Denn – wie Heribert Prantl zutreffend feststellte: »Frauen sollen ja nicht als Gruppenvertreterinnen gewählt werden, um Fraueninteressen zu vertreten. Sie sollen als Vertreterinnen des ganzen Volkes gewählt werden. Sollen nur Männer das ganze Volk vertreten können?«[18] Wenn nämlich das Wahlrecht präjudiziert oder zumindest begünstigt, dass mehr als die Hälfte der Bevölkerung im Bundestag – dauerhaft – nicht angemessen repräsentiert wird, ist das meines Erachtens ein sehr gewichtiges Indiz dafür, dass der Gestaltungsspielraum des Gesetzgebers insoweit verengt und er zum Handeln verpflichtet ist.

Die Ausführungen und Formulierungen des Senats lassen dennoch hoffen, dass – auch wenn es nicht der herrschenden Meinung in der Literatur und der ständigen Rechtsprechung entspricht – eine Klage unter Beachtung der von ihm formulierten Anforderungen jedenfalls nicht von vorneherein aussichtslos wäre. Nicht zuletzt sind es aber auch die Strukturen der Parteien und ihrer Arbeit insgesamt, die Frauen bis heute weniger ansprechen und ihnen weniger entsprechen als Männern, weshalb sich viele Frauen eher in zivilgesellschaftlichen Organisationen engagieren als in den Parteien:

---

[18] Heribert Prantl: »Schnecke auf Eis – Verlangt die Gleichberechtigung 50% Frauen in den Parlamenten? Was das höchste Gericht dazu sagt und warum Paritätsgesetze nicht verfassungswidrig sind«; Süddeutsche Zeitung vom 6./7.2.2021.

»Männer verfügen in der Regel über mehr Zeit, mehr materielle Ressourcen und bessere Netzwerke«, konstatierte Helga Lukoschat von der EAF.[19]

Zeitintensive Debatten, lange Sitzungen, häufig mit anschließenden informellen Runden beim Bier und Männerseilschaften schaffen eine Kultur der politischen Arbeit, die Frauen in den Parteien abschreckt und strukturell benachteiligt. Diese Strukturen lassen sich zwar weiter aufbrechen, aber auch das ist besonders in den Parteien mit einer langen Tradition und Geschichte ein längerer Prozess. Auch dass bei Direktkandidaturen die Kandidatinnen und Kandidaten ihren Wahlkampf selbst finanzieren müssen, ist für viele Frauen eine zu hohe Hürde; da können leicht mehrere tausend Euro zusammenkommen.

Der französische Weg

Während in Deutschland im Jahr 2021 mit 34,7% (gegenüber 35% in der vorherigen Legislaturperiode) der Frauenanteil im Bundestag von einer paritätischen Besetzung noch deutlich entfernt ist, glänzte Frankreich mit einem beachtlichen Frauenanteil von knapp 40% in der Nationalversammlung. Bei der Wahl 2022 ging der Anteil aber auf 37,3% zurück, was vor allem auf die Fraktion »Republicain« zurückgeht. Das war nicht immer so: Bis zum Jahr 2000 waren nicht einmal 10% der Abgeordneten der Nationalversammlung Frauen, während der Anteil von Frauen im Deutschen Bundestag bei um die 30% lag – »weil die Parteien (in Deutschland) interne Quoten hatten«.[20]

In Frankreich hatte die politische und verfassungsrechtliche Auseinandersetzung allerdings auch einen deutlich längeren Vorlauf: Bereits 1982 hat der Conseil constitutionel, das Pendant zu unserem Bundesverfassungsgericht, ein Gesetz für verfassungswidrig erklärt, mit dem eine 25%-Frauenquote bei den Kommunalwahlen eingeführt werden sollte. Die Begründung war inhaltlich sehr ähnlich wie die unserer Landesverfassungsgerichte: Das Prinzip der Gleichheit vor dem Gesetz stehe jeglicher Unterteilung in Kategorien von Wählern und Wählerinnen entgegen. Um diese verfassungsrechtliche Hürde zu überwinden, hat die Nationalversammlung am 8.7.1999 Artikel 3 der französischen Verfassung ergänzt und festgelegt, »dass das

[19] Helga Lukoschat im Interview mit Mika Bascha: »Die Macht wird mit Zähnen und Klauen verteidigt«, 14.7.2020; www.fr.de/politik/macht-wird-zaehnen-klauen-verteidigt-13832474.html.

[20] »Paritätsgesetz in Frankreich – Junge Frauen werden durch junge Frauen ersetzt«; Catherine Achin im Interview mit dem Spiegel vom 8.3.2019; www.spiegel.de/politik/ausland/paritaet-ist-frankreich-ein-vorbild-fuer-deutschland-a-1256355.html.

Gesetz den gleichen Zugang von Frauen und Männern zu Wahlmandaten und Wahlfunktionen fördert«.[21]

Auf dieser Grundlage wurden Gesetze beschlossen, die die Parteien verpflichten, bei Listenwahlen gleich viele Frauen wie Männer in abwechselnder Folge aufzustellen. Dieses Wahlverfahren gilt inzwischen für alle Kommunen mit mehr als tausend Einwohner/-innen, für die Wahlen zu den Räten der Regionen und zum Europäischen Parlament sowie für die Wahlen zum Senat und in den Departements, in denen mehr als vier Mitglieder des Senats zu wählen sind. Die Nationalversammlung wird in Frankreich ausschließlich in Wahlkreisen nach dem Mehrheitswahlrecht in zwei Wahlgängen gewählt, was die Gleichstellung von Frauen und Männern deutlich erschwert. Parteien, die nicht je 50% Frauen und Männer aufstellen, wird daher – orientiert an der Abweichung von diesem Zielwert – ein Teil der öffentlichen Wahlkampf-Finanzierung gestrichen. Für die Wahlen zu den Räten der Departements wird die Parität auf eine besondere Weise garantiert. Hier kandidieren jeweils eine Frau und ein Mann gemeinsam als »*Binome*«, also als Pärchen.

Die politische Diskussion über die gleichberechtigte Vertretung von Frauen und Männern auf kommunaler Ebene in Legislative und Exekutive geht in Frankreich aber noch weiter. Der Rechtsausschuss der Nationalversammlung hat am 6.10.2021 dem Bericht einer »*Mission Flash*« von zwei Abgeordneten zugestimmt, die verschiedene Möglichkeiten skizzieren, wie Frauen in Zukunft auch in Gemeinden mit weniger als 1000 Einwohner/-innen und in Verwaltungsgemeinschaften mehrerer Gemeinden gleichberechtigt vertreten sein sollen. Bisher gelten die Paritätsregeln nicht für Gemeinden, in denen weniger als tausend Menschen leben und auch nicht für Verwaltungsgemeinschaften, mit denen selbständige Gemeinden gemeinsam Aufgaben erledigen. Das führt dazu, dass in diesen Gemeinden nur 37,6% der Ratsmitglieder Frauen sind und in den Verwaltungsgemeinschaften sogar nur 35,8%; lediglich 11,2% von ihnen sind Präsidentinnen und 25,6% Vize-Präsidentinnen dieser interkommunalen Gremien. Diese »toten Winkel« hält der Rechtsausschuss des französischen Parlaments für »nicht länger akzeptabel«.[22]

---

[21] Assemblée Nationale, Commission des Lois: »Mission Flash sur la parité dans les fonctions électives et exécutives du bloc communal«, 6.10.2021.

[22] Silke Laskowski: »Vor der Wahl 2021: Deutschland ist in demokratischer Bewegung – Parité en marche!«, zwd Politikmagazin, Ausgabe 386/2021.

Von selbst ändert sich nichts!

Im Oktober 2020 hat die Bundestagspräsidentin a.D. Rita Süssmuth eine hochkarätig zusammengesetzte Arbeitsgruppe zur Parität im Wahlrecht eingerichtet. Ihr gehören an: die ehemaligen Richterinnen am Bundesverfassungsgericht Dr. Christine Hohmann-Dennhardt, Dr. Renate Jaeger, die ehemalige Richterin am Europäischen Gerichtshof für Menschenrecht (EGMR) Prof. Dr. Silke Laskowski und die Professorinnen Frauke Brosius-Gersdorf, Jelena v. Achenbach und Friederike Wapler. Die Arbeitsgruppe hat die Urteile analysiert und die verfassungsrechtlichen Grundlagen und Möglichkeiten für Gesetze zur paritätischen Aufstellung von Frauen und Männern für Parlamentswahlen geprüft. Sie betont den politischen Gestaltungsauftrag des Gesetzgebers, zu dem auch die Ausgestaltung des Wahlrechts gehöre. Denn: »Es gibt keinen Schutz eines ›Besitzstands‹ im Wahlrecht.« Der Zuschnitt und die Anzahl der Direktwahlkreise seien daher »ebenso änderbar wie die Prinzipien der Listenwahl (starre vs. offene Listen)«.[23]

Auch der Deutsche Juristinnenbund hat Vorschläge zur Parität vorgelegt – keine gesetzlichen, sondern über die Parteien,[24] vom Deutschen Frauenrat liegen Vorschläge für eine Änderung des Wahlgesetzes vor,[25] und die SPD setzt sich in ihrem Zukunftsprogramm »für Paritätsgesetze für den Bundestag, die Länder und Kommunen ein, damit Frauen und Männer in gleichem Maße an politischen Entscheidungen beteiligt sind«[26] ein.

Von selbst ändert sich nichts, wie sich an der Landesliste der CDU Sachsen-Anhalt zur Bundestagswahl 2021 und am Wahlergebnis insgesamt gezeigt hat: Dort standen die Namen von acht Männern und einer Frau – »ein Armutszeugnis« befand die schleswig-holsteinische Bildungsministerin Karin Prien, CDU.[27] Auf der Liste zur Landtagswahl fand sich sogar nur eine Frau unter zehn Männern – höchste Zeit, dass dem ein gesetzlicher Riegel vorgeschoben wird!

---

[23] Rita Süssmuth/Jelena von Achenbach/Frauke Brosius-Gersdorf/Christine Hohmann-Dennhardt/Renate Jaeger/Silke Laskowski/Friedrike Wapler: »Es gibt keinen Bestandsschutz im Wahlrecht«, 21.10.2020; www.verfassungsblog.de/es-gibt-keinen-besitzstandsschutz-im-wahlrecht/.

[24] www.zeit.de/gesellschaft/2019-01/frauen-politik-bundestag-paritaet-verfassung-juristinnenbund.

[25] Deutscher Frauenrat: »Parität – Konkrete Vorschläge zur Umsetzung müssen zügig vorliegen«; www.frauenrat.de/paritaet-konkrete-vorschlaege-zur-umsetzung-muessen-zuegig-vorliegen/.

[26] Das Zukunftsprogramm der SPD, S. 42.

[27] »CDU Sachsen-Anhalt: CDU-Frauen kritisieren männlich dominierte Wahllisten«; Zeit Online, 21.2.2021.

Die Arbeitsgruppe um Rita Süssmuth weist zutreffend darauf hin, dass dies durchaus verfassungskonform möglich und gerechtfertigt ist: »Ein solcher den Wahlrechtsgrundsätzen und den Rechten der Parteien verfassungsrechtlich ebenbürtiger Rechtfertigungsgrund ist im Hinblick auf das Ziel der Geschlechterparität im Grundgesetz in Art. 3 Abs. 2 Satz 2 GG zu finden, der einen verbindlichen Förderauftrag des Staates zugunsten der Gleichberechtigung von Frauen und Männern formuliert. Voraussetzung ist lediglich, dass er einen verfassungsrechtlich ebenbürtigen Zweck in verhältnismäßiger Weise verfolgt.«[28]

Diese Voraussetzung ist zweifelsohne gegeben. Das sieht auch die Professorin für öffentliches Recht, Frauke Brosius-Gersdorf so, denn: »Im Ergebnis ist eine Quote für die Wahl zum Bundestag überfällig. Ansonsten bliebe der Gleichberechtigungsauftrag des Grundgesetzes unerfüllt.« Nach ihrer Auffassung könnte das so aussehen: »Solange sich die faktischen Nachteile für Frauen darauf beschränken, nicht gleichberechtigt zur Wahl aufgestellt zu werden, genügen bei der Erststimme Bewerber-Tandems der Parteien, aus denen der Bürger Mann oder Frau wählen kann. Mit der Zweitstimme könnte er weiterhin Listen wählen, die von den Parteien abwechselnd mit Männern und Frauen besetzt werden müssten. Parität im Bundestag würde bei der Erststimme nur erreicht, wenn das Volk Frauen und Männer in gleicher Zahl wählt. Wer sich wegen der Unberechenbarkeit des Volkes sorgt, den möge trösten, dass das Grundgesetz es so will: Das letzte Wort hat das Volk.«.[29]

In Nordrhein-Westfalen hat die Opposition aus SPD und Grünen einen eigenen Gesetzentwurf für ein Paritätsgesetz eingebracht: das »Gesetz zur Änderung des Landeswahlgesetzes in Nordrhein-Westfalen – Einführung einer paritätischen Aufstellung der Wahllisten mit Frauen und Männern«. Es soll sicherstellen, dass Frauen bei der Aufstellung der Landesliste gleichberechtigt berücksichtigt werden. Dazu sollen auf den Landeslisten »beginnend mit einer Frau oder einem Mann, die Plätze danach jeweils im Wechsel mit einem Kandidaten bzw. einer Kandidatin (besetzt werden), sodass alternierend einer Frau stets ein Mann und einem Mann stets eine Frau folgt«. Prominente Unterstützung erhielt dieser Vorschlag von der ehemaligen Richterin am Bundesverfassungsgericht, Christine Hohmann-Denn-

[28] Rita Süssmuth u.a.»Es gibt keinen Bestandsschutz im Wahlrecht« (siehe Anm. 23).

[29] Frauke Brosius-Gersdorf: »Eine Frauenquote für die Bundestagswahl ist überfällig. Bloß: Wie soll sie konkret aussehen? Verschiedene Ideen liegen auf dem Tisch, Brandenburg hat ein Gesetz beschlossen. Die Wahllisten sind der Ansatzpunkt«, RP-online, 3.3.2019; rp-online.de/politik/deutschland/ parite-gesetz- in-deutschland-reissverschluss-ist-pflicht_aid-37129243.

hardt: »Frauen sind keine Gruppe, die nur ihre Interessen vertritt, sondern die Hälfte der Bevölkerung«, sagte sie dem Bonner »General-Anzeiger«.[30]

Am 26.11.2021 hat der »Verein Parité in den Parlamenten« beim Deutschen Bundestag einen Einspruch eingereicht, »um das Ergebnis der Bundestagswahl im Hinblick auf die ungleiche Verteilung der Sitze für Frauen und Männer anzugreifen«.[31] Unterzeichnet wurde er von 204 Frauen und Männern, die eine Wahlrechtsreform fordern, mit der sichergestellt wird, dass Frauen künftig paritätisch repräsentiert sind; ein Frauenanteil von 34,7% im neu gewählten Bundestag bei 51% wahlberechtigten Frauen sei nicht hinnehmbar.

Sollten diese oder andere künftige Initiativen für ein Paritätsgesetz weiterhin an verfassungsrechtlichen Hürden scheitern, bliebe immer noch der französische Weg, nämlich eine Klarstellung in der Verfassung. Dazu müsste Artikel 38 Grundgesetz ergänzt werden, der da lautet:

- »(1) Die Abgeordneten des Deutschen Bundestages werden in allgemeiner, unmittelbarer, freier, gleicher und geheimer Wahl gewählt. Sie sind Vertreter des ganzen Volkes, an Aufträge und Weisungen nicht gebunden und nur ihrem Gewissen unterworfen.
  (2) Wahlberechtigt ist, wer das achtzehnte Lebensjahr vollendet hat; wählbar ist, wer das Alter erreicht hat, mit dem die Volljährigkeit eintritt.
  (3) Das Nähere bestimmt ein Bundesgesetz.«
- Art. 38 Absatz 2 könnte zum Beispiel (analog der französischen Formulierung in der Verfassung) wie folgt ergänzt und klargestellt werden: »Der Staat fördert den gleichen Zugang von Frauen und Männern zu Wahlmandaten und Wahlfunktionen.«

Erforderlich ist für eine Verfassungsänderung allerdings eine Zweidrittel-Mehrheit. Die Chancen für eine Reform des Wahlrechts stehen indessen nicht schlecht: Im Koalitionsvertrag 2021–2025 haben sich die Koalitionsparteien darauf verständigt, »die ›Kommission zur Reform des Bundeswahlrechts und zur Modernisierung der Parlamentsarbeit‹ erneut ein(zu) setzen«. Sie »wird sich mit dem Ziel einer paritätischen Repräsentanz von Frauen und Männern im Parlament befassen und die rechtlichen Rahmenbedingungen erörtern«.[32]

---

[30] Kirsten Bialdiga: »Opposition in NRW will Paritätsgesetz voranbringen«, Bonner Generalanzeiger, 11.3.2021; www.genios.de/presse-archiv/inhalt/GAZ/20210311/1/bonner-general-anzeiger.html.

[31] Verein Parité in den Parlamenten; www.parite.eu/aktuelles/.

[32] Koalitionsvertrag 2021–2025, S. 11

Eine solche gab es bereits in der 19. Legislaturperiode; sie konnte aber in der Kürze der Zeit ihren Auftrag nicht zu Ende bringen. Am 16.3.2022 wurde sie daher wieder vom Bundestag eingesetzt und soll »verfassungskonforme Vorschläge erarbeiten, wie eine gleichberechtigte Repräsentanz von Frauen und Männern im Deutschen Bundestag erreicht werden kann. Hierzu soll sie Möglichkeiten etwa bei der Kandidatenaufstellung und der Kandidatenauswahl prüfen.«[33] Der am 1.9.2022 vorgelegte Zwischenbericht gibt den Beratungsstand der Kommission zu den drei Themen Verkleinerung des Bundestages, Absenkung des aktiven Wahlalters auf 16 Jahre und »gleichberechtigte Repräsentanz von Frauen und Männern auf den Kandidatenlisten und im Deutschen Bundestag« wieder. Der Endbericht soll spätestens am 20.6.2023 dem Bundestag vorgelegt werden.

Gesetzliche Vorgaben allein werden aber auch in absehbarer Zeit vermutlich nicht zu einer Parität führen, wenn sie nicht durch weitere Maßnahmen flankiert werden. Dazu gehört es, parteipolitisches Engagement auch Personen zu ermöglichen, die tagtäglich zwischen Familie, Job und Ehrenamt jonglieren müssen und sich schon zeitlich nur sehr schwer auf ein parteipolitisches Engagement einlassen könnten. Elke Ferner fordert daher die Parteien auf, »Vereinbarkeit von Beruf, Familie und parteipolitischem Ehrenamt endlich (zu ermöglichen)«.[34]

---

[33] Einsetzung zur Reform einer Kommission des Wahlrechts beschlossen; www.bundestag.de/dokumente/textarchiv/2022/kw11-de-wahlrechtsreform-884308.

[34] Elke Ferner: Parität jetzt! Der Frauenanteil in den Parlamenten: ein Armutszeugnis für die demokratische Teilhabe; zwd Politikmagazin Ausgabe 382 vom 2.12.2020, S. 17.

5. Gleichstellung: Die Instrumente

»Quoten sind nicht alles, aber ohne Quoten ist alles nichts.«
(Heide Pfarr)

Rheinland-Pfalz als Vorreiter für die Quote

In den 1990er-Jahren wurden in den von SPD und Grünen regierten Ländern mit der Bildung von Frauen- bzw. Gleichstellungsministerien konsequent Maßnahmen zum Abbau der Unterrepräsentanz von Frauen im Bereich des öffentlichen Dienstes ergriffen. Nordrhein-Westfalen, Schleswig-Holstein, Niedersachsen, Hessen, im Saarland, Berlin, Bremen, Hamburg und Brandenburg verabschiedeten Gleichstellungsgesetze mit Quotenregelungen zugunsten von Frauen im öffentlichen Dienst. Darin enthalten waren auch wichtige Instrumente wie Frauenförderpläne, die Verpflichtung Gleichstellungsbeauftragte zu bestellen, Regelungen für eine geschlechtergerechte Amts- und Rechtssprache und vieles mehr.

In Rheinland-Pfalz ist das Landesgleichstellungsgesetz (LGG) im Juli 1995 nach langen und heftigen Debatten in Kraft getreten. Das LGG – auch »Quotengesetz« genannt – war von den Gegnern der Quote innerhalb und außerhalb des Parlaments als echte Kampfansage empfunden worden. Die Opposition und etliche Spitzenbeamte der Ressorts und der Landtagsverwaltung sahen in der leistungsbezogenen Quote eine Axt, die an das ehrwürdige Beamtenrecht gelegt werden sollte. In der außerparlamentarischen Frauenszene und bei den Gleichstellungsbeauftragten galt das LGG dagegen als Lackmustest für die Durchsetzungsfähigkeit des Frauenministeriums und für die Ernsthaftigkeit des frauenpolitischen Engagements der Landesregierung.

Zwar hatte schon der Erste Gremienbericht der Landesregierung wie ein Paukenschlag gewirkt, weil er die krasse Unterrepräsentanz von Frauen in nahezu allen Gremien des Landes überdeutlich veranschaulicht und gezeigt hatte, dass es zusätzlicher, tief greifender Maßnahmen bedurfte, um dieser Diskriminierung entgegenzuwirken. Gleichwohl herrschte bei vielen noch die Auffassung vor, dass die Unterrepräsentanz von Frauen nicht für eine mittelbare Diskriminierung stehe, sondern eher ein generatives Phänomen sei, das sich quasi auswachsen würde, weil Frauen die besseren Abschlüsse aufwiesen und somit automatisch in die höheren Positionen kämen. Dem war zwar nicht so. Trotzdem wurde hartnäckig auf die Justiz verwiesen, die im höheren Dienst hohe Einstellungsquoten von Frauen vorweisen konnte;

wobei die weitere Entwicklung der Frauen von diesem Eingangsamt aus aber keineswegs so linear verlief wie bei den männlichen Kollegen, die deutlich schneller auf der Beförderungsleiter nach oben kamen.

In vielen konstruktiven, teilweise aber auch unerquicklichen Abstimmungsrunden wurde an dem Referentenentwurf zum LGG gefeilt, geändert und geschliffen. Männliche Kollegen aus den obersten Landes- und anderen obersten Verwaltungsbehörden, die mir bis dato nie als große Experten für Gleichstellungsfragen aufgefallen waren, entwickelten plötzlich einen enormen Ehrgeiz und entdeckten noch an den kleinteiligsten Regelungen Problematisches, das zu diskutieren sei. In jeder, aber auch wirklich jeder Phase des Referenten- und späteren Gesetzentwurfs gab es Nachfragen, Diskussionen und Nach»besserungen«. Die für den Referentenentwurf zuständige Referentin war der Verzweiflung nahe, als das Justizministerium noch Änderungen forderte, während der Entwurf bereits auf dem Weg zum Landtag war.

Die zahlreichen Debatten hatten aber auch eine positive Seite: Die Diskussionen lösten – ebenso wie die Umsetzungsphase – Lernprozesse aus, die nachhaltig wirkten. Denn das Gesetz forderte die Personalabteilungen dazu auf, sich mit dem Frauenanteil in ihrer Dienststelle auf den unterschiedlichen Ebenen zu befassen und bei Personalentscheidungen die Auswahl anders als bisher zu hinterfragen und geschlechtersensibel zu gestalten.

In der Hochphase der Debatte um den Referentenentwurf war eine Klage gegen das Bremische Landesgleichstellungsgesetz wegen seiner Quotenregelung gerade beim Europäischen Gerichtshof anhängig. Bereits der Vorlagebeschluss des Bundesarbeitsgerichts vom 22.6.1993 hatte dazu geführt, dass in das rheinland-pfälzische LGG eine Härteklausel eingefügt worden war, um das Gesetz gerichtsfest zu machen. So kam die umstrittene Vorschrift in das Landesgleichstellungsgesetz, wonach die »Bevorzugung nicht zulässig (ist), wenn in der Person eines Mitbewerbers so schwerwiegende Gründe vorliegen, dass sie auch unter Beachtung des Gebotes zur Gleichstellung der Frauen überwiegen« (§ 9; heute § 8 Abs. 4 LGG).

Am 17.10.1995 urteilte der Europäische Gerichtshof in seinem »Kalanke-Urteil«, die unbedingte Vorrangregelung in § 4 des Bremer LGG sei unvereinbar mit der EU-Gleichbehandlungsrichtlinie 76/207/EWG, weil sie Frauen bei gleicher Qualifikation einen automatischen Vorrang einräume, was zu einer Diskriminierung von Männern aufgrund ihres Geschlechts führe.[1] Dieses Urteil hat viele Jahre die Gemüter erregt und für lebhafte Debatten ge-

---

[1] Kalanke gegen Freie Hansestadt Bremen; Urteil des Europäischen Gerichtshofs vom 17.10.1995 C-450/93; curia.europa.eu/juris/.

sorgt: Für die einen war es ein Triumph, dass die verhasste »Quote« geschleift worden war, für andere war es dagegen eine herbe Niederlage im Kampf gegen die Unterrepräsentanz von Frauen in vielen Bereichen und besonders auf den höheren Hierarchiestufen, eine Unterrepräsentanz, die nicht bloß mit gutem Willen zu beseitigen war.

Entgegen der seinerzeit weitverbreiteten Auffassung hat die sogenannte Quote auch keineswegs gegen die hergebrachten Grundsätze des Beamtentums verstoßen. Das im Beamtenrecht verankerte Prinzip der Bestenauslese wurde von den Landesgleichstellungsgesetzen lediglich dahingehend konkretisiert, dass in Bereichen mit Unterrepräsentanz bei *gleicher* Qualifikation das Geschlecht den Ausschlag geben soll, d.h. dass eine Frau, die gleich qualifiziert ist wie der männliche Mitbewerber, bevorzugt einzustellen, zu befördern oder höherzugruppieren ist, wenn in diesem Bereich eine Unterrepräsentanz von Frauen besteht, die nicht aufgabenspezifisch begründet ist – und wenn die Härteklausel nicht greift.

Der ehemalige Präsident des Bundesverfassungsgerichts, Jürgen Papier hat dazu in seinem Gutachten für das Land Nordrhein-Westfalen im Jahr 2014 festgestellt, leistungsbezogene Quoten seien »verfassungs- und europarechtlich unbedenklich, ...weil die Bevorzugung weiblicher Bewerber erst einsetzt, wenn ein Gleichstand hinsichtlich Leistung, Eignung und Befähigung besteht. Die mit einer Quotenregelung einhergehende Ungleichbehandlung zulasten männlicher Bewerber lässt sich durch Art. 3 Abs. 2 Satz 2 GG rechtfertigen. Voraussetzung hierfür ist eine auf unmittelbare oder mittelbare Benachteiligung zurückzuführende Unterrepräsentation von Frauen in Führungspositionen des öffentlichen Dienstes.«[2]

Dem könne etwa durch folgende (klarstellende) Formulierung Rechnung getragen werden: »Frauen sind bevorzugt zu befördern, soweit ein Bewerber nicht eine offensichtlich bessere Eignung, Befähigung oder fachliche Leistung vorzuweisen hat.« Dies sei unter denselben Bedingungen mit Art. 3 Abs. 3 Satz 1 GG ebenso vereinbar wie leistungsbezogene Quoten im Allgemeinen. Aus Verhältnismäßigkeitsgründen müsse aber besonders darauf geachtet werden, dass die Benachteiligungswirkung zulasten männlicher Bewerber gegebenenfalls durch eine entsprechende Ausgestaltung begrenzt werde. Eine etwaige Beeinträchtigung von Art. 33 Abs. 2 GG sei

---

[2] Professor Dr. Hans-Jürgen Papier, unter Mitwirkung von Dr. Martin Heidebach: Rechtsgutachten zur Frage der Zulässigkeit von Zielquoten für Frauen in Führungspositionen im öffentlichen Dienst sowie zur Verankerung von Sanktionen bei Nichteinhaltung im Auftrag des Landes Nordrhein-Westfalen, vertreten durch das Ministerium für Inneres und Kommunales, 30.5.2014, www.gleichstellungsbeauftragte-rlp.de.

auf jeden Fall durch das ebenfalls verfassungsrangige Ziel des Art. 3 Abs. 2 Satz 2 GG gerechtfertigt. Nicht verfassungskonform sei es dagegen, die Ausdifferenzierung so weit auszuweiten, dass kein Ermessensspielraum mehr bleibe und andere verfassungsrechtlich gebotene Ziele nicht berücksichtigt werden könnten.

Eine Quote zugunsten von *Männern*, wenn diese unterrepräsentiert sind, ist dagegen nur zu rechtfertigen, wenn der Unterrepräsentanz eine – allerdings widerlegbare – Vermutung für eine strukturelle Benachteiligung von Männern zugrunde liegt, so die Präsidentin des Deutschen Juristinnenbundes, Maria Wersig.[3] Das dürfte aber eher selten der Fall sein; diese strukturelle Benachteiligung müsste dann auch positiv nachgewiesen werden. Denn selbst, wenn sich in einem Bereich weniger Männer als Frauen befinden, liegt dies in der Regel nicht an einem die Männer benachteiligenden Auswahlverfahren oder an einer sonstigen Diskriminierung, sondern daran, dass dieser Bereich für Männer von geringerem Interesse, schlechter bezahlt, oder mit geringeren Aufstiegsmöglichkeiten und geringerem Ansehen verbunden ist.

Ähnlich kritisch urteilte Martin Heidebach vom Institut für Politik und öffentliches Recht der Juristischen Fakultät an der Ludwig-Maximilians-Universität München am 23.2.2015 in einer Anhörung des Ausschusses Familie, Senioren, Frauen und Jugend des Deutschen Bundestages zum damaligen Entwurf des FüPo-Gesetzes. Darin war unter anderem eine Änderung des Bundesgleichstellungsgesetzes vorgesehen, nach der für den öffentlichen Dienst faktisch eine neue Männerquote hätte gelten sollen: Männer sollten danach bei der Einstellung und beim beruflichen Aufstieg bevorzugt werden, wenn sie im jeweiligen Bereich unterrepräsentiert wären. »Diese Form der Männerförderung ist verfassungswidrig«, stellte Heidebach in der Anhörung fest. Allein aus der Feststellung, dass ein Geschlecht in einem Bereich unterrepräsentiert sei, folge noch keine »tatsächliche Benachteiligung«. Diese sei aber Voraussetzung dafür, dass die Verfassung eine Ungleichbehandlung – hier: zulasten der Frauen – erlaube.[4]

---

[3] Maria Wersig: »Verfassungswidrige Männerquote? Die Staatsanwaltschaft Hamburg bevorzugt Männer«, 28.6.2018; www.lto.de/recht/hintergruende/h/ staatsanwaltschaft-hamburg-maennerquote-gleichbehandlung/.

[4] Dr. Martin Heidebach: »Stellungnahme zum Entwurf eines Gesetzes für die gleichberechtigte Teilhabe von Frauen und Männern an Führungspositionen in der Privatwirtschaft und im öffentlichen Dienst u.a.« im Auftrag des Ausschusses für Familie, Senioren, Frauen und Jugend zur Anhörung zum Füpo-Gesetz am 23.2.2015; www.bundestag.de/resource/blob/360956/ce7eac3f8e0f8a0e8da672e8d2c9ebda/heidebach-data.pdf.

Das Bundesgleichstellungsgesetz (BGleiG) hat schließlich folgende Fassung erhalten: »Sind Männer *strukturell benachteiligt und* in dem jeweiligen Bereich unterrepräsentiert, gelten die Sätze 1 bis 4 entsprechend.« (§ 8 Absatz 1 S. 5).

Die Quote in der Praxis

Tatsächlich spielt die im LGG verankerte Konkretisierung des Auswahlverfahrens in einer besonderen Situation unter einer ganz bestimmten Voraussetzung in der Einstellungs- und Beförderungspraxis auch eher eine geringe Rolle. Und wenn, dann wird nach meiner Erfahrung – schon aus Gründen der Justiziabilität der Personalentscheidung – intensiv geprüft, ob nicht ein Mann aufgrund der Härteklausel zum Zug kommt.

Die Quote lenkt aber den Blick auf ein strukturelles Problem in den Verwaltungen und führt damit zu einer höheren Aufmerksamkeit der Dienststellen- und Personalentscheider/-innen für die Berücksichtigung beider Geschlechter auf den jeweiligen Ebenen und schärft deren Blick für die Qualifikationen von Frauen, die oft von herrschenden Rollenbildern überdeckt werden. Das LGG hat somit eher die Wirkung eines »längerfristigen gesellschaftlichen Lernprogramms«, wie Sybille Raasch es formulierte,[5] denn als Sofortmaßnahme zur Erhöhung des Frauenanteils in Bereichen, in denen sie unterrepräsentiert sind.

Die Diskussionen um die »Quote« verstellten in der Debatte teilweise den Blick auf andere wichtige und nachhaltige Instrumente, die in der Praxis größere Bedeutung hatten und haben: Frauenförderpläne, Gleichstellungsbeauftragte und Berichtspflichten – Instrumente, die dazu beitragen, dass das LGG kein Papiertiger ist, sondern mit Leben gefüllt wird, was auch regelmäßig zu dokumentieren ist. Denn Gesetze allein verändern bekanntlich nicht die Wirklichkeit. Sie müssen vielmehr konsequent angewandt, und ihre Anwendung muss immer wieder überprüft werden, denn: »Gerade auf dem Feld der Gleichstellung der Geschlechter sind viele Widerstände in den Köpfen, aber auch Mechanismen und Strukturen vorhanden, sodass es einer besonders scharfen Kontrolle bedarf«, wie Barbara Stiegler feststellte.[6]

Natürlich ist auch nicht jede Unterrepräsentanz ein Hinweis auf eine strukturelle Diskriminierung – z.B. nicht die von Männern in sozialen und pflegerischen Berufen, niedrigeren Tarifgruppen oder Besoldungsstufen.

---

[5] Prof. Sybille Raasch: »Der EuGH zur Frauenquote«, Kritische Justiz Nr. 4, 1995, S. 495.

[6] Barbara Stiegler: »Mehr Geschlechtergerechtigkeit durch Landesgesetze«, Hrsg. FES Forum Politik und Gesellschaft, 2015, S. 22.

Diese deutet eher auf ihre Privilegierung hin. Ebenso wenig spricht ein überproportional hoher Frauenanteil in bestimmten Bereichen für deren Privilegierung, sondern ist in der Regel Ausdruck des geschlechtsspezifisch geteilten Arbeitsmarktes.

Die Quote allein wäre keine Erfolgsgeschichte geworden. Der Erfolg, dass nach und nach mehr Frauen in Führungspositionen und in zuvor männerdominierte Bereiche gekommen sind, speist sich vielmehr auch aus den vorausgegangenen Debatten, der dadurch entstandenen höheren Aufmerksamkeit auf die Unterrepräsentanz und dem Zusammenspiel der verschiedenen Instrumente Quote, Frauenförderplan, Berichtspflichten und den zu bestellenden Frauen- oder Gleichstellungsbeauftragten. Mit der Quote ist auch das Vorurteil widerlegt worden, es gebe nicht genug Frauen in dem jeweiligen Bereich, sie stünden dafür nicht zur Verfügung oder seien gar für die mit der Stelle verbundenen Anforderungen nicht geeignet.

Gleichwohl ist die Quote bis heute für viele Männer ein rotes Tuch, weil sie mit einer sehr langen Tradition bricht: Dass nämlich Männer automatisch als die besser geeigneten Bewerber angesehen wurden – was aber nicht daran lag, dass sie tatsächlich besser qualifiziert waren, sondern nicht zuletzt auch daran, dass sie bestimmten Vorstellungen, wie eine Führungskraft zu sein hatte, eher entsprachen als eine weibliche Bewerberin. Aber auch das hat sich dank vieler Reformen und Modernisierungsprozesse im öffentlichen Dienst, die auch eine andere Führungskultur mit sich brachten, allmählich geändert.

Die Quote und die ihr vorausgegangenen intensiven Debatten haben Personalverantwortlichen und Dienststellenleitungen die krasse Unterrepräsentanz von Frauen in bestimmten – vor allem in den höheren Funktionsebenen – aufgezeigt und zu einem deutlichen Anstieg des Frauenanteils auf vielen Ebenen und in vielen Bereichen geführt. Geringe Frauenanteile in höheren Positionen lösen heute interne und öffentliche Kritik, mindestens aber Nachfragen aus, zumal dies mittlerweile für jeden Bereich in Berichten und Gleichstellungsplänen nachvollziehbar dokumentiert wird.

Diese Entwicklung ist geradezu spektakulär, galt doch der öffentliche Dienst lange Zeit gemeinhin als Hort des Bewahrens und der althergebrachten Grundsätze des Berufsbeamtentums. Jahrzehntelang schien es festgemauert zu sein, dass Personalentscheidungen zum beruflichen Vorwärtskommen nach Eignung, Befähigung und fachlichen Leistung gefällt wurden – unabhängig vom Geschlecht. Die Erkenntnis, dass das Geschlecht in der Regel sehr wohl eine Rolle spielte, und zwar eine nachteilige für Frauen, war ein langer und teils schmerzhafter Lernprozess.

Die Quote für die Wirtschaft – ein »exogener Schock«

Im Jahr 2000 war ein Gleichstellungsgesetz für die Privatwirtschaft noch am Widerstand der Unternehmensverbände gescheitert. Es war daher ein großer Erfolg, dass das »Gesetz für die gleichberechtigte Teilhabe von Frauen und Männern an Führungspositionen in der Privatwirtschaft und im öffentlichen Dienst« (FüPo-Gesetz) mit der Quote für Aufsichtsräte börsennotierter und mitbestimmungspflichtiger Unternehmen im Jahr 2015 gegen den erbitterten Widerstand der Wirtschaft bzw. ihrer Verbände durchgesetzt werden konnte – wenngleich weniger strikt als ursprünglich vorgesehen. Für die Vorstände mussten sich die in den Geltungsbereich des Gesetzes fallenden Unternehmen lediglich Zielgrößen setzen. Das konnte auch eine Zielgröße Null sein, wovon die Unternehmen regen Gebrauch mach(t)en.

Auch dieses Gesetz hatte einen langen Vorlauf; vorausgegangen waren ihm unverbindliche Selbstverpflichtungen der Unternehmensverbände: Eine im Jahr 2001 zwischen der Bundesregierung und den Spitzenverbänden der Deutschen Wirtschaft abgeschlossene freiwillige »Vereinbarung zur Förderung der Chancengleichheit von Frauen und Männern in der Privatwirtschaft« hatte zu keinen erkennbaren Fortschritten geführt. Kein Wunder: Die Spitzenverbände der Wirtschaft hatten darin lediglich zugesagt, ihren Mitgliedern betriebliche Maßnahmen zur Verbesserung der Chancengleichheit von Frauen und Männern sowie der Familienfreundlichkeit zu *empfehlen*. Im Gegenzug hatte die Bundesregierung auf gesetzliche Maßnahmen zur Durchsetzung der Chancengleichheit von Frauen und Männern in der Privatwirtschaft verzichtet.

Dabei war es zunächst geblieben – mit der Folge, dass sich am Frauenanteil in höheren Positionen privatwirtschaftlicher Unternehmen zwischen 2004 und 2014 kaum etwas änderte. Die Vereinbarung habe »offensichtlich kaum Wirkung gezeigt«, stellte Katrin Lange von der Geschäftsstelle für den Zweiten Gleichstellungsbericht der Bundesregierung in ihrer Expertise im Rahmen des IAB-Betriebspanels zur Darstellung des Beschäftigtenanteils von Frauen an Führungspositionen fest.[7]

Schon 2008 hatten daher Frauen aus Wirtschaft und Politik den Verein Frauen in die Aufsichtsräte (FidAR) mit dem Ziel gegründet, den Frau-

---

[7] Katrin Lange: Die »Vereinbarung zwischen der Bundesregierung und den Spitzenverbänden der deutschen Wirtschaft zur Förderung der Chancengleichheit von Frauen und Männern in der Privatwirtschaft« und ihre Bilanzierung, Expertise im Rahmen des Zweiten Gleichstellungsberichts der Bundesregierung, 2017, www.gleichstellungsbericht.de.

enanteil in den Aufsichtsräten und Vorständen deutscher Unternehmen nachhaltig zu erhöhen. In seiner ersten Erklärung vom 1.10.2008 hat der Verein u.a. eine gesetzliche Mindestquote von 30% Frauen aufseiten der Anteilseigner in Aufsichtsräten aller privaten und öffentlichen Gesellschaften gefordert, die einen mitbestimmten Aufsichtsrat haben, verbunden mit wirksamen Sanktionen, wenn die gesetzlichen Mindestvorgaben nicht eingehalten werden.

Diese Forderung blieb zunächst unerfüllt und die eklatante Unterrepräsentanz von Frauen in den Führungspositionen der Unternehmen weiter bestehen – das Bündnis aber auch. FidAR ist bis heute ein wichtiger Motor und fordert mit Sachkunde, Power, klugen Bündnissen und Überzeugungskraft erfolgreich verbindliche Maßnahmen zur Beseitigung der Unterrepräsentanz in diesen wichtigen Gremien ein.

Dass es den Wirtschaftsverbänden völlig an Einsicht in die Notwendigkeit fehlte, den auch im europaweiten Vergleich blamabel geringen Frauenanteil, wenn schon nicht aus Gleichstellungsgründen, dann doch wenigstens im eigenen wirtschaftlichen Unternehmensinteresse, mit wirksamen Maßnahmen zu erhöhen, setzte andere Kräfte frei: 2011 bildete sich ein breites überparteiliches Bündnis aus 17 großen Frauenverbänden und Parlamentarierinnen des Bundestages mit dem Ziel, »die Gleichstellung von Frauen und Männern in allen gesellschaftlichen Bereichen voranzubringen«. Diese erste »*Berliner Erklärung*« mit der Forderung nach einem Anteil von mindestens 30% Frauen in Aufsichtsräten der Privatwirtschaft war ein starkes Plädoyer für Gleichstellung in der Wirtschaft.

Das Trommelfeuer der Wirtschaft und ihrer Verbände während des Gesetzgebungsprozesses zum FüPo-Gesetz war dennoch enorm. Das war im Jahr 2015 schon deswegen klar ideologisch und kaum sachlich motiviert, weil die Quote ein Instrument ist, das selbst in den Augen ihrer Gegner an einem unbestreitbaren Problem ansetzt: dem blamabel geringen Anteil von Frauen in diesen wichtigen Gremien und damit auch an der Substanz, Qualität und Nachhaltigkeit von deren Arbeit. Die Quote ist daher durchaus auch im Interesse der Wirtschaft.

Diese hatte das Auswahl- und Besetzungsproblem natürlich längst erkannt, sich aber mit der Diversity-Strategie hinreichend gerüstet gesehen, das Manko beheben zu können – sofern es nicht ohnehin dadurch bedingt sei, dass Frauen nicht wollten oder familienbedingt nicht konnten, was wiederum in den Augen der Wirtschaftsvertreter ein Thema für die Politik wäre. Diversity, die betriebswirtschaftliche Strategie, mit der sich Vielfalt auch in der Personalstruktur von Unternehmen abbilden soll, hat aber bezüglich des Frauenanteils in den höheren Positionen und schon gar in den Vorständen und Aufsichtsräten keine Effekte gezeigt, ebenso wenig wie die freiwillige Selbstverpflichtung der Wirtschaft, mit der diese eine Quote verhindern wollte.

Viele engagierte Frauen, Frauenverbände, Parlamentarierinnen und Frauen aus Wirtschaft und Politik hatten den Gesetzgebungsprozess laufend begleitet und unterstützt. So konnte dann schließlich doch das FüPo-Gesetz als »Quotengesetz«, das mit seiner Mindestvorgabe von 30% Frauenanteil für Aufsichtsräte in Unternehmen, die börsennotiert *und* mitbestimmungspflichtig sind, am 1.5.2015 in Kraft treten.

Das Gesetz zeigt auch durchaus Wirkung – allerdings weniger wegen seiner Vorgaben, sondern auch oder besonders durch die umfangreichen Begleitmaßnahmen vor, während und nach Inkrafttreten des Gesetzes und die damit einhergehende Unterstützung eines Veränderungsprozesses in den Unternehmen und in den Köpfen aller Beteiligten: Umfangreiche Berichtspflichten und Evaluationen geben regelmäßig Auskunft über die Veränderungen in den Vorständen und Aufsichtsräten der dem Gesetz unterworfenen Unternehmen – darunter auch ein interaktives Datentool auf der Homepage des BMFSFJ. Der Verein FidAR verfolgt regelmäßig die Entwicklung in den »Women-on-Board-Indizes und Studien« (WoB) in den einzelnen Unternehmen und dokumentiert sie. Eine überaus verdienstvolle Aufgabe; auch die Firmen sind sehr an einem achtbaren Platz in diesem Ranking interessiert und strengen sich daher stärker an, als es sonst der Fall gewesen wäre.

Warum aber war der Widerstand der Wirtschaft und ihrer Verbände dermaßen heftig? Die gesetzliche Quote bzw. die Mindestvorgabe hat nicht nur eine starke öffentliche Wirkung, sie war auch ein Tabubruch – konnte die Wirtschaft doch bis dahin sicher sein, von solchen »Zumutungen« der Politik verschont zu bleiben. Die Quote ist aber auch mehr als ein personalwirtschaftliches Instrument: Sie ist »eine Irritation eines selbstreferenziellen Systems«, dessen Kultur von männlichen Akteuren geprägt und gepflegt worden ist und sich immer wieder neu reproduziert hat. In diesem System hat sie einen »exogenen Schock«[8] analysierte Philine Sandhu.

Die Homogenität dieses (männlichen) Systems spiegelt sich in einem skurrilen Phänomen wider: In den Vorständen von DAX, MDAX, SDAX und TecDAX gab es mehr Personen mit den Vornamen Thomas oder Michael als Frauen, nämlich 49 zu 46, wie die AllBright-Stiftung in einem Bericht vom

---

[8] Dr. Philine Erfurt Sandhu: »Warum nicht ein Bundesinstitut für Gleichstellung?«, Zeit Online, 8.3.2018.

März 2017 aufgezeigt hat.[9] Diesem »Thomas-Kreislauf« liegt ein unbewusstes Prinzip bei der Personalauswahl für das Top-Management zugrunde: das Ähnlichkeitsprinzip. Danach wird sehr häufig immer wieder der gleiche Typus rekrutiert, weil die meisten Menschen unbewusst Menschen auswählen, die ihnen in ihren Einstellungen ähneln.

Bilanz: Es ist eben nicht alles eine Frage der Zeit

Das Gesetz für mehr Frauen in Führungspositionen soll einen »Kulturwandel« in den Unternehmen einleiten, wie die Frauenministerinnen immer wieder betonten. Dazu beitragen sollen neben den gesetzlichen Vorgaben auch die umfangreichen Begleitmaßnahmen, darunter ein hochkarätig besetzter Beirat, ein auf Abteilungsleitungsebene angesiedelter Sozialpartnerdialog, der über die Umsetzung des Gesetzes und über weitere erforderliche Begleitmaßnahmen und -schritte beraten soll, Schulungen, Materialien, ein mehrjähriges begleitendes Projekt »Zielsicher – Mehr Frauen in Führung«, die Berichte und die Evaluation. Eine besondere Wirkung haben auch die vom BMFSFJ geförderten akribisch ausgearbeiteten Berichte des Vereins FidAR. Dieser hat nicht nur lange vor dem FüPo-Gesetz Druck auf die jeweiligen Bundesregierungen gemacht, sondern auch das Gesetzgebungsverfahren ebenso konstruktiv begleitet wie jetzt die Umsetzung des Gesetzes. Darüber hinaus bleibt er am Ball mit regelmäßigen Abfragen, Statusberichten, Veranstaltungen und einer wirkungsvollen Öffentlichkeits- und Bündnisarbeit.

Unisono belegen alle Daten und Berichte: Die gesetzliche Quote entfaltet durchaus Wirkung: Die Evaluation des FüPo-Gesetzes, die im November 2020 vorgestellt wurde, zeigt, dass die feste Quote tatsächlich zu einem Anstieg des Frauenanteils in den Aufsichtsräten geführt hat: Die Vorgabe von 30% Frauen in den Aufsichtsräten wurde zu diesem Zeitpunkt mit 35,2% sogar übertroffen. Auch werden demnach Unternehmen, die der festen Quote unterliegen, für das Thema Gleichstellung zunehmend sensibler, was sich in Besetzungsverfahren und in häufig besser organisierten Strukturen zur Förderung des Aufstiegs von Frauen niederschlage.

Erwartungsgemäß zeigt sich diese positive Entwicklung aber nicht bei den Vorständen der Unternehmen, die sich lediglich Zielvorgaben zur Erhöhung des Frauenanteils in ihren Vorständen setzen müssen. Dieser lag in den vom Gesetz betroffenen Unternehmen im Untersuchungszeitraum gerade mal bei 7,6%! Die Evaluatoren haben in ihrem Gutachten daher eine

9 Ein ewiger Thomas-Kreislauf? Wie deutsche Börsenunternehmen ihre Vorstände rekrutieren, AllBright-Bericht, März 2017.

Ausweitung des Geltungsbereichs der festen Quote empfohlen, um deren positive Effekte weiterzutragen.[10]

Mit Stand 31.10.2020 betrug der Frauenanteil in den Vorständen der Unternehmen, die nicht unter die Quote fallen, 9,5%, in den Quoten- Unternehmen 11,5%. »Weiterhin bestimmen Männer mit fast 90% das Geschehen in den Vorständen«, stellte der Verein FidaR in seinem WOB 185 nüchtern fest.[11]

Einer Auswertung von Ernst & Young zufolge hat sich die Zahl weiblicher Vorstandsmitglieder in den 160 Unternehmen aus Dax, MDax und SDax um 20 auf 94 Topmanagerinnen erhöht und damit auf 13,4%. Nach wie vor sei aber »in gut der Hälfte der untersuchten Firmen (...) zum Stichtag 1.1.2022 keine Frau im Führungsgremium«. Im internationalen Vergleich hinke Deutschland damit weiter hinterher. In rund 78% der 40 Dax-Konzerne ist zwar mindestens eine Frau in der Top-Etage vertreten. »Aber immer noch haben 22% der Dax-Firmen kein weibliches Vorstandsmitglied.«[12] »Von paritätischen Vorständen ist die hiesige Wirtschaft noch weit entfernt«, so das Fazit der Untersuchung.[13] Insgesamt lag der Frauenanteil an der Spitze privatwirtschaftlicher Unternehmen in Deutschland im Jahr 2020 bei gerade mal 27%, ein Prozentpunkt mehr als im Jahr davor.[14]

Ebenfalls keine Überraschung ist der Befund der Evaluation, dass eine große Zahl der betroffenen Unternehmen von der Möglichkeit Gebrauch gemacht hatte, sich die Zielgröße Null für die Vorstände zu setzen. Das kann nachvollziehbare Gründe haben, wie etwa noch länger laufende Verträge. Häufig wurde aber, wie die Evaluation zeigt, auch bei auslaufenden Verträgen oder Neubesetzungen an der Zielgröße Null festhalten – was nach dem Gesetz zulässig ist! Die Evaluatoren haben daher eine Regelung empfohlen, »die mehr Verbindlichkeit für die Erhöhung des Frauenanteils im Vorstand schafft«, denn »das würde die Wirkungskraft des Gesetzes erhöhen, auch

---

[10] Evaluation des Gesetzes über die gleichberechtigte Teilhabe von Frauen und Männern an Führungspositionen (FüPoG) in der Privatwirtschaft und im öffentlichen Dienst, Studie im Auftrag des BMFSFJ, Berlin, Juli 2020, S. 303.

[11] www.fidar.de/wob-indizes-studien/wob-index-185/uebersicht.html.

[12] Haufe Online-Redaktion: »Frauenanteil in Aufsichtsräten, Vorständen und Führungspositionen«, 21.2.2022; www.haufe.de/personal/hr-management/frauenanteil-in-aufsichtsrat-vorstand-und-fuehrungspositionen_80_482366.html.

[13] Ebd.

[14] Susanne Kohaut/Iris Möller: »Führungspositionen in Betrieben und Verwaltungen – Der Weg nach ganz oben bleibt Frauen oft versperrt«; IAB-Kurzbericht – 1|2022.

wenn dies stärker in die unternehmerische Freiheit eingreifen würde als Besetzungsregelungen für das Aufsichtsorgan«.[15]

Zielgrößen werden ernster genommen, aber ohne Druck geht nichts

Eine wichtige Feststellung ist, dass die »Quotenunternehmen« die Zielgrößen für den Frauenanteil ernster nehmen: »Die Bereitschaft, sich ehrgeizigere Ziele für den Frauenanteil in Führungspositionen zu setzen, ist bei diesen Unternehmen erheblich größer. Bei Unternehmen, die nicht der Quote unterliegen, stagniert dagegen die Entwicklung der gleichberechtigten Teilhabe«, konstatierte die FAZ.[16] So könnte sich der erhoffte Kulturwandel tatsächlich noch einstellen – mit dem nötigen Nachdruck durch den Gesetzgeber und wenn die Zivilgesellschaft den öffentlichen Druck aufrechterhält!

Ohne diesen Druck geht nichts. Die Hoffnung, dass sich der Frauenanteil in den übrigen Führungspositionen der Quotenunternehmen sukzessive mitverändern werde, hat sich bisher in keinem Land erfüllt: Das zeigt eine Studie in Italien, wo es bereits seit 2012 eine gesetzliche Quote für Aufsichtsräte börsennotierter Unternehmen gibt: »Ein Durchsickern des Effekts auf Frauen im Rest des Unternehmens blieb aus. In den Aufsichtsräten hielten sich die Unternehmen zwar brav an die Vorgaben. Doch weder gab es nach Einführung der Quotenregelung deutlich mehr sonstige weibliche Führungskräfte, noch stieg die Zahl der Top-Verdienerinnen in den betroffenen Unternehmen signifikant an – zumindest in der kurzen Frist ... Die Frauenquote brachte keine signifikanten Effekte mit Blick auf Frauenkarrieren im Rest des Unternehmens«, dämpfte Katharina Wrohlich, Leiterin der Forschungsgruppe Gender Economics beim Deutschen Institut für Wirtschaftsforschung (DIW) diesbezügliche Erwartungen.[17] *Einen* positiven Effekt gebe es aber immerhin: Das formale Qualifikationsniveau der Mitglieder in den Topgremien sei mit der Einführung der Quote gestiegen – auch das der Männer –, weil die Personalentscheidungen für oder gegen eine Frau nun nachvollziehbar begründet werden müssen.

Nach wie vor bleiben also die zahlreichen Begleitmaßnahmen zum FüPo-Gesetz, die offensive Unterstützung der Zivilgesellschaft und die regelmäßigen Statusberichte ein wichtiger Motor – gerade, weil das Gesetz mit ei-

---

[15] Evaluationsgutachten (siehe Anm. 10), a.a.O., S. 304.

[16] Nadine Bös: »Gläserne Decke; Die Frauenquote wirkt – anders als gedacht«; FAZ vom 6.2.2019.

[17] »Von Quoten und Stereotypen«, Katharina Wrohlich im Interview der Frankfurter Allgemeinen Sonntagszeitung, 7.3.2021.

nigen Regelungen doch deutlich hinter den ursprünglichen Erwartungen und Möglichkeiten zurückgeblieben ist.

Das Institut für Mitbestimmung und Unternehmensführung (IMU) der Hans-Böckler-Stiftung hat das FüPoG in seiner Fassung *vor* dem FüPo-Gesetz II in einen europaweiten Vergleich gesetzt.[18] Bewertet wurden darin mit einem Ranking von 1–10 die Kategorien Reichweite, Wirkung, Nichteinhaltung und Zeitschiene. Im Ergebnis landete Deutschland mit seinem FüPo-Gesetz I auf Platz 10 von 10 Plätzen! Im europäischen Vergleich sei der Geltungsbereich des FüPoG zu eng, so die Autor/-innen. Es bedürfe einer Ausweitung der quotengebundenen Unternehmen und der erfassten Gremien innerhalb der Unternehmen: »Würde das Gesetz die Geschlechterquote uneingeschränkt auf alle börsennotierten und staatlich kontrollierten Unternehmen ausweiten, den Vorstand einbeziehen und als Sanktionen finanzielle Strafen verabschieden, würde Deutschland gemeinsam mit Spanien den 4. Platz im Ranking belegen.«

Auch die Analyse der Zielgrößen nach der Bewertung im »Women-on-Board-Index 185« (WOB 185) zeigt großen Handlungsbedarf: »115 der 186 Unternehmen haben keine Frau im Vorstand. 75 davon ›planen‹ mit Zielgröße Null für den Vorstand. Das sind 45,5% und damit die Hälfte der Unternehmen, die eine Zielgröße für die Vorstandsebene definiert haben. Bisher legen nur wenige Unternehmen gut begründete Strategien vor, wie sie – jenseits der Erfüllung der gesetzlichen Vorgaben – mehr gleichberechtigte Teilhabe und damit eine von Vielfalt geprägte Unternehmenskultur erreichen wollen.«[19] Es wurde also Zeit für weitere Maßnahmen.

FüPo-Gesetz II: nicht der ganz große Wurf

Inzwischen sind mit dem »Gesetz zur Ergänzung und Änderung der Regelungen für die gleichberechtigte Teilhabe von Frauen an Führungspositionen in der Privatwirtschaft und im öffentlichen Dienst« (FüPoG II) die gesetzlichen Anforderungen erhöht worden. Danach müssen in Vorständen börsennotierter *und* paritätisch mitbestimmter Unternehmen mit in der Regel mehr als 2.000 Beschäftigten künftig mindestens eine Frau und ein Mann sein, wenn der Vorstand aus mehr als drei Mitgliedern besteht. Das

---

18 »Ambition oder Symbolpolitik? Europäische Geschlechterquoten im Vergleich«; Institut für Mitbestimmung und Unternehmensführung (IMU) der Hans-Böckler-Stiftung, Mitbestimmungsreport Nr. 59, 5/2020.

19 Women-on Board-Index 195, 2021 – »Mit dem zweiten Führungspositionengesetz wird der Druck für mehr gleichberechtigte Teilhabe zunehmen. Bewegung gelingt nur mit gesetzlichen Vorgaben«; www.fidar.de/webmedia/documents/wob-index-185/2020-06/200114_ Studie_ WoB-Index_185_IV.pdf.

betrifft ca. 70 Unternehmen – von diesen hatten zu diesem Zeitpunkt rund 30 einen komplett frauenfreien Vorstand.

Bei Verstößen gegen diese Regelung soll die Bestellung nichtig sein und der Posten, der mit einer Frau hätte besetzt werden müssen, frei bleiben. Auch soll es eine Begründungspflicht für die Zielgröße Null bei den Vorständen und effektivere Sanktionen bei Verstößen geben. Demzufolge sind auch die Berichtspflichten in der Erklärung zur Unternehmensführung (§ 289f. HGB), etwa die Pflicht zur Begründung der Zielgröße Null erweitert und die Sanktionen bei Verletzung von Berichtspflichten zur Festlegung von Zielgrößen verschärft worden: So können Bußgelder künftig nicht mehr nur bei einer fehlenden Begründung der Zielgröße Null verhängt werden, sondern (logischerweise) auch dann, wenn gar keine Zielgröße festgelegt worden ist.

Die feste Geschlechterquote von mindestens 30% in den Aufsichtsräten ist auf Unternehmen mit Mehrheitsbeteiligung des Bundes ausgeweitet worden; der Bund will damit eine Vorbildfunktion einnehmen. Davon betroffen sind u.a. die Deutsche Bahn AG, die Bundesdruckerei GmbH und die Deutsche Flugsicherung. Für die rund 90 Unternehmen, die unter diese Regelung fallen, ist jetzt auch eine Mindestbeteiligung von Frauen in mehrköpfigen Vorständen vorgeschrieben. Das gilt auch für Körperschaften des öffentlichen Rechts, darunter die Gesetzlichen Krankenkassen, die Renten- und Unfallversicherungsträger sowie für die Bundesagentur für Arbeit und für die rund 155 Sozialversicherungsträger. Der Bund selbst hat sich das ehrgeizige Ziel gesetzt, die gleichberechtigte Teilhabe von Frauen an Führungspositionen im Geltungsbereich des Bundesgleichstellungsgesetzes bis Ende 2025 zu erreichen.

In seiner Stellungnahme vom 5.3.2021 hat der Bundesrat kritisiert, dass nicht auch die Kassenärztlichen Vereinigungen, die Medizinischen Dienste und deren Spitzenverbände von der gesetzlichen Vorstandsregelung erfasst sind (BR-Drucksache 49/21), in seinem zweiten Durchgang am 25.6.2021 aber beschlossen, den Vermittlungsausschuss zu dem Gesetzentwurf nicht anzurufen. In seiner Entschließung hat er vielmehr die im Gesetzentwurf vorgesehenen Änderungen des FüPoG begrüßt, gleichzeitig aber bedauert, dass keine Mindest*quote* vorgesehen ist, sondern lediglich eine Mindest*beteiligung* für die Vorstandsebene börsennotierter und paritätisch mitbestimmter Unternehmen und dass eine Ausweitung auf weitere Unternehmen nicht erfolgt ist.

Für den Fall, dass die vorgesehenen Monitoring- und Evaluierungsprozesse des Gesetzes zeigen, dass die mit dem Gesetz beabsichtigte Wirkung nicht eingetreten sei, bittet der Bundesrat die Bundesregierung »um zügige

Nachjustierung«.[20] Das Gesetz ist in der vom Bundestag beschlossenen Fassung am 21.8.2021 in Kraft getreten.

Die mit dem FüPo-Gesetz II erfolgten Änderungen des FüPo-Gesetzes I waren dringend erforderlich – gerade im Bereich der Privatwirtschaft, wo die Zielgröße Null für Vorstände nach wie vor Standard ist. Neun DAX-Unternehmen (Adidas, Bayer, Delivery Hero, Deutsche Wohnen, E.on, HeidelbergCement, Infineon, Linde und MTU) hatten bis zu diesem Zeitpunkt überhaupt keine Frau im Vorstand. Der Anteil weiblicher Führungskräfte in den Vorständen der DAX-Konzerne ist gegenüber dem Vorjahr sogar zurückgegangen und lag bei 12,8%, wie die Allbright-Stiftung mitteilte.[21]

Das hat Tradition: Am 11.10.1991 kam zum ersten Mal (!) überhaupt eine Frau in den Vorstand eines Dax-Konzerns: Jennifer Morgan bei SAP, wo sie gleichzeitig mit einem Kollegen auch Vorstandssprecherin wurde – aber nur für wenige Monate. Danach trennte sich das Unternehmen wieder von ihr, weil man »zurück zum Modell eines alleinigen Vorstandssprechers« gehen wollte.[22] Immerhin konnte die Allbright-Stiftung vermelden, dass mit Stand 1.9.2021 insgesamt 35 Frauen in den Vorständen der Dax-Unternehmen waren, bei Merck sogar die erste weibliche CEO in einem Dax-Konzern. Die Börsenunternehmen Airbus, Allianz und Deutsche Telekom haben danach jeweils drei Frauen im Vorstand. Lediglich vier Unternehmen im Leitindex hätten noch rein männlich besetzte Vorstände (Delivery Hero, Deutsche Wohnen, Linde und MTU sowie Aero Engines). Auch im S-Dax liege der Anteil der weiblichen Vorstände erstmals über der 10%-Marke.[23]

Allerdings sind die Neuregelungen auch nicht der ganz große Wurf. Das wurde in der Anhörung des Bundestages deutlich. Vor allem Gisela Notz und Philine Erfurt Sandhu kritisierten u.a. den engen Geltungsbereich für die Privatwirtschaft, denn nach wie vor sind nur börsennotierte *und* mitbestimmte Unternehmen von der Regelung zur Vorstandsbesetzung er-

---

[20] Stellungnahme des Bundesrates zum Entwurf eines Gesetzes zur Ergänzung und Änderung der Regelungen für die gleichberechtigte Teilhabe von Frauen an Führungspositionen in der Privatwirtschaft und im öffentlichen – Bundesrat Drucksache 49/21, 5.3.2021; www.bundesrat.de/SharedDocs/drucksachen/2021/0001-0100/49-1(B).pdf?; www.bundestag.de/resource/blob/823810/2b7741b1866972 f9cf9901912a a70ba4/ 19-13-119c-data.pdf.

[21] »Börsenneulinge sind die neuen Alten: Wachstum ohne Frauen«, Allbright-Stiftung, 17.6.2021; www.allbright-stiftung.de/berichte.

[22] »Nach wenigen Monaten – SAP trennt sich von Co-Chefin Jennifer Morgan«, Der Spiegel, 21.4.2020; www.spiegel.de/wirtschaft/unternehmen/sap-trennt-sich-von-co-chefin-jennifer-morgan-a-e6253062-139b-4a4e-9d3b-d2302a1e2809.

[23] »Aufbruch oder Alibi?« Presseinformation Bericht der Albright-Stiftung, 27.10.2021.

fasst. Sie betrifft somit nur 30 Unternehmen. Besser wäre es, so Sandhu, eine feste Betriebsgröße von 2.000 Beschäftigten festzulegen. Auch sei eine dynamische Quote erfolgversprechender als die jetzige Regelung, mit der »in keinem Vorstand (…) eine kritische Masse von einem Drittel Frauen erreicht würde«.[24] Genau genommen handelt es sich auch nicht um eine Quote, sondern um ein Mindestbeteiligungsgebot für Frauen und Männer ab einer bestimmten Vorstandsgröße.

Auch im internationalen Vergleich ist das FüPo-Gesetz II zwar kein Meilenstein. Aber mit den breit angelegten Begleitmaßnahmen und den regelmäßig veröffentlichten Statusberichten des BMFSFJ und den »WoB's« von FidaR e.V. hat das Gesetz bisher die Aufmerksamkeit der Öffentlichkeit und damit auch der Unternehmen selbst auf ihr großes Defizit beim Thema gleichberechtigte Teilhabe von Frauen an Führungspositionen gerichtet. Nur so kann sich etwas verändern.

Darüber hinausgehende gesetzliche Regelungen zur Durchsetzung der tatsächlichen Gleichberechtigung sind aber unerlässlich, denn die Erfahrungen haben gezeigt, dass ohne den gesetzgeberischen Druck keine Änderungen zu erwarten sind; hier muss jeder weitere Schritt mühsam erkämpft werden. Dass der Bund im FüPo-Gesetz II mit gutem Beispiel vorangehen will, ist daher gut und wichtig. Immerhin bleibt das Thema auf der Agenda, die öffentliche Aufmerksamkeit für dieses Thema damit erhalten und so auch die wichtige Signalwirkung der Sichtbarkeit von Frauen in Führungspositionen.

Nach meiner Erfahrung sind darüber hinaus aber auch immer die Kommunikation und vor allem die öffentliche Begründung von Quoten oder Mindestvorgaben wichtig. Das Argument, mehr Frauen in Vorständen seien schließlich im ureigenen Interesse der Wirtschaft, ist zwar ein zutreffender Hinweis an die Unternehmen und ihre Fürsprecher und ein hilfreicher Rat, sich dieser Verbesserung nicht zu verschließen. Der eigentliche Grund für derartige Regelungen ist aber nicht, der Wirtschaft zu besseren Bilanzen zu verhelfen, sondern der Auftrag des Grundgesetzes »Frauen und Männer sind gleichberechtigt« sowie die Verpflichtung des Staates, dieses zu fördern und auf die tatsächliche Durchsetzung der Gleichberechtigung von Frauen und Männern und auf die Beseitigung bestehender Nachteile hinzuwirken (Artikel 3 Absatz 2 Grundgesetz). Dazu sind Quoten ein notwendiges und (öffentlichkeits)wirksames Instrument.

---

[24] Ausschussdrucksache 19(13)119c; www.bundesrat.de/SharedDocs/ drucksachen/2021/0001-0100/49-21(B).pdf?blob=publicationFile&v=1).

Der heftige Widerstand der Wirtschaftsverbände gegen eine Quote darf daher auch nicht den Blick darauf verstellen, dass die Vorgabe einer gesetzlichen Quote oder von Mindestvorgaben zwar eine wichtige gleichstellungspolitische Etappe ist, dass aber selbst dann, wenn diese überall konsequent umgesetzt würde, der große Durchbruch noch lange nicht erreicht wäre. Denn es geht um mehr: Es geht nicht nur um mehr Frauen in Führungspositionen. Es geht um insgesamt gleiche Lebens- und Arbeitsbedingungen für Frauen in allen gesellschaftlichen Bereichen. Es muss deshalb auch und vor allem um eine gerechte Verteilung der Arbeit, des Geldes, der Macht und der Chancen insgesamt gehen – nicht nur zwischen Frauen und Männern. Die Frauenfrage ist ein großer Teil dieser Herausforderung. Jeder kleine Schritt – und dazu zähle ich auch die Quote – ist ein wichtiger Schritt, der aber stets auch in diesem großen Zusammenhang gesehen werden muss.

Europäische Quoten-Initiative

Schon im November 2012 hat die EU-Kommission einen »Vorschlag für eine Richtlinie zur Gewährleistung einer ausgewogeneren Vertretung von Frauen und Männern unter den nicht geschäftsführenden Direktoren/Aufsichtsratsmitgliedern börsennotierter Gesellschaften und über damit zusammenhängende Maßnahmen« vorgelegt. Er enthält das Ziel, dass das jeweils unterrepräsentierte Geschlecht in der Privatwirtschaft bis 2020 und in börsennotierten öffentlichen Unternehmen bis 2018 mindestens 40% der nicht geschäftsführenden Mitglieder von Leitungsorganen von Unternehmen stellen sollte. Deutschland hat diese Richtlinie lange blockiert, was insofern unverständlich war, als Ausnahmen von der 40%-Vorgabe für die Länder vorgesehen waren, die bereits verbindliche Quoten gesetzlich verankert hatten.

In ihrer »Mitteilung der Kommission an das Europäische Parlament, den Rat, den europäischen Wirtschafts- und Sozialausschuss und den Ausschuss der Regionen – Eine Union der Gleichheit: Strategie für die Gleichstellung der Geschlechter 2020–2025« – hat die Kommission am 5.3.2020 angekündigt, auf die Annahme des Vorschlags für diese Richtlinie zu drängen, um die gläserne Decke zu durchbrechen.[25]

Am 14.3.2022 war es endlich so weit: An diesem Tag hat Deutschland zusammen mit der Mehrheit der Mitgliedsstaaten der EU-Führungspositionen-Richtlinie zugestimmt und damit »gemeinsam mit der Mehrheit der EU-Mitgliedsstaaten den Weg frei (gemacht) für mehr Gleichstellung in Eu-

[25] COM (2020) 152 final, Brüssel, 5.3.2020.

ropa. (...) Mit der Zustimmung Deutschlands ebnen wir nach Jahren der Blockade den Weg für einheitliche Standards in Europa.«[26]

Das war überfällig. Es gab auch keinen Grund für den hartnäckigen Widerstand Deutschlands, denn die Mitgliedsstaaten, die bereits wirksame Maßnahmen ergriffen haben, sollen von den Regelungen ausgenommen sein. Da mit dem FüPo-Gesetz II umfangreiche Maßnahmen in Kraft getreten sind, besteht für Deutschland kein weiterer Umsetzungsbedarf. Es war also höchste Zeit für ein solches Signal an die Mitgliedsstaaten, die sich noch schwertun mit Quoten!

Weitere Initiativen aus der Kultur und dem Gesundheitsbereich

Das Thema Quote bleibt auf der gesellschaftspolitischen Agenda: Im November 2020 wartete der »Stern« mit einer Kampagne »Ich bin eine Quotenfrau« auf, bei der 40 namhafte Frauen aus Wissenschaft und Wirtschaft, Politikerinnen aus CDU, SPD, den Grünen und den LINKEN sowie Schauspielerinnen, Sportlerinnen und Frauen aus Kunst, Kultur und Medien mit einem Video-Statement »bekannten«, dass und warum sie eine »Quotenfrau« sind oder eine Frauenquote befürworten. Die Aktion erinnerte – und das sollte sie wohl auch – an die legendäre Stern-Kampagne »Ich habe abgetrieben!« in den 1970er-Jahren. Sie war ein starkes Statement und eine Ermutigung für Frauen, die mehr können und sich mehr zutrauen, als das gesellschaftliche Umfeld das tut. Sie kann das Klima für (mehr) Frauen in Führungspositionen positiv beeinflussen, und das ist auch ihr Anliegen. Daher kam auch der heftige Gegenwind, von dem der »Stern« und Frauen berichten, die sich im Rahmen dieser Kampagne öffentlich als »Quotenfrau« bezeichnen oder sich auch nur unterstützend dazu äußern.[27]

Die Diskussionen um Quoten und ihre Einführung haben noch weitere erfreuliche Effekte: So haben sich im Bereich Kunst, Kultur, Film und Regie ebenfalls Quoteninitiativen entwickelt: Pro Quote Film, Pro Quote Bühne, Pro Quote Regie und Pro Quote Medien. Auch eine Initiative Pro Quote Medizin hat sich zwischenzeitlich gebildet. Mit Unterstützung des Bundesfrauenministeriums analysieren diese Initiativen die Situation in ihren jeweiligen

---

[26] »Meilenstein für die Gleichstellung in der Europäischen Union – EU-Führungspositionen-Richtlinie heute in Brüssel beschlossen«, Pressemitteilung des BMFSFJ, 14.3.2022; meilenstein-fuer-die-gleichstellung-in-der-europaeischen-union--194094.

[27] Emotionale Reaktionen zum stern-Projekt #Quotenfrau – und auch im Ausland ist es aufgefallen; 26.11.2020; www.stern.de/politik/deutschland/reaktionen-zu-ich-bin-eine-quotenfrau--von-grossartig-bis-peinlich-9506616.html.

Bereichen, erstellen Berichte darüber, beraten Betroffene und organisieren Kampagnen. Wichtige Themen sind unter anderem gleiche berufliche Chancen, Equal Pay, Sexismus, Rollenstereotype und Vereinbarkeit von Beruf und Familie. Auch in diesen – mitunter politisch weniger wahrgenommenen Bereichen – besteht Handlungsbedarf.

Bereich Film und Regie

Der Film spiegelt die Situation und die Rollenverteilung zwischen den Geschlechtern in der Gesellschaft wider. Auch hier sind Frauen in den wichtigen Funktionen deutlich unterrepräsentiert. Das ist in doppelter Hinsicht von Belang: einerseits, weil es die Frauen in dieser Branche gegenüber den männlichen Kollegen benachteiligt. Andererseits, weil Rollenbilder aus Film und Fernsehserien das gesellschaftliche Bild von Frauen, Männern und Kindern prägen.

Plan International hat im Jahr 2019 die 56 erfolgreichsten (d.h. umsatzstärksten!) Kinofilme in 20 Ländern auf Geschlechterstereotype untersucht. Das Ergebnis ist wenig überraschend, aber aufrüttelnd: Es gab doppelt so viele männliche wie weibliche Rollen; die Männer sprachen doppelt so viel wie Frauen und wurden in den Filmen häufiger als Führungspersönlichkeiten porträtiert. Bei keinem einzigen der weltweit 56 umsatzstärksten Filme führte eine Frau Regie, nur ein Viertel der Filme wurde von einer Frau produziert, und nur an jedem zehnten Film war eine Frau am Drehbuch beteiligt. Hauptdarstellerinnen waren zu 30%, männliche Hauptdarsteller dagegen nur zu rund 7% freizügig bekleidet. Halbnackt waren Frauen doppelt so oft zu sehen wie männliche Schauspieler, viermal so häufig nackt gezeigt und häufiger als Sexobjekte porträtiert.[28]

Pro Quote Film setzt sich mit Unterstützung des BMFSFJ für Parität auf allen Ebenen der Film- und Fernsehbranche ein und für eine entsprechende Quote bei der Besetzung von Gremien (etwa Aufsichts- und Rundfunkräte, Jurys, Auswahlgremien, Filmfördergremien und Aufnahmegremien an Filmhochschulen), und bei der Vergabe von Fördergeldern und Aufträgen.[29] Denn auch hier ist die Verteilung von Rollen und Einfluss noch weit entfernt von Parität: In lediglich 15% der Kinofilme führen Frauen Regie, Regisseurinnen erhalten nur 10% der Fördergelder, obwohl ungefähr gleich

---

28 Welt-Mädchenbericht 2019 zu Frauenrollen in Kinofilmen, Plan international, 4.10.2019; www.plan.de/presse/pressemitteilungen/detail/welt-maedchenbericht-2019-zu-frauenrollen-in-kinofilmen.html.

29 Medien hinken der Realität hinterher; proquote-film.de/#/status-quote/object=page:5.

viele Frauen wie Männer Hochschulabschlüsse im Fach Regie machen, und in fiktionalen Rollen arbeiten nur 20% Frauen, darunter lediglich 1% Migrantinnen als Managerinnen, Politikerinnen oder Wissenschaftlerinnen.[30]

Im öffentlich-rechtlichen Fernsehen ist die Situation nicht wesentlich besser: »Nur 12% der Sendeminuten in der Primetime von 18:00 bis 23:00 Uhr werden beim ZDF von Regisseurinnen inszeniert.«[31] Dabei ist bei den öffentlich-rechtlichen Sendern Gleichstellung bereits im Rundfunkstaatsvertrag verankert. Zwar ist die Mehrzahl der kreativen Filmschaffenden freischaffend und wird von den Produktionsfirmen nur mit kurzen Zeitverträgen angestellt. Doch die Verantwortlichen der öffentlich-rechtlichen Sender könnten durchaus darauf Einfluss nehmen und ihre Aufträge an Maßnahmen zur Gleichstellung knüpfen.

Pro Quote Medizin

Im Gesundheitssektor sind fast 80% der Beschäftigten Frauen: Unter der Ärzteschaft sind sie fast paritätisch vertreten, allerdings mit großen Unterschieden in den jeweiligen Fachrichtungen: So lag der Frauenanteil zum Beispiel unter den Chirurg/-innen 2020 bei 22,4% und bei den Urolog/-innen bei 20%.[32] In der Gesundheits- und Krankenpflege, im Rettungsdienst und in der Geburtshilfe sind Frauen dagegen zu 80% vertreten, in der Altenpflege beträgt der Frauenanteil 84% und bei den Arzt- und Praxishilfen sogar 98%.[33]

Während in der gesundheitspolitisch wichtigen Gesundheitsministerkonferenz im Jahr 2022 zehn Frauen und sechs Männer den Gesundheitsbereich der Länder vertreten, sind Frauen in den Gremien der Selbstverwaltung und in den Führungspositionen im Gesundheitswesen deutlich in der Minderheit. »Trotz eines 66%-igen Frauenanteils bei den Absolventen des Medizinstudiums und einem mit 45% fast paritätischen Anteil der berufstätigen Medizinerinnen besetzen Frauen in der Medizin lediglich 3-10% aller Führungspositionen«, vermeldete die FAZ.[34] Engagierte Ärztinnen haben

---

30 proquote-film.de/#/ziele/object=page:9.

31 www.thisisjanewayne.com/news/2019/03/08/40-gruende-am-weltfrauentag-auf-die-strasse-zu-gehen/.

32 Dr. med. Jessica Schoof: »Im Wandel: Ärztinnen in (noch) männlichen Fachgebieten« und: »Urologie: Da geht es um Männer, Frauen und Kinder«, ärztin, Ausgabe 12/2021.

33 Dr. med. Hülya Pustu im Interview: »Wir brauchen eine viel bessere Kinderbetreuung an Kliniken«, ärztin, Ausgabe 12/2021; www.aerztinnenbund.de/downloads/8/aerztin_3.21_web.pdf.

34 Prof. Dr. med. Katja Weisel/Prof. Dr. med. Diana Lüftner: »Warum die Medizin nur mit Frauen zukunftsfähig bleibt«, www.faz.net/asv/zukunft-der-krebsmedizin-2020/warum-die-medizin-nur-mit-frauen-zukunftsfaehig-bleibt-16807614.html.

daher 2012 die Initiative Pro Quote Medizin gegründet. Die Erstunterzeichnerinnen fordern, mindestens 50% der Führungspositionen auf allen Hierarchiestufen der Medizin mit Frauen zu besetzen.

Davon ist man noch weit entfernt: Laut der Studie »Medical Women on Top« des Deutschen Ärztinnenbundes waren im Jahr 2019 nur 13% der Führungspositionen an den Universitätsklinika mit Frauen besetzt; deren Anteil habe sich damit binnen drei Jahren um magere 3% erhöht.[35] In der Chirurgie beispielsweise lag der Frauenteil der Studie zufolge im Untersuchungszeitraum bei 5%, in der Urologie gar nur bei 3%. Dabei sind zwei Drittel der Absolvent/-innen des Medizinstudiums Frauen, wie der Hartmannbund auf seiner Hauptversammlung 2021 feststellte. Die Delegierten forderten daher vom Bundesforschungsministerium, vom BMFSFJ und von den medizinischen Fachgesellschaften, den Berufsverbänden, dem Deutschen Hochschulverband und der Arbeitsgemeinschaft der Wissenschaftlichen Medizinischen Fachgesellschaften e.V. »gezielte Fördermaßnahmen (...), um den Anteil an Frauen in Führungspositionen in Universitätsklinika und in allen Krankenhäusern mit besonderem Focus auf die chirurgischen Fächer zu erhöhen«.[36] Denn unter den Oberärztinnen sind Frauen im Durchschnitt noch immer nur zu knapp einem Drittel vertreten; am höchsten ist ihr Anteil in der Frauenheilkunde mit 55%, am niedrigsten in der Urologie mit 15%. In der Professorenschaft liegt prozentualer Anteil sogar insgesamt bei nur 16(!)%.[37]

In der Selbstverwaltung ist das Bild ähnlich: So gehören der ersten Führungsebene unterhalb des Vorstandes des GKV-Spitzenverbandes 14 Personen an, darunter drei (!) Frauen. In zehn der 17 Kassenärztlichen Vereinigungen gibt es keine einzige Frau im Vorstand (Zahlen von 2019, die sich laut Antwort der Bundesregierung auf eine Kleine Anfrage von Bündnis90/ DIE GRÜNEN nicht verändert haben), da die Mitglieder bis 2022 gewählt sind.[38] Die Bundesregierung hat sich in ihrer Koalitionsvereinbarung 2021–

---

[35] Deutscher Ärztinnenbund: »Medical Women on Top, Dokumentation des Anteils von Frauen in Führungspositionen in 15 Fächern der deutschen Universitätsmedizin«; Stand Januar 2019; www.aerztinnenbund.de/downloads/6/MWoT_update_2019.pdf.

[36] Hartmannbund, Hauptversammlung 2021: Beschluss Nr. 12 »Adäquater Anteil von Frauen in Führungspositionen in operativen Fächern zukunftsrelevant«; www.hartmannbund.de/wp-content/uploads/2021/11/2021-11_HV_NR_12_Adaequater-Anteil-von-Frauen-in-Fuehrungspositionen.pdf.

[37] Deutscher Ärztinnenbund: »Medical Women on Top?« (siehe Anm. 35), S. 2.

[38] Antwort der Bundesregierung auf die Kleine Anfrage »Entwicklungen zum Frauenanteil in der Selbstverwaltung im Gesundheitswesen« der Abgeordneten Dr. Kirsten Kappert-Gonther, Maria Klein-Schmeink, Kordula Schulz-Asche, weiterer Abgeordneter

2025 immerhin verpflichtet, »die paritätische Beteiligung von Frauen in den Führungsgremien der Kassen(zahn)ärztlichen Vereinigungen sowie ihrer Spitzenverbände auf Bundesebene sowie der gesetzlichen Krankenkassen (zu stärken)«.[39]

Die niedrigen Frauenanteile in den Führungsgremien der Selbstverwaltung und der Professorenschaft sind nicht nur ein Gleichstellungsproblem, sondern können auch ein Qualitätsproblem sein. Einer Studie aus Kanada zufolge, über die »Medical Tribune« im Oktober 2021 berichtete, gibt es Hinweise, dass in der Primärversorgung Ärztinnen im Vergleich zu Ärzten eher evidenzbasierte Medizin praktizieren, bei standardisierten Untersuchungen genauso gut oder besser abschneiden und eine stärker patientenzentrierte Versorgung bieten.[40] Gendermedizin bzw. eine geschlechtersensible Perspektive in der Medizin trägt »zu einer Verbesserung der Qualität der medizinischen Versorgung sowohl von Frauen als auch Männern bei«. Bestimmte Krankheitsbilder, etwa psychiatrische Erkrankungen oder Osteoporose würden bei Männern häufig nicht erkannt, weil sie vor allem mit Frauen in Verbindung gebracht würden.[41] Ein weiterer Grund für mehr Frauen in allen medizinischen Fachrichtungen und in den Führungspositionen in Kliniken und in der Selbstverwaltung!

Erfreulicherweise ist Gendermedizin im Koalitionsvertrag 2021–2025 vereinbart worden. Danach sollen: »geschlechtsbezogene Unterschiede in der Versorgung, bei Gesundheitsförderung und Prävention und in der Forschung« berücksichtigt und »Gendermedizin Teil des Medizinstudiums sowie der Aus-, Fort- und Weiterbildungen der Gesundheitsberufe werden«.[42]

---

und der Fraktion BÜNDNIS 90/DIE GRÜNEN vom 11.3.2020; Drucksache 19/17347; Entwicklungen zum Frauenanteil in der Selbstverwaltung im Gesundheitswesen, S. 27 (41).

[39] Koalitionsvertrag 2021–2025, S. 86.

[40] Sabine Mattes: »Patientensterblichkeit – Sind Frauen die besseren Ärzte?«, Medical Tribune, 14.10.2021 unter Bezugnahme auf jamanetwork.com/journals/jama-health-forum/fullarticle/2782058.

[41] Susanne Dettmer/Gabriele Kaczmarczyk/Sabine Ludwig/Ute Seeland: »Geschlechtersensibilität: Noch ein weiter Weg«, Deutsches Ärzteblatt 2021; 118(9): A-451/B-380.

[42] Koalitionsvertrag 2021–2025, S. 86.

6. Gleichstellung: Politische Strategien

Gender Mainstreaming

Ausgangspunkt von Gender Mainstreaming ist die Erkenntnis, dass die Gesellschaft von einer Hierarchie der Geschlechter geprägt ist, die zu einer ungleichen Verteilung von Chancen und Ressourcen zulasten von Frauen führt. Strukturen, Prozesse und Maßnahmen sind nicht geschlechtsneutral, sondern wirken auf Frauen und Männer unterschiedlich. Das muss im jeweiligen Handeln erkannt, analysiert und mit dem Ziel der Gleichstellung der Geschlechter berücksichtigt werden. Mit der Strategie Gender Mainstreaming sollen deshalb »bei allen gesellschaftlichen Vorhaben die unterschiedlichen Lebenssituationen von Frauen und Männern von vorneherein und regelmäßig berücksichtigt (werden), da es keine geschlechtsneutrale Wirklichkeit gibt«.[1]

Dabei soll Gender Mainstreamig die Frauenförderung nicht ersetzen, sondern ergänzen. Neben der Frauenförderung sollen auch Männerorganisationen unterstützt werden, die daran arbeiten, überkommene Rollenmuster von Frauen und Männern aufzubrechen mit dem Ziel, beiden Geschlechtern ein freies, gleichberechtigtes und selbstbestimmtes Leben zu ermöglichen.

Ausgangspunkt von Gender Mainstreaming ist die 3. Weltfrauenkonferenz der Vereinten Nationen 1985 in Nairobi, auf der die Delegierten eine verstärkte Integration von Frauen in den Mainstream forderten. Vorausgegangen war eine kritische Bewertung der seinerzeitigen Ausgestaltung der Entwicklungspolitik. Im Abschlussdokument forderten die Delegierten, dass »Frauen integraler Bestandteil des Prozesses des Definierens von Zielen und der Gestaltung von Entwicklung sein« sollten.[2]

Verabschiedet und in der 4. Arbeitsplattform verankert wurde Gender Mainstreaming auf der darauffolgenden Weltfrauenkonferenz 1995 in Peking. Damit war Gender Mainstreaming in der internationalen Gleichstellungspolitik explizit als Strategie und Querschnittsthema anerkannt, und die Mitgliedsstaaten verpflichteten sich, in ihren Strategien zur Umsetzung der Konferenzbeschlüsse ein Konzept zur Verankerung von Gender Mainstreaming zu entwickeln. Seit 1999 ist Gender Mainstreaming auch im Amster-

---

[1] Europarat: Gender Mainstreaming: Rahmenkonzept, Methodik und Vorstellung bewährter Praktiken, Straßburg, 1998; www.coe.int/T/E/Human_Rights/Equality/02._Gender_mainstreaming/100.

[2] »Zukunftsstrategien von Nairobi zur Förderung der Frau«, Abschlussdokument der Weltfrauenkonferenz vom 15.-27.7.1985 in Nairobi, Kenia. Hrsg: Bundesministerium für Jugend, Familie, Frauen und Gesundheit, Bonn 1988.

damer Vertrag für die EU-Staaten rechtlich verbindlich festgeschrieben und die Mitgliedsstaaten damit zu proaktiver Gleichstellungspolitik mit dieser Strategie verpflichtet.

Umsetzung in Bund, Ländern und Kommunen

Die Bundesregierung hat noch im gleichen Jahr beschlossen, die Gleichstellung von Frauen und Männern als durchgängiges Leitprinzip zu beachten und dies mit der Strategie des Gender Mainstreaming zu fördern. In einem weiteren Kabinettsbeschluss ergänzte sie im Jahr 2000 die Gemeinsame Geschäftsordnung der Bundesministerien in § 2 um den Programmsatz: »Die Gleichstellung von Frauen und Männern ist durchgängiges Leitprinzip und soll bei allen politischen, normgebenden und verwaltenden Maßnahmen der Bundesministerien in ihren Bereichen gefördert werden (Gender Mainstreaming).«

Eine im Mai 2002 eingesetzte Arbeitsgruppe »Gender Mainstreaming« begleitete zwei Jahre lang den Umsetzungsprozess. Projekte wurden gestartet und abgeschlossen und von 2003 bis 2010 das »GenderKompetenzZentrum« am Lehrstuhl für öffentliches Recht und Geschlechterforschung an der Humboldt-Universität Berlin gefördert. Wertvolle Impulse gingen von dort aus: Hilfreiche Handreichungen für die Anwendung von Gender Mainstreaming in verschiedenen Handlungsfeldern und für unterschiedliche Zielgruppen und Schulungen stießen auf großes Interesse bei den gleichstellungspolitischen Akteur/-innen und trugen zur Verbreiterung der Expertise in Gleichstellungsfragen bei. Auf die Materialien und Angebote des »GenderKompetenzZentrums« konnten die Länder – mit denen es einen intensiven Austausch gab – zurückgreifen und voneinander lernen, wie diese neue Strategie erfolgreich und nachhaltig implementiert werden kann und in welchen Handlungsfeldern ihr Einsatz besonders lohnend ist.

Das war umso hilfreicher, als in den Ländern das diesbezügliche Engagement, der Reformeifer und der Umsetzungsstand sehr unterschiedlich waren. Gemeinsamkeiten waren Kabinettsbeschlüsse zur Einführung und Umsetzung von Gender Mainstreaming, die Einrichtung von interministeriellen Arbeitsgruppen sowie die Durchführung von Schulungen – auch in den nachgeordneten Behörden – und die Entwicklung und Umsetzung von Modellprojekten.

Die Bundesregierung und einige Länder sind den Umsetzungsprozess zunächst systematisch angegangen, wobei die Initiative in der Regel von den für Gleichstellung zuständigen Organisationseinheiten ausging. Das genau sollte sich aber mit Gender Mainstreaming ändern: Die Verantwortlichkeit für diese neue Strategie soll gerade nicht in erster Linie bei den für

Frauenförderung zuständigen Akteuren liegen, sondern bei den für die unterschiedlichen politischen oder fachlichen Bereiche zuständigen Verantwortlichen. In der Praxis waren und sind es aber überwiegend die Gleichstellungsstellen, die das Thema angeschoben haben und am Laufen halten – zum Teil bis heute.

Auch wenn Gender Mainstreaming sehr systematisch eingeführt worden ist, ist es nach meinem Eindruck als Strategie außerhalb der gleichstellungspolitischen Kreise eher eine Pflichtübung geblieben als ein von großer Überzeugung getragenes Engagement. Der Funke sprang meist nicht über. Wo Gender Mainstreaming in den für die Operationalisierung von EU-Programmen zuständigen Ministerien und Stellen schon bekannt war, war zwar das Verständnis für diese neue Strategie größer, die Bereitschaft, diese auch auf andere Arbeitsfelder auszudehnen, aber trotzdem häufig nicht sehr ausgeprägt. In den anderen Ressorts war zwar keine Verweigerungshaltung oder gar offene Obstruktion zu verspüren. Es fehlte aber zumeist am notwendigen Engagement, das Konzept in den Arbeitsalltag zu überführen oder neue Initiativen anzustoßen.

Es gab aber auch ermutigende Lichtblicke, wenn zum Beispiel das Umweltministerium in Rheinland-Pfalz mit Enthusiasmus nicht nur Schulungen im eigenen Bereich durchführte, sondern auch einen Co-Referenten zu Workshops im nachgeordneten Bereich entsandte oder die Landesvertretung Rheinland-Pfalz ihre Führungskräfte zu einer ganztägigen Schulungsveranstaltung zur Einführung und Umsetzung von Gender Mainstreaming verpflichtete. Auch die (obligatorischen) Berichte über die Umsetzung von Gender Mainstreamig in den Ländern an die Parlamente zeugten von systematischer Umsetzung in den einzelnen Handlungsfeldern; leider brach das Engagement aber zumeist innerhalb weniger Jahre wieder ab.

Dass das »GenderKompetenzZentrum«, das den Prozess hilfreich befördert und die Umsetzungsaktivitäten begleitet, dokumentiert und zugänglich gemacht hat, nach wenigen Jahren vom Bund nicht mehr weiter gefördert wurde, war ein herber Verlust: Denn hier wurden Erfahrungen, Projekte und Umsetzungsmaßnahmen zusammengetragen und ausgewertet, die Expertisen verbreitert und der Prozess zu einem großen Ganzen gebündelt. Die nach wie vor bestehende (historische) Website zeigt die seinerzeit vielfältige Umsetzung von Gender Mainstreaming in den Ländern in den unterschiedlichsten Handlungsfeldern.[3] Diese professionelle Unterstützung half den Ländern auch dabei, mit Skepsis, Widerständen und Zu-

---

3 www.genderkompetenz.info.

rückhaltung umzugehen und die Vorteile der neuen Strategie klug einzusetzen und zu bewerben.

Die Zurückhaltung vieler außerhalb der gleichstellungspolitischen Akteure und Organisationen machte sich nicht zuletzt auch an dem Begriff fest: Gender Mainstreaming wurde und wird von vielen als ein zu sperriger Begriff empfunden, obwohl auch in der Verwaltung Anglizismen seit Jahrzehnten selbstverständlich sind. Die Abwehr galt aber wohl eher der Strategie an sich und weniger der Bezeichnung, was auch (aber nicht nur) daran lag, dass Gender Mainstreaming ziemlich bürokratisch daherkam. So mancher andere Modernisierungsprozess in der Verwaltung, der ebenfalls mit großem Aufwand und neuen Begriffen eingeführt oder getestet worden ist, wurde aber nicht so grundlegend infrage gestellt, obwohl der eine oder andere am Ende doch – gemessen am Aufwand – wenig positive Spuren hinterlassen hat. Gender Mainstreaming ist – anders als manch anderer Modernisierungsprozess – eine *auf Dauer angelegte* gleichstellungspolitische Strategie und nicht der missglückte Versuch, der Verwaltung betriebswirtschaftliche Modelle aufzupfropfen.

Es gab aber auch kritische Bewertungen von anderer Seite: So stellte die Sozialwissenschaftlerin Susanne Schunter-Kleemann fest, das Konzept sei »im Zusammenhang mit den Bestrebungen der Europäischen Kommission und der sozialdemokratisch geführten Regierungen zu verorten, in denen es darum geht, die neoliberale Ordnungspolitik fortzuführen, aber durch eine modernere, versöhnlichere und egalitärere Rhetorik zu ergänzen«. Es habe »zündendere Parolen der Frauenbefreiung« gegeben; der Begriff Gender Mainstreaming bringe eher eine administrativ- technokratische Perspektive auf das Problem der Geschlechtergleichheit zum Ausdruck.[4]

Letzteres ist nicht von der Hand zu weisen. In der Theorie sollte es aber auch eine Doppelstrategie, also eine Kombination von Frauenförderung *und* Gender Mainstreaming sein. Darauf haben die Gleichstellungsbeauftragten und -institutionen immer wieder hingewiesen, allerdings oft mit wenig Erfolg. Der Begriff und die teilweise sehr bürokratischen Verfahren zur Umsetzung ließen eben tatsächlich keine euphorisierende Wirkung aufkommen – weder bei den frauenpolitischen Akteur/-innen noch in den Verwaltungen.

Mit ihrer Forderung, stattdessen ein Gleichstellungsgesetz für die Privatwirtschaft auf den Weg zu bringen, das die Privatwirtschaft zu strikten

---

[4] Susanne Schunter-Kleemann: »Geschlechter-Aufgabe Gendermainstreaming: Abschaffung, Umdeutung oder Aufwertung von Frauenpolitik – Gender Mainstreaming als neoliberales Projekt«; www.rosalux.de/fileadmin/rls_uploads/pdfs/Projekte/2001/Gendermainstreaming/kleemann.pdf.

Quoten mit konkreten Zielvorgaben verpflichte und Sanktionsandrohungen enthalte, liegt und lag Schunter-Kleemann richtig. Ein solches Gesetz ist ja dann tatsächlich auch gekommen – allerdings nicht an Stelle von Gender Mainstreaming, sondern, wie es auch sein soll, zusätzlich.

Auf der Ebene der obersten Landes- und Bundesbehörden und in einigen der nachgeordneten Bereiche konnten mit den Modellprojekten und Schulungen zu Gender Mainstreaming auch Behörden und Einrichtungen erreicht werden, die bis dahin eher wenig gleichstellungspolitische Expertise und Praxis hatten. Es wurde deutlich, dass diese Strategie auch auf Bereiche anwendbar ist, in denen gleichstellungspolitische Themen noch kaum eine Rolle gespielt hatten bzw. nicht erkannt worden waren.

Das Potenzial der Strategie ist allerdings noch nicht ausgeschöpft. Es zeigte sich – nicht nur in Rheinland-Pfalz –, dass trotz vieler engagierter Maßnahmen in Bund und Ländern, trotz der Verankerung in den Geschäftsordnungen der Bundes- und Landesregierungen, trotz Schulungen, Praxisbeispielen und der Einrichtung der (temporären) Geschäftsstelle auf Bundesebene, teilweise auch von Geschäftsstellen auf Landesebene und trotz der Benennung von Zuständigkeiten und Verantwortlichkeiten Gender Mainstreaming als Strategie meist blutleer und wenig nachhaltig blieb. Dazu hat – neben den teilweise sehr bürokratischen Verfahren – sicher auch beigetragen, dass die Bundesregierung den engagiert gestarteten Prozess zur Etablierung und Umsetzung von Gender Mainstreaming nach kurzer Zeit eingestellt hatte, ohne ihn anhand von festgelegten Zielen und den Ergebnissen evaluiert und darauf aufbauend weiterentwickelt zu haben.

Gleichwohl wurde einiges erreicht: Modellprojekte, interne und externe Schulungen, Handreichungen und Prüfschemata sensibilisierten Führungskräfte, an die sich die Strategie richtet, für geschlechtsspezifische Fragen und sorgten so für eine zusätzliche Verbreiterung gleichstellungspolitischer Perspektiven und Expertise. Arbeitsweisen wurden hinterfragt und fachliche Bereiche auf ihre Geschlechterrelevanz analysiert. Kabinette und Parlamente wurden damit befasst, nahmen umfangreiche Berichte zur Kenntnis und debattierten (im besten Fall) darüber.

Gender Budgeting – gute Ansätze, bescheidene Erfolge

Ein gutes Instrument für eine geschlechtergerechte Politik sind geschlechtergerechte Haushalte (Gender Budgeting). Damit sollen die Einnahmen und Ausgaben öffentlicher Haushalte geschlechterbewusst und gleichstellungsorientiert strukturiert und eingesetzt werden. Die erste Gender-Budgeting-Initiative wurde in Australien Mitte der 1980er-Jahre von drei Gleichstellungsbüros gestartet. Österreich hat im Jahr 2009 auf Initiative von

Frauenministerin Doris Burer die tatsächliche Gleichstellung von Frauen und Männern im öffentlichen Haushaltswesen als Staatszielbestimmung in die Verfassung aufgenommen und im Bundeshaushaltsgesetz 2013 nähere Bestimmungen für eine wirkungsorientierte Verwaltungsführung festgelegt.[5] Mit dem Ziel der tatsächlichen Gleichstellung von Frauen und Männern werden diese seitdem umgesetzt.

Auf Landesebene hat Berlin bereits 2003/2004 eine Gender Budget-Nutzenanalyse eingeführt, mit der die Ausgabenseite des Berliner Haushalts untersucht wird, um festzustellen, ob und wie sich die Leistungen unterschiedlich auf Frauen und Männer verteilen.[6] Dass die Senatsverwaltung auf ihrer Homepage für »weitere Informationen zum Thema Gender Budgeting« auf die Senatsverwaltung für Gesundheit, Pflege und Gleichstellung verweist, zeigt aber, dass es offenbar noch nicht als eigene Aufgabe verinnerlicht wurde.

In Rheinland-Pfalz hat der Landtag am 27.5.2010 beschlossen, einen geschlechtergerechten Landeshaushalt aufzustellen und die Landesregierung beauftragt, die Voraussetzungen zur stufenweisen Einführung von Gender Budgeting im Doppelhaushalt 2012/2013 zu schaffen, beginnend mit Pilotprojekten in einigen ausgewählten Bereichen.[7] Damit war Rheinland-Pfalz nach Berlin das zweite Bundesland, das sich für einen Landeshaushalt stark gemacht hat, der eine systematische Analyse, Steuerung und Evaluation unter dem Blickwinkel der Geschlechtergerechtigkeit vorsieht. Umgesetzt wurde dieser Beschluss letztendlich aber nicht, obwohl es zahlreiche Gespräche dazu auf den verschiedensten Ebenen gegeben hatte.

Jetzt ist das Thema wieder aufgegriffen worden: Der Koalitionsvertrag »Zukunftsvertrag Rheinland-Pfalz 2021–2026 – Koalition des Aufbruchs und der Zukunftschancen« der Ampel-Koalition enthält dazu ein deutliches Bekenntnis: »Eine Voraussetzung der Gleichberechtigung ist auch, dass staatliche Mittel den verschiedenen Geschlechtern gleichermaßen zugutekommen. Hierzu werden wir Ansätze des Gender Budgeting bei geeigneten Förderungen erproben. Auch den Ansatz des Gender-Mainstreaming, bei dem bei allen Maßnahmen in den Blick genommen wird, ob diese unter-

---

5 Bundesverfassungsgesetz Nr. 139/2009, Art. 13 Abs. 3, Art. 53 Abs. 8.

6 www.berlin.de/sen/finanzen/haushalt/gender-budgeting/artikel. 1915.php#headline_1_4.

7 »Gender-Budgeting als haushaltspolitisches Instrument verankern«; Beschlussempfehlung des Haushalts- und Finanzausschusses zu dem Antrag der Fraktion der SPD – Drucksache 15/3913 – Drucksache Rheinland-Pfalz 15/3913/4548.

schiedliche Auswirkungen auf die Geschlechter haben, werden wir fortsetzen.«[8]

Bemerkenswert finde ich hier auch, dass nicht von »Gender*aspekten*« gesprochen wird oder von »Gleichstellungs*aspekten*«, sondern vom »*Ansatz* des Gender-Mainstreaming«. Wörter prägen unsere Vorstellungen. Die Vorstellung von einem »Gender*aspekt*« ist eher die eines Unterpunktes, der an der einen oder anderen Stelle zu beachten sein könnte und nicht die einer durchgängig einzunehmenden und zu berücksichtigen Perspektive, einer umfassenden Strategie, die alle Themen, Bereiche und Maßnahmen erfasst.

Perspektiven von Gender Mainstreaming und Gender Budgeting

Heute ist *Gender Mainstreaming* nach wie vor am besten im Fortbildungsbereich und an Hochschulen verankert, aber durchaus auch in einigen Politikfeldern – z. B. in der Forschungs-, Entwicklungs-, Beschäftigungs- oder Strukturpolitik – und natürlich im internationalen Bereich, wo es entsprechende Vorgaben gibt. So hat sich das BMZ in seinem »Entwicklungspolitischen Aktionsplan zur Gleichberechtigung der Geschlechter 2016–2020« vorgenommen, »Ansätze für eine geschlechtergerechte Entwicklungsfinanzierung – auch im Haushalt des BMZ weiter (zu) stärken« und dadurch zu einer »geschlechtergerechten Entwicklung« beitragen« sowie »in BMZ-Programmen Gender Mainstreaming zur Finanzsystementwicklung sowie zu Reformmaßnahmen der öffentlichen Finanzen verbessern«.

Dass darin aber »Frauen, Männer und Menschen anderer Geschlechtsidentitäten*« genannt sind, die »gleichberechtigt an Entwicklungsprozessen teilhaben« sollen,[9] zeigt, dass die Strategie Gender Mainstreaming nicht wirklich verstanden wird, denn diese geht von den *sozialen* Geschlechterrollen von Frauen und Männern aus – nicht vom biologischen Geschlecht und nicht von der sexuellen Orientierung.

Als allgemeine Strategie ist Gender Mainstreaming im Verwaltungsalltag meistens nicht mehr sehr präsent und wird in Vorlagen und Gesetzen eher formelhaft und nachträglich abgeprüft: Copy and paste von Standard-Formulierungen werden meist als völlig ausreichend angesehen. Dennoch ist es mit Gender Mainstreaming gelungen, das Thema Gleichstellung der Geschlechter in einem kleinen Zeitfenster in den Behördenalltag zu bringen und in den jeweiligen Arbeitsbereichen zu hinterfragen, ob und wel-

---

8 Zukunftsvertrag Rheinland-Pfalz 2021 bis 2026; Koalition des Aufbruchs und der Zukunftschancen, S. 139.

9 BMZ: Zum Begriff »Gender« - Benachteiligungen beenden; www.bmz.de/de/entwicklungspolitik/frauenrechte-und-gender/gender-ansatz-59366.

che spezifischen Auswirkungen eine geplante Maßnahme auf Frauen und Männer hat.

Bezogen auf *Gender Budgeting* hat die Wissenschaftlerin Maria Kuhl für den Arbeitsbereich Frauen- und Geschlechterforschung der Friedrich-Ebert-Stiftung die beiden großen Konjunkturprogramme 2008 und 2009 unter dem Qualitätskriterium Gleichstellung bewertet. Ihr Fazit für die beiden Programme mit einem Gesamtvolumen von fast 18 Milliarden Euro fällt für die untersuchten Maßnahmen insgesamt negativ aus: Männer und Frauen hätten nicht gleichberechtigt an den Hilfen partizipiert, durch die fehlende Gleichstellungsorientierung seien Anreize für tradierte Rollenmuster gestärkt worden, bestehende Benachteiligungen einschließlich diskriminierender Bewertungsmaßstäbe seien nicht abgebaut, sondern beibehalten worden und hätten sich so weiter verfestigt.[10] Das hätte mit einer konsequenten Gender-Mainstreaming-Analyse und vor allem mit der Anwendung von Gender Budgeting vermieden werden können.

Druck für eine stärkere Berücksichtigung von Gender Budgeting kommt von einem wirkmächtigen Verband: dem Deutschen Frauenrat. Er hat im Mai 2020 die praxisorientierte Broschüre »Geschlechtergerechter Bundeshaushalt am Beispiel von Arbeitsmarkt- und Sportförderung« herausgebracht[11] und das Thema auf einer prominent besetzten Veranstaltung mit dem Titel »Wir müssen reden – über Geld – Geschlechtergerechte Haushaltspolitik im Bund umsetzen« am 27.11.2020 öffentlich gemacht.

Dr. Katharina Wrohlich, Leiterin der Forschungsgruppe Gender Economics beim DIW Berlin stellte auf dieser Veranstaltung fest: »Eine umfassende Analyse des Bundeshaushalts könnte alle impliziten Unterschiede in den Auswirkungen der Einnahmen und Ausgaben des Bundes offenlegen. Damit hätten wir ein besseres Fundament für eine Analyse des politischen Handlungsbedarfs.«[12] Dass auf dieser Veranstaltung auch der damalige Bundesfinanzminister Olaf Scholz anwesend war, zeigt nicht nur, dass es dem Deutschen Frauenrat ernst ist und er die Verantwortlichen nicht mit wohlwollenden Worten davonkommen lassen wird, sondern es zeigt auch, dass er ernst genommen wird!

---

[10] Maria Kuhl: »Wem werden Konjunkturprogramme gerecht? Eine budgetorientierte Gender-Analyse der Konjunkturpakete I und II«, Expertisen und Dokumentationen zur Wirtschafts- und Sozialpolitik, WISO-Diskurs Mai 2010.

[11] www.frauenrat.de/gutachten-geschlechtergerechter-bundeshaushalt/.

[12] Deutscher Frauenrat: Aktuelles – »Rückblick auf unsere Fachveranstaltung: Wir müssen reden – über Geld«; 4.9.2020; www.frauenrat.de/rueckblick-wir-muessen-reden-ueber-geld/.

Auch auf Bundesebene müsste sich daher eigentlich etwas bewegen: Im Dritten Gleichstellungsbericht der Bundesregierung kritisiert die Sachverständigenkommission in ihrem Gutachten, es fehle »nach wie vor an einer institutionellen Verankerung einer gleichstellungsorientierten Haushaltspolitik. Die Auswirkungen von Gesetzesvorhaben auf die Gleichstellung von Frauen und Männer (würden), trotz der Verankerung der Gleichstellung von Frauen und Männern als Querschnittsprinzip, in der fiskalpolitischen Praxis bislang kaum vertieft geprüft.«[13]

Erwartungsgemäß äußerte sich die Bundesregierung in ihrer Stellungnahme dazu eher ausweichend: »die Bundesregierung (unterstreicht) die Bedeutung einer Berücksichtigung von Genderaspekten bei Budgetentscheidungen. Im Rahmen von künftigen Spending Reviews sollten wie bei der Spending Review zum Thema ›Weiterbildung, Wiedereinstieg, Existenzgründung‹ (Spending Review-Zyklus 2019/20) in geeigneten Fällen auch wieder Aspekte des Gender Mainstreamings berücksichtigt werden. Darüberhinausgehende vertiefte Analysen können im Rahmen der Fachpolitiken von den Ressorts durchgeführt werden.«[14]

Diese Stellungnahme der Bundesregierung ist eine nicht einmal gut verbrämte Absage an Gender Budgeting. Denn Spending Review bedeutet nichts anderes, als dass in dem genannten konkreten Bereich »ergebnisoffen geprüft werden (soll), ob die mit einer Maßnahme intendierten Ziele weiterhin prioritär sind, diese Ziele erreicht werden, dies wirtschaftlich geschieht und ob eine Mittelumschichtung sinnvoll sein könnte. Die Ergebnisse der Spending Reviews sollen in das nachfolgende Haushaltsaufstellungsverfahren eingehen.«

Wenn nun in Anlehnung daran »in geeigneten Fällen auch wieder *Aspekte* des Gender Mainstreamings berücksichtigt werden« sollten, kommt das einer Marginalisierung und einer Verkennung der Bedeutung von Gender Budgeting gleich, das ja die gesamte Haushaltsplanung, -aufstellung und -umsetzung betrifft. Es bliebe auf diese Weise eine (Einzelfall-)Aufgabe, über die die Ressorts selbst entscheiden könnten, statt einer klaren Vorgabe und Berücksichtigung durch das für Finanzen zuständige Ministerium.

---

13 Sachverständigenkommission für den Dritten Gleichstellungsbericht der Bundesregierung: »Digitalisierung geschlechtergerecht gestalten – Gutachten für den Dritten Gleichstellungsbericht der Bundesregierung«, 4.12.2020; S. 147; www.dritter-gleichstellungsbericht.de/de/topic/73.gutachten.html.

14 Unterrichtung durch die Bundesregierung: Dritter Gleichstellungsbericht der Bundesregierung: Digitalisierung geschlechtergerecht gestalten, S. 229, 19. Wahlperiode, 10.6.2021, Deutscher Bundestag, Drucksache 19/30750.

Nicht nur in der Bundesregierung, sondern auch in den meisten Ländern sperren sich die Finanzressorts gegen Gender Budgeting. Dem liegt die Vorstellung zugrunde, Haushalte und Haushaltssteuerung seien geschlechtsneutral, eine Gender-Budgeting-Analyse daher unnötiger Bürokratismus. Begründet wird es allerdings in der Regel damit, dass man sowohl bei der Haushaltsaufstellung als auch beim Haushaltsvollzug selbstverständlich geschlechtergerecht vorgehe. Eine irrige Annahme bzw. eine durchsichtige Verhinderungsstrategie.

Nach meiner Erfahrung gelingt die Einführung von Gender Budgeting nur mit starken Protagonist/-innen, die ein hohes Renommee haben, nicht unter »Feminismus-Verdacht« stehen und überzeugend für Gender Budgeting werben können, weil sie auch ansonsten für die Haushaltsverantwortlichen kundige Ansprechpersonen sind. Eine weitere wichtige Voraussetzung ist die Verankerung in einem Koalitionsvertrag.

In Berlin soll Gender Budgeting nach dem Koalitionsvertrag 2021–2026 von SPD, Grünen und Linken wieder Aufwind bekommen. Im Kapitel »Offene Gesellschaft« – eine merkwürdige Verortung! – verpflichtet sich der Senat, »das Berliner Gender Budgeting konsequent weiter(zu)entwickeln. Dazu gehört die Implementierung eines Controllings und Gender Budgeting Referats, Schulungen für die Verwaltungsmitarbeiter*innen sowie ergänzend zur AG ›Geschlechtergerechter Haushalt‹ die Einrichtung eines Beirats aus Zivilgesellschaft und Wissenschaft.«[15]

Auf Bundesebene könnte sich vielleicht auch etwas bewegen; der Koalitionsvertrag 2021–2025 weist darauf hin – wenngleich überaus zurückhaltend. Im Kapitel Zukunftsinvestitionen und nachhaltige Finanzen – Haushaltspolitik heißt es dazu: »Wir werden das bereits praktizierte Gender Budgeting auf Bundesebene im Sinne einer verstärkten Analyse der Auswirkungen finanzpolitischer Maßnahmen auf die Gleichstellung der Geschlechter weiterentwickeln und auf geeignete Einzelpläne anwenden.«[16]

Zu viel darf man sich davon sicher nicht versprechen (und: Welcher Einzelplan sollte nicht dafür geeignet sein?!), aber immerhin: Das Thema kommt vielleicht wieder auf die politische Tagesordnung.

---

[15] »Zukunftshauptstadt Berlin. Sozial. Ökologisch. Vielfältig. Wirtschaftsstark«, Koalitionsvertrag 2021–2026 über die Bildung einer Landesregierung für die Legislaturperiode 2021–2026 zwischen SPD, Bündnis90/Die GRÜNEN und LINKEN, S. 76.

[16] Koalitionsvertrag 2021–2025, S. 162

Blick über den Tellerrand

In Frankreich hat Gender Budgeting in Lyon eine überraschende Renaissance erlebt: Wie »Le Monde« am 17.9.2020 berichtete, hat die grün-rote Mehrheit im Stadtrat von Lyon beschlossen, als erste Stadt mit über 500.000 Einwohnern/-innen Gender Budgeting einzuführen. Die für den Haushalt zuständige erste Beigeordnete Audrey Hénocque will, dass »dieser Haushalt die Umsetzung unseres politischen Willens sein (wird), alles zu tun, was die Gleichstellung von Frauen und Männern praktisch voranbringt und verbessert (...) Die Idee ist, festzustellen, wie das öffentliche Handeln die ungerechten Unterschiede zwischen Männern und Frauen verändern und korrigieren kann.«[17]

Auch in der Stadt Bonn hat sich die Koalition aus SPD, Grünen, LINKEN und Volt im Koalitionsvertrag vom Januar 2021 vorgenommen, »öffentliche Haushaltspolitik wirkungsvoller, gerechter und transparenter gestalten, indem (sie) die Prozesse der Haushaltspolitik systematisch und unter Maßgabe der Geschlechtergerechtigkeit analysieren, bewerten und planen (will) mit dem Ziel, die öffentlichen Gelder geschlechtergerecht zu verteilen, allen Geschlechtern gleichwertige Teilhabe an den Prozessen der Haushaltspolitik zu ermöglichen und die Verantwortlichen für öffentliche Haushalte in die Lage zu versetzen, ihre Entscheidungen vor dem Hintergrund der Geschlechtergerechtigkeit zu fällen«. Stufenweise sollen hier »nach und nach Politikfelder identifiziert werden, in denen die Ausgaben unter dem Aspekt der Geschlechtergerechtigkeit analysiert werden« und »zu allen großen Investitionsentscheidungen eine GenderFolgenabschätzung erstellt wird, die in die Beratungen darüber einfließt«.[18]

Wer gehofft hat, Gender Mainstreaming habe sich erledigt, dürfte also enttäuscht werden. Die Strategie hat das Potenzial, mehr Aufmerksamkeit und mehr Bewusstsein dafür zu schaffen, dass Entscheidungen nicht per se geschlechtsneutral sind und daraus die erforderlichen Maßnahmen abzuleiten mit dem Ziel, tatsächliche Gleichstellung der Geschlechter herzustellen. Auch oder erst recht im Rahmen der Pandemiebekämpfung wurde deutlich, dass eine konsequente geschlechtergerechte ex-ante-Analyse und eine ex-post-Betrachtung der zahlreichen Maßnahmen überfällig sind.

---

[17] »A Lyon, la mairie écologiste met en place son premier budget«, Le Monde, 16.9.2020.

[18] »Bonn – sozial und gerecht«, Koalitionsvertrag 2020–2025 zwischen SPD, Die LINKE und Volt, S. 155; gruene-bonn.de/partei/wp-content/uploads/sites/3/2021/02/Koalitionsvertrag_2020-2025-1.pdf.

Strategiewechsel

Die – gemessen am Aufwand – aufgrund von Widerständen und Skepsis nicht immer konsequente Umsetzung von Gender Mainstreaming in Politik und Verwaltung hat dazu geführt, dass in der Frauenpolitik andere wirksame Instrumente entwickelt und umgesetzt werden, um Gleichstellung in allen Bereichen systematisch zu berücksichtigen, zu integrieren, mit fachlichen Zielen zu versehen und mit Indikatoren und Maßnahmen auszustatten. Sie sollen Gender Mainstreaming aber nicht ersetzen; Gender Mainstreaming ist vielmehr Bestandteil dieses neuen Konzepts, das weniger bürokratisch sein soll, aber gleichermaßen alle Ministerien und öffentlichen Verwaltungen einbindet und verpflichtet.

Gleichstellungspolitische Rahmenprogramme (GPR)

Das Land Berlin geht seit 2008 einen neuen Weg in der Gleichstellungspolitik. 2018 hat der Senat bereits das dritte GPR beschlossen,[19] in dem Gender Mainstreaming und Gender Budgeting wichtige Bestandteile sind.

GPR I »Gleichstellung weiter denken – Strategien für ein geschlechtergerechtes Berlin« hat für den Zeitraum 2008–2011 fünf Politikbereiche benannt: Bildung, existenzsichernde Beschäftigung, demografischer Wandel, soziale Gerechtigkeit und Integration. Für diese wurden Inhalte, Ziele, Strategien, Instrumente der Gleichstellungspolitik und die erforderlichen Prozesse und Strukturen festgelegt. GPR II ist für den Zeitraum 2011–2016 eine Weiterentwicklung unter Beibehaltung der fünf Politikbereiche und Einbeziehung des Gutachtens der Sachverständigenkommission zum 1. Gleichstellungsbericht der Bundesregierung – mit Fokus auf die Gleichstellungspolitik der Europäischen Union und deren Programme und Rahmenpläne zur Gleichstellung der Geschlechter.

GPR III »Geschlechtergerechtes Leben in einer bewegten Stadt – für den Zeitraum 2016–2018« formuliert u.a. folgende Ziele:

1. Gleiche Teilhabe,
2. Parität,
3. Gewaltfreiheit,
4. Stärkung von Alleinerziehenden,

---

[19] »Vorlage zur Kenntnisnahme des Senats von Berlin: Das Gleichstellungspolitische Rahmenprogramm (GPR) für die 18. Legislaturperiode – Geschlechtergerechtes Leben in einer bewegten Stadt – Gleichstellung weiterdenken«; Senatsverwaltung für Gesundheit, Pflege und Gleichstellung, Mai 2018; Abgeordnetenhaus von Berlin, 18. Wahlperiode; Drucksache 18/1050, S. 2.

5. Integration geflüchteter Frauen,
6. Mehr Geschlechtergerechtigkeit in der Pflege,
7. Geschlechtergerechte Gestaltung von Digitalisierung.

Da der Erfolg mit der politischen und administrativen Unterstützung und mit den bereitgestellten Ressourcen steht und fällt, wurde eine gut ausgestattete Geschäftsstelle eingerichtet, die den Prozess steuert und begleitet. Eine breit angelegte Kampagne mit kreativen Elementen und Umfragen sichert die Akzeptanz für das neue Instrument, seine Ziele und deren Umsetzung. Kabinettsbeschlüsse und die enge Beteiligung des Abgeordnetenhauses verschaffen dem Prozess eine hohe Verbindlichkeit. Die erforderlichen Ressourcen werden dafür zur Verfügung gestellt – auch für die Maßnahmen im Rahmen des GPR. So standen zur Umsetzung des GPR II jährlich 200.000 Euro zur Verfügung, weitere 100.000 Euro jährlich für die externe Fachbegleitung und weitere Maßnahmen zur Unterstützung von Gender Mainstreaming- und Gender-Budgeting-Projekten. Das Programm wird fortgeschrieben und dieser neue Weg, Gleichstellung in der Politik und in der Verwaltung nachhaltig zu verankern, ist auch zum Vorbild für andere Bundesländer geworden (darunter Hamburg, Brandenburg, Sachsen-Anhalt und Nordrhein-Westfalen).

Gleichstellungsstrategie der Bundesregierung

Auch im Bundesfrauenministerium setzt man mit der Gleichstellungsstrategie der Bundesregierung und mit den Gleichstellungsberichten auf eine breitere Verankerung in den Ressorts, auf Unterstützung durch die Zivilgesellschaft und auf die hohe Kompetenz von Sachverständigen. Entsprechend der Vorgabe im Koalitionsvertrag zwischen CDU, CSU und SPD für die 19. Legislaturperiode hat die Bundesregierung eine Gleichstellungsstrategie beschlossen, in der die relevanten Handlungsfelder aufgelistet und ausgehend vom Ist-Zustand mit Kennzahlen, Zielen und Maßnahmen hinterlegt sind. Übergeordnetes Ziel ist es, »mit Gleichstellung Deutschland spürbar stärker (zu) machen«.

Grundlagen sind der Koalitionsvertrag und die Erkenntnisse des Sachverständigengutachtens zum 3. Gleichstellungsbericht der Bundesregierung. Darunter sind folgende Ziele genannt:

- Entgeltgleichheit und eigenständige wirtschaftliche Sicherung im Lebensverlauf,
- Stärkung der sozialen Berufe als attraktive und durchlässige Karriereberufe,
- Gleichstellungspolitische Standards in der digitalen Lebens- und Arbeitswelt,

- Bessere Vereinbarkeit von Familie, Pflege und Beruf und Förderung der gleichberechtigten Verteilung von Erwerbsarbeit und unbezahlter Sorgearbeit zwischen Frauen und Männern,
- Gleichberechtigte Karrierechancen und Teilhabe von Frauen und Männern in Führungspositionen,
- Gleichberechtigte Beteiligung von Frauen in Parlamenten auf allen Ebenen,
- Gleichberechtigte Präsenz und Teilhabe von Frauen und Männern in Kultur und Wissenschaft,
- Ausbau der Vorreiterrolle des öffentlichen Dienstes des Bundes bei der Vereinbarkeit und gleichberechtigten Teilhabe an Führungspositionen,
- Querschnittliche und strukturelle Förderung der tatsächlichen Gleichstellung durch die Bundesregierung.[20]

Die Gleichstellungspolitischen Rahmenprogramme des Landes Berlin ermöglichen einen strukturierten Prozess auf fundierter Grundlage und sind ein gutes Instrument für eine nachhaltige und professionelle Gleichstellungspolitik. Da die Handlungsfelder über die jeweiligen Zeiträume der Programme im Wesentlichen gleich geblieben sind, ist eine kontinuierliche Arbeit daran sichergestellt. Neue Entwicklungen, Expertisen und Formen der Zusammenarbeit sowie die Zivilgesellschaft werden einbezogen, andere wichtige Strategien wie Gender Mainstreaming und Gender Budgeting integriert. Das und die Kontinuität der Programme haben die Akzeptanz erhöht, weil damit deutlich wurde, dass es sich nicht um Eintagsfliegen handelt, sondern um längerfristig angelegtes Regierungshandeln.

Auch eine ausreichende Finanzierung für die Gleichstellungspolitischen Rahmenprogramme ist sichergestellt. Das ist für solche großen Programme sehr wichtig – aber nicht immer selbstverständlich. Ich habe häufig die Erfahrung gemacht, dass im Bereich Gleichstellungspolitik um jeden Euro gerungen werden musste, weil die Erwartung bestand, alles sei mit »Bordmitteln« oder »klein, aber fein« zu machen. Als ginge es nur um einen kleinen Kreis von Betroffenen und nicht um alle Frauen und auch um alle Männer. Häufig braucht es dazu die Unterstützung und den Nachdruck der Frauenverbände und -projekte sowie der Abgeordneten.

Auch die Gleichstellungsstrategie der Bundesregierung kann eine gute Grundlage sein für die Verwirklichung des Ziels tatsächlicher Gleichstellung – vorausgesetzt, sie gibt die entsprechenden Unterziele für die nächsten

---

[20] Gleichstellungsstrategie der Bundesregierung, 1. Auflage, Juli 2020, S. 31; Hrsg.: BMFSFJ, S. 33; www.gleichstellungstrategie.de.

Jahre vor und unterlegt diese mit konkreten Maßnahmen und den notwendigen Instrumenten und Ressourcen.

Zurzeit fällt die Gleichstellungsstrategie der Bundesregierung allerdings noch etwas unverbindlich aus und ist – mit Blick auf die strategische Ausrichtung – ziemlich allgemein. Oder – wie es die Sachverständigen in ihrem Gutachten zum Dritten Gleichstellungsbericht formulieren: »Bislang bleibt die Umsetzungsstrategie (...) beim Bekenntnis zum Thema Gleichstellung als durchgängigem Leitprinzip stehen. Ob Gleichstellung als Querschnittsthema bei den einzelnen Maßnahmen tatsächlich mitgedacht wird, ist nicht ersichtlich.«[21] Es fehlen die mittel- und langfristigen Ziele für die nächsten Jahre mit konkreten Maßnahmen und den notwendigen Instrumenten und Ressourcen. Als eine Strategie aller Ressorts kann die Gleichstellungsstrategie aber eine wichtige Blaupause für eine konsistente Gleichstellungspolitik sein, denn sie gibt immerhin einen guten Überblick über die gleichstellungsrelevanten Maßnahmen in den einzelnen Bereichen.

Auch als Grundlage für die Koalitionsverhandlungen auf Bundesebene zwischen SPD, Grünen und FDP war sie offenbar hilfreich. Im Koalitionsvertrag 2021–2025 ist vereinbart worden: »Die Gleichstellung von Frauen und Männern muss in diesem Jahrzehnt erreicht werden. Wir werden die ressortübergreifende Gleichstellungsstrategie des Bundes weiterentwickeln, u.a. mit einem Gleichstellungs-Check künftiger Gesetze und Maßnahmen. Wir werden den Gender Data Gap schließen, z.B. im medizinischen Bereich.«[22] Das sind sehr konkrete Festlegungen. Jetzt müssen die Themen der Gleichstellungsstrategie auch auf konkrete umsetzbare Maßnahmen und Schritte heruntergebrochen und mit den entsprechenden Zielen, Zuständigkeiten und Zeithorizonten versehen werden, damit sie wirksam werden können. Da es mittlerweile für Gender Budgeting mit dem Gutachten »Geschlechtergerechter Bundeshaushalt am Beispiel der Arbeitsmarkt- und Sportförderung« des Deutschen Frauenrates umsetzungsreife Vorschläge gibt,[23] ist es umso bedauerlicher, dass dieses wichtige Instrument in Deutschland bisher kaum zum Einsatz gekommen ist.

Dass es auch ambitionierter geht, macht die Präsidentin des Deutschen Juristinnenbundes am Beispiel Schweden deutlich: »Hier werden klare Ziele durch eine Regierungseinrichtung für Gleichstellung begleitet. Gender Mainstreaming und Gender Budgeting sind selbstverständliche Instrumente der

---

[21] Gutachten für den Dritten Gleichstellungsbericht, a.a.O., S. 149.

[22] Koalitionsvertrag 2021–2025, S. 114.

[23] Deutscher Frauenrat: Gutachten Geschelchtergerechter Bundeshaushalt, 28.5.2020; www.frauenrat.de/gutachten-geschlechtergerechter-bundeshaushalt/.

politischen Steuerung. Mit dem Ergebnis, dass die Chancengerechtigkeit zwischen den Geschlechtern in keinem Land der Welt höher ist.«[24]

Die Bundesstiftung Gleichstellung

Grundlage vieler Politikbereiche sind Einrichtungen, die die relevanten Themen fundiert aufbereiten, die Politik beraten und fachliche Dialoge mit den wichtigen Akteuren/-innen in den jeweiligen Handlungsfeldern organisieren und deren Expertise einbeziehen. Dass die »Bundesstiftung Gleichstellung« – nach langem Vorlauf – auf die Schiene gesetzt worden ist, ist eine wichtige Unterstützung für eine konsistente und nachhaltige Gleichstellungspolitik. Analog zum Deutschen Jugendinstitut, zum Familieninstitut oder zum Zentrum für Altersfragen kann hier ein gemeinsamer Prozess der gesamten Bundesregierung mit den wichtigen Akteuren der Gleichstellungspolitik und deren Adressaten gesteuert, vorangetrieben, begleitet und evaluiert werden.

Ein solches Institut oder eine Stiftung mit diesem Stiftungszweck haben Frauenverbände schon lange gefordert; das Vorhaben, eine »Bundesstiftung Gleichstellung« zu errichten, war bereits im Koalitionsvertrag der Regierungsparteien auf Bundesebene vom 12.3.2018 enthalten und wurde nach der Bereinigungssitzung des Haushaltsausschusses für den Haushalt 2019 auch finanziell hinterlegt. Doch es vergingen noch weitere zwei Jahre, bis die Stiftung politisch und rechtlich auf den Weg gebracht wurde: Am 10.3.2021 hat das Bundeskabinett beschlossen, die Bundesstiftung Gleichstellung als eine rechtsfähige bundesunmittelbare Stiftung des öffentlichen Rechts mit Sitz in Berlin einzurichten. Am 28.5.2021 ist das Gesetz zur Errichtung der Bundesstiftung Gleichstellung in Kraft getreten. Stiftungszweck ist die Stärkung und Förderung der Gleichstellung von Frauen und Männern in Deutschland.

Die Bundesstiftung Gleichstellung ist wichtig, um einen gemeinsamen Prozess der gesamten Bundesregierung mit den wichtigen Akteuren in den jeweiligen politischen Handlungsfeldern zu unterstützen und voranzutreiben, ihn zu begleiten und zu evaluieren. In anderen Bereichen wie zum Beispiel in der Jugendpolitik ist das Deutsche Jugendinstitut zu einer unentbehrlichen Einrichtung geworden.

Anfangs hat sich die damalige Bundesfrauenministerin Franziska Giffey mit der Einrichtung einer Bundesstiftung Gleichstellung schwergetan.

---

[24] Maria Wersig: »Fortschritt braucht Struktur – Die Gleichstellung der Geschlechter ist Verfassungsauftrag. Doch sie geht schleppend voran. Auch weil dafür die politischen Instanzen fehlen«, in: Süddeutsche Zeitung vom 9.11.2019.

Dass es, wie sie zunächst betonte, »eine kleine, aber feine Stiftung« werden sollte, hat bei vielen Engagierten für Irritationen gesorgt. Schließlich gibt es Bundesstiftungen – auch im Bereich des BMFSFJ –, die finanziell deutlich besser als »klein, aber fein« ausgestattet sind. Um ihre Aufgaben erfüllen zu können, soll die Stiftung jetzt aber perspektivisch mit bis zu 75 Beschäftigten und 30 Millionen Euro jährlich ausgebaut werden.

Der ganz große Jubel blieb dennoch aus – zu sehr hat die Stiftung im Ringen darum ihre frauenpolitische Kraft eingebüßt. Das wurde zu Recht sehr deutlich kritisiert, ebenso wie die »eigenwillige Struktur« der Stiftung, die Heide Pfarr in der Anhörung des Bundestagsausschusses Familie, Senioren, Frauen und Jugend am 13.4.2021 problematisiert:[25] In dem wichtigen zehnköpfigen Stiftungsrat sollen nur Bundestagsabgeordnete sitzen, die wiederum nach dem Verhältnis der Fraktionsstärken vom Bundestag gewählt werden. Ihre Aufgabe ist es, die Geschäftsführung des Direktoriums zu überwachen und über alle Angelegenheiten, die für die Stiftung und ihre Entwicklung von grundsätzlicher oder besonderer Bedeutung sind, zu entscheiden, darunter die Bestellung und Abberufung des Direktoriums, das Arbeitsprogramm der Stiftung und die Genehmigung des jährlichen Haushalts- und des Stellenplans der Stiftung (§ 6 des Gesetzes zur Errichtung der Bundesstiftung Gleichstellung). Dabei hat: »die oder der Vorsitzende des Stiftungsrates bei Änderungen der Satzung sowie bei Haushalts- und Personalangelegenheiten ein Vetorecht«!

Den Vorsitz dieses Gremiums wird qua Gesetz die Bundesministerin oder der Bundesminister für Familie, Senioren, Frauen und Jugend innehaben. Positiv ist die Einbindung der Zivilgesellschaft, die im zehnköpfigen Stiftungsbeirat mit vier Vertreter/-innen, die vom BMFSFJ berufen werden, repräsentiert sein wird (§ 9). Leider enthält das Gesetz keine Regelungen zur paritätischen Besetzung – für keines der gesetzlich vorgesehenen Gremien. Das ist befremdlich. Aber immerhin: Der Anfang für die neue Stiftung ist gemacht.

---

[25] »Deutliches Votum für Gleichstellungs-Stiftung«; Familie, Senioren, Frauen und Jugend/Anhörung - 13.4.2021 (hib 458/2021); www.bundestag.de/presse/hib/833640-833640.

7. Frauen auf dem Arbeitsmarkt

> *»Die Gleichstellung von Frauen und Männern ist eine der zentralen Herausforderungen, um das Leben in unserem Land zukunftsfähig und gerecht zu gestalten.«* (Homepage des BMFSFJ)

Zur Entwicklung der Frauenerwerbstätigkeit nach 1945

Frauen und Männer sind nach dem Grundgesetz seit 1949 gleichberechtigt; doch die gesetzliche Umsetzung hat noch lange auf sich warten lassen. Erst 1957 wurde mit dem »Gesetz über die Gleichberechtigung von Mann und Frau auf dem Gebiet des bürgerlichen Rechts (Gleichberechtigungsgesetz)« der sogenannte Letztentscheid des Ehemannes abgeschafft und das Recht des Ehemannes aufgehoben, einen Arbeitsvertrag seiner Frau zu kündigen, wenn er mit ihrer Erwerbstätigkeit nicht einverstanden war. Die im BGB verankerte Aufgabenteilung, wonach in der Regel der Mann für den finanziellen Unterhalt der Familie zuständig war und die Ehefrau für die Haushaltsführung und Kindererziehung), wurde sogar erst 1977(!) abgeschafft.

Das Grundgesetz war offenkundig seiner Zeit weit voraus gewesen; selbst die Gerichte bis hin zum Bundesverfassungsgericht hatten sich eher durch eine »korrigierende und mäßigende Rechtsprechung« hervorgetan, als dem Grundrecht der Gleichberechtigung von Mann und Frau und dem Differenzierungsverbot in Art. 3 Absatz 2 GG zum Durchbruch zu verhelfen. Denn – so die damals herrschende Meinung – »das Grundgesetz wolle zwar Gleichberechtigung, nicht aber Gleichmacherei«.[1] Mit der Konsequenz, dass die geschlechtsspezifische Rollenverteilung und die daraus folgenden Einschränkungen weiter bestehen blieben.

Vor diesem Hintergrund erklärt sich auch die geringe Frauenerwerbsquote in dieser Zeit: 1970 waren in Westdeutschland nur 45,9% der Frauen erwerbstätig (Männer: 87,7%), obwohl Frauen mehr als die Hälfte der Bevölkerung stellten. 2009 waren es 65,1% (zum Vergleich: in der DDR bereits 1989 über 90%!). 2018 betrug die Frauenerwerbstätigenquote bei den westdeutschen Frauen 76,6%; bei den Männern 84,6%.[2]

---

[1] Herta Däubler-Gmelin: Frauenarbeitslosigkeit oder Reserve zurück an den Herd! Reinbek bei Hamburg, 1977, S. 33.

[2] J. Rudnicka: »Erwerbstätigenquote in Deutschland nach Geschlecht bis 2020«; 27.5.2021; de.statista.com/statistik/daten/studie/198921/umfrage/.

Tabelle 6: Erwerbstätigenquote von Männern und Frauen

	Männer	Frauen
1991	78,4%	57,0%
2001	72,2%	58,8%
2011	77,3%	67,7%
2019	80,5%	72,8%

2004 bilanzierte die 14. Gleichstellungs- und Frauenminister/-innenkonferenz (GFMK) die »Wirkungen und Erfolge institutionalisierter Frauen- und Gleichstellungspolitik« und stellte zur Situation von Frauen auf dem Arbeitsmarkt fest, dass Deutschland zwar die am besten ausgebildete Frauengeneration aller Zeiten habe, es aber gleichwohl nach wie vor eine deutliche Diskrepanz zwischen den Qualifikationen der Frauen, ihrer Beteiligung am Erwerbsleben und ihrer Stellung im Beruf gebe. Die bisherigen arbeitsmarktpolitischen Bemühungen hätten zwar grundsätzlich die Erwerbsbeteiligung von Frauen erhöht, jedoch zu keiner wesentlichen Veränderung der traditionellen Rollenmuster geführt. Die über die Arbeitsmarktpolitik hinausreichenden Rahmenbedingungen sollten daher stärker in den Blick genommen werden.

Dazu brauche es »Positivanreize für die Beteiligung von Vätern an der Familienarbeit«, die Beseitigung von »Negativanreize(n) im Steuer-, Sozial-, Familien- und Arbeitsrecht, die der Aufnahme von existenzsichernder Erwerbsarbeit von Ehefrauen und Müttern entgegenstehen, (...) Rahmenbedingungen, die es (Frauen) erlauben, ihre individuellen Lebensentwürfe für das Privat- und Familienleben mit der Erwerbstätigkeit und Karriereentwicklung in Einklang zu bringen«.[3] Themen, die nach wie vor aktuell sind.

16 Jahre später konstatierte die Hans-Böckler-Stiftung 2020: »Die berufliche, wirtschaftliche und soziale Situation von Frauen ist nach wie vor oft schlechter als die von Männern. Allerdings gibt es Unterschiede zwischen Ost- und Westdeutschland.«[4] Zwar stellten laut IAB-Forschungsbericht 16/2020 im Jahr 2019 Frauen mit gut 21,5 Millionen fast die Hälfte der 45,3 Millionen Berufstätigen in Deutschland, was ein wichtiger Indikator für ihre Teilhabe am Arbeitsmarkt ist und sich in der Erwerbstätigenquote (siehe Tabelle 6) ausdrückt.[5]

---

3 www.gleichstellungsministerkonferenz.de/documents/beschluesse_14-_gfmk_2004_1510227900.pdf.

4 Böckler Impuls, Ausgabe 14/2020; www.boeckler.de/de/boeckler-impuls-erwerbstatigkeit-von-frauen-starker-fordern-27102.htm.

5 Siehe hierzu Susanne Wagner: »Entwicklung von Erwerbstätigkeit, Arbeitszeit und Arbeitsvolumen nach Geschlecht«, IAB Forschungsbericht 16/2020, Tabelle 4, S. 26.

Im Jahr 2019 waren aber fast 60% der beschäftigten Frauen teilzeitbeschäftigt. Drei Viertel aller Teilzeitstellen und nur ein Drittel aller Vollzeitarbeitsplätze waren von Frauen besetzt. Daher lag der Frauenanteil an allen Erwerbstätigen zwar bei fast 48%, am gesamtwirtschaftlichen Arbeitsvolumen aber nur bei 40%.

Der Bericht problematisiert unter Bezugnahme auf eine Studie des WSI die traditionelle Aufteilung der Erwerbs- und Familienarbeit zwischen Frauen und Männern und die immer noch ganz überwiegende alleinige Zuständigkeit von Frauen für die Haus- und Sorgearbeit. Der Abstand zwischen den Erwerbstätigenquoten von Männern und Frauen habe sich zwar seit 1991 deutlich verringert, nämlich um 21,4%punkte. Aber: »Die Beschäftigungsgewinne von Frauen in den vergangenen Jahrzehnten sind in erheblichem Maß der steigenden Teilzeitarbeit einschließlich geringfügiger Beschäftigungen geschuldet.«[6]

Nach wie vor reduzieren mehrheitlich Frauen ihre Arbeitszeit in der Familienphase. An der geschlechtsspezifischen Arbeitsteilung zwischen Frauen und Männern hat sich trotz der gestiegenen Erwerbstätigkeit von Frauen noch nicht grundlegend viel verändert. Bemerkenswert ist auch, dass die Teilzeitquote von Frauen selbst dann konstant hoch bleibt, wenn Kinderbetreuung *kein* Thema mehr ist. Dabei würden viele Frauen ihre Arbeitszeit gerne erhöhen. Das im Januar 2019 eingeführte gesetzliche Rückkehrrecht für Teilzeitbeschäftigte, wieder in Vollzeit zu arbeiten, ist dafür eine ganz wichtige arbeitsmarkt-, frauen- und familienpolitische Maßnahme. Ein weiterer Baustein für eine partnerschaftliche Arbeitsteilung in der Familie und um die Gleichstellung von Frauen und Männern auf dem Arbeitsmarkt zu fördern, ist der seit mehr als 20 Jahren forcierte Ausbau der Kindertagesbetreuung und der Ganztagsschulplätze.

Die auch vom DIW als sehr wichtige Rahmenbedingung angesehene Reform – besser noch: Abschaffung – des Ehegattensplittings, die ein wichtiger Anreiz für Frauen wäre, wieder in Vollzeit erwerbstätig zu sein, ist aber nach wie vor nicht in Sicht. Dass sich die geschlechtsspezifische Arbeitsteilung in Deutschland so lange hält, hat seine Ursache darin, dass in den 1950er-Jahren eine starke Re-Traditionalisierung der Rollen von Frauen und Männern stattgefunden hat. In der DDR dagegen waren Frauen von Anfang in den Arbeitsprozess integriert, war die Rolle der »Nur-Hausfrau und Mutter« schlichtweg keine Option, weil die Frauen auf dem Arbeitsmarkt gebraucht wurden.

6 Ebd.

Bis zum heutigen Tag sind Frauen und Männer auf den unterschiedlichen Hierarchieebenen ungleich vertreten; Frauen befinden sich überwiegend in den unteren und mittleren Hierarchiestufen und sind in Führungspositionen nach wie vor unterrepräsentiert. Gleichzeitig ist der Arbeitsmarkt noch immer in sogenannte Männerdomänen und typische »Frauenberufe« gespalten: Frauen arbeiten mehrheitlich in sozialen und Dienstleistungsberufen: Pflege, Gesundheit, Soziales und Erziehung.

Obwohl der Bedarf an Dienstleistungen, die derzeit überwiegend Frauen erbringen, steigt, schlägt sich das nicht in fair bezahlten Beschäftigungsverhältnissen nieder. Im Gegenteil: Laut 6. Armuts- und Reichtumsbericht der Bundesregierung ist der durchschnittliche Bruttostundenlohn im Dienstleistungsbereich in Deutschland fast ein Fünftel niedriger als im Produzierenden Gewerbe. Deutschland zahlt damit von allen Ländern der Europäischen Union die niedrigsten Löhne und Gehälter im Dienstleistungssektor im Vergleich zum Produzierenden Gewerbe. In den meisten Mitgliedsstaaten sind dagegen die Stundenlöhne für Dienstleistungen sogar höher als im Produzierenden Gewerbe. Das hängt mit dem Grad der Tarifbindung zusammen, tradierten Lohnstrukturen sowie mit der unterschiedlichen gesellschaftlichen Wertschätzung von Tätigkeiten in verschiedenen Branchen.[7]

Aber nicht nur das: Vielfach haben sich aus diesen Tätigkeiten prekäre Beschäftigungsverhältnisse entwickelt wie Minijobs, geringere Teilzeit und zudem noch eine hohe Arbeitsbelastung. »Insgesamt zählen in der Abgrenzung der Bundesagentur für Arbeit 18,7 (!)% der sozialversicherungspflichtig Beschäftigten zu den Geringverdienern mit einem Bruttoarbeitsentgelt unter 2.284 Euro. In der Gruppe der Frauen fällt dieser Anteil mit 25,4% überdurchschnittlich und in der Gruppe der Männer mit 15,4% entsprechend unterdurchschnittlich aus.«[8]

Diese Entwicklung ist Folge der jahrzehntelangen traditionellen Arbeitsteilung zwischen Frauen und Männern. Sie ist aber auch eine »Folge der Deregulierung und Privatisierung in den vergangenen drei Jahrzehnten, verbunden mit der Strategie, die Ausweitung des Dienstleistungssektors in der Bundesrepublik Deutschland vor allem über eine Absenkung der Arbeitskosten ... zu fördern«.[9]

---

[7] Patricia Gallego Granados/Rebecca Olthaus/Katharina Wrohlich; DIW Wochenbericht 46/2019, S. 845–850.

[8] Lebenslagen in Deutschland – Der 6. Armuts- und Reichtumsbericht der Bundesregierung, BMAS, S. 215; www.armuts-und-reichtumsbericht.de.

[9] Eric Seils/Helge Emmler: WSI Policy Brief, Nr. 65, 1/2022.

Wichtige Themen und Aufgaben des BMFSFJ zur Verbesserung der Situation von Frauen auf dem Arbeitsmarkt waren und sind

- Unterstützung von Frauen beim Wiedereinstieg in das Erwerbsleben nach einer Familienphase,
- Aufwertung der sozialen Berufe und der Gesundheitsberufe,
- Absicherung von haushaltsnahen Dienstleistungen,
- Mehr Frauen in Führungspositionen,
- Abbau der Lohnungleichheit zwischen Frauen und Männern bzw. Entgelttransparenz und Lohngleichheit mit dem Entgelttransparenzgesetz.

Equal Pay – Das Entgelttransparenzgesetz

Deutschland hat im Vergleich zu Ländern mit ähnlich hoher Frauenerwerbstätigkeit einen der höchsten Gender Pay Gaps. Im Jahr 2021 betrug der Verdienstunterschied zwischen Frauen und Männern 18%. Männer hatten durchschnittlich einen Stundenlohn von 23,20 Euro, Frauen dagegen lediglich einen von 19,12 Euro.[10] Auf das gesamte Erwerbsleben gerechnet bedeutet das, dass Frauen nicht viel mehr als die Hälfte der Erwerbseinkommen von Männern erhalten. Zwischen 1981 und 1985 geborene kinderlose Frauen erhalten im Durchschnitt über den Lebensverlauf hinweg nur rund 55% der Erwerbseinkommen der Männer. In Ostdeutschland waren es für 1982 geborene Frauen im Durchschnitt ca. 60%; mit einem Kind kämen sie unter 60%. In Westdeutschland erhielten Frauen sogar nur 40% des durchschnittlichen Lebenserwerbseinkommens der Männer.[11]

Eine wichtige Voraussetzung für Entgeltgleichheit ist Transparenz über die Lohnunterschiede zwischen Frauen und Männern innerhalb eines Betriebes und einer Vergleichsgruppe. Diese ist aber in der Regel nicht gegeben: »Auf vielen Ebenen bestehen aktuell Intransparenz und Unklarheit. Intransparenz befördert und erhält aber Entgeltungleichheit; sie verstärkt insbesondere Informationsasymmetrien bei Gehaltsverhandlungen«, stellten die Sachverständigen in ihrem Gutachten zum Zweiten Gleichstellungs-

---

[10] destatis, Pressemitteilung Nr. 088 vom 7.3.2022; www.destatis.de/DE/Presse/Pressemitteilungen/2022/03/PD22_088_621.html.

[11] Timm Bönkel/Rick Glaubitz/Konstantin Göbler/Astrid Harnack/Astrid Pape/Miriam Wetter: »Wer gewinnt? Wer verliert? Die Entwicklung und Prognose von Lebenserwerbseinkommen in Deutschland«, Freie Universität Berlin, DIW Berlin; www.bertelsmann-stiftung.de/depublikationen/did/wer-gewinnt-wer-verliert-2020.

bericht der Bundesregierung fest.[12] Die Intransparenz auf der betrieblichen Ebene soll mit dem Entgelttransparenzgesetz beseitigt werden.

Das Gesetz zur Förderung der Transparenz von Entgeltstrukturen (EntgTranspG) ist am 6.7.2017 in Kraft getreten. Ihm waren erbitterte Debatten, zahlreiche ressortinterne und externe Verhandlungsrunden und mehrere Koalitionsausschüsse vorausgegangen. Allein im Bundeskanzleramt hatte der Referentenentwurf rund ein halbes Jahr gelegen, ehe er in die Ressortabstimmung gehen konnte. Aus den anfangs ambitionierten Referentenentwürfen haben Kanzleramt, Unionspolitiker und Wirtschaftsvertreter immer wieder wirksamere Regelungen rausverhandelt, verwässert oder an so viele Kautelen geknüpft, dass man sich schließlich vom Ziel eines Gesetzes zur Durchsetzung von mehr Entgeltgleichheit verabschieden und auf ein Gesetz zur Herstellung von mehr Transparenz beim Entgelt einlassen musste. Selbst die in dieser kleinen Lösung für die einzelnen Instrumente vorgesehenen Betriebsgrößen der Unternehmen, die davon betroffen sein sollten, wurden immer weiter angehoben.

Die Frauenverbände waren indessen ein wichtiger Motor – bei diesem Gesetz ebenso wie beim FüPo-Gesetz. Gesetze, die so stark an Strukturen ansetzen, brauchen die Schubkraft der Zivilgesellschaft. Eine besonders stark unterstützende Rolle hatte das »Bündnis Berliner Erklärung«. 2016 bildete sich daraus das Fair-Pay-Bündnis, das sich gleich mit einer »Berliner Erklärung« zum Thema Entgeltgleichheit »FairPlay ist FairPay« zu Wort meldete. Gefordert wurden Transparenz für alle, die Verpflichtung, eine festgestellte ungleiche Bezahlung zu beheben und die Aufwertung sozialer Berufe.

Am Ende stand dennoch auf der Kippe, ob die damalige Bundesfrauenministerin Manuela Schwesig überhaupt noch mit der Rückendeckung der Frauenverbände für ihr einst so ambitioniertes Vorhaben würde rechnen können. Das gelang ihr letztendlich dank ihres erkennbar unermüdlichen Kampfes und dank kontinuierlicher und transparenter Kommunikation.

Wichtigste Bestandteile des EntgTranspG sind

- der individuelle Auskunftsanspruch für Beschäftigte privater und öffentlicher Arbeitgeber von Betrieben bzw. Dienststellen mit mehr als 200 Beschäftigten;
- die »Aufforderung« an private Arbeitgeber mit mehr als 500 Beschäftigten, betriebliche Prüfverfahren durchzuführen, um die Entgeltregelungen im Betrieb auf ihr Diskriminierungspotenzial zu überprüfen;

[12] 2. Gleichstellungsbericht der Bundesregierung, S. 67.

- die Verpflichtung für lageberichtspflichtige Arbeitgeber mit mehr als 500 Beschäftigten, auch über ihre Maßnahmen zur Gleichstellung und Entgeltgleichheit zu berichten.

Dass dieses stark zurechtgestutzte Gesetz überhaupt Wirkung entfalten kann (wenn auch eine geringere als ursprünglich erwünscht), ist den vielfältigen Begleitmaßnahmen zu verdanken, die das BMFSFJ aufgelegt hat. Sie tragen dazu bei, dass die verpflichteten Arbeitgeber die für die Umsetzung erforderliche Unterstützung erhalten und durch die enge Begleitung nicht aus ihrer Verantwortung für die Umsetzung entlassen werden. So berät, unterstützt und begleitet das auf drei Jahre angelegte Unternehmensprogramm »Entgeltgleichheit fördern« seit Ende 2020 Unternehmen bei der Umsetzung des Gesetzes und soll damit auch aufzeigen, dass Gleichstellung und transparente Vergütung durchaus auch für die Unternehmen einen Mehrwert haben.

Der Landfrauenverband hat von 2013 bis 2018 mit Unterstützung des BMFSFJ insgesamt 21 Equal-Pay-Beraterinnen ausgebildet, die in 19 Landkreisen Frauen und Männer im ländlichen Raum beraten und darüber informieren, wie sich bestimmte Entscheidungen, etwa die Berufswahl oder das favorisierte Arbeitszeitmodell auf die Erwerbsbiografie und die spätere Einkommensentwicklung auswirken.

Weitere unterstützende und begleitende Maßnahmen sind u.a. das kostenlose Online-Tool »Monitor Entgelttransparenz«, ein Selbsttest Gleichstellungscheck für kleine und mittlere Unternehmen, die intensive Begleitung der Arbeitgeber, Betriebsräte und Beschäftigten durch Leitfäden, Broschüren, Beratung und Unterstützung durch die Antidiskriminierungsstelle des Bundes, sowie die Unterstützung von Projekten und Kampagnen durch das BMFSFJ.

Dies und eine sehr offensive Öffentlichkeitsarbeit, darunter der vom BMFSFJ unterstützte jährliche Equal Pay Day und andere Kampagnen, Netzwerke, Projekte und Begleitinstrumente sind auch wichtig vor dem Hintergrund, dass das Hauptanliegen des schwierigen Gesetzes ursprünglich ja nicht die Herstellung von Transparenz war, sondern die Überwindung der geschlechtsspezifischen Entgeltungleichheit. Dazu ist Transparenz lediglich eine – wenngleich sehr wichtige – Voraussetzung.

Dieser Unterstützung und Flankierung bedarf es nach wie vor, denn die im Juli 2019 veröffentlichte Evaluation des Gesetzes hat gezeigt, dass,

- nur 4% der befragten Beschäftigten in Unternehmen mit mehr als 200 Beschäftigten den Auskunftsanspruch genutzt hatten;
- lediglich 45% der befragten Unternehmen mit mehr als 500 Beschäftigten und 43% der Unternehmen mit zwischen 201 und 500 Beschäftig-

ten nach der Einführung des Gesetzes freiwillig ihre betrieblichen Entgeltstrukturen überprüft hatten;
- gerade mal 44% der befragten berichtspflichtigen Unternehmen angegeben hatten, ihrer Berichtspflicht nachzukommen und 40%, noch nichts getan hatten, dies aber noch tun zu wollen.[13]

Dieser eher enttäuschende Zwischenstand ist zwar auch vor dem Hintergrund zu sehen, dass der Zeitraum zwischen Inkrafttreten des Gesetzes und Beginn der Evaluation sehr knapp war. Er zeigt aber auch, was vorher schon abzusehen war: dass es dem Gesetz an konsequenten Regelungen und an einem wirksamen Sanktionsmechanismus fehlt. In seiner Stellungnahme zur Evaluation hat der DGB daher u.a. gefordert:
- ein umfassendes Auskunftsrecht für alle Beschäftigten – unabhängig von der Betriebsgröße,
- eine Verpflichtung zu zertifizierten betrieblichen Prüfverfahren auch für Unternehmen mit weniger als 500 Beschäftigten,
- die Abschaffung der Privilegierung tarif*anwendender* Unternehmen
- die Weiterentwicklung der Initiativ- und Beratungsrechte der Betriebs- und Personalräte zu einem echten Mitbestimmungsrecht insbesondere bei Maßnahmen zur Gleichstellung von Frauen und Männern,
- Verpflichtung des Arbeitgebers, den Interessenvertretungen nach Geschlecht und Arbeitnehmergruppen aufgeschlüsselte Gehaltsübersichten mit allen relevanten Entgeltbestandteilen zur Verfügung zu stellen,
- Sanktionsmöglichkeiten bei Nichteinhalten der Vorgaben,
- ein Verbandsklagerecht,
- regelmäßige umfassende Evaluationen der Wirksamkeit des Gesetzes.[14]

Einige Forderungen waren bereits in den ersten Referentenentwürfen enthalten, sind aber dank der hartnäckigen Interventionen von Wirtschaftsverbänden den aufwendigen und hoch streitigen Abstimmungsverfahren peu à peu zum Opfer gefallen.

---

[13] »Bericht der Bundesregierung zur Wirksamkeit des Gesetzes zur Förderung der Entgelttransparenz zwischen Frauen und Männern sowie zum Stand der Umsetzung des Entgeltgleichheitsgebots in Betrieben mit weniger als 200 Beschäftigten«, Evaluationsgutachten Kienbaum, Juli 2019, S. 5; www.bmfsfj.de/bmfsfj/service/publikationen/bericht-der-bundesregierung-zur-wirksamkeit-des-gesetzes-zur-foerderung-der-entgelttransparenz-zwischen-frauen-und-maennern/137226.

[14] Stellungnahme des Deutschen Gewerkschaftsbundes zur Evaluation des Gesetzes zur Förderung der Transparenz von Entgeltstrukturen zwischen Frauen und Männern (EntgTranspG); Stellschrauben nachziehen: »Lohngerechtigkeit mit Wirkung«, 17.5.2019; www.frauen.dgb.de, S. 14.

Die Bundesregierung hat in ihrer Stellungnahme vom 19.5.2019 zur Evaluation zugesagt, »die Handlungsempfehlungen aus(zu)werten und die Rechtsanwendung weiter (zu) unterstützen«, gegen alle wesentlichen Ursachen der Entgeltlücke vorzugehen und geeignete Maßnahmen zum Abbau der Entgeltlücke im Rahmen der Haushalts- und Finanzplanung des Bundes weiter voranzutreiben sowie die Vorschläge der Evaluatoren mit der Fachöffentlichkeit und den Sozialpartnern breit zu diskutieren.[15]

Unterstützung durch Justiz, Ampel und EU-Kommission

Der Achte Senat des Bundesarbeitsgerichts hat mit Urteil vom 21.1.2021 – 8 AZR 488/19 – festgestellt: »Klagt eine Frau auf gleiches Entgelt für gleiche oder gleichwertige Arbeit (Art. 157 AEUV, § 3 Abs. 1 und § 7 EntgTranspG), begründet der Umstand, dass ihr Entgelt geringer ist als das vom Arbeitgeber nach §§ 10ff. EntgTranspG mitgeteilte Vergleichsentgelt (Median-Entgelt) der männlichen Vergleichsperson, regelmäßig die – vom Arbeitgeber widerlegbare – Vermutung, dass die Benachteiligung beim Entgelt wegen des Geschlechts erfolgt ist.« Und weiter: »Der Arbeitgeber muss (...) Tatsachen vortragen und gegebenenfalls beweisen, aus denen sich ergibt, dass kein Verstoß gegen das Entgeltgleichheitsgebot unabhängig vom Geschlecht vorliegt, sondern dass ausschließlich andere Gründe als das Geschlecht zu einer ungünstigen Behandlung geführt haben.«[16]

Diese Beweislastumkehr entspricht europäischem Recht. Die Klarstellung war daher ein notwendiges und wichtiges Signal – nicht nur an die Arbeitsgerichte, sondern auch an die Arbeitgeber und eine Ermutigung für die betroffenen Frauen: Damit ist nämlich der Arbeitgeber am Zug darzulegen, aus welchen Gründen eine Frau schlechter bezahlt wird. Das dürfte mehr Frauen ermutigen, von ihrem Auskunftsanspruch Gebrauch zu machen.

»Das als zahnloser Tiger verspottete Gesetz (hat) Milchzähne bekommen. Ob die aber ausreichen, um auch zuzubeißen, wird die Zukunft zeigen«, kommentierte der Sozialwissenschaftler Stefan Sell das Urteil.[17] Womöglich bekommt der »zahnlose Tiger« aber auch bald ein neues Gebiss: Im Koalitionsvertrag der Bundesregierung 2021–2025 versprechen die Regierungsparteien: »Wir werden das Entgelttransparenzgesetz weiterent-

---

[15] Bericht der Bundesregierung ... (siehe Anm. 13), S. 3ff.

[16] Bundesarbeitsgericht, Urteil vom 21.1.2021; 8 AZR 488/19 – www.bundesarbeitsgericht.de/wp-content/uploads/2021/07/8-AZR-488-19.pdf.

[17] Stefan Sell: »Das Entgelttransparenzgesetz als zahnloser Tiger und eine neue Entscheidung des Bundesarbeitsgerichts, wann eine Diskriminierung wegen des Geschlechts vermutet werden kann«, 22.1.2021; aktuelle-sozialpolitik.de/2021/01/22/bag-urteil-zum-entgeltstransparenzgesetz/.

wickeln und die Durchsetzung stärken, indem wir Arbeitnehmerinnen und Arbeitnehmern ermöglichen, ihre individuellen Rechte durch Verbände im Wege der Prozessstandschaft geltend machen zu lassen.«[18]

Auch von anderer Seite kommt Unterstützung: Die EU-Kommission hat auf Initiative der Vizekommissionspräsidentin und EU-Kommissarin für Werte und Transparenz, Vera Jourová (von 2014 bis 2019 Kommissarin für Gleichstellung, Justiz und Verbraucherschutz), am 4.3.2021 einen Richtlinienvorschlag zur Lohntransparenz vorgelegt, der für alle privaten und öffentlichen Unternehmen mit mehr als 250 Beschäftigen gelten soll.[19] In der EU beträgt das durchschnittliche Lohngefälle zwischen Frauen und Männern 14%. Es gibt dabei eine große Spreizung: von 1,9% (Luxemburg) bis 21,7% (Estland).[20]

Nach dem Vorschlag der Kommission sollen Unternehmen mit mehr als 250 Mitarbeiter/-innen verpflichtet werden, jährlich darüber zu berichten, wie viele männliche Beschäftigte in dem Unternehmen mehr verdienen als Frauen; bei einem Gender Pay Gap von mehr als 5% sollen die Gründe dafür analysiert und konkrete Maßnahmen benannt werden, um den Abstand abzubauen. Der Arbeitgeber muss nachweisen, dass einer ungleichen Bezahlung keine Diskriminierung zugrunde liegt und bei erwiesener Diskriminierung einen der Höhe nach nicht begrenzten Schadensersatz leisten. Arbeitnehmer/-innen, die von geschlechtsspezifischer Lohndiskriminierung betroffen sind, sollen eine Entschädigung erhalten, die das entgangene Entgelt sowie etwaige Boni oder Sachleistungen enthält. Gleichbehandlungsstellen und Arbeitnehmervertreter sollen im Namen von Arbeitnehmer/-innen in Gerichts- oder Verwaltungsverfahren tätig werden und bei Sammelklagen auf gleiches Entgelt federführend sein können.

Die Richtlinie soll innerhalb von zwei Jahren in nationales Recht umgesetzt werden; die Mitgliedsstaaten sollen aber die Auswirkungen auf Kleinstunternehmen und KMU prüfen können, um unnötige Belastungen für diese zu vermeiden.[21]

Die Equal Pay-Richtlinie der EU-Kommission ist ein wichtiger Schritt und ein klares Signal, dass Equal Pay in der EU einen Wert hat, den die Kommission auch mit den entsprechenden Maßnahmen in der betrieblichen Praxis verankert sehen will. Für Deutschland ist es gut, dass der Entwurf deutlich

---

[18] Koalitionsvertrag 2021–2025, S. 115.

[19] ec.europa.eu/commission/presscorner/detail/de/IP_21_881.

[20] www.europarl.europa.eu/news/de/headlines/society/20200109STO69925/geschlechtsspezifisches-lohngefalle-definition-und-ursachen.

[21] EU-Kommission: Lohntransparenz: Kommission schlägt Maßnahmen für gleiches Entgelt bei gleicher Arbeit vor; Brüssel, Pressemitteilung vom 4.3.2021.

über das Entgelttransparenzgesetz hinausgeht. Vor allem die Verbandsklage ist ein wichtiges Instrument, das ursprünglich auch für das Entgelttransparenzgesetz vorgesehen, letztlich aber nicht durchsetzbar war.

Mit einer solchen Richtlinie im Rücken könnte in Deutschland den kritischen Stellungnahmen nachkommen, die zum Entgelttransparenzgesetz und in der Evaluation formuliert worden waren:

- dass die im Gesetz angegebene Betriebsgröße von mindestens 500 Beschäftigten, ab der Unternehmen unter das Entgelttransparenzgesetz fallen, eine viel zu kleine Zahl von Unternehmen erfasst,
- dass die Hürden für einen Auskunftsanspruch zu hoch und die Rechtsfolgen zu harmlos sind,
- dass ein Verbandsklagerecht eine bessere Durchsetzbarkeit der einklagbaren Ansprüche ermöglichen würde (hierzu ist im Koalitionsvertrag der Weg geebnet), und
- dass eine Beweislastumkehr erforderlich ist, denn der Arbeit*geber* ist in der Verantwortung für eine gleiche Bezahlung; er kann und muss die Tatsachen dazu klären.

Im internationalen Vergleich der Frauenerwerbsquote und des Gender Pay Gap zeigen sich in den nordischen Ländern »durchweg sowohl höhere Frauenerwerbsquoten als auch deutlich niedrigere Gender Pay Gaps als (in) Deutschland«. Hier sind auch (mit Ausnahme von Finnland) »die sozialen Normen zur Rollenaufteilung von Männern und Frauen am egalitärsten«, wie der DIW Wochenbericht 9/2021 zeigt.[22] Danach haben Länder mit starkem gleichstellungspolitischem Fokus in der Familien- und Steuerpolitik hohe Erwerbsquoten und relativ niedrige Lohnlücken, was neben der höheren Frauenerwerbsquote auch mit einer anderen Vorstellung und Praxis von Familie in diesen Ländern zu tun habe. Das Leitbild der Familienpolitik sei von gleichmäßiger Aufteilung der Sorge- und Erwerbsarbeit geprägt, die außerhäusliche Kinderbetreuung schon seit Beginn der 2000er Jahre bei über 30% (in Westdeutschland zu dieser Zeit weniger als 3%), und die Individualbesteuerung von Paaren trage zu höheren Frauenerwerbsquoten bei.

Die Autorinnen empfehlen daher, das Ehegattensplitting zu reformieren: »Eine Senkung der hohen Grenzbelastungen von Zweitverdienenden würde zu mehr Gleichstellung von Frauen und Männern auf dem Arbeitsmarkt führen.«[23] Insgesamt empfehlen sie u.a.:

---

[22] Julia Schmieder/Katharina Wrohlich: »Gender Pay Gap im europäischen Vergleich: Positiver Zusammenhang zwischen Frauenerwerbsquote und Lohnlücke«, DIW Wochenbericht 9/2021, S. 141-147.

[23] Ebd.

- höhere Anreize für Männer, Sorgearbeit zu übernehmen, etwa durch eine schrittweise Erweiterung der Partnermonate im Elterngeld auf sechs Monate,
- den weiteren Ausbau der institutionellen Betreuung von Kleinkindern,
- finanzielle Aufwertung der sozialen Berufe,
- Überführung der Minijobs in reguläre Beschäftigung,
- Abkehr von der Vollzeit- beziehungsweise »Überstundenkultur«,
- Abschaffung des Ehegattensplittings und
- verpflichtende Vorgaben für die Geschlechteranteile in Vorständen sowie eine Erweiterung des Geltungsbereichs der Quote in Aufsichtsräten.[24]

Förderung von haushaltsnahen Dienstleistungen

Haushaltshilfen sind für viele Eltern eine wichtige Unterstützung bei der Vereinbarkeit von Beruf und Familie und tragen damit zur Steigerung der Frauenerwerbstätigkeit bei. Das Übereinkommen 189 der Internationalen Arbeitskonferenz ILO für menschenwürdige Arbeit für Hausangestellte legt in Artikel 3 fest: »Jedes Mitglied hat Maßnahmen zu ergreifen, um die wirksame Förderung und den wirksamen Schutz der Menschenrechte aller Hausangestellten, wie in diesem Übereinkommen festgelegt, sicherzustellen.«[25]

Doch die Realität sieht meist anders aus: In Deutschland gibt es rund 40,2 Millionen Privathaushalte. Die Arbeitsbedingungen der dort tätigen Haushaltshilfen sind meist prekär: Viele arbeiten ohne Arbeitsschutz und ohne sozialversicherungsrechtliche Absicherung oder als Solo-Selbständige mit gleichfalls unzureichender sozialer Absicherung. Zum 31.3.2021 waren bei der Minijob-Zentrale 284.282 geringfügig entlohnte Beschäftigte in Privathaushalten gemeldet.[26] Schätzungen zufolge sind aber 75% aller Haushaltshilfen in Deutschland nicht angemeldet.[27]

In ihrem Gutachten zum 2. Gleichstellungsbericht der Bundesregierung haben die Sachverständigen das Thema aufgegriffen, die prekäre Lage der Erbringer haushaltsnaher Dienstleistungen ausführlich dargelegt und gesetzliche Schutzmaßnahmen angemahnt. Zur Verbesserung der Arbeitsbe-

---

[24] Ebd.

[25] www.ilo.org/wcmsp5/groups/public/---ed_norm/---normes/documents/ normativeinstrument/wcms_c189_de.pdf.

[26] www.minijob-zentrale.de/DE/00_home/01_aktuelles/quartalsbericht_14032018.html.

[27] www.br.de/nachrichten/meldung/deutsche-melden-haushaltshilfen-vergleichsweise -selten-an,3003d151a.

dingungen im Privathaushalt empfehlen sie eine Zertifizierung guter haushaltsnaher Dienstleistungen und eine Förderung der Nachfragestrukturen durch Gutscheine für diese Dienstleistungen.

Im BMFSFJ wird daran schon seit Jahren gearbeitet. Auf der Grundlage des Koalitionsvertrages 2018–2021 wurden auf Arbeitsebene Modelle entwickelt, um die Vereinbarkeit von Beruf und Familie u.a. für erwerbstätige Eltern, Alleinerziehende, ältere Menschen und pflegende Angehörige zu unterstützen, indem für diese die Inanspruchnahme von haushaltsnahen Dienstleistungen erleichtert und für die Erbringer dieser Dienstleistungen (mehrheitlich Frauen) legale sozialversicherungspflichtige Beschäftigung gefördert wird.

Vom 1.3.2017 bis zum 28.2.2019 hat das BMFSFJ in Kooperation mit dem Ministerium für Wirtschaft, Arbeit und Wohnungsbau Baden-Württemberg und der Bundesagentur für Arbeit, Regionaldirektion Stuttgart in den Arbeitsamtsbezirken Aalen und Heilbronn im Rahmen des EU-Projektes »Perspektive Wiedereinstieg« das Modellprojekt »Fachkräftesicherung über die Professionalisierung haushaltsnaher Dienstleistungen« durchgeführt, mit dem ein neuer Ansatz im Bereich der Fachkräftesicherung auf der Grundlage des § 135 SGB III (Erprobung innovativer Ansätze) erprobt werden sollte.

Orientiert an belgischen Vorbildern bestand die Absicht, berufstätige Eltern mit der Förderung von sozialversicherungspflichtiger Beschäftigung in ihrem Haushalt zu entlasten und so die Vereinbarkeit von Familie und Beruf zu unterstützen. Gleichzeitig sollte die Arbeit im Privathaushalt sozialversicherungsrechtlich abgesichert, fair bezahlt und professionalisiert werden. Dazu wurde eine zentrale Anlaufstelle geschaffen, von der die berechtigten Personen Gutscheine in Höhe von zwölf Euro pro Stunde für die sozialversicherungspflichtigen haushaltsnahen Dienstleistungen (Haushaltsreinigung, Wäschepflege etc.) erhalten konnten.

Ziele des Projekts waren:

- Förderung legaler Beschäftigung in Privathaushalten und damit das Zurückdrängen irregulärer Beschäftigung,
- Verbesserung der Arbeitsbedingungen von Haushaltshilfen,
- Professionalisierung und Qualitätssicherung der Dienstleistungen
- Weiterentwicklungsmöglichkeiten für gering qualifizierte Dienstleistungserbringer,
- bezahlbare sozialversicherungspflichtige Dienstleistungen für den Privathaushalt und damit eine bessere Vereinbarkeit von Erwerbstätigkeit und Haushalts- und Care-Aufgaben.

Ein willkommener Effekt sollte auch die Belebung des Arbeitsmarktes sein – in beide Richtungen: für die Dienstleistenden und für die, die ihre Dienste in Anspruch nehmen, um selbst unter besseren Bedingungen und mit höherer Arbeitszeit erwerbstätig sein zu können.

Wissenschaftlich evaluiert wurde das Projekt vom Institut für angewandte Wirtschaftsforschung Tübingen (IAW). Zusätzlich hat Uta Meier-Gräve im Auftrag des Kompetenzzentrums Professionalisierung und Qualitätssicherung haushaltsnaher Dienstleistungen (PQHD) an der Hochschule Fulda eine »Fallbezogene Kosten-Nutzen-Analyse« erstellt. Diese zeigt, dass eine Subventionierung haushaltsnaher Dienstleistungen mit 12 Euro je Gutschein (für maximal 20 Gutscheine pro Monat) zu einer deutlichen Entlastung berufstätiger Eltern führen und gleichzeitig ein wichtiger Beitrag zur Fachkräftesicherung sein kann. Das »weibliche Qualifikationspotenzial« könne damit besser genutzt werden, »während fehlende Entlastungsmöglichkeiten im Alltag in aller Regel zur Reduzierung des Arbeitszeitvolumens der Mütter oder sogar zum gänzlichen Verzicht auf eine Erwerbsbeteiligung führen«. Ebenso sei ein »erheblicher Zuwachs an gesellschaftlicher Wertschöpfung in Form von Steuern und Sozialabgaben« zu generieren.[28]

In der Gleichstellungsstrategie der Bundesregierung vom 8.7.2020 ist dieser Gedanke angelegt, wenngleich noch in sehr allgemeiner Form: Unter den Zielen »Vereinbarkeit von Familie, Pflege und Beruf stärken« und »eine gleichberechtigte Verteilung von Erwerbsarbeit und unbezahlter Sorgearbeit zwischen Frauen und Männer fördern« wird als eine der »Leitmaßnahmen zur Zielerreichung« genannt: »Erwerbstätige Eltern, Alleinerziehende, ältere Menschen und pflegende Angehörige unter bestimmten Voraussetzungen finanziell bei der Inanspruchnahme von haushaltsnahen Dienstleistungen unterstützen.«[29]

Auch in der »Berliner Erklärung 2021« wird eine Reform der haushaltsnahen Dienstleistungen gefordert; die Leistungen müssten »legal, sozial abgesichert und auch für Menschen mit geringen Einkommen bezahlbar sein. Staatliche Zuschüsse, wie die Gutscheine in Belgien, unterstützen le-

---

[28] Uta Meier-Gräwe: »Fallbezogene Kosten-Nutzen-Analyse zum Modellprojekt ›Fachkräftesicherung über die Professionalisierung haushaltsnaher Dienstleistungen (HHDL)‹«, im Auftrag des PQHD Hochschule Fulda, Freiburg, 31.10.2019; www.hs-fulda.de/fileadmin/user_upload/FB_Oe/PQHD/FULDA_Expertise _ueberarb._M.-G..pdf).

[29] www.gleichstellungsstrategie.de/rgs-de/ziele/sorge-und-erwerbsarbeit/erwerbstaetige-eltern-alleinerziehende-aeltere-menschen-und-pflegende-angehoerige-unter-bestimmten-voraussetzungen-finanziell-bei-der-inanspruchnahme-von-haushaltsnahen-dienstleistungen-unterstuetzen-158144.

gale Beschäftigungsverhältnisse und stabilisieren die Sozialversicherungssysteme.«[30]

Der DGB hat in einer »Gemeinsamen Erklärung zusammen mit dem Deutschen Hauswirtschaftsrat zur notwendigen Einführung eines Zuschusses für die Inanspruchnahme haushaltsnaher Dienstleistungen« gefordert, das auch in der Nationalen Gleichstellungsstrategie enthaltene Vorhaben »zügig umzusetzen und die Arbeit in Privathaushalten so zu regulieren, dass Schwarzarbeit in Gute Arbeit transformiert wird«.[31] Anja Piel, Vorstandsmitglied des DGB, geht davon aus, dass dadurch »mehrere hunderttausend legale, sozialversicherte Arbeitsplätze« entstehen könnten. Das Erwerbspotenzial von Frauen könne gehoben werden, wenn diese nicht mehr auf Teilzeit ausweichen müssten, um die unbezahlte Sorgearbeit erledigen zu können. Auch könnten mit einem solchen Programm die Frauen entlastet, werden, die durch die Schließung von Kitas und Schulen unter Corona besonders gelitten hätten.[32]

Gute Vorbilder gibt es seit Langem: Seit 2004 (!) kann in Belgien jede Privatperson bis zu 500 Dienstleistungsschecks pro Jahr erhalten und für haushaltsnahe Dienstleistungen einsetzen. Der Scheck kann heute für neun Euro erworben werden, die letzten 100 Schecks kosten je zehn Euro. Der Wert des Schecks lag 2004 bei knapp über 20 Euro; die Differenz übernimmt der Staat. Um junge Mütter und Wiedereinsteigerinnen bei ihrem beruflichen Wiedereinstieg zu unterstützen, erhalten sie 105 Dienstleistungsschecks kostenfrei von der Sozialversicherungskasse. Nutzer/-innen mit Wohnsitz in der Wallonischen Region können die Schecks mit 0,9 Euro pro Dienstleistungsscheck steuerlich geltend machen.[33]

Das Modell hat auch einen arbeitsmarktpolitischen Fokus und will neben der besseren Vereinbarkeit Beschäftigungsperspektiven für Arbeitslose und Geringqualifizierte schaffen. Auf diese Weise sind laut Meier-Gräwe innerhalb von 12 Jahren rund 150.000 sozialversicherungspflichtige Arbeitsplätze entstanden, Schwarzarbeit sei in diesem Bereich deutlich zurückgegangen.

---

[30] Forderungen der Berliner Erklärung zur Bundestagswahl 2021, S. 4; www.berlinererklaerung.de/wp-content/uploads/2021/06/Gemeinsame-Forderungen-der-Berliner-Erklaerung-2021-06-22-FINAL.pdf.

[31] www.dgb.de/themen/++co++9131f248-d7d4-11ea-9552-001a4a160123.

[32] Wiedergegeben nach ebd.

[33] Dienstleistungsschecks Wallonien; dienstleistungsschecks.wallonie.be/burger/informationen/steuerliche-abzug/abzugsfahig-betrag.

Allein im Jahr 2014 wurden fast 116 Millionen Dienstleistungsschecks gekauft und eingelöst.[34]

Auch der Koalitionsvertrag 2021–2025 auf Bundesebene sieht vor, das Projekt weiterzuverfolgen. Durch die Förderung haushaltsnaher Dienstleistungen soll »die Vereinbarung von Familie und Beruf, die Erwerbsbeteiligung von Ehe- und Lebenspartnern (unterstützt und) »gleichzeitig mehr sozialversicherte Arbeitsplätze« geschaffen werden. Die Inanspruchnahme dieser familien- und alltagsunterstützenden Dienstleistungen soll »durch ein Zulagen- und Gutscheinsystem und die Möglichkeit für flankierende steuerfreie Arbeitgeberzuschüsse« erleichtert, »die Zulagen und die bestehende steuerliche Förderung verrechnet« werden. Das soll auch der Förderung sozialversicherungspflichtiger Beschäftigung im Haushalt dienen, die Einführung soll schrittweise erfolgen: zunächst für Alleinerziehende, Familien mit Kindern und zu pflegenden Angehörigen, schrittweise dann für alle Haushalte.[35]

Das Thema ist schon seit Langem gründlich aufbereitet; dass es nun in die Umsetzung kommen soll, zeigt, dass die Vorarbeiten gefruchtet haben. Wenn jetzt noch die erforderlichen finanziellen und personellen Ressourcen bereitgestellt werden, kann diese Form der Haus- und Sorgearbeit aus dem Schattenbereich der unbezahlten Mehrarbeit von Frauen herausgeholt und professionalisiert werden. Wichtig ist es dabei, beide Seiten im Blick zu haben: die Abnehmerseite, also die Haushalte und die Anbieterseite, die Dienstleister/-innen im Haushalt: »Haushaltsnahe Dienstleistungsberufe können dann zu echten ›Lebensberufen‹ weiterentwickelt werden, in denen die Beschäftigten dauerhaft gut und existenzsichernd arbeiten und sich beruflich weiterentwickeln können«, so Uta Meier-Gräwe unter Verweis auf das belgische Modell des »Système Titre Service«.[36]

Implikationen der Digitalisierung

Frauen- und gleichstellungspolitische Implikationen der Digitalisierung in den unterschiedlichsten gesellschaftlichen Bereichen werden noch immer fast ausschließlich von Frauen thematisiert. Die GMFK arbeitet auf ihren Konferenzen schon seit Jahren daran, das Bewusstsein für die unterschiedlichen Auswirkungen der Digitalisierung auf Frauen und Männer zu schär-

[34] Uta Meier-Gräwe; www.hs-fulda.de/forschen/forschungseinrichtungen/wissenschaftliche-zentren-und-forschungsverbuende/elve/pqhd/teilqualifizierung.

[35] Koalitionsvertrag 2021–2025, S. 148.

[36] Uta Meier-Gräwe (Anm. 34).

fen und den Blick auch auf deren unterschiedliches Betroffensein zu richten und darauf zu reagieren. Regelmäßig weist sie darauf hin, dass »mit dem digitalen Wandel neue Formen datenbasierter und algorithmischer Diskriminierung entstehen, die erkannt werden müssen, um Benachteiligungen von Frauen vermeiden zu können«. Dazu gehöre auch, Frauen stärker an der Diskussion über die technischen, politischen und ethischen Fragen zu beteiligen, »die mit der Digitalisierung und den damit verbundenen wachsenden Datenmengen, dem Einsatz Künstlicher Intelligenz und der zunehmenden Vernetzung aufgeworfen sind«.[37]

In allen Bereichen, beispielsweise in der Bildungs-, Weiterbildungs-, Sozial- und Arbeitsmarktpolitik oder in der Gesundheitspolitik müssen Digitalisierung und Gendergerechtigkeit zusammen gedacht werden. Die Digitalisierung verändert schließlich nicht nur die Arbeitsweise, sondern auch die Berufe selbst. Berufe wie Bürokauffrau oder Rechtsanwaltsfachangestellte (überwiegend sogenannte Frauenberufe) werden ebenso wie der Beruf der Rechtsanwältin/des Rechtsanwaltes selbst in den nächsten Jahren zu großen Teilen digitalisiert werden; die Aufgaben der Bürokauffrau gelten gar als vollständig digitalisierbar, wie eine von der W20 in Auftrag gegebene Studie zeigt.[38]

Die Sachverständigenkommission für den Dritten Gleichstellungsbericht der Bundesregierung, fordert daher »digitalisierungsbezogene Kompetenzen in allen Phasen des Lebenslaufs und unabhängig vom Geschlecht (zu) vermitteln sowie insgesamt eine ›soziotechnische Perspektive‹ auf Digitalisierung«.[39] Digitalisierung dürfe nicht als »neutraler«, rein technischer Prozess gesehen, sondern müsse in ihrem jeweiligen gesellschaftlichen Kontext betrachtet, beurteilt und aktiv gestaltet werden. Voraussetzungen für eine geschlechtergerechte Digitalisierung sind demnach:

- ein geschlechtergerechter Zugang zu relevanten Ressourcen,
- die geschlechtergerechte Nutzung digitaler Technologien, um strukturelle Benachteiligungen, Geschlechterstereotype oder geschlechtsbezogene Gewalt zu verhindern,

---

[37] Entschließung »Digitaler Wandel – neue Herausforderungen für die Frauen- und Gleichstellungspolitik«; www.gleichstellungsministerkonferenz.de/documents/20-07-01-schlussprotokoll-der-sonder-gfmk-25_juni-2020_2_3_1595231802.pdf.

[38] »The Effects of Digitalization on the Gender Equality in the G20 economies«, Mai 2017; www.w20-germany.org/fileadmin/user_upload/documents/20170707_ W20_ Studie_v2.5.pdf.

[39] 3. Gleichstellungsbericht, www.dritter-gleichstellungsbericht.de/de/topic/73.gutachten.html, S. 108f.

- eine geschlechtergerechte Gestaltung des digitalen Transformationsprozesses durch Politik, Wirtschaft und Gesellschaft – auch in der Technikentwicklung und -gestaltung.

Die Gutachter/-innen halten es für erforderlich, die Gleichstellungsstrategie der Bundesregierung mit der Umsetzungsstrategie »Digitalisierung gestalten« zu verzahnen und umzusetzen. Auch andere digitalisierungsbezogene Strategien sollten systematisch auf ihre Gleichstellungswirkung hin untersucht und angepasst werden, beispielsweise Strategien zu den Themen Künstliche Intelligenz oder digitales Lernen. »Die relevanten Gremien, die mit Digitalisierung befasst sind, (müssten) geschlechterparitätisch besetzt« sein, damit unterschiedliche Perspektiven und Erfahrungen in ihre Arbeit und Entscheidungen einfließen können.

Schließlich plädieren die Sachverständigen für einen Rechtsanspruch auf mobiles Arbeiten, der in (einem neuen) § 611b BGB verankert werden könnte, »alternativ auch im systematischen Zusammenhang des Weisungsrechts, d.h. als § 106a der Gewerbeordnung, oder im Teilzeit- und Befristungsgesetz im Zusammenhang mit dem Teilzeitanspruch als § 9b TzBfG einfügt werden«.[40] Ein solcher Rechtsanspruch ist auch notwendig, um u.a.

- soziale Gleichheit zu fördern,
- betriebliche Barrieren abzubauen,
- Karrierenachteilen und der Entgrenzung von Arbeit im Homeoffice bzw. bei mobilem Arbeiten entgegenzuwirken,
- Work-Life-Balance, Arbeitszufriedenheit und Produktivität zu fördern, wie Yvonne Lott vom Wirtschafts- und Sozialwissenschaftlichen Institut der Hans-Böckler-Stiftung in ihrer Stellungnahme zu entsprechenden Anträgen von FDP, Linken und Grünen im Bundestag zum Thema Homeoffice feststellte.[41]

Dazu müsste gesetzlich u.a. geregelt werden, dass mobile Arbeit für die Beschäftigten freiwillig ist, ihre betriebliche Einführung und Ausgestaltung mitbestimmungspflichtig sind und klargestellt werden, dass der Arbeitsschutz auch die mobile Arbeit umfasse.

Die Bundesregierung verweist in ihrer Stellungnahme zum Sachverständigengutachten im Wesentlichen auf die Digitale Agenda 2014 bis 2017 und auf die Berichte der Enquete-Kommission »Internet und digitale Gesellschaft« des Deutschen Bundestages (2010 bis 2013) als wichtige digitalpolitische Grundlagen: »In dieser Legislaturperiode geht es vor allem

---

[40] Ebd., S. 110.

[41] Yvonne Lott, Hans-Böckler-Stiftung; www.bundestag.de/dokumente/ textarchiv/2021/kw18-pa-arbeit-homeoffice-837534.

um die gemeinsame strategische Umsetzung der digitalpolitischen Maßnahmen. Dabei wurde auf ein eigenes Handlungsfeld ›Gleichstellung‹ verzichtet, Gleichstellung jedoch als durchgängiges Leitprinzip formuliert.«[42]

Vom sogenannten Digital Gender Gap, also der »geschlechtsspezifischen Lücke beim Zugang und bei der Nutzung von digitalen Technologien sowie in der unterschiedlichen Sichtbarkeit von Frauen und Männern in digitalen Medien«,[43] fand sich in der Digitalen Agenda 2014 bis 2017 allerdings kein Wort. Das kritisieren u.a. die Frauen im Deutschen Beamtenbund unter Hinweis auf den »massiven Digital Gender Gap«: »Frauen weisen sowohl im Digitalisierungsgrad als auch in der Arbeitswelt hinsichtlich technischer Ausstattung und Möglichkeiten zum flexiblen Arbeiten deutliche Unterschiede zu Männern auf. Um diese Lücke zu schließen, brauchen wir mutige politische Entscheidungen. Wir dbb-Frauen vermissen an dieser Stelle nach wie vor ein gesetzlich verankertes Recht auf mobiles Arbeiten und nachhaltige Investitionen im Bildungsbereich.«[44]

Auch der Deutsche Gewerkschaftsbund kritisiert die Geschlechtsblindheit beim Thema Auswirkungen der Digitalisierung auf Arbeitsplätze von Frauen: Der mögliche Arbeitsplatzabbau aufgrund digitaler Technologien in männerdominierten Berufen, zum Beispiel der Fertigung, sei in aller Munde, wohingegen die erwarteten Auswirkungen auf die Berufe, in denen überwiegend Frauen beschäftigt seien, selten erwähnt würden, etwa Büro- und Sekretariatsberufe, Berufe im Verkauf oder in der Gastronomie – Berufe, die künftig wegzufallen drohen. Dagegen böten die bislang frauendominierten sozialen Berufe sichere Zukunftsperspektiven.[45]

Der Koalitionsvertrag 2021–2025 auf Bundesebene sieht zwar keinen Rechtsanspruch auf Homeoffice vor, für den sich die Sachverständigen im Dritten Gleichstellungsbericht und andere ausgesprochen haben. Beschäftigte in geeigneten Tätigkeiten sollen aber einen »Erörterungsanspruch über mobiles Arbeiten und Homeoffice« erhalten. Arbeitgeber könnten dann dem Wunsch der Beschäftigten »nur dann widersprechen, wenn betriebliche Belange entgegenstehen«, eine Ablehnung dürfe aber nicht »sachfremd oder willkürlich« sein. Für abweichende tarifvertragliche und betriebliche Regelungen müsse Raum bleiben. Mobile Arbeit soll EU-weit unproblema-

---

[42] Stellungnahme der Bundesregierung zum Dritten Gleichstellungsbericht »Digitalisierung geschlechtergerecht gestalten«, S. 9.

[43] Deutscher Frauenrat: Position Digitale Transformation, S. 3.

[44] www.dbb.de/artikel/dritter-gleichstellungsbericht-bundesregierung-verpasst-wichtige-chance.html.

[45] DGB: »Reden wir über… Der Zukunftsdialog Digitalisierung #5«, Faktenblatt »Frauen in der digitalen Arbeitswelt«; www.dgb.de/zukunftsdialog.

tisch möglich sein.[46] Ausdrücklich genannt sind Frauen im Zusammenhang mit Gründerinnen, deren Anteil im Digitalsektor erhöht werden soll (S. 19). In dem vereinbarten Vorhaben eines Gesetzes gegen digitale Gewalt kommen sie dagegen nicht vor (S. 18).

46 Koalitionsvertrag 2021–2025, S. 69.

8. Bekämpfung von Gewalt gegen Frauen

Laut UNO ist »Gewalt gegen Frauen Ausdruck der historisch gewachsenen Machtverhältnisse zwischen Männern und Frauen, die zur Dominanz über und zur Diskriminierung von Frauen durch Männer und zur Verhinderung des gleichberechtigten Vorwärtskommens von Frauen geführt haben«.[1] Der Wissenschaftliche Dienst des Europäischen Parlaments sieht in »Gewalt gegen Frauen (...) eine Verletzung der Menschenrechte und eine Form der Diskriminierung aufgrund des Geschlechts. (...) Sie wurzelt in Ungleichheiten zwischen Frauen und Männern und nimmt vielerlei Formen an. Die Schätzungen zum Ausmaß des Problems sind alarmierend. Diese Gewalt hat erhebliche Auswirkungen auf die Opfer und ist mit hohen gesellschaftlichen Kosten verbunden.«[2]

Die Betroffenen leiden nicht nur, zum Teil mehrfach, unter schweren Verletzungen, sondern auch an den oft lebenslangen Folgen der Gewalt, darunter »Viktimisierung Angst, Wut und Scham (...), Verlust an Selbstvertrauen« und dem Gefühl der Verwundbarkeit.[3] Neben dem menschlichen Leid und ihren Auswirkungen auf die Gesundheit ist Gewalt auch mit hohen Kosten für die Gesellschaft verbunden »...im Hinblick auf medizinische Versorgung, Kosten durch Interventionen der Polizei und Justiz, durch Prävalenz von Gewalt gegen Frauen, Produktivitätsverlust und im Hinblick auf Sozialkosten (Quelle: Europäisches Institut für Gleichstellungsfragen)«.[4] Die jährlichen Gesamtkosten infolge der Gewalt gegen Frauen in der EU beliefen sich demnach im Jahr 2011 auf mehr als 228 Mrd. Euro.[5] Nicht zuletzt ist Gewalt gegen Frauen (und auch gegen Kinder) weltweit deren größtes Gesundheitsrisiko.

---

1 Bericht der 4. Weltfrauenkonferenz; Kapitel IV Strategische Ziele und Maßnahmen, Ziffer 118, www.un.org.

2 Think Tank Europäisches Parlament – Gewalt gegen Frauen in der EU: Aktueller Stand; Briefing 18.11.2020.

3 Wissenschaftlicher Dienst des Europäischen Parlaments; Rosamund Shreeves/Martina Prpic, PE 630.296 – September 2019, S. 2; www.europarl.europa.eu/thinktank/de/document.html?reference=EPRS_BRI%282018%29630296.

4 Ebd., S. 3f.

5 Ebd., S. 4.

In Deutschland kam das »in den besten Familien vor« und tut es noch immer

In Deutschland wurde die Tatsache, dass Männer ihre Ehefrauen verprügelten, von der Gesellschaft lange Zeit als »normal« hingenommen – im Sinne von »Das kommt in den besten Familien vor« – und hat keinen Nachbarn oder gar Polizisten auf den Plan gerufen. Es ist das große Verdienst der autonomen Frauenbewegung, männliche Gewalt als Ausdruck eines im Kern gesellschaftlichen Machtverhältnisses aufgedeckt und damit aus der Privatsphäre herausgeholt zu haben.

Mit den in vielen Kommunen gegründeten Frauenhäusern hat die autonome Frauenbewegung das Thema öffentlich gemacht und gleichzeitig betroffenen Frauen Wege aus der Gewalt ermöglicht. Die Frauenhäuser waren und sind Zufluchtsorte für von Gewalt durch ihre Partner betroffene Frauen und stehen für Autonomie und für ein selbstbestimmtes Leben. Die ersten selbstorganisierten Frauenhäuser wurden 1976 in Berlin und Köln eröffnet und von der Bundesregierung als Modellprojekte gefördert.

Dass Gewalt gegen Frauen ein der Gesellschaft immanentes Phänomen und Ausdruck eines Machtgefälles zwischen Frauen und Männern ist, ist heute dank der jahrzehntelangen Arbeit der Frauenbewegung weitgehend anerkannt und institutionell verankert. Die Frauenhäuser und Notrufe wurden und werden mit der Institutionalisierung der Frauenpolitik auch von den Gleichstellungsakteurinnen in Politik und Verwaltung unterstützt.

Insgesamt gibt es in Deutschland nach Angaben der Diakonie Deutschland vom September 2021 mehr als 350 Frauenhäuser und über 40 Schutz- und Zufluchtswohnungen sowie 750 Fachberatungsstellen für von Gewalt betroffene Frauen[6] (genauere Zahlen sind nicht erhältlich). Die Frauenhäuser sind in der Trägerschaft eines eigenen Trägervereins oder von Wohlfahrtsverbänden und kirchlichen Verbänden wie der Arbeiterwohlfahrt, dem Sozialdienst katholischer Frauen, der Diakonie und der Caritas und überwiegend Mitglied im Paritätischen Wohlfahrtsverband.

Seit Inkrafttreten des Gewaltschutzgesetzes am 1.1.2002 gibt es eine gesetzliche Grundlage für Schutzanordnungen der Familiengerichte bei Gewalt in engen sozialen Beziehungen (früher bagatellisierend »häusliche Gewalt« genannt), darunter ein Betretungsverbot der Wohnung für den gewalttätigen Partner oder die Überlassung der gemeinsam genutzten Wohnung zur alleinigen Nutzung der Frau sowie Kontakt- und Näherungsverbote. In

---

[6] Diakonie Deutschland: WISSEN KOMPAKT, Frauenhäuser und Fachberatungsstellen bei häuslicher und sexualisierter Gewalt, Berlin, September 2021.

Tabelle 7: Gewalt in Partnerschaften in Deutschland

	Gemeldete Fälle
2017	138.893
2018	140.755
2019	141.792
2020	148.031

Quelle: Siehe Anmerkung 7

den Polizeigesetzen der Länder wurde die Möglichkeit der »Wegweisung« (Platzverweis) durch die Polizei ohne gerichtlichen Beschluss bei Gefahr im Verzug geregelt.

Die Länder haben zudem groß angelegte Interventionsprojekte gegen Gewalt an Frauen aufgelegt und bilden multidisziplinär zusammengesetzte Runde Tische. Mit dem vom Bundesfrauenministerium eingerichteten bundesweiten Hilfetelefon erhalten Betroffene sofortige und niedrigschwellige Beratung sowie Informationen über weitere Unterstützungsmöglichkeiten. Diese und andere Maßnahmen ermöglichen den Opfern, sich aus der Gewaltsituation zu befreien und zeigen, dass Gewalt gegen Frauen heute eine stärkere gesellschaftliche Ächtung erfährt.

Die Zusammenarbeit zwischen Ministerien und den Vertreterinnen von Frauenhäusern und Notrufen war nicht immer reibungsfrei. Lange haben sich deren Vertreterinnen im Spannungsfeld zwischen Vereinnahmung und Unterstützung durch die Politik gesehen. Tatsächlich war anfangs – so meine Erfahrung in Rheinland-Pfalz – die Kooperation mitunter angespannt, da das Ministerium neben den Kommunen einer der Geldgeber war und ist und sich daraus auch bestimmte Erwartungen und Verfahrensweisen ergeben haben, die die Vertreterinnen der Zufluchts- und Beratungseinrichtungen aus deren Sicht unnötig einengen und bürokratischen Verfahren unterwerfen. Auch haben Ministerien und Vertreterinnen der Frauenhäuser unterschiedliche Rollen und daraus resultierend unterschiedliche Sichtweisen.

Im Laufe der Jahre ist aber eine sehr konstruktive Zusammenarbeit entstanden, die jetzt durch den bundesweiten Runden Tisch »Gemeinsam gegen Gewalt an Frauen« unter Vorsitz der Bundesfrauenministerin auch auf höherer Ebene institutionalisiert worden ist. Seit September 2018 werden hier die Maßnahmen zum Schutz von Frauen vor Gewalt mit den Ländern, den Kommunen und Vertreterinnen der Frauenhäuser koordiniert – mit dem Ziel, das Hilfesystem weiterzuentwickeln, auskömmlicher zu finanzieren und abzusichern.

Diese Bündelung der maßgeblichen Akteure und ihrer Ressourcen ist sehr wichtig; Gewalt gegen Frauen ist nach wie vor ein zahlenmäßig relevantes Phänomen und für viele Frauen eine permanente, nicht selten tödlich endende Bedrohung. Die »Kriminalistische Auswertung zu Partnerschaftsgewalt« des Bundeskriminalamtes, die am 23.11.2021 vorgestellt wurde, zeigt, dass die Anzeigen wegen Gewalt in engen sozialen Beziehungen zunimmt (erfasst sind nur die polizeilich gemeldeten Fälle). Von den gemeldeten Fällen (siehe Tabelle 7) sind zu 80,5% Frauen betroffen.[7]

Besonders in Berlin und Hamburg sei während der Corona-Pandemie ein deutlicher Anstieg von häuslicher Gewalt zu verzeichnen gewesen: In Berlin meldete die Gewaltschutzambulanz im Juni 2020 einen Anstieg von 30% im Vergleich zum Vorjahreszeitraum, in Hamburg stellte die Polizei von Januar bis Juni 2020 2.252 Fälle gegenüber 1.812 Fällen im gleichen Zeitraum des Vorjahres fest. Während der Pandemie hatte sich allerdings das Anzeigeverhalten verändert – nicht zuletzt als Folge geringerer Sozialkontrolle durch Schule, Freund/-innen, Verwandte, Ärzt/-innen und Betreuer/-innen.[8] Die Dunkelziffer ist aber gerade in diesem Deliktbereich sehr hoch: Die Geschäftsführerin der Frauenhilfe München schätzt sie auf »etwa 70%, weil die Frauen oft den Schritt nicht wagen, sich Hilfe zu holen oder gegen ihre gewalttätigen Männer vorzugehen«.[9]

Dass die Infrastruktur zur Gewaltprävention weiter ausgebaut werden soll, ist daher sehr zu begrüßen. Große öffentlichkeitswirksame Kampagnen auf Bundes- und Länderebene tragen zu einer erhöhten Aufmerksamkeit für das Thema Gewalt gegen Frauen bei. In den Ländern sind die Beratungs-, Hilfs- und Zufluchtsangebote sukzessive weiter ausgebaut worden, mittlerweile auch mit Unterstützung des Bundes: Dieser stellt im Rahmen des Bundesförderprogramms »Gemeinsam gegen Gewalt an Frauen« seit 2020 bis 2024 jährlich 30 Millionen Euro für den Aus-, Um- und Neubau und die Sanierung von Frauenhäusern und Fachberatungsstellen zur Verfügung und weitere fünf Millionen Euro pro Jahr bis 2022 für Investitionsprogramme zur Erprobung neuer Konzepte für Schutz, Unterstützung und Prä-

---

[7] BKA: Kriminalstatistische Auswertung zur Partnerschaftsgewalt 2020 – Gewalt in Partnerschaften: 4,9% mehr Fälle als 2019; Aktuelle Meldung vom 23.11.2021; www.bmfsfj.de/bmfsfj/aktuelles/alle-meldungen/gewalt-in-partnerschaften-4-9-prozent-mehr-faelle-als-2019-187204.

[8] Ebd.

[9] Elisabeth Möst: »Gewalt gegen Frauen: Nur jede Dritte holt sich Hilfe«; 5.3.2022; www.br.de/nachrichten/wissen/gewalt-gegen-frauen-nur-jede-dritte-holt-sich-hilfe,Sz90kIB.

vention von Gewalt gegen Frauen. Im Koalitionsvertrag 2021–2025 »Mehr Fortschritt wagen« sind weitere strukturelle Verbesserungen vorgesehen:

- Die Absicherung des Rechts auf Schutz vor Gewalt für jede Frau und ihre Kinder;
- Ein bundeseinheitlicher Rechtsrahmen für eine verlässliche Finanzierung von Frauenhäusern;
- Der bedarfsgerechte Ausbau des Hilfesystems und eine Beteiligung des Bundes an der Regelfinanzierung.[10]

Bisher haben Bundesländer und Kommunen die Angebote in erheblichem Umfang finanziell unterstützt. Mehr und mehr werden auch Strukturen zur Täterarbeit aufgebaut – bestehend aus »Täterprogrammen«, Modellprojekten und Beratungsstellen, die mit gewalttätigen Männern arbeiten. In dem kleinen Rheinland-Pfalz, das schon vor 20 Jahren damit begonnen hat, gibt es mittlerweile ein Netz von neun Einrichtungen, die Täterberatung anbieten.

Die Istanbul-Konvention

Das »Übereinkommen des Europarats zur Verhütung und Bekämpfung von Gewalt gegen Frauen und Häuslicher Gewalt« (kurz: Istanbul-Konvention) gilt als historische Errungenschaft für Frauenrechte. Sie ist ein völkerrechtlich bindender Vertrag, der die Staaten verpflichtet, Gewalt gegen Frauen und häusliche Gewalt als Menschenrechtsverletzung zu ächten, Maßnahmen zu deren Verhinderung zu ergreifen und die Täter effektiv zu verfolgen. Ein besonderer Fokus liegt auf dem Schutz von Frauen, die Opfer häuslicher Gewalt geworden sind.

45 Staaten haben die Istanbul-Konvention im Jahr 2011 unterschrieben, davon haben 34 den Vertrag ratifiziert. Die Bundesregierung hat das Übereinkommen am 12.10.2017 ratifiziert und damit erklärt, dass die nationalen gesetzlichen Bestimmungen den Vorgaben der Istanbul-Konvention entsprechen; die letzte Hürde wurde im Jahr 2017 mit der Reform des Sexualstrafrechts (»Nein-heißt-nein!«) genommen. Mit seinem Beitritt zur Konvention hat sich Deutschland verpflichtet, alle Maßnahmen zu ergreifen, um Gewalt gegen Frauen zu bekämpfen, Frauen zu schützen, und ihnen Hilfe und Unterstützung anzubieten. Das Gesetz zu dem Übereinkommen des Europarats ist am 1.2.2018 in Kraft getreten.

[10] Koalitionsvertrag 2021-2025, S. 115.

Die Europäische Union hat die Istanbul-Konvention ebenfalls 2017 unterzeichnet, bislang aber noch nicht ratifiziert; der Europäische Rat war zu diesem Zeitpunkt noch davon ausgegangen, dass es dazu einer einstimmigen Zustimmung der Mitgliedsstaaten bedürfte. Am 5.12.2021 hat der EuGH aber entschieden, dass für den Beitritt eine qualifizierte Mehrheit im Europäischen Rat ausreichend sei, der Rat könne die Einstimmigkeit abwarten, müsse dies aber nicht tun.[11] Der Weg ist also frei.

Am 1.9.2020 hat die Bundesregierung ihren ersten Staatenbericht zur Umsetzung der Istanbul-Konvention vorgelegt.[12] Gegenstand dieses umfangreichen Berichts sind Maßnahmen – auch gesetzgeberische – auf Bundes- und Landesebene in Umsetzung der Konvention. Federführend für die Erstellung dieser Berichte ist das Bundesministerium für Familie, Senioren, Frauen und Jugend in Zusammenarbeit mit den fachlich zuständigen Bundes- und Landesressorts. Die Umsetzung der Konvention und die Berichterstattung darüber werden in Deutschland von den Frauenorganisationen und -verbänden genau verfolgt und kommentiert, was ein wichtiger Treiber für die Umsetzung ist; der zivilgesellschaftliche Druck ist auch hier eine sehr produktive Kraft.

Im Alternativbericht des »Bündnisses Istanbul-Konvention« (BIK), dem die großen bundesweiten Frauenverbände, -zusammenschlüsse und Dachorganisationen angehören, werden die von der Bundesregierung aufgezeigten Maßnahmen als nicht ausreichend angesehen. Kritisiert wird u.a. die fehlende Aufmerksamkeit auf Mädchen, auf Frauen mit Behinderungen, geflüchtete Frauen und LGBTI-Personen. BIK konstatiert eine »zunehmende ›Entgeschlechtlichung‹ von Maßnahmen gegen häusliche Gewalt«, was weder der unterschiedlichen Gewaltbetroffenheit von Frauen und Männern entspreche noch den Feststellungen und dem Verständnis der Istanbul-Konvention. Zutreffend wird darauf hingewiesen, dass mittlerweile die Machtverhältnisse zwischen den Geschlechtern aus dem Blick gerieten, obwohl das ungleiche Machtverhältnis die Ursache für die Gewalt an Frauen sei.[13]

---

11 »EuGH: EU kann der Istanbul-Konvention beitreten«; 6.10.2021, LTO-Newsletter (Redaktion); www.lto.de/recht/nachrichten/n/eugh-gutachten-1-19-istanbul-konvention-uebereinkommen-gewalt-gegen-frauen-beitritt-ratifizierung-einstimmige-zustimmung-mitgliedstaaten-aeuv/.

12 Istanbul-Konvention – Deutschland reicht ersten Staatenbericht zum Schutz von Frauen vor Gewalt ein; www.bmfsfj.de/bmfsfj/aktuelles/alle-meldungen/deutschland-reicht-ersten-staatenbericht-zum-schutz-von-frauen-vor-gewalt-ein-160136.

13 Alternativbericht zur Umsetzung des Übereinkommens des Europarats zur Verhütung und Bekämpfung von Gewalt gegen Frauen und häuslicher Gewalt des BIK (Bündnis Istanbul-Konvention) vom Februar 2021; www.buendnis-istanbul-konvention.de/wp-content/uploads/2021/03/Alternativbericht-BIK-2021.pdf, S. 39.

Ein weiterer sehr berechtigter grundsätzlicher Kritikpunkt betrifft die Kampagnen gegen Gewalt: »Ein Großteil der Kampagnen (zielt) nicht in erster Linie darauf ab, die Werte und Einstellungen zu ändern, die geschlechtsspezifischer Gewalt zugrunde liegen, sondern konzentriert sich darauf, die Opfer an Unterstützungsdienste zu verweisen.« Damit werde der Fokus auf die individuelle Verantwortung der Opfer für das Ansprechen der Gewalt gerichtet, statt auf die kollektive Verantwortung, auch die des Staates und seiner Dienste, diese Gewalt zu beenden«.[14]

Das Bündnis empfiehlt daher der Bundesregierung, den Ländern und den Kommunen u.a.

- eine geschlechterorientierte Perspektive in allen Gewaltschutz- und Gewaltpräventionsmaßnahmen zu verankern,
- Gewalt gegen Frauen nicht mit Gewalt gegen Männer gleichzusetzen,
- Gleichstellungspolitik als Querschnittsthema durch eine geschlechterpolitische Gesetzesfolgenabschätzung und eine geschlechtergerechte Haushaltsführung zu verankern,
- im Rahmen der Gestaltung von Digitalisierungsprozessen und der Vergabe von damit zusammenhängenden Geldern, die potenzielle Nutzung neuer Technologien für digitale Übergriffe systematisch zu berücksichtigen und präventiv zu bearbeiten.[15]

Die Forderungen des BIK geben wichtige Hinweise für die Behandlung des Themas Gewalt an Frauen. Mehr Gelder für den Schutz der Opfer, Programme, neue Gesetze und Gesetzesänderungen, groß angelegte, finanziell gut abgesicherte Programme und der Ausbau des Hilfesystems sind wichtig und richtig. Auch dass in Deutschland seit einigen Jahren Gewalt in engen sozialen Beziehungen als »häusliche Gewalt« in der Polizeilichen Kriminalstatistik gesondert ausgewiesen wird, war nicht nur ein notwendiger Schritt zur Sensibilisierung von Polizei, Justiz, Politik und Medien, sondern macht auch das Ausmaß der Gewalt sichtbar. Es macht deutlich, dass Gewalt gegen Frauen keine Privatangelegenheit ist, sondern ein Fall für Polizei und Justiz – und damit ein gesamtgesellschaftliches Problem. Das ist auch ein notwendiges Signal an die Gesellschaft, dass Gewalt an Frauen strafrechtlich verfolgt und gesellschaftlich geächtet werden muss.

Bei den im Bericht der Bundesregierung genannten zweifelsohne erforderlichen Schutzmaßnahmen und der unbestreitbaren Notwendigkeit eines gut ausgebauten Hilfesystems sollte daher nicht aus dem Blick geraten, dass Gewalt gegen Frauen tiefere Ursachen hat, die nicht nur auf der per-

---

[14] Ebd., S. 31.
[15] Ebd., S. 16.

sonalen Ebene liegen, sondern auch oder vor allem strukturelle Ursachen hat. Darauf weist BIK zutreffend hin. Dieses Verständnis findet sich schon in der Resolution der Generalversammlung der Vereinten Nationen (Erklärung zur Beseitigung von Gewalt gegen Frauen vom 20.11.1993: »Gewalt gegen Frauen ist Ausdruck historisch ungleicher Machtverhältnisse zwischen Männern und Frauen.«

Es war ein großer Verdienst der Frauenbewegung, das deutlich gemacht zu haben. Gewalt gegen Frauen sollte daher auch nicht mit Gewalt gegen Männer gleichgesetzt werden, denn damit wird dieser gesellschaftliche Wirkungszusammenhang ignoriert, und die der Gewalt an Frauen zugrunde liegenden strukturellen Ursachen werden ausgeblendet. Dann könnte man das Thema auch gleich den zuständigen Ressorts Innen, Justiz und Soziales überlassen.

Interessant finde ich daher auch die Empfehlung an Bund und Länder, den Fokus weniger auf Einzelmaßnahmen zu legen als vielmehr »auf eine bundesweite, länder- und ressortübergreifende Gesamtstrategie«, die von der Koordinierungsstelle mit Unterstützung der Zivilgesellschaft angestoßen und ausgearbeitet werden sollte.[16]

Rückschritte in der Türkei und in Polen

Am 22.3.2021 hat ausgerechnet der türkische Staatspräsident, der Präsident des Landes, nach dessen größter Stadt Istanbul die Konvention benannt ist und das sie 2011 als erstes ratifiziert hat, die Konvention mit Wirkung zum 1.7.2021 gekündigt und den Austritt vollzogen – per Dekret und ohne das türkische Parlament an der Entscheidung beteiligt zu haben. Ein herber Rückschlag mit der perfiden Begründung, eine Gruppe von Menschen habe die Istanbul-Konvention, die eigentlich Frauenrechte fördern solle, quasi gekapert, um Homosexualität zu normalisieren. Das sei mit den sozialen Werten und den Werten der Familie nicht vereinbar.

Damit werden Frauenfeindlichkeit und Homosexuellenfeindlichkeit gegeneinander ausgespielt, geschürt und gleichzeitig instrumentalisiert, um eine frauenfeindliche und homophobe Politik zu etablieren: ein Angriff auf Frauenrechte *und* auf LGBTIQ-Menschen zugleich. Unterdessen nimmt die Gewalt gegen Frauen in der Türkei immer mehr zu: Im Jahr 2020 wurden 269 Femizide verzeichnet[17] – umgebracht überwiegend von Familienangehörigen. Die Entscheidung des türkischen Präsidenten ist auch in Deutsch-

---

16 Ebd., S. 19.

17 Femizide in der Türkei; Protokolle von Emine Alaba; www.zeit.de/campus/2020-11/gewalt-gegen-frauen-tuerkei-patriarchat-femizid-protokolle, 26.11.2020.

land heftig kritisiert worden: Der damalige deutsche Außenminister sparte nicht mit »deutlichen« Worten gegen den geplanten Austritt: Es sei das »absolut falsche Zeichen«, aber die Regierung werde sich weiterhin bemühen, »im Dialog zu bleiben«.[18]

Wenig überraschend war auch die Gesetzesinitiative der erzkonservativen Regierung Polens zum Ausstieg aus der Istanbul-Konvention. Polen hat diese bereits im Jahr 2015 unterzeichnet, die Konvention aber mit Beschluss des polnischen Parlaments gekündigt – maßgeblich vorangetrieben von der reaktionär-katholischen Organisation Ordo iuris. Polen wird damit das erste EU-Land sein, in dem sich Frauen, Frauenrechtsorganisationen und -verbände nicht mehr auf diesen wichtigen völkerrechtlichen Vertrag beziehen und die Regierung dazu in die Verantwortung nehmen können. Die polnischen Frauenverbände haben lautstark – aber vergeblich – dagegen Alarm geschlagen; mit seinem Austritt werde sich Polen endgültig von den Werten der EU verabschieden.

Das zeigt, wie sehr Frauenrechte EU-weit bedroht sind und dass es hier einer gemeinsamen übergreifenden Strategie bedarf, um diesen Backlash abzuwehren. Energischere Reaktionen der EU und ihrer Mitgliedsstaaten sind jetzt dringend geboten, denn es ist zu befürchten, dass weitere Frauenrechte – nach dem Verbot des Schwangerschaftsabbruchs in Polen und dem Austritt aus der Istanbul-Konvention – der reaktionären Offensive zum Opfer fallen werden. Der Deutsche Frauenrat hat deshalb die Bundesregierung aufgefordert »sich auf EU-Ebene dafür einzusetzen, dass die EU die Istanbul-Konvention umgehend ratifiziert«.[19] Das wäre ein wichtiger Schritt – auch um zu verhindern, dass weitere Länder sich von diesem eingeschlagenen Weg wieder entfernen.

Gewalt im Netz

Gewalt im Netz ist die Fortsetzung der physischen Gewalt im digitalen Raum. Sie äußert sich durch »verschiedene Formen der Herabsetzung, Belästigung, Diskriminierung und Nötigung anderer Menschen mithilfe elektronischer Kommunikationsmittel über soziale Netzwerke, in Chaträumen, beim Ins-

---

[18] Maas kritisiert Austritt der Türkei aus der Istanbul-Konvention, Süddeutsche Zeitung vom 22.3.2021.

[19] Deutscher Frauenrat: Austritt aus der Istanbul-Konvention muss Konsequenzen haben; Pressemitteilung vom 22.3.2021; www.frauenrat.de/austritt-istanbul-konvention-hat-konsequenzen/.

tant Messaging und/oder mittels mobiler Telefone«.[20] Sie äußert sich auch in Hasskommentaren (Hate Speech), in Form von Online-Stalking oder mit unerlaubt verbreiteten Nacktbildern. Oft kommt sie aus dem persönlichen Umfeld der Betroffenen. Das Netz wirkt dabei wie ein Brandbeschleuniger. Digitale Gewalt ist zerstörerisch, weil sie im Gegensatz zur physischen Gewalt häufig anonym und rund um die Uhr stattfindet, ein großes Publikum erreicht und nicht mehr eingrenzbar ist.

Geschlechterdimension digitaler Gewalt

Hass und Gewalt im Netz haben »eine (ausgeprägte) Geschlechterdimension. Wo Frauen sich im Netz öffentlich oder gar politisch äußern, riskieren sie sexistische Anmache, pornografische Pöbeleien, die Androhung von Vergewaltigungen bis hin zu Morddrohungen«, warnt der Deutsche Juristinnenbund.[21] Die »Konferenz der Gleichstellungs- und Frauenministerinnen und -minister, -senatorinnen und -senatoren der Länder« (GFMK) hat sich in zahlreichen Beschlüssen mit digitaler Gewalt befasst und auf ihrer Konferenz 2020 ein energisches Vorgehen von der Bundesregierung gegen diese Form von Gewalt sowie eine bundesweite, länderübergreifende Studie gefordert. Sie weist auf eine Entscheidung des Landgerichts Berlin hin, das in »22 Äußerungen, die gegenüber der Bundestagsabgeordneten Renate Künast auf Facebook getätigt worden waren, (...) von ›Stück Scheisse‹ über ›Drecks Fotze‹ bis hin zu ›Sondermüll‹ ›keine Diffamierung der Person der Antragstellerin und damit keine Beleidigung‹ gesehen hat«[22] – man fragt sich, was dann überhaupt noch unter Beleidung fallen könnte!

Erfreulicherweise hat das Bundesverfassungsgericht am 19.12.2021 auf die von Künast eingelegte Verfassungsbeschwerde gegen das Urteil die Grenzen der Meinungsfreiheit klar gezogen: Die Entscheidungen der Vorinstanzen hätten sorgfältig abwägen müssen zwischen der Meinungsfreiheit und dem berechtigten Schutzinteresse der Politiker/-innen. Es sei immer eine Abwägung zwischen der beleidigenden und herabsetzenden Äußerung und dem Schutz der Persönlichkeitsrechte von Amtsträgern und Politikern erforderlich – dieser liege auch im öffentlichen Interesse. Dass die vorinstanzlichen Gerichte diese Abwägung nicht vorgenommen hätten, sei eine

---

20 www.hilfetelefon.de/gewalt-gegen-frauen/digitale-gewalt.html.

21 Policy Paper »Mit Recht gegen Hate Speech – Bekämpfung digitaler Gewalt gegen Frauen«, 4.11.2019; www.djb.de/verein/Kom-u-AS/ASDigi/st19-23/.

22 GFMK-Beschluss vom 25.6.2020, TOP 4.4; www.gleichstellungsministerkonferenz.de/documents/20-07-01-schlussprotokoll-der-sonder-gfmk-25_juni-2020_2_3_1595231802.pdf.

Verletzung des Persönlichkeitsrechts der Beschwerdeführerin.[23] Eine wichtige und notwendige Klarstellung durch das oberste Gericht!

Die GFMK hat auf ihrer Sonderkonferenz am 25.6.2020 in einer Entschließung die Bundesregierung unter Verweis auf die Istanbul-Konvention aufgefordert, die Geschlechterdimension digitaler Gewalt gegen Frauen stärker in den Blick zu nehmen, dieser Form von Gewalt »mit allen Mitteln entgegenzutreten« und »eine repräsentative empirische Studie zu digitaler Gewalt gegen Frauen vorzulegen«, um Frauen besser davor zu schützen und wirkungsvolle Präventionsmaßnahmen entwickeln zu können.[24] Bisher gibt es noch keine validen Daten zur digitalen Gewalt an Frauen – weder in der Polizeilichen Kriminalstatistik noch in den Statistiken der Landespolizeibehörden.

Der Deutsche Juristinnenbund e.V. (djb) fordert darüber hinaus u.a., die Plattformbetreiber zu verpflichten, auch Kopien von als rechtswidrig bestätigten Inhalten zu suchen und zu entfernen. Hate Speech im digitalen Raum solle als Beleidigungsdelikt auch ohne Strafantrag der verletzten Person verfolgt werden können, wenn dies den Interessen der verletzten Person nicht widerspreche. Auch sei eine flächendeckende Einrichtung von Schwerpunktstaatsanwaltschaften für Straftaten im Zusammenhang mit digitaler Gewalt erforderlich, ebenso verpflichtende Fortbildungen für Justiz, Staatsanwaltschaft und Polizei zur geschlechtsspezifischen Dimension digitaler Gewalt und eine Ausweitung der Entschädigungsregelungen auf Opfer psychischer Gewalt mit schweren Folgen. Schließlich müsse »die polizeiliche Definition von Hasskriminalität bzw. Vorurteilskriminalität um das Merkmal Geschlecht« ergänzt werden.[25]

Das Bundesfrauenministerium hat im Rahmen der Initiative »Stärker als Gewalt« einen Schwerpunkt auf das Thema »Digitale Gewalt gegen Frauen« gelegt und im Oktober 2020 einen Aktionstag gegen digitale Gewalt mit zwei Veranstaltungen in Berlin durchgeführt. Der damalige Staatssekretär des Bundesjustizministeriums hat dort angekündigt, »klarere Grenzen (zu) setzen«*:* Wer im Netz hetze und drohe, werde künftig härter und effekti-

---

[23] Bundesverfassungsgericht, Beschluss vom 19.12.2021; – 1 BvR 1073/20 –.

[24] Sonderkonferenz der Gleichstellungs- und Frauenministerinnen und -minister, -senatorinnen und -senatoren der Länder, 25.6.2020, TOP 4.4 Repräsentative empirische Studie zu digitaler Gewalt gegen Frauen.

[25] djb: Das Netz als antifeministische Radikalisierungsmaschine, Policy Paper zur Bedeutung von Frauenhass als Element extremistischer Strömungen und der radikalisierenden Wirkung des Internets, 9.9.2021, Seite 2.

ver verfolgt. Plattformen müssten nicht mehr nur gelöscht, sondern strafbare Posts dem Bundeskriminalamt gemeldet werden.[26]

Im Koalitionsvertrag 2021–2025 haben SPD, Bündnis 90/Die Grünen und FDP vereinbart, per Gesetz »rechtliche Hürden für Betroffene, wie Lücken bei Auskunftsrechten, ab(zu)bauen, die rechtlichen Rahmenbedingungen für elektronische Verfahren zur Anzeigenerstattung und für private Verfahren (zu) ermöglichen« sowie »richterlich angeordnete Accountsperren« zu prüfen, umfassende Beratungsangebote vorzusehen und die »Einrichtung einer Bundeszentrale für digitale Bildung« zu prüfen.[27]

Digitale Gewalt hat viele Gesichter

Für den »Bundesverband Frauenberatungsstellen und Frauennotrufe, bff – Frauen gegen Gewalt e.V.« ist digitale Gewalt oder Cybergewalt die »Fortsetzung oder Ergänzung von Gewaltformen und Gewaltdynamiken«. Unter digitaler Gewalt werden erfasst: »alle Formen von Gewalt, die sich technischer Hilfsmittel und digitaler Medien (Handy, Apps, Internetanwendungen, Mails etc.) bedienen und/oder Gewalt, die im digitalen Raum, zum Beispiel auf Online-Portalen oder sozialen Plattformen, stattfindet. Digitale Gewalt (funktioniere) nicht getrennt von ›analoger Gewalt‹, sondern (stelle) meist eine Fortsetzung oder Ergänzung von Gewaltverhältnissen und -dynamiken dar.«[28]

Die Gefahren durch Gewalt im Netz bedrohen Frauen und Mädchen nicht nur in Deutschland, sondern weltweit. »Plan International« hat für seinen Welt-Mädchenbericht 2020 14.000 Mädchen und junge Frauen in 22 Ländern der Welt zu ihren Erfahrungen in den sozialen Medien befragt. Das Ergebnis ist erwartungsgemäß erschütternd. Der Bericht zeigt, dass »der Alltag von Mädchen und Frauen in den sozialen Netzwerken geprägt (ist) von Beschimpfungen, Drohungen, sexueller Belästigung, der Angst vor Demütigungen und häufig auch von Strategien, um solche Ereignisse zu vermeiden«.[29]

Mit der von »Plan International« initiierten und mittlerweile beendeten Petition »#FreeToBeOnline« vom 2. Oktober 2020 haben sich die rund

---

26 www.djb.de/presse/pressemitteilungen/detail/pm19-37/.

27 Koalitionsvertrag 2021–2025, S. 18.

28 Aktionen und Themen – bff: aktiv gegen digitale Gewalt; www.frauen-gegen-gewalt.de/de/aktionen-themen/bff-aktiv-gegen-digitale-gewalt.html.

29 Free to be online? Weltmädchenbericht 2020 zu digitaler Gewalt gegen Mädchen und Frauen; www.plan.de/presse/pressemitteilungen/detail/welt-maedchenbericht-2020-digitale-gewalt-vertreibt-maedchen-und-junge-frauen-aus-den-sozialen-medien.html.

2.000 Unterstützer und Mitglieder an die Social Media-Unternehmen gewandt und diese aufgefordert, »wirksame und leicht zugängliche Meldemechanismen speziell für geschlechtsspezifische digitale Gewalt zu schaffen, durch die Täter/-innen zur Rechenschaft gezogen werden können«. Denn: »Mädchen und Frauen könnten durch diese Hetze ihr Recht, sich sicher und frei in den sozialen Medien zu bewegen, nicht wahrnehmen.«[30]

Namhafte Wissenschaftlerinnen, Politikerinnen, Netzaktivistinnen und NGO-Vertreterinnen haben einen Aufruf gestartet »#NetzohneGewalt – Gegen den Rollback im Netz – Digitale Gewalt geht uns alle an!«, der die Gefahren sehr deutlich aufzeigt und rasches Handeln einfordert: »Digitale Gewalt und Hate Speech sind gesamtgesellschaftliche Probleme, deswegen müssen wir die Bekämpfung dieser Gewalt gegen Frauen zum Anliegen aller machen!«[31] Sie fordern u.a.

- den Ausbau und die Förderung von Informations- und Beratungsstellen;
- mehr Forschung zu geschlechtsspezifischer Gewalt;
- Awareness-Kampagnen der Politik, die digitale Gewalt und Hate Speech in bestehende Gewaltformen und Machtverhältnisse einbetten. Damit soll für die Formen digitaler Gewalt sensibilisiert, Hilfe und Unterstützung vermittelt und die Strafverfolgung verbessert werden;
- geschlechtsspezifische polizeiliche Statistiken zu digitaler Gewalt.[32]

Das BMFSFJ fördert seit 2017 das Projekt »bff: aktiv gegen digitale Gewalt«, das ebenfalls gegen geschlechtsspezifische digitale Gewalt vorgeht. Die aktuelle dreijährige Förderperiode hat zum Jahresanfang 2019 begonnen.

Demokratiegefährdung durch digitale Gewalt

Tatsächlich ist die *gesellschaftliche* Dimension von digitaler Gewalt und Hate Speech noch weitaus größer und gefährlicher für Frauen und für die Demokratie insgesamt, denn Hate Speech steht häufig im Zusammenhang mit Rechtsextremismus, wie die Geschäftsführerin der Organisation »HateAid«, Anna-Lena von Hodenberg feststellt: »Hass und Gewalt gegen Frauen, die sich für eine liberale Gesellschaft und Gleichberechtigung einsetzen, ist kein Nebenprodukt der rechtsextremen Ideologie, sondern eine zentrale Komponente.«[33]

---

30 Plan International Deutschland: Offener Brief: #FREETOBEONLINE; Plan International Deutschland; www.openpetition.de/petition/online/offener-brief-freetobeonline.

31 Gegen den Rollback im Netz – Digitale Gewalt geht uns alle an; netzohnegewalt.org/.

32 Ebd.

33 Anna-Lena von Hodenberg: »Worte wie Waffen – sexualisiert, frauenfeindlich und oftmals sehr persönlich – die Gewalt aus dem Netz nimmt rapide zu. Die Täter

Das Netz fungiert als »Radikalisierungsmaschine«, so die Investigativ-Journalistin und Autorin Julia Ebner: In geschützten sozialen Blasen festigten User – vereint durch ihren Frauenhass – ihre »radikalgestrigen Vorstellungen« und schmiedeten Rachepläne und Terroranschläge. Sie träten einerseits als Vertreter männlicher Dominanz auf und sähen sich andererseits selbst als primäre Opfer der Frauen und der Gesellschaft insgesamt.[34] Antifeminismus ist dabei keineswegs »nur« der Antrieb ihres Treibens, sondern sozusagen die »Einstiegsdroge in den antidemokratischen Radikalismus und rechtsradikalen Terrorismus«, wie die Politikwissenschaftlerin Katharina Mosene auf einer virtuellen Konferenz des Deutschen Juristinnenbundes betonte.[35] Frauen, die sich im Netz politisch äußern, sollen damit »eingeschüchtert und zermürbt werden« – vor allem Frauen, die sich zu den Themen Gleichberechtigung, Migration, oder Rechtsextremismus zu Wort melden.

Die Angriffe kommen vor allem aus dem rechten und rechtsextremistischen Spektrum, wo Hass gegen Frauen quasi zur DNA gehört. So erhielten vor allem weibliche Politikerinnen, Anwältinnen und weitere Personen des öffentlichen Lebens Drohmails des »NSU 2.0«. Diese Form von Gewalt hat auch eine disziplinierende Funktion, mit der Frauen zu ihrer »eigentlichen« Bestimmung zurückgeführt werden sollen. Von den Strafverfolgungsbehörden wird die Gefahr offenbar noch nicht hinreichend erkannt, denn in der Terrorismuswahrnehmung und -bekämpfung kommt sie bislang noch kaum vor. Das zeigt die Leipziger Autoritarismus-Studie 2020, die von der Heinrich-Böll-Stiftung und der Otto-Brenner-Stiftung unterstützt wurde, sehr deutlich. Sie belegt den »starken statistischen Zusammenhang zwischen der Gesamtskala Rechtsextremismus und antifeministischen Einstellungen«.[36]

Alle Dimensionen des Rechtsextremismus (Chauvinismus, Ausländerfeindlichkeit, Antisemitismus, Sozialdarwinismus und Verharmlosung des Nationalsozialismus) korrelieren demnach positiv mit Antifeminismus und Sexismus, besonders ausgeprägt aber auch mit Ausländerfeindlichkeit, Antisemitismus und Sozialdarwinismus: »In dieses Ergebnis reiht sich die historische und aktuelle Beobachtung, dass sich antisemitische und antifeminis-

---

bleiben meist unbehelligt«; in: IPG vom 9.10.2020; www.ipg-journal.de/regionen/global/artikel/die-gewalt-aus-dem-netz-4700/).

[34] Julia Ebner: »Radikalisierungsmaschinen – Wie Extremisten die neuen Technologien nutzen und uns manipulieren«, Berlin 2021.

[35] Katharina Mosene: »Das Netz als antifeministische Radikalisierungsmaschine«, auf der virtuellen Konferenz des djb am 9.9.2021.

[36] Oliver Decker/Elmar Brähler (Hrsg.): »Autoritäre Dynamiken: Alte Ressentiments – neue Radikalität«, Leipziger Autoritarismus-Studie 2020, Gießen 2020.

tische Ressentiments in einem deutsch-nationalistischen Männlichkeitskult verschränken, wobei auch queerfeindliche Ressentiments zu beachten sind. (…) Ähnlich dem Antisemitismus fungiert Antifeminismus demzufolge als ein Erkennungsmerkmal für eine, teils völkisch ausgerichtete, antimoderne Allianz.« Der Antifeminismus werde quasi zu einer »Brückenideologie antimoderner Bewegungen«.[37]

Antifeminismus ist also deutlich mehr als die Abwehr emanzipatorischer Bestrebungen von Frauen nach Gleichberechtigung in allen Bereichen. Antifeminismus ist vielmehr »ein in Teilen der deutschen Bevölkerung verankertes politisches Phänomen«: 27,3% der Männer und 12% der Frauen haben, so die Erkenntnisse dieser Studie, ein »manifest antifeministisches Weltbild«. Wesentliches Ziel des Antifeminismus sei es, »den demokratischen Prozess zu verhindern, der (…) die Auflösung der traditionellen Geschlechterordnung sowie der Emanzipation von Frauen aus gesellschaftlichen Ungleichheits-, Machts- und Herrschaftsverhältnissen anstrebt.«[38] Das sollte auch denjenigen zu denken geben, die Antifeminismus bislang weniger oder gar nicht im Blick hatten und schon gar nicht als Treiber und Multiplikator antidemokratischer Einstellungen!

Dass auch Antisemitismus Bestandteil dieser toxischen Melange ist, hat der Anschlag auf eine Synagoge in Halle (Saale) am 9.10.2019 gezeigt. Der Attentäter wollte an Jom Kippur ein Massaker an Juden verüben, übertrug seine Tat im Netz und äußerte sich darin auch zu seinem Motiv: »In dem Video behauptet der 27-Jährige, den Holocaust habe es nicht gegeben. Zu seinem Motiv für den Anschlag sagt er, Feminismus führe zu weniger Geburten, deswegen gebe es Masseneinwanderung – und hinter all diesen Problemen stecke ›der Jude‹.« Er bezog sich damit auf andere rechtsextreme Attentäter, beispielsweise auf den von Christchurch – und auf Verschwörungstheorien, die Antisemitismus und Rassismus sowie Antifeminismus verbinden.[39]

Um Hass und Hetze strafrechtlich besser verfolgen zu können, hat der Bundestag das Gesetz zur Bekämpfung des Rechtsextremismus und der Hasskriminalität beschlossen, das in weiten Teilen zum 1.7.2021 in Kraft getreten ist. Damit werden über die Bedrohung mit einem Verbrechen (zum Beispiel eine Morddrohung) hinaus auch Drohungen mit Taten gegen die sexuelle Selbstbestimmung, die körperliche Unversehrtheit, die persönliche Freiheit oder gegen Sachen von bedeutendem Wert unter Strafe ge-

---

37 Ebd., S. 275.

38 Ebd., S. 276.

39 Patrick Gensing: »Angriff in Halle – Stream voller Hass«, tagesschau.de vom 9.10.2019.

stellt. Eine wichtige und überfällige Regelung, mit der eine große Schutzlücke geschlossen werden kann!

Anbieter sozialer Netzwerke sind danach verpflichtet, Inhalte zu melden, die den sozialen Netzwerken durch eine Beschwerde bekannt und von ihnen entfernt oder gesperrt wurden. Gemeldet werden müssen insbesondere Morddrohungen und Volksverhetzungen, aber auch – auf Vorschlag des Deutschen Juristinnenbundes – Drohungen mit einem Verbrechen gegen die sexuelle Selbstbestimmung. Der Anbieter muss in diesen Fällen den Inhalt entfernen oder den Zugang sperren und prüfen, ob die Voraussetzungen der genannten Vorschrift vorliegen, sodann den Inhalt unverzüglich dem BKA melden und den Anbieter vier Wochen nach der Meldung darüber informieren.

Leider hatte das BMJV die frauenpolitischen Implikationen dieser im Gesetz geregelten Sachverhalte offenbar nicht ansatzweise im Blick. Obwohl Rechtsextremismus und Hate Speech eine so deutliche frauenfeindliche Stoßrichtung haben, findet das im Gesetzentwurf keinerlei Erwähnung. Der Deutsche Juristinnenbund, der mittlerweile in nahezu alle Anhörungen einbezogen wird und deshalb im BMJV bestens bekannt sein dürfte, hat in seiner Stellungnahme eine Reihe von notwendigen Ergänzungen und Veränderungen angeregt, die jedoch bis auf die Meldepflicht für Drohungen mit einem Verbrechen gegen die sexuelle Selbstbestimmung allesamt keine Berücksichtigung gefunden haben. Der djb hatte mehrfach problematisiert, dass Frauenfeindlichkeit nicht genannt wird, »obwohl Hasskriminalität und Rechtsextremismus Frauen in spezifischer Weise betreffen und für viele Angreifer eine maßgebliche Motivation sind«.[40] Ähnliches gilt beim § 46 Strafgesetzbuch (Grundsätze der Strafzumessung). Hier wurde »Antisemitismus« als Motiv ergänzt, geschlechtsspezifische Motive aber nicht. Auch das hat der djb ausdrücklich gefordert.[41]

Gewalt im Netz ist so zerstörerisch, weil sie sehr viele User erreicht, die Hemmschwelle im Netz niedriger ist und man sich nur schwer dagegen wehren kann. Gewalt im Netz kann zu physischer Gewalt und zu einer immer größer werdenden Gefahr führen, denn sie macht Gewalt salonfähig und schafft damit einen Nährboden dafür, dass sie sich unkontrolliert ausbreiten kann.

Gewalt im Netz ist einerseits ein Zerrspiegel der Gewalt im »richtigen« Leben: Sie setzt die strukturellen Macht- und Diskriminierungsstrukturen

---

[40] djb-Stellungnahme zum Referentenentwurf des BMJV Entwurf eines Gesetzes zur Bekämpfung von Rechtsextremismus und Hasskriminalität vom 17.1.2020; www.djb.de/presse/stellungnahmen/detail/st20-01.

[41] Ebd.

der Gesellschaft auf einer scheinbar individualisierten Ebene fort und muss deshalb von Usern ebenso bekämpft werden wie von der Gesellschaft insgesamt und von der Politik, die dies auch klar als strafbar benennen und gesellschaftlich ächten muss. Die Täter müssen konsequent zur Verantwortung gezogen und die Straftaten geahndet werden.

Denn Hate Speech ist Gewalt – gefährliche bis im Extremfall tödliche Gewalt! Ihre Zielscheiben sind Minderheiten – besonders aber Frauen. Hate speech fällt bei den Usern, die darauf ansprechen, auf fruchtbaren Boden, verstärkt den Hass bestimmter Männer auf Frauen und damit das Gewaltpotenzial und die realen Gefahren für die Gesellschaft insgesamt. Das Internet verstärkt mit dieser perfiden Form von Gewalt diskriminierende Einstellungen und Haltungen und ist somit eine Gefahr für die Demokratie insgesamt, wie die Autoritarismus-Studie sehr deutlich aufzeigt.

Deswegen sind die in dem Aufruf »#NetzohneGewalt – Gegen den Rollback im Netz – Digitale Gewalt geht uns alle an!« vorgeschlagenen Maßnahmen ebenso wie die Forderungen des djb und der Autorinnen des Alternativberichts zur Istanbul-Konvention sinnvoll und sollten unbedingt ernsthaft geprüft und umgesetzt werden. Sie sind gleichzeitig ein Signal an die Gesellschaft und an die Täter, dass es hier um gravierende Straftaten geht, die auch als solche verfolgt, geahndet und von der Gesellschaft missbilligt werden. Ebenso wichtig ist eine geschlechtergerechte Perspektive in Untersuchungen und Forschungen zum Rechtsextremismus, um das Bedrohungspotenzial und die Gefahren, die von antifeministischen und sexistischen Einstellungen ausgehen, rechtzeitig zu erkennen.

Femizide

Femizid ist das Töten einer Frau, weil sie eine Frau ist. Das Phänomen ist mittlerweile stärker in das öffentliche Bewusstsein gerückt – auch unter diesem Begriff und sicher auch wegen dieses Begriffes. Er geht zurück auf die in Südafrika geborene Sozialwissenschaftlerin und engagierte Feministin Diana E.H. Russell. Täter sind häufig Partner oder Ex-Partner, und der Tötung geht sehr oft eine Trennung voraus: Im Jahr 2020 wurden ausweislich der Kriminalstatistik des BKA 302 Frauen von ihrem Partner oder Ex-Partner getötet.[42] Sie wurden von ihrem Partner getötet, weil sie ihn verlassen wollten, wohingegen (die wenigen) Frauen, die ihre Partner töteten,

---

42 »Partnerschaftsgewalt« – Kriminalstatistische Auswertung des BKA, Berichtsjahr 2019.

sich von diesen »befreien wollten«, worauf der Sozialpsychologe Rudolf Egg hinweist.[43]

Teilweise wird für Femizide ein neuer eigener Straftatbestand gefordert. Der Deutsche Frauenrat sieht dagegen »das Problem nicht im Fehlen eines Straftatbestands, sondern in der Auslegung und Anwendung des bestehenden Rechts«.[44] Auch die SPD spricht sich in ihrem Zukunftsprogramm stattdessen für »Schwerpunktstaatsanwaltschaften für Femizide (aus) – also zur Verfolgung von Morden an Frauen, die begangen wurden, weil sie Frauen sind (...) und dafür, dass Femizide auch als solche benannt werden und nicht als ›Verbrechen aus Leidenschaft‹ oder ›Familientragödie‹.«[45]

Um Femizide zutreffend beurteilen und rechtlich zu verfolgen, ist ein allgemeines Umdenken in der Gesellschaft und im Besonderen in der Justiz und in den Medien erforderlich. Ein neuer Begriff kann dazu beitragen, einen solchen Prozess in Gang zu setzen. Solange bei Tötungen infolge einer Trennung noch immer von »Familientragödie« oder »Eifersuchtsdrama« die Rede ist, wird das Delikt in die private Sphäre geschoben und die gesellschaftliche Relevanz übersehen.

Von dem Begriff »Familientragödie« hat man sich zwar zwischenzeitlich gelöst. Meines Erachtens ist aber auch der Begriff des BKA »partnerschaftliche Gewalt« sprachlich verunglückt und irreführend – so sehr es zu begrüßen ist, dass Gewalt in Partnerschaften bzw. durch Partner eine eigene Bezeichnung erhält. Gewaltausübung kann aber nie partnerschaftlich sein! Wichtig ist auf jeden Fall, dass das Thema Femizide wahrgenommen wird – dazu ist die gesonderte Darstellung in der Polizeilichen Kriminalstatistik sehr hilfreich – und dass Femizide im Kontext der strukturellen Gewalt gegen Frauen gesehen werden, denn das ist der Nährboden.

Gewaltprävention

»Gewalt gegen Frauen geht auf die Ungleichheit zwischen Frauen und Männern innerhalb der Gesellschaft zurück (...) Bestimmte Faktoren erhöhen die Verletzlichkeit von Frauen, etwa ihre wirtschaftliche Abhängigkeit«, stellte der Wissenschaftliche Dienst des Europäischen Parlaments in seinem Pa-

---

[43] Rudolf Egg, zitiert von Julia Jüttner in »Vom Opfer zur Täterin – Wenn Frauen morden«, Spiegel Panorama, 21.10.2007.

[44] »Trennungstötungen werden oft nicht als Mord eingestuft«, Leonie Steinl im Interview mit der Süddeutschen Zeitung vom 17.10.2019.

[45] SPD-Zukunftsprogramm, S. 43.

pier »Gewalt gegen Frauen in der EU« im Februar 2014 zusammenfassend fest.[46] Die Bundesregierung betont daher auch in ihrer Gleichstellungsstrategie, dass »der Gewaltschutz eine Grundlage dafür (sei) (...) eine tatsächliche Gleichstellung erreichen zu können«.[47]

Das ist zweifelsohne richtig. Deshalb braucht es auch eine konsequent auf den Abbau traditioneller Rollenbilder abzielende Gleichstellungspolitik, um Gewalt gegen Frauen den zu Boden entziehen. Das sollte so selbstverständlich sein, dass es keiner Erwähnung mehr bedürfte. Und doch leben traditionelle Rollenbilder immer wieder auf, behindern ein selbstbestimmtes Leben von Frauen und von Männern und gefährden Leib und Leben durch gewalttätige Männer und Partner.

Vergewaltigung – ein gesellschaftliches Phänomen

Die Neue Frauenbewegung hat sich in den 1970er-Jahren intensiv mit dem Thema Vergewaltigung von Frauen, seiner gesellschaftlichen Relevanz und seiner Behandlung durch die Justiz beschäftigt und dies skandalisiert. Zu Recht. Denn die Justiz behandelte diese Verbrechen lange Zeit mit einer an Verharmlosung grenzenden Zurückhaltung. Die Juristin Alisa Schapira stellte Mitte der 1970er-Jahre in ihrer Untersuchung verschiedener Prozesse und höchstrichterlicher Urteile zum Umgang der Justiz mit Frauen, die eine Vergewaltigung anzeigten, fest: »Die Verwendung allgemeiner Weiblichkeitsmythen zur Beurteilung von Vergewaltigungen durch die Justiz führt dazu, dass der Gewalt in den Beziehungen der Geschlechter ein weiter Spielraum innerhalb der Legalität bleibt. Zum einen ist Gewalt nur in Extremfällen tatbestandsmäßig im Sinne des §177 StGB, zum anderen führt insbesondere die Unterstellung des weiblichen Masochismus dazu, dass Frauen vor Gericht als höchst unglaubwürdig gelten. Inquisitorische Befragungen der Frauen über ihr ›Vorleben‹ sind die Folge.«[48]

Dementsprechend machten sexuelle Aggressionen im Jahr 1975 auch nur 3% aller polizeilich erfassten Straftaten aus, nur ein sehr geringer Teil dieser Fälle wurde vor Gericht verhandelt, rund ein Drittel der Angeklagten wurde freigesprochen. Der Gesetzgeber, so Schapira, stehe noch immer »in

---

[46] Gewalt gegen Frauen in der EU, Aktueller Stand, Zusammenfassung; EPRS/Wissenschaftlicher Dienst des EPRS; Briefing Februar 2014.

[47] Gleichstellungsstrategie der Bundesregierung, S. 35; www.gleichstellungsstrategie.de/resource/blob/158356/b500f2b30b7bac2fc1446d223d0a3e19/gleichstellungsstrategie-der-bundesregierung-data.pdf.

[48] Alisa Schapira: »Die Rechtsprechung zur Vergewaltigung. Über die weit gezogenen Grenzen der erlaubten Gewalt gegen Frauen«, in: Kritische Justiz, Nr. 3, 1977, S. 230f.; www.kj.nomos.de/fileadmin/kj/doc/1977/19773Schapira_S_221.pdf.

der Tradition der Auffassung von Vergewaltigung als Verletzung des männlichen Eigentumsrechts an der Frau«. Erforderlich sei eine »Entideologisierung der Rechtsprechung«[49] – und der Strafgesetze!

Entsprechend schwierig war es in diesbezüglichen Ermittlungs- und Strafverfahren, eine Verurteilung des Täters zu erreichen. Der »Tagesspiegel« zitierte 1979 einen Richter mit den Worten: »Ich würde meiner eigenen Tochter (...) nicht raten, eine Vergewaltigung anzuzeigen. Wenn die Frau nicht blutüberströmt und mit Würgemalen am Hals auf die Polizeistation kommt, wird ihr häufig mit größter Skepsis begegnet.«[50] Die Opfer mussten sich oft mehrfach inquisitorischen Fragen stellen und ihre »Unbescholtenheit« glaubhaft darlegen. Mitunter mussten sie handfeste Beweise vorbringen, dass sie vergewaltigt worden waren und ihre körperliche Gegenwehr nachweisen. Ein schwieriges Unterfangen – denn vielfach wurde den potenziellen Opfern von Vergewaltigung geraten, auf eine Gegenwehr und auf Schreien zu verzichten, wenn die Situation aussichtslos und der Täter körperlich deutlich überlegen sei. Ein klassisches Dilemma für viele Frauen!

Die Künstlerin Sarah Haffner formulierte es auf der ersten großen Demonstration von Frauen gegen Vergewaltigungen am 1. März 1977 so: »Wir Frauen lernen von klein auf, mit der Angst zu leben, uns unauffällig zu verhalten, keinem Fremden zu trauen, nachts nicht allein auf die Straße zu gehen, immer vorsichtig zu sein (...) wir werden zu Opfern erzogen. Und wenn wir Opfer werden, dann reden uns Polizei und Gerichte ein, dass wir selbst schuld seien, dass wir provozieren, dass wir es verdienen, dass wir es so gernhaben. Nein, wir haben es nicht gern so. Wir provozieren es nicht, (...) wir haben keine Schuld an der Gewalt, die uns angetan wird!«[51]

Noch im Jahr 2004 stellte Nicola Brosi in ihrer Untersuchung zur Akzeptanz von Vergewaltigungsmythen in verschiedenen Bevölkerungsgruppen fest, dass es »Vergewaltigungsmythen in der Gesellschaft (gibt), die dem Opfer eine Mitschuld an der Vergewaltigung geben (z.B. durch angeblich aufreizende Kleidung oder ein bestimmtes Verhalten). Solche Vergewaltigungsmythen (erschwerten) die Prävention sexueller Gewalt und (seien) auch bei jenen Menschen verbreitet sind, die professionell mit Vergewaltigungsopfern zu tun haben.«[52]

---

49 Ebd.

50 Tagesspiegel vom 28.9.1979; zitiert aus Ingrid Lohstöter: »Wann eine Vergewaltigung für die deutsche Justiz eine Vergewaltigung ist«, Courage 6/1980, S. 24–28.

51 Sarah Haffner: Die Neue Frauenbewegung in Deutschland – Abschied vom kleinen Unterschied. Ausgewählte Quellen, Wiesbaden 2009, S. 213.

52 Nicola Brosi: Untersuchung zur Akzeptanz von Vergewaltigungsmythen in verschiedenen Bevölkerungsgruppen, München 2004.

Es war deshalb ein weiter Weg bis zu gesetzlichen Reformen, die ein Umdenken einleiten und Frauen besser schützen (sollten). Erst seit 1.7.1997 erfüllt auch die Vergewaltigung in der Ehe den Straftatbestand der Vergewaltigung. Bis dahin war lediglich die außereheliche Vergewaltigung als Vergewaltigung strafbar, der »erzwungene Beischlaf« durch den Ehepartner allenfalls eine Nötigung. Noch heute sitzen im Bundestag Abgeordnete, darunter auch sehr prominente wie der CDU-Parteivorsitzende und Fraktionsvorsitzende Friedrich Merz, die gegen diese Reform gestimmt hatten.

Noch fast 20 weitere Jahre gingen ins Land bis zur nächsten wichtigen Reform. Mit der Botschaft »Nein heißt Nein!« hat ein breites Bündnis aus außerparlamentarischer Frauenbewegung, Frauenverbänden und -organisationen, Projekten und vielen anderen frauenpolitisch Aktiven im Schulterschluss mit weiblichen Bundestagsabgeordneten lange für einen besseren Schutz der sexuellen Selbstbestimmung und für eine Reform des § 177 Strafgesetzbuch gekämpft. Ohne dieses wirkmächtige Bündnis hätte es die dringend notwendige Gesetzesänderung nicht gegeben, die schließlich am 10.11.2016 in Kraft getreten ist.

Gegenüber der alten Fassung des Straftatbestandes, der Drohung oder Gewalt zur Tatbegehung voraussetzte, genügt in der reformierten Fassung der »erkennbare entgegenstehende Wille«: »Wer *gegen den erkennbaren Willen* einer anderen Person sexuelle Handlungen an dieser Person vornimmt oder von ihr vornehmen lässt oder diese Person zur Vornahme oder Duldung sexueller Handlungen an oder von einem Dritten bestimmt, wird mit Freiheitsstrafe von sechs Monaten bis zu fünf Jahren bestraft.« (§ 177 Abs. 1 StGB).

Ebenso wird bestraft,

- »wenn der Täter ausnutzt, dass das Opfer keinen entgegenstehenden Willen bilden oder äußern kann oder wenn das Opfer wegen seines körperlichen oder psychischen Zustands den entgegenstehenden Willen nicht äußern kann (es sei denn, der Täter hat sich der Zustimmung des Opfers versichert),
- wenn der Täter ein Überraschungsmoment ausnutzt oder eine Lage, in der dem Opfer bei Widerstand ein empfindliches Übel droht, oder
- wenn der Täter die sexuelle Handlung durch Drohung mit einem empfindlichen Übel erzwingt«.

Entscheidend ist also nicht mehr, ob der Täter mit Gewalt gedroht oder diese angewendet hat. Entscheidend ist, dass das Opfer die sexuelle Handlung erkennbar *nicht gewollt* hat. Eine körperliche Gegenwehr ist nicht mehr Voraussetzung für die Strafbarkeit des Täters; es reicht ein klares Nein.

Dass diese Reform des § 177 Strafgesetzbuch überhaupt zustande gekommen ist, ist der starken Überzeugungskraft der Argumente zu verdanken, die die im Bundestag angehörten Sachverständigen und Vertreterinnen von Menschenrechtsorganisationen, Frauenverbänden, dem Deutschen Juristinnenbund und vielen anderen so engagiert und sachkundig vorgetragen hatten: glasklare rechtliche Herleitungen, eindrucksvolle Fallschilderungen, internationale Vereinbarungen – alles sprach für diese Reform des Sexualstrafrechts, die der Deutsche Bundestag am 7.7.2016 nach der dritten Lesung mit einem entsprechenden Gesetzentwurf der Bundesregierung in stark geänderter Fassung mit den Stimmen der Regierungsparteien CDU/CSU und SPD beschlossen hatte.

Dem ursprünglichen Regierungsentwurf war eine ablehnende Stellungnahme des Bundesrates vorausgegangen. Dieser hatte u.a. kritisiert, dass ein Täter, der ein klares »Nein« des Opfers ignoriert, nach dem Regierungsentwurf straflos geblieben wäre, ebenso ein Täter, der den erkennbaren entgegenstehenden Willen des Opfers ignoriert hätte, oder wenn das Opfer keinen Widerstand hätte leisten können, zum Beispiel weil es unter Schock gestanden hatte.

Nach den beeindruckenden Stellungnahmen der Befürworter/-innen zu dem ursprünglichen Regierungsentwurf musste auch der Bundesjustizminister zu der Einsicht gelangen, dass sein Entwurf nicht geeignet wäre, das Selbstbestimmungsrecht der Opfer ausreichend schützen und die Straftaten angemessen ahnden zu können – schon gar nicht mit der ursprünglich vom BMJV vorgeschlagenen (und vom Bundeskabinett beschlossenen) Regelung, Vergewaltigung gegen den Willen des Opfers als *sexuellen Missbrauch widerstandsunfähiger Personen* regeln zu wollen, wenn es keine aktive Gegenwehr des Opfers gegeben oder der Täter keine physische Gewalt angewandt hatte.

Die praktische Wirkung des neu gefassten § 177 StGB mit der sehr zu begrüßenden Verankerung des Prinzips »Nein heißt Nein« dürfte nun maßgeblich davon abhängen, wie sich dieser Paradigmenwechsel in Justiz, Anwaltschaft und auf die öffentliche Wahrnehmung auswirkt. Immerhin konnte ein Jahr nach Inkrafttreten der Strafrechtsänderung der Deutschlandfunk vermelden, dass es seit dieser Gesetzesänderung »eine Zunahme von Anzeigen (gegeben habe), (...) die sich auch ausdrücklich auf diese Regelung ›Nein heißt Nein‹ berufen«.[53]

[53] Fanny Kniestedt: »Nein heißt Nein!? - Die Reform des Sexualstrafrechts nach 5 Jahren«, 9.12.2021; www.deutschlandfunk.de/dlf-magazin-100.html.

Das bestätigte in der Sendung auch die Berliner Oberstaatsanwältin Ines Karl, die die Abteilung für Sexualstraftaten leitet: »Wir haben insgesamt auf jeden Fall eine Zunahme von Anzeigen zu verzeichnen, die sich auch ausdrücklich auf diese Regelung ›Nein heißt Nein‹ berufen. Damit haben wir auch gerechnet, wobei wir nicht damit gerechnet haben, dass auch in der Öffentlichkeit so eine intensive Auseinandersetzung mit dem Thema stattfindet.« Allein in Berlin sei in den ersten zwei Monaten des Jahres 2017 die Zahl der Verfahrenseingänge wegen des Verdachtes auf Vergewaltigung und sexueller Nötigung um etwa 25% gestiegen. Allerdings sei die Beweislage oft sehr schwierig; in der Regel stehe Aussage gegen Aussage. Ob es dann auch zu mehr Verurteilungen kommen wird, bleibt also abzuwarten.

Vorbild für eine weitere Reform könnte die schwedische Regelung sein. Dort ist am 1.7.2018 eine Reform des Sexualstrafrechts »Ja heißt Ja« in Kraft getreten. Danach ist jede sexuelle Handlung strafbar, die nicht im gegenseitigen Einverständnis geschieht. Passivität wird nicht mehr als stilles Einverständnis gewertet.

Ob und wie auch immer eine weitere Reform des Sexualstrafrechts kommen wird, um das sexuelle Selbstbestimmungsrecht besser zu schützen: Was auf jeden Fall dringend erforderlich ist, sind verpflichtende Schulungen und Sensibilisierungen von Richter- und Staatsanwaltschaft. Das sollte selbstverständlich sein, erweist sich in der Praxis aber unter Hinweis auf die »richterliche Unabhängigkeit« oft als schwer umsetzbar.

Erstaunlich und ärgerlich ist allerdings, dass im Rahmen dieser überfälligen Reform die Ereignisse der Kölner Silvesternacht 2015/2016 dazu genutzt wurden, einen neuen, bedenklich schwammig formulierten Straftatbestand mitzuverhandeln: die Straftat aus einer Gruppe heraus, § 184j StGB. Die massenhaften sexuellen Übergriffe überwiegend migrantischer Männer gegen Frauen hatten zu teils rassistischen und pauschalen Zuschreibungen gegenüber Migranten geführt und mit der Verknüpfung von Rassismus und Antifeminismus rechte Ideologien bedient. Das hat die CSU sofort genutzt, um im Zuge der Beratungen zur Änderung des § 177 StGB auch eine Verschärfung der Strafbarkeit aus der Gruppe heraus und des Ausländerrechts durchzusetzen, das jetzt eine erleichterte Ausweisung straffällig gewordener ausländische Täter vorsieht.

§ 184j StGB hat seither folgenden Wortlaut: »Wer eine Straftat dadurch fördert, dass er sich an einer Personengruppe beteiligt, die eine andere Person zur Begehung einer Straftat an ihr bedrängt, wird mit Freiheitsstrafe bis zu zwei Jahren oder mit Geldstrafe bestraft, wenn von einem Beteiligten der Gruppe eine Straftat nach § 177 oder § 184i begangen wird und die Tat nicht in anderen Vorschriften mit schwererer Strafe bedroht ist.«

Für die Strafbarkeit eines Gruppenmitglieds ist es nach dieser Vorschrift nicht einmal mehr erforderlich, dass dieses (passive Mitglied der Gruppe) irgendetwas getan, gebilligt oder auch nur einen entsprechenden Vorsatz gehabt hatte. Es genügt, dass mehrere Männer gemeinsam unterwegs sind und einer davon eine fremde Person begrapscht; dafür können nach dieser »Reform« alle Gruppenmitglieder strafrechtlich zur Verantwortung gezogen werden.

Diese für mich rechtsstaatlich fragwürdige Regelung hatten die Abgeordneten der Grünen und der LINKEN zu Recht heftig kritisiert: ein »populistischer wie verfassungswidriger Straftatbestand der CSU« habe Eingang in das Reformpaket gefunden, sagte die Grünen-Abgeordnete Katja Keul mit Bezug auf die Gruppen-Straftaten. Diese Norm sei rechtsstaatlich nicht tragbar. Die LINKEN-Abgeordnete Cornelia Möhring kritisierte, dass mit dem Bezug zu den Taten der Kölner Silvesternacht und der Änderung der Ausweisungsvorschriften im Aufenthaltsrecht »rassistische Bilder« verstärkt würden. Diese Verknüpfung lenke von der eigentlichen Diskussion zur sexuellen Selbstbestimmung ab, bediene Fremdenfeindlichkeit und instrumentalisiere dafür die hart erkämpften Frauenrechte.[54]

Vergewaltigung als Kriegswaffe

Über lange Zeit waren sie wenig beachtet und wurden verschwiegen, obwohl sie besonders menschenverachtende Verbrechen sind: Vergewaltigungen von Frauen in Kriegen. Sie sind – massenhaft und systematisch eingesetzt – Teil der Kriegshandlungen und nicht etwa »aggressiver Ausdruck von Sexualität, sondern ein sexueller Ausdruck von Aggression. Sie dienen in der Psyche des Täters nicht sexuellen Zwecken, sondern der Artikulation von Wut, Gewalt und Herrschaft über eine Frau. Es geht darum, eine Frau zu erniedrigen, zu demütigen und sie zu unterwerfen… mit sexuellen Mitteln«,[55] wie Ruth Seifert, wissenschaftliche Rätin am Sozialwissenschaftlichen Institut der Bundeswehr in München am Beispiel des Jugoslawien-Kriegs analysiert hat.

Dieser Krieg, in den die NATO 1999 ohne völkerrechtliche Grundlage militärisch eingegriffen hatte (bzw. in den ihm vorausgehenden innerstaatlichen Konflikt), hat ein erschütterndes Schlaglicht auf die systematischen Vergewaltigungen geworfen, die aber mitnichten erstmals im Jugoslawien-

[54] www.bundestag.de/dokumente/textarchiv/2016/kw27-de-selbstbestimmung-434214.

[55] Ruth Seifert: »Krieg und Vergewaltigung – Ansätze zu einer Analyse«, SoWi-Arbeitspapier Nr. 76, München, Februar 1993.

krieg eingesetzt wurden, sondern zu allen Zeiten und in allen Kriegen und kriegerischen Auseinandersetzungen Frauen und Mädchen massiv traumatisiert haben. Obwohl die Genfer Konventionen Vergewaltigung und andere Formen sexueller Gewalt bereits seit über 70 Jahren verbieten, findet diese gezielte Zerstörung von Frauen durch Vergewaltigungen nach wie vor statt.

Die Autorin Helena Humphrey legt erschütternd dar, wie »in Bosnien muslimische Frauen die Babys ihrer Vergewaltiger geboren« haben, »in Ruanda Tutsi-Frauen mit HIV infiziert« wurden und »Hunderttausende Menschen von Myanmar ins Nachbarland (flohen), nachdem Gerüchte die Runde machten, was Streitkräfte mit den Rohingya-Frauen und Mädchen vorhatten«.[56]

Vergewaltigungen in Kriegen sind also keineswegs dramatische Begleiterscheinungen kriegerischer Auseinandersetzungen und erst recht nicht sexuellem »Überdruck« der Soldaten geschuldet, sondern werden ganz gezielt als Waffe eingesetzt. »Die schäbigste Waffe, die es gibt«, schreibt die Journalistin und Kriegsberichterstatterin Christina Lamb in ihrem Buch »Our Bodies, Their Battlefield«, in dem sie die Geschichten der Opfer in vielen Kriegen in vielen Ländern dokumentiert und damit nicht nur diesen erschütternden und skandalösen Tatbestand angeprangert, sondern auch den Opfern ein Gesicht und eine Stimme gegeben hat.[57] Erst sehr spät ist diese – im Zweiten Weltkrieg eine ganze Generation traumatisierende – Wahrheit ans Licht gekommen. Helke Sander hat das Thema in einer Pionierstudie aufgegriffen und 2008 veröffentlicht.[58]

Die Historikerin Miriam Gebhardt hat 2015 in ihrer Forschung über Vergewaltigungen am Ende des Zweiten Weltkriegs deutlich gemacht, dass Vergewaltigungen von Frauen und Mädchen auch von den Befreiern ausgegangen waren: »Insgesamt komme ich zu dem Ergebnis, dass die Vergewaltigungen durch die US-Soldaten strukturell abliefen wie bei der Roten Armee, häufig in Gruppen und in den Privathäusern der Zivilbevölkerung. Man hat sich richtiggehend dazu verabredet (...) Über die Franzosen lässt sich ähnliches sagen wie über die US-Soldaten.«[59]

Dass diese massenhaften Vergewaltigungen keine Einzeltaten bzw. nicht die Addition einzelner Straftaten waren und sind, sondern ein strategischer Teil der Kriegsführung, hatte für die Opfer zusätzlich die verheerende Folge,

---

[56] Helena Humphrey; www.dw.com/de/kommentar-vergewaltigung-als-kriegswaffe-stoppen, 22.4.2019.

[57] Deutschsprachige Ausgabe: Christina Lamb: Unsere Körper sind euer Schlachtfeld – Frauen, Krieg und Gewalt, München 2020.

[58] Helke Sander: Befreier und Befreite: Krieg, Vergewaltigung, Kinder, Frankfurt a.M. 2008.

[59] Miriam Gebhardt, Interview in RNZ vom 8.5.2015.

dass die Vergewaltigungen im Krieg lange Zeit nicht als Verbrechen geahndet wurden und sehr häufig noch immer nicht werden. Es ist erschütternd, dass die Diskussion darüber erst im Zusammenhang mit dem Jugoslawienkrieg richtig begonnen hat. Immerhin hat sie dann aber – wenngleich spät – auch die internationale Gemeinschaft alarmiert.

Geändert hat sich allerdings nichts: In allen Kriegen wurden und werden bis zum heutigen Tag diese schrecklichen Verbrechen an Frauen verübt. »Wenn es zum Krieg kommt, braucht man eine militarisierte Männlichkeit (…) alle, die im Krieg sind, müssen eine spezifische Form der männlichen Identität entwickeln, die auf andere Menschen herabschaut. (…) Frauenhass ist endemisch in militärischen Strukturen. Vergewaltigung ist die völlige Zuspitzung dieses Weltbildes«, wie Leandra Bias, feministische Politikwissenschaftlerin im Interview mit dem Berliner Tagesspiegel erläuterte.[60] So werden in Kriegen alte Geschlechterbilder wieder reaktiviert.

Initiativen zum Schutz von Frauen vor Gewalt

In der am 31. Oktober 2000 vom UN-Sicherheitsrat verabschiedeten Resolution 1325 haben die Vereinten Nationen »alle Parteien bewaffneter Konflikte (…) auf(gefordert), spezielle Maßnahmen zum Schutz von Frauen und Mädchen vor geschlechtsspezifischer Gewalt zu ergreifen, insbesondere vor Vergewaltigung und anderen Formen des sexuellen Missbrauchs und allen anderen Formen der Gewalt in Situationen bewaffneter Konflikte«.[61]

Wichtiger Bestandteil dieser Resolution ist die Beteiligung von Frauen an Friedensprozessen, bei der Prävention von Kriegen und dem Schutz vor geschlechtsspezifischer Gewalt. Sie ist damit auch eine internationale Rechtsgrundlage, auf der zum Beispiel Frauenorganisationen in Nachkriegsländern entsprechende nationale Gesetzesreformen zum Gewaltschutz oder die Bestrafung von Kriegsverbrechern, Geschlechtergerechtigkeit und eine verstärkte politische Beteiligung im Friedensprozess von ihren Regierungen einfordern können. Die auf der Grundlage der Resolution 1325 von den Staaten zu erstellenden Aktionspläne sollen die Durchführung transparent machen und ihnen so den erforderlichen Nachdruck verschaffen, die Resolution auch mit konkreten Maßnahmen umzusetzen.

---

[60] Leandra Bias im Interview mit der Berliner Zeitung, 7.5.2022; www.berliner-zeitung.de/politik-gesellschaft/krieg-ukraine-russland-sexualisierte-gewalt-vergewaltigungen-kriegsverbrechen-interview-leandra-bias-li.226454.

[61] Resolution 1325 (2000) vom 31.10.2000, Ziff. 10, deutsche Übersetzung auf www.un.org/depts/german/sr/sr_00/sr1325.pdf.

Die Bundesregierung hat am 19.12.2012 den Ersten Aktionsplan für den Zeitraum 2013 bis 2016 beschlossen. Er umfasst die Bereiche Prävention, Beteiligung, Schutz, Wiederaufbau, Einsatzvorbereitung und Strafverfolgung und schließt die Umsetzung der Agenda 2030 für nachhaltige Entwicklung mit ein. Der am 11.1.2017 beschlossene Zweite Aktionsplan für den Zeitraum 2017 bis 2020 zur Umsetzung der Resolution 1325 wurde interministeriell vorbereitet und mit der Zivilgesellschaft gemeinsam entwickelt. Daran wird deutlich, dass die Umsetzung der Resolution 1325 nicht nur eine außenpolitische, sondern auch eine innenpolitische Aufgabe ist. Schwerpunkte des Aktionsplans sind u.a.

- Einbeziehung der Geschlechterperspektive in die Prävention von Konflikten, Krisen und Gewalt,
- Mitwirkung von Frauen in allen Phasen und auf allen Ebenen der Prävention und Beilegung von Konflikten,
- Verbesserung des Schutzes vor sexualisierter und geschlechtsspezifischer Gewalt auf nationaler und internationaler Ebene und Strafbarkeit von Tätern sowie
- Stärkung der Agenda »Frauen, Frieden, Sicherheit« und Werbung auf nationaler, regionaler und internationaler Ebene.

In die Umsetzung beider Aktionspläne war und ist die Zivilgesellschaft einbezogen; eine »Konsensgruppe« soll den Austausch mit ihr stärken und ihre Erfahrungen und Expertisen einbeziehen.

Am 19.6.2008 hat der UN-Sicherheitsrat mit der Resolution 1820 erstmals eindeutig klargestellt, dass Vergewaltigungen und andere Formen sexualisierter Gewalt »ein Kriegsverbrechen oder ein Verbrechen gegen die Menschlichkeit oder eine die Tatbestandsmerkmale des Völkermords erfüllende Handlung darstellen können«. Das war, wie viele Menschenrechtsorganisationen erleichtert feststellten, »ein überfälliger Schritt auf dem Weg zur Stärkung von Frauenrechten«.[62] Die Mitgliedsstaaten werden darin aufgefordert, ihren Verpflichtungen zur strafrechtlichen Verfolgung der Täter nachzukommen. Zum ersten Mal sind auch Sanktionen gegen Länder vorgesehen, in denen während bewaffneter Konflikte sexualisierte Gewalt stattfindet.

Eine vom damaligen britischen Außenminister William Hague angekündigte politische Erklärung der G-8-Staaten auf ihrem Gipfel 2011 in Deauville kam indessen bedauerlicherweise nicht zustande. Mit ihr hätte »ein Pakt praktischer Verpflichtungen« geschlossen werden sollen, der »die Anerken-

---

62 www.medicamondiale.org/nc/nachrichten/un-resolution-1820-ein-ueberfaelliger-schritt-auf-dem-weg-zur-staerkung-von-frauenrechten.html.

nung von Vergewaltigung und schwerer sexueller Gewalt als gravierende Verstöße gegen die Genfer Konventionen, mehr Geld und eine langfristige Unterstützung der Opfer sowie Unterstützung für ein neues internationales Protokoll, das gemeinsame Standards für die Ermittlung und Dokumentation von sexuellen Übergriffen vorsieht«.[63]

Unter deutschem Vorsitz und auf deutsche Initiative hin hat der UN-Sicherheitsrat im April 2019 schließlich doch noch eine Resolution gegen sexuelle Gewalt in Krisengebieten verabschiedet. Sie sieht ein energischeres Vorgehen der Weltgemeinschaft gegen sexuelle Gewalt in Krisengebieten vor und fordert die Mitgliedsstaaten auf, ihre Gesetzgebung zur Bekämpfung und Ahndung dieser Gewaltakte zu stärken. Der damalige deutsche Bundesaußenminister hatte in einem gemeinsamen Aufruf mit Angelina Jolie, Sonderbotschafterin des UN-Flüchtlingshilfswerks, für die Annahme des deutschen Resolutionsentwurfs durch den Sicherheitsrat geworben: Dadurch werde ein wichtiger Schritt getan, »um der Straflosigkeit nach sexueller Gewalt in Konflikten ein Ende zu machen«, und es werde damit auch eine Botschaft an jene gesendet, »die den Rückbau der Menschenrechte« anstreben.[64]

Weiterer Druck auf die Mitgliedsstaaten wird aber nötig sein, um dieses wichtige Dokument mit Leben zu füllen und diese Kriegsverbrechen tatsächlich und dauerhaft zu ächten. Dazu ist auch eine andere Wahrnehmung der Opfer solcher Kriegsverbrechen erforderlich. Nichtregierungsorganisationen weisen zu Recht darauf hin, dass mit dem Opferstatus der vergewaltigten Frauen eine erneute Stigmatisierung verbunden ist, die die Opfer zum Objekt degradiert, statt sie als »Überlebende« schwerer Verbrechen in die Bekämpfung derselben einzubeziehen – als Überlebende mit einer wichtigen Stimme und Rolle in Postkonfliktsituationen.

Sexismus, #Metoo, Catcalling und Gendermarketing

Für die Bundeszentrale für politische Bildung ist »Sexismus die Benachteiligung, Abwertung, Verletzung und Unterdrückung einer Person oder einer Gruppe aufgrund des Geschlechts. Sexismus ist auch die Vorstellung, dass

---

[63] Bericht der Bundesregierung über Maßnahmen zur Umsetzung der Sicherheitsratsresolution 1325 (2000) »Frauen, Frieden und Sicherheit«; dserver.bundestag.de/btd/16/072/1607267.pdf.

[64] UN-Resolution 1820 – ein überfälliger Schritt auf dem Weg zur Stärkung von Frauenrechten, 29.9.2008; www.medicamondiale.org/nc/nachrichten/un-resolution-1820-ein-ueberfaelliger-schritt-auf-dem-weg-zur-staerkung-von-frauenrechten.html.

Geschlechter eine Ordnung oder Reihenfolge haben. Zum Beispiel die Vorstellung, dass Männer mehr wert sind als Frauen.«[65]

Sexismus und Frauenfeindlichkeit in der Gesellschaft sind nicht erst seit der #Metoo-Kampagne ein Thema. Unter dem griechisch-stämmigen Begriff »Misogynie« werden schon lange »sexistische Vorurteile und Ideologien als wichtige Grundlage für die Unterdrückung von Frauen in männlich dominierten Gesellschaften« verstanden. »Misogynie bedeutet übersetzt Frauenfeindlichkeit bis hin zu Hass gegenüber Frauen. Das weibliche Geschlecht wird dem männlichen Geschlecht untergeordnet. Demnach haben Frauen eine geringere Wertigkeit und Männer eine höhere. Diese Feindseligkeit ist auf allen Ebenen sozialer Beziehungen zu finden. Von der gesamtgesellschaftlichen Ebene bis zur persönlichen.«[66] Sie ist der Nährboden für die strukturelle Benachteiligung von Frauen in unserer Gesellschaft.

Die Philosophieprofessorin Kate Manne unterscheidet zwischen Misogynie und Sexismus: Sexismus sei eine Ideologie, die eine patriarchale Sozialordnung naturalisiere, oder – einfacher ausgedrückt – »ein Platzanweiser«, um die gesellschaftlich zugewiesenen Rollen zu festigen und zu sichern. Misogynie sei sozusagen »die Exekutive des Patriarchats«: Sie halte die Ordnung aufrecht und sorge dafür, dass Abweichung oder Widerstand bestraft werde – durch Gewalt, soziales Stigma oder durch Ausschluss.[67] Sexismus ist demnach die strukturelle Kategorie, sexualisierte Gewalt die Umsetzung.

Oder, um eine männliche Stimme, den Autor und Journalisten Ulf Schleth zu Wort kommen zu lassen: »Sexismus (ist) nicht nur ein bisschen Ungleichheit und Diskriminierung zwischen den Geschlechtern, sondern (greift) in vielen Facetten tief in alle gesellschaftspolitischen Strukturen hinein und (ist) schon seit Jahrhunderten eine feste Säule unserer und anderer Gesellschaften, die von Generation zu Generation tradiert wird. (...) Männer sind Nutznießer und Erfüllungsgehilfen des Patriarchats, aber sexistische Mechanismen richten sich natürlich auch gegen sie (...), wenn sie etwas tun möchten, das nicht den Erwartungen entspricht, die die sexistische Gesellschaft an sie stellt.«[68]

Eine präzise Definition hat am 27.3.2019 das Ministerkomitee – bestehend aus den Außenministern der 47 Mitgliedsstaaten des Europarats – in seiner »Empfehlung zur Prävention und Bekämpfung von Sexismus« für die

---

65 www.duden.de/suchen/dudenonline/sexismus.

66 »Was ist eigentlich ... Misogynie?«, frauenseiten Bremen, 20.6.2019; frauenseiten.bremen.de/blog/was-ist-eigentliche-misogynie/.

67 Kate Manne, Interview in der Süddeutschen Zeitung vom 8.3.2019 und taz vom 20.3.2019.

68 Ulf Schleth: »Die steile These: Feminismus macht Frauen besser«, in: taz vom 19.5.2020.

Regierungen der Mitgliedsstaaten vorgelegt und verabschiedet. Danach ist Sexismus »jede Handlung, Geste, Abbildung, jedes gesprochene oder geschriebene Wort, jeder Brauch oder jedes Verhalten, das auf der Vorstellung basiert, dass eine Person oder Personengruppe aufgrund ihres Geschlechts minderwertig ist, und das im öffentlichen oder privaten Bereich, ob online oder offline, mit dem Zweck oder der Wirkung:

1. die einer Person oder Personengruppe innewohnende Würde oder die ihr zustehenden Rechte zu verletzen; oder
2. einer Person oder Personengruppe körperlichen, sexuellen, psychischen oder sozioökonomischen Schaden oder Leid zuzufügen; oder
3. eine einschüchternde, feindliche, erniedrigende, demütigende oder beleidigende Umgebung oder Atmosphäre zu schaffen; oder
4. die Autonomie und die volle Verwirklichung der Menschenrechte einer Person oder einer Personengruppe zu beschränken; oder
5. Geschlechterstereotype zu verfestigen und zu verstärken.«

Das Ministerkomitee empfiehlt darin den Mitgliedsstaaten,

- »Maßnahmen zu ergreifen, um Sexismus und all seine Erscheinungsformen im öffentlichen und privaten Bereich zu verhindern und zu bekämpfen, und die relevanten Akteure zu ermutigen, geeignete Rechtsvorschriften, politische Maßnahmen und Programme umzusetzen, wobei sie sich auf die dieser Empfehlung beigefügten Definition und Leitlinien stützen sollten;
- Fortschritte bei der Umsetzung dieser Empfehlung zu überwachen und den/die zuständigen Lenkungsausschuss/-ausschüsse des Europarats über die durchgeführten Maßnahmen und die in diesem Bereich erzielten Fortschritte zu informieren.«[69]

Die Kampagne #Metoo und die im Jahr 2013 gestartete deutsche Kampagne #aufschrei haben dem Phänomen Sexismus hohe öffentliche Aufmerksamkeit verliehen: Als im Oktober 2017 massive Vorwürfe wegen sexueller Gewalt gegen den Filmproduzenten Harvey Weinstein und in der Folge gegen weitere einflussreiche Männer bekannt wurden, entwickelte sich daraus die #Metoo-Bewegung, die zum Ausgangspunkt einer breiten Debatte über Sexismus und sexualisierte Gewalt wurde.

Die #Metoo-Debatte machte den Sexismus und die sexualisierte Gewalt deutlich. Das Internet spielte in der Kampagne eine maßgebliche Rolle, denn es ermöglichte das Aufdecken und das schnelle Verbreiten vieler einzelner

---

[69] Ministerrat: Prävention und Bekämpfung von Sexismus, CM/Rec (2019)1, 27.3.2019; rm.coe.int/pravention-und-bekampfung-von-sexismus/16809f011f.

sexueller Übergriffe und machte gleichzeitig anschaulich, dass es sich dabei keineswegs um massenhafte Einzelfälle handelte. Es befeuerte den Diskurs und sorgte dafür, dass er weitergehe, denn das Netz verschiebe die Grenze zwischen Öffentlichkeit und Privatsphäre: »Es drängt die Geheimnisse des Kämmerchens in die Foren und Portale. Aber die Ursachen für #Metoo liegen tiefer«, stellte Barbara Sichtermann fest.[70]

#Metoo hat in der Tat die Folgen dieser krassen Form des alltäglichen Sexismus, nämlich sexuelle Belästigung und sexualisierte Gewalt skandalisiert. Ebenso hat die von der Schauspielerin Alysa Milano initiierte Kampagne auch die dahinterliegende strukturelle Gewalt, die »Rape Culture« aufgedeckt, die dazu führt, dass den Opfern »generell misstraut oder die Schuld zugeschrieben wird, während Täter geschützt und Vorfälle heruntergespielt werden«.[71]

Allerdings haben nach meiner Wahrnehmung die zahlreichen öffentlichen Bezichtigungen zum Teil auch zu einer Eigendynamik geführt, die von dem gesellschaftspolitischen Anspruch, das strukturelle Machtgefälle zwischen Frauen und Männern anzuprangern und ein gesellschaftliches Umdenken herbeizuführen, abzulenken drohte. Doch es war wohl genau diese Eigendynamik, die die breite Debatte ausgelöst und damit öffentlich gemacht hat, wie stark gerade in dieser Branche Frauenfeindlichkeit und Machtmissbrauch verbreitet sind und Menschenrechte massiv mit Füßen getreten werden. Die Summe der Einzelfälle brachte das ganze Ausmaß der sexuellen Gewalt und Belästigung zutage. Aber es ist immer wieder erforderlich, deutlich zu machen, dass es nicht (nur) um das Fehlverhalten Einzelner geht, sondern um ein gesellschaftliches Problem, das in den Taten Einzelner seinen Ausdruck findet.

Deshalb bedarf es auch umfassender Maßnahmen zu ihrer Bekämpfung: »Die Bekämpfung von Sexismus geht nur gemeinsam. Es braucht starke gesellschaftliche Bündnisse, die einen Kulturwandel in Unternehmen, in Organisationen, in staatlichen Stellen und in der Gesellschaft bewirken«, heißt es im Vorwort einer vom Bundesfrauenministerium geförderten Broschüre, die die EAF Berlin in Zusammenarbeit mit vielen Organisationen, Verbänden, Gewerkschaften, Unternehmen und Initiativen herausgegeben hat.[72] In diese sehr lesenswerte und ausführliche Broschüre sind auch die Ergeb-

---

70 Barbara Sichtermann: »Das komplizierte Verhältnis der Geschlechter«, #Metoo-Debatte im Deutschlandfunk, 8.5.2020, Live-Stream.

71 Ines Kappert: »Harvey Weinstein oder das System sexualisierter Gewalt«, in: Blätter für deutsche und internationale Politik, 12/2017.

72 EAF Berlin (Hrsg.): »Gemeinsam gegen SEXISMUS – Maßnahmen gegen Sexismus am Arbeitsplatz«, in: Kultur und Medien und im öffentlichen Raum, Juli 2021.

nisse aus der Wippermann-Studie »Sexismus im Alltag«[73] eingearbeitet. »Der Konsens in puncto Kavaliersdelikt ist aufgekündigt, das Augenzwinkern kommt spontan nicht mehr zustande, der Klaps auf den Po hat seine Unschuld verloren. Wir diskutieren den Umgang der Geschlechter neu«, kommentierte Barbara Sichtermann die Entwicklung.[74]

Catcalling

Im Jahr 2020 machte eine Online-Petition zu einem Thema die Runde, das fast jede Frau kennen (wenngleich vermutlich nicht unter dieser Bezeichnung) und als massive Belästigung empfinden dürfte: Catcalling. Damit ist eine überwiegend von Männern ausgehende sexuelle Belästigung gemeint, z.B. in Form von Pfeifen auf der Straße, obszönen Bemerkungen oder Lauten, sexuellen Gesten etc.– Handlungen also, die manchen vielleicht harmlos erscheinen, das aber keineswegs sind und von den meisten betroffenen Frauen auch nicht als trivial empfunden werden. Umso mehr erstaunt die verniedlichende Bezeichnung, treffender wäre meines Erachtens »nichtkörperliche sexuelle Belästigung«. Für sexuelle Belästigung gibt es zwar seit 10.11.2016 einen eigenen Straftatbestand, § 184i StGB, dieser setzt aber eine *körperliche* Handlung voraus. Eine Strafbarkeit als Beleidigung auf sexueller Grundlage, also ein Unterfall der Beleidigung nach § 185 StGB, scheitert in der Regel daran, dass die Rechtsprechung für deren Strafbarkeit eine sexuell herabsetzende Bewertung des Opfers durch den Täter verlangt, die dieser auch gewollt haben und bezwecken wollte. Anders als in Frankreich, Belgien, den Niederlanden oder Portugal ist Catcalling in Deutschland also (noch) kein eigener Ordnungswidrigkeiten- oder Strafbestand.

Mit der mittlerweile abgeschlossenen und am 12.8.2021 eingereichten Petition »Es ist 2020. Catcalling sollte strafbar sein« wollte die 20-jährige Studentin Antonia Quell diese Lücke schließen. Catcalling solle bestraft, mindestens aber als Ordnungswidrigkeit geahndet werden können. Dafür hat sie ausweislich der Homepage 69.444 Unterschriften gesammelt.[75] Unterstützt wurde sie u.a. auch von UN Women Deutschland, Terre des Femmes, Pinkstinks Germany und dem EMMA-Magazin. Die Petition wurde der damaligen Justizministerin übergeben und beim Bundestag eingereicht.

---

[73] Carsten Wippermann: Sexismus im Alltag. Wahrnehmungen und Haltungen der deutschen Bevölkerung. Pilotstudie, Delta-Institut, Penzberg, Juli 2020, Herausgeber: BMFSFJ.

[74] www.deutschlandfunk.de/metoo-debatte-das-komplizierte-verhaeltnis-der-geschlechter-100.html.

[75] www.openpetition.de/petition/online/es-ist-2020-catcalling-sollte-strafbar-sein#petition-main.

Der Zeitpunkt war gut gewählt: In einer im Juli 2020 veröffentlichten Pilotstudie des Bundesfamilienministeriums »Sexismus im Alltag – Wahrnehmungen und Haltungen der deutschen Bevölkerung« hatten 63% aller befragten Frauen und 49% der befragten Männer angegeben, sexistische Übergriffe anderen oder sich selbst gegenüber erlebt zu haben. Die Hälfte davon hat verbal stattgefunden. In anderen Studien liegt die Zahl der Betroffenen noch deutlich höher, bis zu 85%.[76]

Auch wenn es im Fall einer bußgeldbewehrten Regelung als Ordnungswidrigkeit sicher nicht zu massenhaften Ahndungen kommen würde, hätte sie dennoch eine Signalwirkung, denn sie »fördert die Debatte in der Gesellschaft darüber, dass Frauen sich so ein Verhalten nicht mehr bieten lassen. Da muss man einen Denkzettel verpassen. Und wenn der nicht reicht, eben ein Strafzettel«, hieß es im Frankfurter Rundschau Magazin im Oktober 2020.[77] Doch derzeit scheint es dafür keine konkrete Planung zu geben.

Gendermarketing und »Pinkifizierung«

Eine sexistische Form des Gendermarketing hat vor etwa zehn Jahren eine Wiedergeburt erfahren: die symbolisch aufgeladene farbliche Markierung von Kleidung und Spielsachen mit pink für Mädchen und blau für Jungen. Doch rosa war keineswegs immer die »Mädchen-Farbe« und Blau keineswegs nur für die Jungs, wie Luisa Fernau in der Zeitschrift »Geo« sehr schön dargestellt hat.[78] Bis in die 1940er-Jahre sei es vielmehr umgekehrt gewesen, was daran liegen könnte, dass »die Signalfarbe rot in vielen Kulturen als Zeichen der Männlichkeit und Stärke (galt), weshalb der Farbton rosa, bekannt als ›kleines Rot‹, ausschließlich für Buben genutzt wurde. Der zarte Rotton ähnelte den blutigen Flecken, die sich auf den Hemden heimkehrender Kriegssoldaten wiederfanden und wurde im Bekleidungssegment vieler Kaufhäuser zur männlichen Konvention.«

1897 hätten die Fußballer von Juventus Turin in rosafarbenen Trikots gespielt, und das amerikanische Frauenmagazin Ladie's Home Journal habe 1918 den Grund für rosa als Männerfarbe und blau als Mädchen- bzw. Frauenfarbe damit begründet, dass »Rosa als eine entschlossenere und kräftigere Farbe besser zu Jungen passt, während blau, weil es delikater und anmutiger ist, bei Mädchen hübscher aussieht.«

---

[76] Carsten Wippermann (siehe Anm. 73).

[77] Sarah Franke: »Schluss mit unlustig«, Frankfurter Rundschau Magazin, 14.10.2020, S. 16f.

[78] Luisa Fernau, www.geo.de/wissen/19876-rtkl-geschlechterklischees-warum-die-farbe-rosa-einst-maennersache-war.

Darüber, warum sich das seit den 1940er-Jahren umgedreht hat, kann nur spekuliert werden: Es könnte der Blaumann gewesen sein. Sicher ist aber, dass die nicht nur rosa gekleidete, sondern auch in leuchtend rosa Töne verpackte Barbie-Puppe Ende der 1950er-Jahre einen Barbie-Hype ausgelöst hat und damit auch die Farbe rosa geadelt und zur Lieblingsfarbe kleiner Mädchen wurde. Diese scheinbar natürliche Zuordnung von Farben blieb bis Ende der 1960er-Jahre das gängige Stereotyp für die Bekleidung von Kindern, verlor aber in den 1970ern immer mehr an Bedeutung. Von da an stand die ganze Vielfalt der Farbpalette beiden Geschlechtern wieder zur Verfügung – bis eben zur »Pinkifizierung«. Diesen Begriff hat Stevie Schmiedel, die Gründerin von Pinkstinks, einer »feministischen NGO, die Kampagnen und ein Online-Magazin zu neuen Geschlechterrollen produziert« geprägt.[79]

Man könnte diese geschlechtsspezifische Farbzuordnung heute also als reine Geldschinderei abtun. Aber sie hat, wie Petra Lucht, Physikerin und Soziologin vom Zentrum für Interdisziplinäre Frauen- und Geschlechterforschung an der TU Berlin betont, auch Folgen für die Persönlichkeitsentwicklung und Leistung von Kindern. »Geschlechterstereotype tragen zu gesellschaftlichen Normen bei«, sagte sie gegenüber dpa in einem Interview. Es sei »schwer bis unmöglich«, jenseits dieser Normen Anerkennung zu erfahren.[80]

Mit dieser Farbzuordnung werden Geschlechter betont und Geschlechterklischees transportiert (hier niedliche Mädchen – da kräftige Jungs). Sie stellt damit das Geschlecht in den Mittelpunkt – nicht das Kleidungsstück oder das Spielzeug. Kinder werden auf diese Weise früh darauf konditioniert, dass weiblich oder männlich die entscheidende Kategorie ist. Dass es bei dieser Form des Gendermarketing nicht um die bewusste Abgrenzung von Mädchen- und Jungeneigenschaften geht, sondern ausschließlich um Geld, macht es nicht besser. Denn es wirkt natürlich auf das Selbstbild der Mädchen und Jungen; schließlich leben sie in einem gesellschaftlichen Umfeld, das von Geschlechterstereotypen geprägt ist. Man braucht sich nur die Werbung anzusehen, auf die Pinkstinks regelmäßig mit seinem werbemelder.in hinweist und an den man sexistische Werbung melden kann.

Wunderbar entwaffnend ist in diesem Zusammenhang die Geschichte eines kleinen Jungen, der – wie vor wenigen Jahren die taz in einem Artikel zum Thema Rosa und Blau berichtete – mit seiner Mutter im Kaufhaus war, wo sie ihm Socken kaufen wollte. Als der Junge zu rosa Socken griff,

---

[79] Stevie Schmiedel, stevieschmiedel.de/.

[80] Petra Lucht, dpa; www.focus.de/kultur/buecher/gesellschaft-heile-rosa-hellblau-welt-negativpreis-fuer-kinderbuecher_id_6738968.html.

sagte die Verkäuferin »Die sind doch für Mädchen!«, woraufhin der Junge antwortete »Und ich dachte, die sind für Füße.«

Exkurs: Gewalt gegen Männer

In letzter Zeit wird häufig die Frage aufgeworfen: Was ist mit Gewalt gegen Männer? Auch im BMFSFJ wurde gelegentlich problematisiert, dass wir hier möglicherweise einen blinden Fleck hätten. Aber ist das wirklich ein Thema? Und wenn ja: Ist es ein Thema für die Frauen- und Gleichstellungspolitik? Und mit welcher Stoßrichtung? Natürlich wird diese Frage überwiegend von Männerorganisationen aufgeworfen, und ich will die redliche Absicht vieler, betroffene Männer zu unterstützen, die in eine solche Notlage geraten sind, keineswegs in Abrede stellen. Gewalt gegen eine Person ist immer ein Grund zum Handeln, verlangt grundsätzlich nach Schutzmaßnahmen, Unterstützung für die Opfer und Verfolgung der Straftaten.

Gewalt gegen Männer geht mehrheitlich von Männern aus; sie ist insofern kein Thema der Gleichstellung von Frauen und Männern, denn es liegt nicht auf der gleichen Ebene wie das Thema Gewalt gegen Frauen. Gewalt von Frauen gegen Männer war gesellschaftlich nie toleriert – anders als die Gewalt von Männern gegen Frauen, besonders die Gewalt in engen sozialen Beziehungen, die bis in die 1990er-Jahre als »Familienstreitigkeit« angesehen und behandelt wurde. Die Zahlen des Bundeskriminalamtes zeigen zwar, dass auch Männer häusliche Gewalt durch Frauen erfahren, aber in sehr viel geringerem Ausmaß: Von den Delikten Vergewaltigung, sexuelle Nötigung und sexuelle Übergriffe sind mit über 98% fast ausschließlich Frauen betroffen. Bei Stalking und Bedrohung sind die Opfer zu knapp 90% weiblich, zu mehr als drei Viertel bei einfacher Körperverletzung, Mord und Totschlag.[81]

Gewalt von Frauen gegen Männer ist selbstverständlich genauso strafbar und muss daher ebenfalls strafrechtlich erfasst und geahndet werden. Gewalt gegen Männer ist aber nicht Ausdruck und Folge einer strukturellen Gewalt; sie entsteht nicht aus einer in der Gesellschaft verankerten funktionalen Hierarchie der Geschlechter, die über Jahrhunderte dem Mann in Ehe und Familie und in der Gesellschaft insgesamt eine Vormachtstellung eingeräumt hatte. Deshalb gehören diese Gewaltdelikte nicht in die Zuständigkeit der Gleichstellungsministerien, sondern in die der Innen- und Justizressorts. Dort sollten auch nähere Untersuchungen über Ursachen, Ausmaß, Strafverfolgung und Prävention erfolgen – nicht in den für Gleichstellung zuständigen Ministerien.

---

[81] www.planet-wissen.de/gesellschaft/psychologie/gewalt/ kriminalstatistik-2018-100.html#.

9. Der ewige Kampf um und gegen den § 218

»Am Pranger stehen die Frauen, die den demütigenden Hürdenlauf durch die Instanzen auf sich nehmen... Am Pranger stehen die Beraterinnen und Ärzte, die nicht moralisieren, sondern helfen.« (Uta König, § 218)

Ein deutlicher Gradmesser für den Stand der Frauenfrage in Deutschland – aber auch andernorts – ist der Umgang mit Schwangerschaftsabbrüchen. Für die amerikanische Journalistin und Pulitzer-Preisträgerin Susan Faludi ist die Geburtenregelung zu allen Zeiten und in allen Ländern »ein wichtiges Kampffeld des Gegenschlags... Den bitteren Subtext im Kampf der 80iger um das ›Lebensrecht‹ des Fötus bildete das verlorene Recht des Patriarchen, die Familienentscheidung allein zu treffen – ein zwar nie ausgesprochener, aber wichtiger Punkt der Abtreibungskampagne.«[1]

Was diesen Gegenschlag auf den Plan rief, war demnach nicht etwa Sorge über den Anstieg der Schwangerschaftsabbrüche. Es ging vielmehr darum, dass Frauen dank moderner Verhütungsmethoden, liberaler Abtreibungsgesetze und dank der Möglichkeit, gefahrlos ungewollte Schwangerschaften abbrechen zu können, die Entscheidung über ihren Körper zurückgewonnen hatten und damit unabhängiger geworden waren in der Frage, ob, wann und mit wem sie Kinder haben wollten. Das war offenbar nicht hinnehmbar für die Akteure des Gegenschlags.

Das verändert auch das gesellschaftliche Klima zu diesem Thema, wie die folgende Frage zeigt, die die taz in einem Interview an Sigrid Graumann als Mitglied des Ethikrates stellte: »Mir fällt bei den Aktionen auf, dass die jungen Frauen ganz selbstverständlich wieder mit Parolen wie ›Mein Bauch gehört mir‹ oder ›mein Uterus – meine Entscheidung‹ auftreten, also auf ein völlig unhinterfragtes Selbstbestimmungsrecht rekrutieren. Wie sehen Sie das als Ethikrätin?«[2]

Ein »völlig unhinterfragtes Selbstbestimmungsrecht«? Seit weit mehr als 100 Jahren kämpfen Frauen (nicht nur) in Deutschland in der Tat »ganz selbstverständlich« gegen das Abtreibungsverbot und für ihr Selbstbestimmungsrecht. Und das keineswegs »unreflektiert«, sondern im Bewusstsein, dass sie die Verantwortung tragen für das, was in ihrem Körper geschieht. Sie kämpfen auch nicht »wieder« dafür, sondern haben zu allen Zeiten für

---

1 Susan Faludi: Die Männer schlagen zurück, Reinbek bei Hamburg, 1993, S. 529.

2 »Alles soll zur Verfügung stehen«: taz im Interview mit Sigrid Graumann, Deutscher Ethikrat; taz.de/Ethikraetin-ueber-Relevanz-von-Bioethik/!5573167/.

ihr Selbstbestimmungsrecht gekämpft. Gegen Gegner, denen es, wie die Geschichte bis heute zeigt, entgegen allen moralisierenden Appellen und Argumentationen mehrheitlich nicht um »Lebensschutz« oder um Humanität geht, sondern, wie die Sozialwissenschaftlerin Gisela Notz klarstellt, »um die Kontrolle weiblicher Reproduktionsfähigkeit und um die Durchsetzung von Herrschaftsansprüchen sowie um bevölkerungspolitische Interessen«.[3]

Und um was ging und geht es den um ihre Selbstbestimmung kämpfenden Frauen? Mit der plakativ klingenden Parole »Mein Bauch gehört mir« wiesen Frauen in den 1970er-Jahren auf den zentralen Punkt hin: Die Entscheidung für oder gegen einen Schwangerschaftsabbruch kann am besten dort getroffen werden, »wo die Natur sie hingelegt hat – in die Hände der Frau«.[4] Gleichzeitig kämpften sie auch für das Recht eines jeden Kindes, erwünscht zu sein.

Geschichte des § 218

Das war und ist ein langer Kampf. Der heutige § 218 Strafgesetzbuch »feierte« 2021 einen unrühmlichen 150. Geburtstag. Er geht auf das am 15.5.1871 unter Bismarck in Kraft getretene Verbot des Schwangerschaftsabbruchs zurück, wonach eine Schwangere, »welche ihre Frucht abtreibt oder im Leib tötet«, mit Zuchthaus bis zu fünf Jahren bestraft wurde. In veränderter Form gilt der Paragraf heute noch (bzw. wieder). Dabei kämpften Frauen schon um die Jahrhundertwende vehement für die Freigabe des Schwangerschaftsabbruchs.

Der 1894 gegründete konservative Bund Deutscher Frauenvereine brachte im Juni 1909 eine Petition zur Reform des § 218 in den Reichstag ein und forderte bereits damals eine Fristenlösung. Natürlich ohne Erfolg! Auch zu dieser Zeit war Geburtenrückgang schon ein Thema: »Der Kaiser brauchte Soldaten und die Fabriken brauchten Arbeiterinnen und Arbeiter. Zu allen Zeiten waren Sexualpolitik und Bevölkerungspolitik eng verbunden, das gilt bis heute«, stellte Gisela Notz nüchtern fest.[5] 1921 forderten sozialdemokratische Mandatsträger ebenfalls die Fristenlösung: Der damalige Bundesjustizminister Gustav Radbruch, SPD, brachte den Antrag im Reichstag ein. Auch diese Initiative blieb erfolglos – aber das Thema blieb auf der Tagesordnung. Eine »Liberalisierung« des bekämpften Paragrafen erfolgte

[3] Gisela Notz: »Mein Körper – meine Verantwortung – meine Entscheidung: Weg mit § 218!« – Vortrag auf der Konferenz am 9./10.7.2016 in Berlin, www.sexuelle-selbstbestimmung.de.

[4] Uta König: § 218 – Gewalt über Frauen – Berichte, Reportagen, Protokolle zur Diskussion über den § 218, Hamburg, 1980, S. 35.

[5] Gisela Notz (siehe Anm. 3).

fünf Jahre später, indem Abtreibung »nur noch« mit Gefängnis geahndet wurde statt mit Zuchthaus.

In den 1930er-Jahren kam es zu zahlreichen Demonstrationen, Protestmärschen und Kundgebungen. Die katholische Kirche blieb jedoch nicht nur bei ihrer Haltung, sondern setzte sogar noch eins drauf, indem sie in einer Enzyklika Abtreibung zur schweren Sünde erklärte. Im Nationalsozialismus wurde der § 218 dramatisch verschärft und »in besonders schweren Fällen« mit Zuchthaus bestraft. Eine Regelung von sehr langer Dauer: »Dieser NS-Nachlaß blieb viele Jahre unberührt. Auch alte Begründungen von vor 1945 waren recht langlebig – heißt es doch noch 1968 in einem Standard-Kurzkommentar zum Strafgesetzbuch (unter Berufung auf eine frühere Reichsgerichtsentscheidung)«, dass »die Abtreibung stets deshalb als gemeingefährlich anzusehen ist, weil sie die Sittlichkeit und Kraft des Volkes« bedrohe, schrieb Ingo Münch zum damaligen Rechtsverständnis in der ZEIT am 7.4.1972.[6] Die Strafbarkeit der Abtreibung blieb auch im Besatzungsrecht erhalten (übrigens auch das Verbot von Verhütungsmitteln und sexueller Aufklärung).

Während in der DDR schon 1950 ein Schwangerschaftsabbruch aus medizinischen und eugenischen Gründen straffrei gestellt worden war und ab 1965 auch bei Vorliegen einer psychosozialen Indikation, waren in Westdeutschland die 1950er-Jahre bleierne Zeiten – auch, aber nicht nur, was die Sexual- und Familienpolitik anbelangte, sondern auch bezüglich der Rollenbilder von Frauen und Männern und der allgemeinen politischen Lage. Nahmen Frauen beim Wiederaufbau Deutschlands noch eine aktive Rolle ein, so wurden sie in den 1950er-Jahren in Westdeutschland sehr schnell in die Rolle der Hausfrau und Mutter zurückgedrängt – und am § 218 wurde nicht gerüttelt.

Doch wie zu allen Zeiten wirkte sich das generelle Verbot von Schwangerschaftsabbrüchen nicht auf deren Zahl aus, dafür umso mehr auf die Umstände, unter denen sie stattfanden: unter hohem Druck, die Schwangerschaft geheim zu halten, mit Angst vor Strafe, mit tödlichem Risiko beim illegalen Eingriff und mit hohem finanziellem Aufwand, wenn der Schwangerschaftsabbruch in den Niederlanden durchgeführt wurde.

Die Neue Frauenbewegung hat den § 218 erneut zu einem großen öffentlichen Protestthema gemacht. Alice Schwarzer, Galionsfigur der Neuen Frauenbewegung, initiierte am 6.6.1971 die spektakuläre Selbstbezichtigungsaktion im STERN unter dem Titel »Wir haben abgetrieben«, bei der 374 teils sehr prominente Frauen öffentlich erklärten, gegen den § 218

---

[6] Ingo Münch: »Der Paragraph voll Blut und Tränen«, Zeit Online, 7.4.1972; www.zeit.de/1972/14/der-paragraph-voll-blut-und-traenen.

und für Wunschkinder zu sein und gegen den Paragrafen verstoßen zu haben. Mehr als 86.000 Frauen bekannten sich in einer Unterschriftenaktion dazu, ebenfalls abgetrieben zu haben. Die Debatte erreichte das Bundesjustizministerium und den Deutschen Bundestag. Derweil verabschiedete die Volkskammer der DDR am 9.3.1972 die Fristenlösung – mit Gegenstimmen aus der Ost-CDU.

In der Bundesrepublik beschloss der Bundestag nach langen Debatten und lautstarken Aktionen der Frauenbewegung schließlich am 26.4.1974 mit knapper Mehrheit der SPD-FDP-Koalition ebenfalls eine Fristenregelung. Sie hätte am 18.6.1974 in Kraft treten sollen. Doch dazu kam es nie, denn fünf CDU- bzw. CSU-regierte Länder legten am Tag der Veröffentlichung im Bundesgesetzblatt Verfassungsbeschwerde gegen die beschlossene Änderung ein. In seinem Urteil vom 25.2.1975 erklärte das Bundesverfassungsgericht das Gesetz für verfassungswidrig und stellte fest: »Das sich im Mutterleib entwickelnde Leben steht als selbständiges Rechtsgut unter dem Schutz der Verfassung (...) und hat auch Vorrang vor dem Selbstbestimmungsrecht der Frau.«[7] Und an anderer Stelle: »Der Lebensschutz der Leibesfrucht genießt grundsätzlich für die gesamte Schwangerschaft Vorrang vor dem Selbstbestimmungsrecht der Schwangeren und darf nicht für eine bestimmte Frist in Frage gestellt werden.«

Ein gutes Jahr später verabschiedete die sozial-liberale Bundesregierung das sogenannte Indikationsmodell, nach der ein Schwangerschaftsabbruch straffrei sein sollte, wenn eine medizinische, kriminologische, eugenische oder soziale Indikation vorlag und eine (verpflichtende) Beratung der Frau stattgefunden hatte. Das war zwar ein herber Rückschlag für die Frauen und für die Frauenbewegung – aber es war ein Gesetz, mit dem Frauen – auch dank eines gut ausgebauten Netzes an Beratungsstellen – ihren Frieden hätten machen können.

Widerstand der Konservativen

Trotz – oder gerade wegen – dieser für Frauen enttäuschenden Entwicklung gingen die Kampagnen der selbsternannten Lebensschützer und der Konservativen, denen die Notlagenindikation ein Dorn im Auge war, weiter. Der damalige SPD-Partei-Vorsitzende und frühere Bundeskanzler Willy Brandt mahnte zwar: »Was aus kirchlicher Sicht als Sünde gelten mag, darf nicht mit einem Zwang zur Strafverfolgung verwechselt werden.«[8] Doch

---

[7] BVerfGE 39, 1, Urteil des Ersten Senats vom 25.2.1975; – 1 BvF 1, 2, 3, 4, 5, 6/74.

[8] Willy Brandt: »Frauen stärker einbeziehen«, Kolumne, Sozialdemokrat Magazin 10/1979, S. 3.

der damalige Familienminister Dr. Heiner Geißler, CDU, bildete eine Interministerielle Arbeitsgruppe zum »Schutz des ungeborenen Lebens«, die Katholische Bischofskonferenz initiierte eine Kampagne »Wähle das Leben«, und die CSU stellte die Krankenkassenfinanzierung bei einem Schwangerschaftsabbruch mit sozialer Indikation grundsätzlich infrage.

Im Juli 1984 wurde die »Bundesstiftung Mutter und Kind zum Schutz des ungeborenen Lebens« gegen die Stimmen von SPD und Grünen gegründet, die mit einmaligen finanziellen Hilfen dazu beitragen sollte, dass Frauen in Notlagen ihre Schwangerschaft austrugen. Anfangs stand diese neue Einrichtung unter starker Kritik; man fühlte die Absicht und war verstimmt: weil die Einrichtung mit dem Ziel konzipiert worden war, die Zahl der Schwangerschaftsabbrüche zu senken und weil die von ihr zu vergebenden Hilfen lediglich einmalige Leistungen waren, auf die nicht einmal ein Rechtsanspruch bestand. Gleichwohl ist die Bundesstiftung für viele Frauen (die die Schwangerschaft austragen woll(t)en!) zu einer hilfreichen Unterstützung geworden. Das ist dem Engagement der Mitarbeiter/-innen und der in den Bundesländern entstandenen entsprechenden Infrastruktur zu verdanken sowie der Verpflichtung der Schwangerschaftskonfliktberatungsstellen, auf dieses Angebot hinzuweisen. Den mit der Einrichtung beabsichtigen Zweck, die Zahl der Schwangerschaftsabbrüche zu reduzieren, hat sie aber nicht erreicht.

1988 sorgte der spektakuläre Prozess um den Gynäkologen Horst Theissen, der als »Memminger Prozess« in die unrühmliche Geschichte des § 218 einging, erneut für Schlagzeilen. In dem beispiellosen Schauprozess standen nicht nur der Arzt, sondern zahlreiche seiner Patientinnen wegen des Vorwurfs illegaler Schwangerschaftsabbrüche vor Gericht. Am 5.5.1989 verurteilte das Landgericht Memmingen den Arzt zu zweieinhalb Jahren Gefängnis und drei Jahren Berufsverbot. Der Bundesgerichtshof hob das Urteil auf und verwies das Verfahren zurück an das Landgericht Augsburg. Dieses änderte das Urteil zwar auf eineinhalb Jahre auf Bewährung ab und hob das Berufsverbot auf. Von dem Prozess ging aber dennoch das Signal an Ärzte und an die Frauen aus: Ihr seid nicht sicher!

Der Einigungsprozess – eine vertane Chance

Mit der Vereinigung der beiden deutschen Staaten keimte erneut Hoffnung auf eine Fristenlösung auf. Nie war sie so nah. Leidvolle Erfahrungen hatten aber hinlänglich gezeigt, dass öffentlicher Druck nötig war, um diese historische Gelegenheit nutzen zu können. Es kam also erneut zu großen massenwirksamen Aktionen, Demonstrationen und Diskussionen. Doch die weitere Entwicklung brachte die wohl erste große Enttäuschung für die ostdeutschen Frauen – und nicht nur für sie.

Im Einigungsvertrag vom 31.8.1990 hatte man in Art 31 Absatz 1 Familie und Frauen noch vorsichtig formuliert: »Es ist Aufgabe des gesamtdeutschen Gesetzgebers, die Gesetzgebung zur Gleichberechtigung zwischen Männern und Frauen weiterzuentwickeln.« Aber in Absatz 4 war bereits erkennbar, wohin die Reise gehen sollte: »Es ist Aufgabe des gesamtdeutschen Gesetzgebers, spätestens bis zum 31. Dezember 1992 eine Regelung zu treffen, die den Schutz vorgeburtlichen Lebens und die verfassungskonforme Bewältigung von Konfliktsituationen schwangerer Frauen vor allem durch rechtlich gesicherte Ansprüche für Frauen, insbesondere auf Beratung und soziale Hilfen, besser gewährleistet, als dies in beiden Teilen Deutschlands derzeit der Fall ist. Zur Verwirklichung dieser Ziele wird in dem in Artikel 3 genannten Gebiet mit finanzieller Hilfe des Bundes unverzüglich ein flächendeckendes Netz von Beratungsstellen verschiedener Träger aufgebaut. Die Beratungsstellen sind personell und finanziell so auszustatten, daß sie ihrer Aufgabe gerecht werden können, schwangere Frauen zu beraten und ihnen notwendige Hilfen – auch über den Zeitpunkt der Geburt hinaus – zu leisten. Kommt eine Regelung in der in Satz 1 genannten Frist nicht zustande, gilt das materielle Recht in dem in Artikel 3 genannten Gebiet weiter.« – Also das bis dato geltende Recht der BRD.

Es dauerte bis zum 26.6.1992, bis der Bundestag die Neuregelung beschlossen hatte: eine Fristenregelung mit Beratungspflicht! Eine kurze Sternstunde, denn nur drei Tage später reichten 249 Abgeordnete der CDU/CSU-Bundestagsfraktion und das Land Bayern dagegen Klage beim Bundesverfassungsgericht ein. Dieses stellte am 28.5.1993 fest: »Das Lebensrecht darf nicht, wenn auch nur für eine begrenzte Zeit, der freien, rechtlich nicht gebundenen Entscheidung eines Dritten, und sei es selbst die Mutter, überantwortet werden.«[9]

Gleichzeitig erließ es ein Übergangsrecht für das gesamte Bundesgebiet vom 16.6.1993 an bis zu einer gesetzlichen Neuregelung. Ein höchst ungewöhnlicher Akt, mit dem das Bundesverfassungsgericht scheinbar in die Gesetzgebungskompetenz des Parlaments eingegriffen hat.[10] Doch das Bundesverfassungsgericht darf durchaus selbst eine Regelung anordnen, hatte sich aber bis dahin aus gutem Grund stets große Selbstbeschränkung auferlegt: Mit dem »Grundsatz des judicial self-restraint« wollte es bis dato darauf verzichten, »Politik zu treiben, das heißt in den von der Verfassung geschaffenen und begrenzten Raum freier politischer Gestaltung einzugrei-

---

9 BVerfG, 2. Senat, Urteil vom 28.5.1993, AZ.: 2 BvF 2/90, 2 BvF 4/92, 2 BvF 5/92, Juris, sowie BVerfGE 88, 203-366, BGBl I 1993, 820.

10 www.humanistische-union.de/publikationen/vorgaenge/.

fen«, um »den von der Verfassung für die anderen Verfassungsorgane garantierten Raum freier politischer Gestaltung offenzuhalten«.[11]

Dass die Entscheidung zur Reform des § 218 wohl eine der schwierigsten war, zeigte sich auch an den drei Minderheitenvoten: Nach Auffassung der Richter Dr. Simon und der Richterin Rupp-von Brünneck hätte das Gebot der richterlichen Selbstbeschränkung beachtet werden müssen: »Hier darf das Bundesverfassungsgericht nicht der Versuchung erliegen, selbst die Funktion des kontrollierenden Organs zu übernehmen, soll nicht auf lange Sicht die Stellung der Verfassungsgerichtsbarkeit gefährdet werden.«[12] Die Richter am Bundesverfassungsgericht Mahrenholz und Sommer betonten in ihrem Minderheitenvotum: »Anders als bei den genannten Tötungsdelikten kann und muss der Gesetzgeber ... davon ausgehen, dass das Schutzobjekt – die Leibesfrucht – am wirksamsten durch die Mutter selbst geschützt wird und dass deren Bereitschaft zum Austragen der Leibesfrucht durch Maßnahmen verschiedenster Art gestärkt werden kann.«[13]

Ihrer Auffassung nach verpflichtet die aus dem Grundgesetz abgeleitete Schutzpflicht für das ungeborene Leben den *Staat* – nicht die Frau; der Staat habe zwar eine Schutzpflicht für das ungeborene Leben; dieser könne er aber auch nachkommen, indem er »im Rahmen eines auf Beratung und Letztverantwortung der Frau setzenden Schutzkonzepts die Strafdrohung zurücknimmt, weil sie sich zum Schutz des ungeborenen Lebens als stumpfes Schwert erwiesen hat«. Entscheide sich der Gesetzgeber für diesen Weg, »so muss es das Rechtsbewusstsein der Allgemeinheit verunsichern, wenn an die Stelle einer Strafdrohung, die ein Rechtsgut von höchstem Rang schützen soll, nun Rechtsnachteile im Sozialversicherungsrecht als einem bloßen Folgerecht treten, die nach Auffassung des Senats jetzt die Last des verfassungsrechtlichen Urteils tragen sollen«.[14]

Diese Konstruktion kritisiert auch der Richter Böckenförde in seinem Minderheitenvotum harsch: »Die Gesamtheit beratener Abbrüche entzieht sich der bruchlosen Einordnung in die Alternative rechtswidrig – nicht rechtswidrig; sie stellt gegenüber dieser Alternative als unscheidbare Gesamtheit ein aliud dar. Gleichwohl hält der Senat es für verfassungsrechtlich gebo-

---

[11] Urteil des 2. Senats des Bundesverfassungsgerichts vom 31.7.1973 zum Grundlagenvertrag zwischen BRD und DDR; BVerfGE 36, 1, 14.

[12] Minderheitenvotum des Richters am Bundesverfassungsgericht Simon und der Richterin Rupp-von Brünneck, Ebd.

[13] Minderheitenvotum der Richter am Bundesverfassungsgericht Prof. Dr. Ernst-Gottfried Mahrenholz und Bertold Sommer; BVerfG Bd. 59.

[14] Ebd.

ten, dass sie einheitlich als Unrecht – mit den entsprechenden Folgen im Sozialversicherungsrecht behandelt werden.«[15]

Mit dem Urteil des Bundesverfassungsgerichts und seiner Übergangsregelung war es auch für die ostdeutschen Frauen vorbei mit dem liberalen Abtreibungsrecht. Fortan war für sie der Schwangerschaftsabbruch ebenfalls strafbewehrt. Auch die Finanzierung eines Schwangerschaftsabbruchs durch die Krankenkassen war nach Auffassung des Gerichts unzulässig.

»Ein fauler, aber lebbarer Kompromiss«

Am 1.10.1995 trat das Schwangeren- und Familienhilfeänderungsgesetz in Kraft, mit dem das bisherige Gesetz über die Verhütung, Familienplanung und Beratung geändert wurde in das Gesetz zur Vermeidung und Bewältigung von Schwangerschaftskonflikten (Schwangerschaftskonfliktgesetz – SchKG). Danach ist ein Schwangerschaftsabbruch innerhalb der ersten drei Monate zwar »rechtswidrig, aber straffrei« – ein »fauler, aber lebbarer Kompromiss«, wie die Emma 1995 titelte.[16] Die verpflichtende Beratung der Frauen, die dokumentiert werden muss, hat ergebnisoffen zu sein (§ 5 SchKG), soll aber gleichzeitig vom Schutz des ungeborenen Lebens geleitet sein (§ 219 StGB) – ein Widerspruch in sich!

Bis zum heutigen Tag ist und bleibt das Thema Schwangerschaftsabbruch hart umkämpft. Einrichtungen, die (legale) Schwangerschaftsabbrüche durchführen, werden von »Lebensschützern« belagert und verunglimpft, das Betreten einer solchen Einrichtung wird für Hilfe suchende Frauen oft zum bedrohlichen Spießrutenlauf. Auch die Versorgungslage ist nach wie vor »prekär – vor allem in den ländlichen Regionen Bayerns, Baden-Württembergs und Rheinland-Pfalz (...) In den zwei südlichen Bundesländern kommt eine Meldestelle auf mehr als 100.000 Einwohner, im Schlusslicht Rheinland-Pfalz (sogar) nur eine auf rund 157.000«, wie eine von pro familia Anfang 2019 veröffentlichte Abfrage bei ihren Landesverbänden ergeben hat.[17] Umso schlimmer ist es für die betroffenen Frauen, dass ihre Situation immer wieder mit zusätzlichen Restriktionen verschärft wird, statt

---

15 Minderheitenvotum des Richters am BVerfG Ernst-Wolfgang Böckenförde.

16 Katja Krolzik-Matthei, EMMA, 1995 zit. nach Michaela Katzer/Heinz-Jürgen Voß (Hrsg.): Geschlechtliche, sexuelle und reproduktive Selbstbestimmung. Praxisorientierte Zugänge, Gießen, 2016.

17 Inga Barthels: »Keine Praxis – In Deutschland wird es immer schwieriger, eine Schwangerschaft abzubrechen – woran liegt das?«, Der Tagesspiegel vom 29.9.2020; plus.tagesspiegel.de/politik/safe-abortion-day-180-kilometer-fahrt-fur-einen-schwangerschaftsabbruch-49910.html.

daran zu arbeiten, die Versorgungslandschaft zu verbessern (in Rheinland-Pfalz haben dazu immerhin Gespräche stattgefunden).

Die Entwicklung des § 218 zeigt, dass der »Schutz der Leibesfrucht«, bzw. des ungeborenen Lebens keineswegs stets im Zentrum der Schutzpflicht des Staates in Form dieser Strafvorschrift stand und steht, die Abtreibungsfrage vielmehr immer vor dem jeweiligen (gesellschafts)politischen Verständnis von Schwangerschaft und Schwangerschaftsabbruch zu sehen ist. Ein rigides Abtreibungsrecht wird oft bevölkerungspolitisch begründet: »Wurde das geschützte Rechtsgut zunächst noch im Interesse der Gesellschaft an der Vermehrung der Bevölkerung erblickt, so verschob sich das Verständnis allmählich zum Schutz der Leibesfrucht«, stellte der Wissenschaftliche Dienst des Bundestages in seinem Gutachten zum § 219a StGB fest.[18]

Eine Verschärfung des Abtreibungsrechts geht immer einher mit einem gesellschaftlichen Rollback, verbunden mit dem Zurückdrängen von Frauenrechten. Ginge es um die Rechte, die Selbstbestimmung und die Autonomie von Frauen ebenso wie um die Rechte des ungeborenen Kindes, dann dürften nicht Bevormundung, Zwangsberatung und Strafandrohung im Vordergrund stehen, sondern eine bestmögliche Begleitung der Frauen, freiwillige Beratungsangebote und ein Netz von Ärztinnen und Ärzten, die Schwangerschaftsabbrüche durchführen und dies auch während ihrer medizinischen Ausbildung gelernt haben.

Denn auch das ist ein Problem: Der Schwangerschaftsabbruch als medizinische Leistung spielte bislang in der Ärzteausbildung so gut wie keine Rolle – obwohl er eine der häufigsten gynäkologischen Interventionen ist und der sichere Zugang dazu eine Grundvoraussetzung für die psychische und physische Gesundheit von Frauen! Nach der Approbationsordnung für Ärzte sollen im Medizinstudium »grundlegende Kenntnisse, Fähigkeiten und Fertigkeiten« vermittelt werden, »die für eine umfassende Gesundheitsversorgung der Bevölkerung erforderlich sind«.[19] Aber in vielen medizinischen Curricula kommt der Schwangerschaftsabbruch bislang kaum bis gar nicht vor. Wenn überhaupt, dann wird er in der Regel nicht im Fach Gynäkologie angesprochen, sondern in der Medizinethik. Auch in der gynäkologischen Weiterbildungsordnung sind die Methoden des Schwangerschaftsabbruches kein expliziter Inhalt. Eine Änderung des Curriculums ist also dringend erforderlich.

---

[18] Wissenschaftlicher Dienst des Bundestages: Entstehungsgeschichte des § 219a StGB; AZ WD 7 – 3000 – 159/17, S. 4.

[19] § 1 Ziele und Gliederung der ärztlichen Ausbildung; www.gesetze-im-internet.de/_appro_2002/BJNR240500002.html.

In Berlin ist das den »Medical Students for Choice« gelungen: Seit dem Frühjahr 2019 gibt es an der Charité erstmals ein zusätzliches Seminar zum Schwangerschaftsabbruch, in dem auch rechtliche und gesellschaftspolitische Aspekte vermittelt werden. Auch in Münster soll aufgrund einer Intervention der Medizinstudierenden eine entsprechende Ergänzung des Curriculums erfolgt sein. Am 20.11.2019 hat sich der Verein »Doctors for Choice Germany« gegründet, der sich für einen selbstbestimmten Umgang mit Sexualität, Fortpflanzung und Familienplanung einsetzt, die Aufklärung über Sexualität, Verhütung und Abtreibung verbessern will und sich für eine Verbesserung der Versorgung des Schwangerschaftsabbruchs und für dessen Entkriminalisierung engagiert.[20]

Die dargestellte Lücke in der Ärzteausbildung will die Bundesregierung laut Koalitionsvertrag 2021–2025 zwischen SPD, Grünen und FDP jetzt schließen: Im Kapitel »Reproduktive Selbstbestimmung« heißt es: »Wir stärken das Selbstbestimmungsrecht von Frauen. Wir stellen Versorgungssicherheit her. Schwangerschaftsabbrüche sollen Teil der ärztlichen Aus- und Weiterbildung sein. Die Möglichkeit zu kostenfreien Schwangerschaftsabbrüchen gehört zu einer verlässlichen Gesundheitsversorgung. Sogenannten Gehsteigbelästigungen von Abtreibungsgegnerinnen und Abtreibungsgegnern setzen wir wirksame gesetzliche Maßnahmen entgegen. Wir stellen die flächendeckende Versorgung mit Beratungseinrichtungen sicher. Schwangerschaftskonfliktberatung wird auch künftig online möglich sein. (…) Wir wollen Krankenkassen ermöglichen, Verhütungsmittel als Satzungsleistung zu erstatten. Bei Geringverdienenden werden die Kosten übernommen.«[21] Das wäre zwar noch nicht die Legalisierung des Schwangerschaftsabbruchs, aber eine deutliche Verbesserung gegenüber dem jetzigen restriktiven Zustand!

Die »Werbung« für den Schwangerschaftsabbruch

Im Jahr 2019 wurde der § 219a StGB (Werbung für den Abbruch der Schwangerschaft) reformiert. Danach machte sich strafbar, wer öffentlich seine eigenen oder fremde Dienste zur Vornahme oder Förderung von Abtreibungen anbot. Der Paragraf erlangte eine unrühmliche Beachtung und Bedeutung, als selbsternannte »Lebensschützer« systematisch Ärztinnen und Ärzte ausfindig machten, die auf ihrer Homepage darauf hinwiesen, dass und mit welchen Methoden diese in ihrer Praxis Schwangerschaftsabbrüche durchführen – eine für ungewollt schwangere Frauen, die einen Schwangerschaftsabbruch erwägen, essenzielle Information.

---

20 hpd.de/artikel/doctors-for-choice-germany-gegruendet-17428.

21 Koalitionsvertrag 2021–2025, S. 116.

Es kam, wie es kommen musste: Abtreibungsgegner spürten Ärzte und Ärztinnen auf, die genau darüber informierten und zeigten sie an. Es gab Verurteilungen durch die zuständigen Amtsgerichte, darunter auch ein Urteil des Amtsgerichts Gießen, das die Frauenärztin Kristina Hänel im November 2017 zu 40 Tagessätzen à 150 Euro verurteilte, weil sie für Schwangerschaftsabbrüche geworben habe, was nach § 219a strafbar sei. Ihre Berufung wies das Landgericht im Oktober 2018 ab. Nachdem sich dagegen ein Sturm der Entrüstung erhoben hatte, forderten Frauenorganisationen und -verbände ebenso wie Politiker/-innen eine Änderung bzw. Abschaffung des § 219a.

In Gesprächen der Spitzen von CDU, CSU und der SPD wurden die zuständigen Kabinettsmitglieder, die Bundesfrauenministerin, der Bundesgesundheitsminister und die Bundesjustizministerin, aufgefordert, eine Lösung zu erarbeiten. Heraus kam ein Kompromiss, der nicht zu einer Befriedung beigetragen hat – im Gegenteil. Danach soll das Verbot nicht gelten, »wenn Ärzte, Krankenhäuser oder Einrichtungen auf die Tatsache hinweisen, dass sie Schwangerschaftsabbrüche unter den Voraussetzungen des § 218a Absatz 1 bis 3 vornehmen, oder auf Informationen einer insoweit zuständigen Bundes- oder Landesbehörde, einer Beratungsstelle nach dem Schwangerschaftskonfliktgesetz oder einer Ärztekammer über einen Schwangerschaftsabbruch hinweisen«.

Diese »Informationen« in Form von Listen sind nicht leicht zugänglich, unvollständig und nicht mit den zusätzlich benötigten Angaben zum Beispiel über die Methode zur Durchführung der Schwangerschaftsabbrüche versehen. Eine solche Regelung ist schon deshalb ein problematischer Rückschritt, weil eine Information, dass und welche bestimmte ärztliche Leistung man anbietet, nicht »grob anstößig« sein kann. Es ist schließlich nicht »um des Vermögensvorteils willen«, sondern selbstverständlich, dass man für eine ärztlich erbrachte Leistung eine Vergütung erhält. Tatsächlich handelte es sich, wie Frau Hänel zutreffend feststellte, auch nicht um ein Werbeverbot, sondern um ein »Informationsverbot«, das wiederum nach Ansicht des Arbeitskreises Frauengesundheit in Medizin, Psychotherapie und Gesellschaft e.V. (AKF) gegen das Patientenrechtegesetz verstößt, nach dem Patientinnen und Patienten umfassend über alles informiert und aufgeklärt werden müssen, was für ihre Behandlung wichtig ist.[22]

---

[22] Arbeitskreis Frauengesundheit: »Erneut Anklage gegen Frauenarzt wegen Verstoßes gegen §219a. Wir fordern Selbstbestimmung und ein Ende der Kriminalisierung«; Pressemitteilung vom 5.5.2021.

Die Absurdität des § 219a StGB brachte Maren Kroymann in einem Protestsong wunderbar auf den Punkt: »Die Nazis haben das geschrieben und der Paragraf ist seitdem so geblieben. Werbeverbot. Das klingt schon so mies, als ob eine Frau abtreibt, weil sie Werbung dafür liest. Jetzt dürfen Praxen zwar darüber informieren, dass sie Abtreibungen vornehmen, aber nichts sagen. Wie, wie? Wie? Das würde dann schon als Werbung zählen, kann mir das irgendwer mal erklären. Wieso denn? Das ist verboten.«[23]

In der Tat: Werbung ist etwas anderes; nach der Definition des Wirtschaftslexikons Gabler »die Beeinflussung von verhaltensrelevanten Einstellungen mittels spezifischer Kommunikationsmittel, die über Kommunikationsmedien verbreitet werden. Werbung zählt zu den Instrumenten der Kommunikationspolitik im Marketing-Mix.«[24] Auch nach jeder anderen Definition ist eine sachliche Information keine Werbung, weil sie nicht darauf abzielt, etwas anzupreisen, zu bewerben. Deshalb hat es auch vor den Kampagnen gegen die betroffenen Ärztinnen und Ärzte kaum Verurteilungen gegeben. Mit der Durchführung von Schwangerschaftsabbrüchen hat sich in Deutschland meines Wissens auch noch kein Arzt und keine Ärztin eine goldene Nase verdient. Das zeigt sich schon daran, dass es immer weniger Ärzte gibt, die diesen Eingriff vornehmen.

Doch Argumente spielten für die Entscheidung offensichtlich keine Rolle. Auch nicht das Argument, dass anstößige Werbung bereits in § 27 der Berufsordnung für die in Deutschland tätigen Ärztinnen und Ärzte seit Langem untersagt und eine nahezu gleichlautende Regelung im Strafgesetzbuch daher ohne rechtlichen Mehrwert ist. Danach hätte es zu keiner Verurteilung kommen dürfen! Sinn des § 219a Strafgesetzbuch ist aber offenkundig die Disziplinierung von Ärztinnen und Ärzten gewesen und eine Ermunterung für Abtreibungsgegner, sie zu pönalisieren.

Das alles war bekannt, geholfen hatte es zunächst nicht. Die notwendige Klarstellung, dass sachliche Informationen und Hinweise – auch solche darauf, dass man einen Schwangerschaftsabbruch und mit welcher Methode man ihn durchführt, nicht unter die Strafvorschrift fallen, war noch nicht durchsetzbar gewesen; die beiden Fraktionsvorsitzenden von SPD und CDU hatten sich bereits anders verständigt.

Nachdem im Koalitionsvertrag 2021–2025 SPD, Grüne und FDP vereinbart haben: »Wir streichen § 219a StGB!«,[25] hat das Bundeskabinett am

---

[23] www.facebook.com/KroymannARD/videos/840911033369592.

[24] Gabler-Lexikon: Definition – Was ist »Werbung«? Prof. Dr. Jürgen Schulz; wirtschaftslexikon.gabler.de/definition/werbung-48161.

[25] Koalitionsvertrag 2021–2025, S. 116.

9.3.2022 einen entsprechenden Gesetzentwurf des Justizministeriums beschlossen.[26] Der Bundestag hat dem Entwurf am 24.6.2022 zugestimmt, der Bundesrat hat ihn am 8.7.2022 passieren lassen. Bemerkenswert ist, dass danach auch die nach dem 3.10.1990 auf der Grundlage des § 219a Strafgesetzbuch ergangenen strafrechtlichen Urteile aufgehoben und die Verfahren eingestellt werden sollen.

Das ist eine erfreuliche Entwicklung, auch wenn diese Schritte längst überfällig waren. Aber nicht nur der § 219a, sondern der ganze § 218 StGB mit seiner Bevormundung, seiner frauenfeindlichen Botschaft und seiner verlogenen Haltung, es ginge ausschließlich um den Schutz des ungeborenen Lebens, gehört aus dem Strafgesetzbuch gestrichen. Das hat die SPD auch in ihrem Zukunftsprogramm vorgesehen. Die weltweite Entwicklung zeigt schließlich auch, dass die strafrechtliche Verfolgung des Schwangerschaftsabbruchs ein Angriff gegen die Autonomie und Selbstbestimmung, gegen die Rechte der Frauen insgesamt ist. Es ist daher an der Zeit, deutlich zu machen, dass Deutschland dem reaktionären Trend, Frauen weiter strafrechtlich zu verfolgen, mit einer aufgeklärten und die Mündigkeit und das Selbstbestimmungsrecht der Frauen respektierenden Haltung entgegentritt.

Im Koalitionsvertrag ist zwar eine Streichung des § 218 StGB nicht vorgesehen, aber es werden immerhin wichtige Weichen gestellt: »Wir stärken das Selbstbestimmungsrecht von Frauen. Wir stellen Versorgungssicherheit her. Schwangerschaftsabbrüche sollen Teil der ärztlichen Aus- und Weiterbildung sein. Die Möglichkeit zu kostenfreien Schwangerschaftsabbrüchen gehören zu einer verlässlichen Gesundheitsversorgung.«[27] Das bedeutet, dass das Gesundheitssystem diese Versorgung auch sicherstellen muss. Ein beachtlicher Fortschritt!

Im Heilmittelwerbegesetz soll stattdessen geregelt werden, dass: »auch die Werbung für medizinisch nicht indizierte Schwangerschaftsabbrüche zukünftig nur unter den strengen Vorgaben des Heilmittelwerbegesetzes erlaubt ist. Irreführende oder abstoßende Werbung für alle Arten von Schwangerschaftsabbrüchen bleibt weiterhin verboten.«[28] Vorgesehen ist auch,

---

[26] Pressemitteilung des Bundesjustizministeriums vom 9.3.2022: Aufhebung des § 219a Strafgesetzbuch vom Bundeskabinett beschlossen.

[27] Koalitionsvertrag 2021–2025, S. 116.

[28] Entwurf eines Gesetzes zur Änderung des Strafgesetzbuches – Aufhebung des Verbots der Werbung für den Schwangerschaftsabbruch (§ 219a StGB), zur Änderung des Heilmittelwerbegesetzes und zur Änderung des Einführungsgesetzes zum Strafgesetzbuch.

dass »Strafgerichtliche Urteile, die aufgrund des § 219a des Strafgesetzbuches nach dem 3. Oktober 1990 (…) ergangen sind«, aufgehoben werden.

Allerdings: Auch die Strafandrohung des § 218 Strafgesetzbuch muss weg! Dazu soll laut Koalitionsvereinbarung eine Kommission eingesetzt werden »zur reproduktiven Selbstbestimmung und Fortpflanzungsmedizin, die Regulierungen für den Schwangerschaftsabbruch außerhalb des Strafgesetzbuches sowie Möglichkeiten zur Legalisierung der Eizellspende und der altruistischen Leihmutterschaft prüfen«.[29] Mit diesem sehr weitreichenden Auftrag kann es allerdings lange dauern, bis überhaupt ein Vorschlag vorliegt – geschweige denn eine Gesetzesänderung eingetreten sein wird! Dabei sind jedenfalls zum § 218 alle Debatten längst geführt, alle Aspekte ausgiebig erörtert und geprüft.

Internationale Entwicklungen

Die internationale Entwicklung zeigt, dass restriktive Abtreibungsregelungen immer einhergehen mit einem reaktionären Frauenbild und dass das Abtreibungsrecht ein Hebel ist, um Frauenrechte zurückzudrängen und Frauen auf ihre angeblich »natürliche« Bestimmung zu beschränken. Zuletzt haben Polen, Italien, Spanien und einige Bundesstaaten in den USA ihre entsprechenden Gesetze verschärft.

In den *USA* flammt immer wieder die Auseinandersetzung um das Abtreibungsrecht auf. Dort gibt es nach einem Urteil des Supreme Court von 1973 ein Recht auf einen Schwangerschaftsabbruch in den ersten drei Monaten der Schwangerschaft, danach nur, wenn der Abbruch medizinisch begründet ist. Dagegen hatten Abtreibungsgegner von Anfang an mobilisiert; es tobte eine erbitterte Auseinandersetzung, die die Gesellschaft zu zerreißen drohte.

Dass Ex-Präsident Trump kurz vor seinem Ausscheiden aus dem Amt mit der konservativen Amy Coney Barrett eine beinharte Abtreibungsgegnerin zur Richterin am Obersten Gerichtshof ernannt hatte, war ein Signal dafür, dass sich der Wind massiv gedreht hat und Frauenrechte wieder stärker unter Druck geraten bzw. bereits zurückgedrängt worden sind. US-Präsident Biden hat zwar das Verbot zur Förderung von Abtreibungen im Ausland per Dekret aufgehoben und ist damit in der Tradition seiner demokratischen Vorgänger geblieben; diese hatten ebenfalls das seinerzeit von Ronald Reagan per Verordnung erlassene Verbot aufgehoben, Nichtregierungs-Organi-

---

[29] Koalitionsvertrag 2021–2025, S. 116.

sationen, die Abtreibungen im Ausland anbieten oder fördern, von öffentlicher Finanzierung auszuschließen.

Aber die Besetzung der obersten Gerichte durch Bidens Vorgänger hat ihre unseligen Wirkungen entfalten können: Der US-Bundesstaat Texas hat eine dramatische Verschärfung seiner bisherigen Abtreibungsregelung vorgenommen, die der republikanische Gouverneur Greg Abbott im Mai 2021 unterzeichnet hat. Danach sind Abtreibungen ab dem Zeitpunkt verboten und strafbewehrt, ab dem der Herzschlag des Fötus zu hören ist, also ab einem Zeitpunkt, an dem Frauen oft noch gar nichts von ihrer Schwangerschaft wissen. Laut »Planned Parenthood« finden in den USA 85 bis 90% aller Schwangerschaftsabbrüche in Texas *nach* diesem Zeitpunkt statt.[30] Das Verbot gilt auch für Schwangerschaften infolge einer Vergewaltigung oder eines Inzests.

Doch damit nicht genug: Bürger und Bürgerinnen aus Texas dürfen nicht nur, sondern sollen sogar nach dem Gesetz selbst Nachforschungen zu einer möglichen Abtreibung anstellen und diejenigen zivilrechtlich vor Gericht zerren, die Frauen bei einem Schwangerschaftsabbruch unterstützen. Ist die Klage erfolgreich, können die Kläger mit mindestens 10.000 US-Dollar belohnt werden. »Die Kopfgeldjagd ist eröffnet«, kommentierten Zeitungen entsetzt das neue Gesetz.[31]

Einen Eilantrag gegen dieses umstrittene »Herzschlag-Gesetz« hat der Supreme Court in Washington Anfang September 2021 mit fünf zu vier Richterstimmen abgewiesen.[32] Daraufhin hat der Richter am Bundesgericht in Texas, Robert L. Pitman das Gesetz mit der Begründung außer Kraft gesetzt, dass es Frauen illegal daran hindere, über ihr Leben selbst zu bestimmen. Das aber sei durch die Bundesverfassung garantiert.[33] Wenig später hat allerdings das Berufungsgericht das rigide Abtreibungsgesetz vorübergehend wieder in Kraft gesetzt und damit dem entsprechenden Antrag des Bundesstaats Texas stattgegeben.

Jetzt hat der Supreme Court, dem der damalige Präsident Trump noch zu einer konservativen Mehrheit verholfen hatte, das als »Roe versus Wade«

---

30 Meret Baumann: »So umgeht Texas das nationale Abtreibungsrecht«, Neue Züricher Zeitung, Internationale Ausgabe, 11.9.2021.

31 Rieke Havertz: »Texas – Wenn Frauenrechte nichts mehr zählen«, 3.9.2021; www.zeit.de/politik/ausland/2021-09/texas-schwangerschaftsabbruch-gesetz-supreme-court-usa.

32 Ebd.

33 Fabian Fellmann, »Texanisches Abtreibungsverbot wankt – Ein Bundesrichter stoppt vorerst das neue Gesetz. Ein Grundsatzentscheid steht bevor«; Süddeutsche Zeitung vom 8.10.2021.

bekannte historische Grundsatzurteil gekippt: »Die Verfassung (gewähre) kein Recht auf Abtreibung«, so die Begründung. Anfang Mai 2022 war der Entwurf einer Urteilsbegründung mit diesem Inhalt bereits durchgesickert und von einem amerikanischen Magazin veröffentlicht worden. Mit dem jetzigen Urteil wird das eigene Grundsatzurteil des Obersten Gerichts von 1973 Makulatur: Das Abtreibungsrecht bzw. entsprechende Verbotsgesetze fallen nun in die Zuständigkeit der Bundesstaaten.

Mehr als die Hälfte der Bundesstaaten sollen bereits Verbotsgesetze planen, darunter auch solche, nach denen nicht einmal ein Schwangerschaftsabbruch nach einer Vergewaltigung erlaubt wäre. Ein rabenschwarzer Tag und eine Katastrophe für viele Frauen, denn für einen Schwangerschaftsabbruch werden sie künftig in ein anderes Bundesland mit liberalen Abtreibungsgesetzen reisen müssen, was sich die meisten finanziell überhaupt nicht leisten können. Selbst Ärztinnen und Ärzten drohen lange Haftstrafen, wenn sie gegen die neue Rechtslage verstoßen. In Arkansas, Kentucky oder Louisiana sind Abtreibungen ab sofort verboten – selbst bei Vergewaltigungen oder Inzest. Eine Ausnahme soll es nur bei medizinischen Notfällen geben. Das Urteil wird das gesellschaftliche Klima in den USA noch mehr vergiften und die gesellschaftliche Spaltung weiter verschärfen.

In *Mexiko* hat dagegen der Oberste Gerichtshof die *Kriminalisierung* von Abtreibungen im Strafgesetzbuch des Bundesstaates Coahuila für verfassungswidrig erklärt. Die Richterin Margarita Rios-Farjat wird mit den Worten zitiert, im Namen des Lebens würden »Frauen bestraft, weil sie unwissend oder promiskuitiv seien. Oder nicht bereit, die Schwangerschaft auszutragen, um das Baby zur Adoption freizugeben. Es gehe nicht um das Recht auf Abtreibung, sondern um das Recht, freie Entscheidungen treffen zu können.«[34] Mexiko kann sich damit einreihen in die fortschrittlichen Staaten Lateinamerikas Argentinien, Kuba und Uruguay, die ein liberales Abtreibungsrecht haben.

In *Argentinien*, einem Land, in dem die katholische Kirche einen vermutlich ebenso großen Einfluss hat und das lange unter einer reaktionären Regierung gelitten hatte, wurde das Abtreibungsrecht ebenfalls vor nicht langer Zeit komplett liberalisiert: Der Senat hat im Dezember 2020 mit 38 zu 29 Stimmen bei einer Enthaltung der Vorlage des Gesetzentwurfs zugestimmt, mit dem Schwangerschaftsabbrüche legalisiert werden. Danach können sich Frauen bis zur 14. Schwangerschaftswoche ohne Angabe von Gründen für einen Abbruch entscheiden. Die Durchführung ist kostenfrei und muss ih-

[34] »Oberstes Gericht legalisiert Abtreibungen«, Süddeutsche Zeitung vom 8.9.2021; www.sueddeutsche.de/politik/mexiko-abtreibungen-urteil-1.5404071(32).

nen innerhalb von zehn Tagen nach dem schriftlichen Antrag ermöglicht werden. Zuvor war ein Schwangerschaftsabbruch nur nach einer Vergewaltigung erlaubt oder wenn das Leben der Mutter gefährdet war.[35] Eine Sensation und ein fulminanter Sieg der Frauenbewegung! Und: Eine Ermutigung für alle Frauen in den Ländern, in denen ihnen das Recht auf die eigene Entscheidung über einen Schwangerschaftsabbruch noch immer verwehrt oder erheblich erschwert wird.

In *Kolumbien* hat kürzlich das Verfassungsgericht geurteilt, dass Frauen bis zur 24. Schwangerschaftswoche das Recht haben, eine Schwangerschaft ohne Angabe von Gründen bis zur 24. Woche abzubrechen, wie Zeitungen berichteten.[36]

Auch in *Neuseeland* wurde im Jahr 2020 der Schwangerschaftsabbruch legalisiert.[37] Konnte bis dahin eine Schwangerschaft nur bei Gefahr für Gesundheit oder Leben der Mutter abgebrochen werden und nur unter der Voraussetzung, dass zwei Ärzt/-innen die Gefährdung der körperlichen oder psychischen Gesundheit der Frau bestätigten, ist künftig ein Abbruch bis zur 20. Schwangerschaftswoche erlaubt.

In Europa laufen die Entwicklungen dagegen teilweise in die entgegengesetzte Richtung: In *Polen* hat das Verfassungsgericht bei zwei Gegenstimmen (von 13 Stimmen) ein Gesetz für verfassungswidrig erklärt, das Schwangerschaftsabbrüche im Falle einer schwerwiegenden Fehlbildung des Fötus erlaubt.[38] Polen hat damit seit dem 27.1.2021 eines der schärfsten Abtreibungsgesetze weltweit – selbst der Iran ist liberaler; dort sind immerhin Schwangerschaftsabbrüche bei schweren Missbildungen des Fötus erlaubt. Die erzkonservative polnische Regierung hatte den Vorgang selbst dem Verfassungsgericht vorgelegt und das gewünschte Urteil erhalten. Danach war ein Sturm der Entrüstung ausgebrochen, der bis heute andauert. Über viele Monate gab und gibt es immer wieder überall in Polen und anderswo (zum Beispiel in Berlin) Demonstrationen von Frauen. Den dramatischen Rückschritt zulasten der Frauen konnten sie aber nicht verhindern.

Das polnische Gesetz ist nicht nur eine krasse Verletzung der Menschenrechte, sondern auch eine Verletzung des Rechts von Frauen auf Leben

---

35 Viktoria Reisch: »Es ist Gesetz: Schwangerschaftsabbruch in Argentinien legal«; amerika21.de/2020/12/246585/argentinien-legalisiert-abtreibung.

36 Christoph Gurk: »Die Frauen feiern«, Süddeutsche Zeitung vom 23.2.2022.

37 FAZ: »Gewissensabstimmung – Neuseeland legalisiert Schwangerschaftsabbrüche«, 18.3.2020; www.faz.net/aktuell/politik/ausland/neuseeland-legalisiert-schwangerschaftsabbrueche-.

38 Witold Mrozek: »Heftige Proteste gegen Abtreibungsverbot«, Berliner Kurier, 23.10.2020.

und körperliche Unversehrtheit: Eine 30jährige schwangere Frau musste im Krankenhaus in Pszczyna sterben, weil die Ärzte keinen Abbruch der Schwangerschaft vorgenommen, sondern abgewartet hatten, bis der nicht lebensfähige Embryo im Mutterleib von selbst abgestorben war. Das ist – wie man hört und liest – kein Einzelfall!

Der Soziologe Andreas Kemper sieht für diese restriktive Haltung zwei Begründungszusammenhänge: einen bevölkerungspolitischen Kurs angesichts schrumpfender Bevölkerung in einigen Staaten und eine Schwächung der feministischen Bewegung: Der Feminismus habe an Energie verloren; man habe viel erreicht, etwa das Wahlrecht, die Ehe für alle oder die Frauenquote. Dadurch habe die Bewegung an Power verloren.[39]

Die restriktive Haltung zum Schwangerschaftsabbruch und zur sexuellen Selbstbestimmung ist Ausdruck einer in den Gesellschaften mehr oder weniger stark verankerten latenten bis expliziten Frauenfeindlichkeit; mit der Beschneidung der sexuellen Selbstbestimmung sollen Frauen auf ihre »wahre« Rolle zurückgedrängt werden. In den meisten Ländern, zum Beispiel in Polen, Italien oder in einigen Staaten Lateinamerikas spielen vor allem Kirchen und religiöse Gruppen bei dieser Entwicklung eine starke und ungute Rolle.

Brasilien ist dafür ein besonders erschütterndes Beispiel. Hier scheinen vor allem die evangelikalen Kirchen eine – im wahrsten Sinne des Wortes – unheilige Allianz mit der Bolsonaro-Regierung zu bilden und Staat und Gesellschaft nach ultrakonservativen Moralvorstellungen umzugestalten. Jede Stunde werden in Brasilien vier Mädchen unter vier Jahren vergewaltigt. Aber die Abtreibungsgesetze werden immer rigider und die Kampagnen immer bedrohlicher. Kürzlich machte weltweit die Abtreibung, die ein zehn (!) Jahre altes Mädchen durchführen ließ, Schlagzeilen. Das Kind war nach einer Vergewaltigung schwanger geworden, ein Gericht hatte den Schwangerschaftsabbruch genehmigt, aber die Hetzkampagnen und Angriffe religiöser Fundamentalisten, die Weigerung eines Krankenhauses, diesen durchzuführen – mutmaßlich auf Druck des Ministeriums – hätten die Durchführung des Schwangerschaftsabbruchs um ein Haar vereitelt.[40]

Der Kampf um das Selbstbestimmungsrecht der Frauen wird und muss also weitergehen.

---

[39] Andreas Kemper; www.tagesschau.de/ausland/gesetzeslage-abtreibung-ueberblick-101.html.

[40] Panorama: »10Jährige treibt ab – und wird angefeindet«; 19.8.2020; www.zdf.de/nachrichten/panorama/brasilien-vergewaltigung-abtreibung-100.html.

10. Kontroversen in der frauenpolitischen Debatte

»Streit ist konstitutiv für die Zukunft der Demokratie.«
(Nicole Deitelhoff, Politikwissenschaftlerin)

Prostitution und Sexarbeit

In Deutschland waren nach Zahlen des Statistischen Bundesamts Ende 2020 24.940 Prostituierte angemeldet (gegenüber 40.400 im Vorjahr; der Rückgang dürfte coronabedingt sein). Davon waren 700 Prostituierte zwischen 18 und 20 Jahre alt, 19.700 zwischen 21 bis 44 und 4.500 45 Jahre alt oder älter. Etwa 20% der Prostituierten hatten die deutsche Staatsangehörigkeit, 8.800 die rumänische (das entspricht 35% aller angemeldeten Prostituierten), 2.800 die bulgarische und 1.800 die ungarische. 2.285 Prostitutionsgewerbe hatten zu diesem Zeitpunkt eine Betriebserlaubnis.[41] Schätzungen zufolge sollen es aber mehr als 400.000 Menschen sein, die der Prostitution in Deutschland nachgehen,[42] darunter ca. 40.000 männliche Prostituierte. Die Zahlen sind jedoch nicht valide; es fehlt an genaueren Untersuchungen. Die überwiegende Zahl der in der Prostitution Tätigen sind aber auf jeden Fall Frauen. Die Armutsprostitution in Deutschland ist überwiegend weiblich; die meisten Prostituierten kommen aus Osteuropa.

Prostitution ist eines der kontroversen Themen auch in der Frauenpolitik. In Pieke Biermanns 1980 erschienenem Buch »Wir sind Frauen wie andere auch – Prostituierte und ihre Kämpfe« fragt eine Studentin und Gelegenheitsprostituierte: »Welche Frau ist eigentlich keine Prostituierte? Ist es wirklich ein so großer Unterschied, Sex zu gestatten für Kost und Logis oder für bare Münze?«[43] Alice Schwarzers Statement in der »EMMA« dazu:

---

[41] »Ende 2020 rund 24.900 Prostituierte bei Behörden gemeldet«, Pressemitteilung des Statistischen Bundesamtes vom 1.7.2020; www.destatis.de/DE/Themen/Gesellschaft -Umwelt/Soziales/Prostituiertenschutz/_inhalt.html.

[42] Mitsuo Iwamoto: »Statistik zu Sexarbeit in Deutschland: Offiziell mehr Prostituierte: Laut Prostituiertenschutzgesetz müssen sich Sexarbeiter:innen anmelden. Neue Zahlen lassen vermuten: Das Dunkelfeld bleibt groß«, taz, 30.7.2020; taz.de/Statistik-zu-Sexarbeit-in-Deutschland/!5699575/.

[43] »Hoch erhobenen Hauptes anschaffen« – SPIEGEL-Redakteurin Marion Schreiber über Frauenbewegung und Prostitution, 22.2.1981, DER SPIEGEL; www.spiegel.de/politik/hoch-erhobenen-hauptes-anschaffen-a-11f02a0c-0002-0001-0000-000014328137.

»Da steht nicht etwa die Emanzipation der Huren zur Debatte, sondern die Verhurung der Emanzipation.«[1]

Beim Thema Prostitution prallen unterschiedliche moralische Urteile und Vorstellungen von Würde und Emanzipation auf Vorstellungen von Autonomie und Selbstbestimmung von Frauen. Da scheiden sich die Geister an der Frage, was eher im Interesse der Frauen und im Interesse der Gesellschaft ist: (auch rechtliche) Akzeptanz der Prostitution als »*ältestem Gewerbe der Welt*« bzw. als Beruf, oder möglichst engmaschige Regulierung zum Schutz vor Ausbeutung, wohinter sich durchaus moralische Vorstellungen, auch paternalistische Haltungen verbergen können.

Das macht sich auch an den Begriffen fest: Sexarbeit und Prostitution. Ist Sexarbeit das Wording derer, für die Prostitution ein Beruf wie jeder andere ist und Prostitution die Wortwahl derer, die die Prostitution möglichst stark regulieren, kontrollieren oder am liebsten gleich ganz verbieten wollen? Das wäre meines Erachtens zu einfach. Die Politikwissenschaftlerin Antje Schrupp differenziert nach Situation und innerer Haltung der Prostituierten oder Sexarbeiterin und stellt »die Beziehungsstrukturen und Beweggründe« der beteiligten Frauen ins Zentrum: »Sind diese Frauen handelnde Subjekte, die, wenn auch möglicherweise angesichts schwieriger Rahmenbedingungen, eine informierte Entscheidung treffen«, dann wären es Sexarbeiterinnen oder Sexarbeiter.

»Oder sind sie in sexistische Beziehungen und Verhältnisse verstrickt, aus denen sie keinen Ausweg finden?« Dann wäre der Begriff Prostitution zutreffend. Beide Begriffe seien daher notwendig: »Den Begriff der ›Sexarbeit‹ brauchen wir, um darüber sprechen zu können, was Frauen wollen, die die männliche Nachfrage nach käuflichem Sex zu ihrem Gelderwerb machen. Und den Begriff der Prostitution brauchen wir, um darüber sprechen zu können, dass auch in emanzipierten Gesellschaften Frauen sexuell ausgebeutet und unter Druck gesetzt werden – und das eben nicht unbedingt mit handfestem Zwang, sondern gestützt auf die lange patriarchale Geschichte, die wir auf dem Buckel haben und die noch immer Denkweisen, Gewohnheiten, Bilder prägt.«[2]

Je nach Zuordnung zu der einen oder anderen Gruppe wird von den Betroffenen und deren Interessenvertretungen und auch von den politisch

---

[1] Alice Schwarzer: »Macht Prostitution frei?«, Emma, 1.10.1980; www.emma.de/artikel/macht-prostitution-frei-265017.

[2] Antje Schrupp: »Sexarbeit und Prostitution sind nicht dasselbe – Wenn Frauen ihren Körper verkaufen, geschieht das mitunter freiwillig, mitunter nicht. Der feministische Streit um die eine korrekte Bezeichnung ist deshalb überflüssig«; 30.5.2018; www.zeit.de/kultur/2018-05-feminismus-prostitution-sexarbeit-unterscheidung-streit.de.

Verantwortlichen die Frage der Regulierung dieses Gewerbes unterschiedlich beantwortet.

Legalisierung der Prostitution

Jahrzehnte lang war Prostitution ein nahezu völlig ungeregelter Bereich. Lediglich der Menschenhandel und die Zuhälterei sind seit 1973 unter Strafe gestellt. Mit dem Gesetz zur Regelung der Rechtsverhältnisse der Prostituierten (ProstG) wurde am 1.1.2002 die Prostitution legalisiert, die Sittenwidrigkeit der Prostitution damit beseitigt, und der Weg dafür frei gemacht, dass sich Prostituierte in der Renten-, Kranken- und Arbeitslosenversicherung absichern, rechtswirksame Verträge abschließen und den Lohn einklagen können. Weitere Ziele des Gesetzes waren es, kriminellen Begleiterscheinungen der Prostitution den Boden zu entziehen, bessere Arbeitsbedingungen für die Prostituierten zu sichern und den Ausstieg aus der Prostitution zu erleichtern.

Inwieweit diese Ziele erreicht wurden, zeigt der Bericht der Bundesregierung aus dem Jahr 2007 auf der Grundlage dreier wissenschaftlicher Gutachten: Das Prostitutionsgesetz habe bis zu diesem Zeitpunkt weder die soziale Absicherung von Prostituierten bewirken können noch deren Arbeitsbedingungen messbar verbessert. Es gebe allenfalls »zaghafte Ansätze, die in diese Richtung weisen«.[3] Die Ausstiegsmöglichkeiten aus der Prostitution seien durch das Gesetz nicht wahrnehmbar verbessert worden. Für einen kriminalitätsmindernden Effekt des Gesetzes gebe es noch keine belastbaren Hinweise. Auch habe das Gesetz bis dato nur in sehr begrenztem Umfang zu einer besseren Transparenz des »Rotlichtmilieus« beigetragen (dabei war allerdings zu berücksichtigen, dass zwischen Inkrafttreten des Gesetzes und Beginn der Untersuchung ein sehr knapper Zeitraum lag).

Die Bundesregierung hielt deshalb die Prüfung u.a. folgender Punkte für prioritär:

- Verbesserung des Schutzes der Opfer von Menschenhandel und Zwangsprostitution;
- effiziente Gestaltung der Kontrolle gewerblicher Betätigung im Zusammenhang mit sexuellen Dienstleistungen; insbesondere einer Genehmi-

[3] Bericht der Bundesregierung zu den Auswirkungen des Gesetzes zur Regelung der Rechtsverhältnisse der Prostituierten (Prostituiertengesetz – ProstG), Stand 2007, Seite 79ff.; www.bmfsfj.de/bmfsfj/bericht-der-bundesregierung-zu-den-auswirkungen-des-gesetzes-zur-regelung-der-rechtsverhaeltnisse-der-prostituierten--prostitutionsgesetz.

gungspflicht für Bordelle, bordellartige Betriebe und andere Betriebe mit Bezug zu sexuellen Dienstleistungen;
- Regelung zur Strafbarkeit der Freier von Zwangsprostituierten;
- Anhebung der Schutzaltersgrenze für den sexuellen Missbrauch von Jugendlichen von 16 auf 18 Jahre in § 182 StGB Abs. 1 Nr. 1 und 2;
- bessere Unterstützung des Ausstiegs aus der Prostitution.

Das war der Hintergrund für das Prostituiertenschutzgesetz – sicher eines der schwierigsten Gesetze, die das BMFSFJ je auf den Weg gebracht hat. Und ein Novum, denn es gab bis dahin in Deutschland für den Prostitutionsbereich keinerlei berufsspezifische Regelungen – das einzige völlig unregulierte Gewerbe! Dem Gesetz gingen ein fast zehnjähriger Diskussionsprozess voraus und eine Koalitionsvereinbarung, nach der Prostituierte besser vor Menschenhandel und Zwangsprostitution geschützt und die Regulierung des Prostitutionsgewerbes verbessert werden sollten.

Das Prostituiertenschutzgesetz

Am 21.10.2016 ist das Gesetz zum Schutz von in der Prostitution tätigen Personen (ProstSchG) schließlich in Kraft getreten. Es enthält zahlreiche Pflichten für Bordellbetreiber, darunter eine Erlaubnispflicht, eine Kondompflicht und Werbeverbote sowie engmaschige Anmelde- und Beratungspflichten für Prostituierte. Das Gesetz hat wie kaum ein anderes die Gemüter bewegt. Dass dieser Bereich überhaupt über das ProstG von 1973 hinaus geregelt werden sollte, schien für die einen unvertretbar und jenseits jeder fortschrittlichen Politik zu sein, weil man die Selbstbestimmung der Prostituierten nicht beschneiden wollte, für die anderen waren die ordnungspolitischen Regelungen völlig ungenügend, weil man die Prostitution am liebsten ganz verboten hätte.

Man bewegte sich also in einem hochmoralisch oder scheinmoralisch aufgeladenen Bereich, in dem Welten und Weltanschauungen aufeinander prallten. Verstärkt wird diese Kluft noch dadurch, dass die Prostitution aus völlig gegensätzlichen Welten besteht: hier die Edel-Hure, die selbstbewusst und selbstbestimmt für hohe Preise ihre Dienste anbietet, dort die abhängige, vielleicht sogar minderjährige Prostituierte, die sich womöglich illegal im Land aufhält und für die diese Tätigkeit kein »Beruf wie jeder andere« ist, sondern Leid, Ausbeutung und Elend – und doch die einzige Chance scheint, den Lebensunterhalt zu sichern.

Die Fronten gingen durch alle Bereiche und Ebenen – auch jenseits der ansonsten bekannten Unterschiede zwischen schwarz, rot, grün oder Linken – auch unter den für Frauenpolitik zuständigen Kolleginnen und Kollegen in den Ministerien der Länder und des Bundes. Die Debatten waren hart, teils unversöhnlich und die Positionen ganz grundsätzlicher Art. Einigkeit bestand allenfalls in den Zielen eines Gesetzes zum Schutz der in der Prostitution Tätigen: Stärkung des Selbstbestimmungsrechts, besserer Schutz, bessere Arbeitsbedingungen, Verbesserung des Gesundheitsschutzes und Bekämpfung der Kriminalität in der Prostitution wie Menschenhandel, Gewalt, Ausbeutung und Zuhälterei.

Gerade in diesem Bereich gibt es aber nicht *die* richtige Lösung, weil es nicht *die* Prostituierte gibt. Prostitution ist zwar seit 2002 als Beruf anerkannt. Es ist aber dennoch kein »Beruf wie jeder andere« – gerade, weil dieser Bereich mit besonderen Gefährdungen für diejenigen Frauen und Männer verbunden ist, die nicht selbstbestimmt und autonom dieser Tätigkeit nachgehen. Dazu spielten in den zahllosen Debatten auch die persönlichen moralischen und religiösen Grundüberzeugungen eine Rolle und prägten die jeweiligen Haltungen.

Diese Gemengelage führte dazu, dass unzählige Abstimmungsrunden unzählige Veränderungen des Referentenentwurfs mit sich brachten, die ihn nicht immer verbesserten. Am Ende stand ein Gesetz, das niemanden wirklich zufriedenstellte – nicht die Gegner von Prostitution, die diese am liebsten verboten gesehen hätten und schon gar nicht die Befürworter, für die Prostitution oder Sexarbeit ein Beruf wie jeder andere ist. Das Prostituiertenschutzgesetz enthält eine Fülle von Regelungen bürokratischer Art, Statistik- und Berichtspflichten, Verfahren und Gebote – eine »Bürokratieorgie«, wie es eine der Teilnehmerinnen an den vielen teils nächtlichen Sitzungen treffend formuliert hatte.

Prostitution findet in einer Gesellschaft statt, die in vielen Bereichen und in ihrer Grundstruktur nach wie vor patriarchalisch geprägt ist. Nach meiner Auffassung ist in unserer Gesellschaft mit ihrer strukturellen Geschlechterungleichbehandlung die selbstbestimmte Prostituierte daher eine Vorstellung, die auf die Mehrzahl der Prostituierten nicht zutrifft und nicht zutreffen kann. Das gilt erst recht nicht, wenn Frauen aus purer Armut und/oder unfreiwillig in der Prostitution sind und nicht selbstbestimmt arbeiten, sondern unter dem Zwang ihrer Zuhälter.

Als Juristin halte ich es nicht für einen Tabubruch, sondern für eine Selbstverständlichkeit, dass auch dieses Gewerbe Regelungen unterworfen sein muss – so wie jedes andere Gewerbe. Dieses Gewerbe besonders, denn Prostitution ist ein gigantischer Markt, in dem erhebliche Umsätze und hohe Gewinne erzielt werden –, die in den wenigsten Fällen bei den Prostituierten landen. Und es ist für mich auch selbstverständlich, dass in diesem sensiblen Bereich, in dem Grundrechte wie Freiheit, Persönlichkeitsrechte und sexuelle Selbstbestimmung besonders gefährdet sind und in denen Kriminalität einen guten Nährboden hat, die verletzlichen Gruppen gesetzlich geschützt werden müssen.

Zwischen diesen Polen bewegt sich das Gesetz. Viele bürokratische Auswüchse wären vermeidbar gewesen. Sie waren es aber nicht, weil es eben ein schwieriger und höchst streitiger Abstimmungsprozess war, bei dem am Ende keine klare Linie mehr erkennbar war, sondern die Summe unzähliger Verhandlungsrunden und Kompromisse. Allen jedenfalls, die darum gerungen und gekämpft hatten, war gemeinsam, dass sie das aus ihrer Sicht Bestmögliche für die betroffenen Frauen erreichen wollten. Die im Gesetz vorgesehene Evaluation, die bis zum 1.7.2025 dem Bundestag vorzulegen ist, wird zeigen, inwieweit das gelungen ist.

Wie geht es weiter?

Am 15.5.2020 forderten 13 Bundestagsabgeordnete von CDU und CSU und drei von der SPD die Ministerpräsident/-innen der Länder in einem gemeinsamen Brief auf, die aufgrund der Corona-Krise geschlossenen Bordelle nicht wieder zu öffnen; die Schließung solle vielmehr für eine generelle Schließung der Bordelle genutzt werden. Auch sollten »weiterhin keine Lockerungen im Bereich der Prostitution« zugelassen und ein Sexkaufverbot nach dem Nordischen Modell eingeführt werden, das Freier und Zuhälter bestraft. In Schweden – mit ähnlicher Regulierung auch in Norwegen und Dänemark – macht sich seit 1999 ein Freier, der sexuelle Dienstleistungen kauft, strafbar. Wohlgemerkt: der Freier – nicht die Prostituierte, die diese Dienstleistung erbringt.[4]

Das Nordische Modell ist gleichwohl sehr umstritten; Kritiker befürchten, dass die Prostitution damit in die Illegalität gedrängt und die Prostituierten dadurch schlechter gestellt würden. Das sei in Schweden zu beobachten. Insbesondere Migrantinnen ohne Aufenthaltsstatus könnten verstärkt von Haft und Abschiebung betroffen sein, müssten in ständiger Angst leben und seien in der Illegalität noch stärker gefährdet. Die Befürworter verweisen darauf, dass Migrantinnen ohne Aufenthaltsstatus sich auch jetzt schon in der (aufenthaltsrechtlichen) Illegalität befinden und besonders gefährdet sind. Wer ihre Lage verbessern wolle, solle daher eher darauf hinwirken, dass sich ihr Status verbessere und damit ihre Arbeitsmöglichkeiten lega-

---

[4] RTL-News: »Offener Brief an Regierungschefs der Länder: Angesichts der coronabedingten Schließung von Bordellen fordert eine Gruppe von Bundestagsabgeordneten von Union und SPD ein Prostitutions-Verbot und Ausstiegsprogramme für Prostituierte«; 19.5.2020; www.rtl.de/cms/cdu-spd-fordern-prostitutionsverbot-und-ausstiegsprogramme-4544576.html.

lisiert werden könnten. Die Autor/-innen des Briefes vom 15.5.2020 verweisen dagegen auf eine Entschließung des Europäischen Parlaments, in der Deutschland dringend aufgefordert wird, die geltende gesetzliche Regelung zu revidieren.[5]

CDU und CSU haben eine Verschärfung des Prostituiertenschutzgesetzes auch in ihr Wahlprogramm 2021 aufgenommen. Unter der Überschrift »Prostitution wirksam schützen« fordern sie

- ein Verbot der Prostitution von Schwangeren und von Personen unter 21 Jahren;
- stärkere Regulierung des Straßenstrichs;
- bessere Durchsetzung des Prostituiertenschutzgesetzes u.a. mit schärferen Kontrollen des Prostitutionsgewerbes und intensiveren Ermittlungen beim Menschenhandel;
- härtere Bestrafung der ausbeuterischen Prostitution und der Zuhälterei und
- eine stärkere Unterstützung des Ausstiegs aus der Prostitution.[6]

Dagegen steht die Position, die eine Entkriminalisierung des Gewerbes Prostitution fordert, und das hieße für Deutschland: weniger Regulierung. Die Kriminalisierung von Sexkauf im Nordischen Modell verschlechtere die Situation der Prostituierten, vor allem von Migrantinnen. Diese seien dadurch mehr Gewalt ausgesetzt; viele fühlten sich gezwungen, ihre verbliebenen Kunden aus Angst vor Abschiebung anzuzeigen, wie die »Frankfurter Rundschau« am 7.3.2021 berichtete.[7]

Nicola Mai, Leiterin des Forschungsprojekts »Sexhum« (Sexual Humanitarianism: Migration, Sex Work and Trafficing) und ihr Team empfehlen daher statt weiterer Restriktionen mehr finanzielle Ressourcen für den sicheren Zugang zu Gesundheitsdiensten, Wohnraum, Arbeit, Bildung und Versicherung sowie eine Arbeitserlaubnis für Migrantinnen. Damit könnten diese besser vor Ausbeutung und Gewalt geschützt werden und müssten weder Abschiebung noch Haft befürchten.[8]

Die Bundesregierung hat im Jahr 2021 ein Bundesprogramm zur »Umstiegsberatung« für Prostituierte aufgelegt, in dessen Rahmen lokale Projekte zum Ausstieg aus der Prostitution gefördert sowie die Hilfen und Un-

---

[5] Ebd.

[6] Das Programm für Stabilität und Erneuerung – gemeinsam für ein modernes Deutschland, Wahlprogramm der CDU/CSU, 2021, S. 110.

[7] Thomas Borchert/Valérie Eiseler: »Verbot von Sexarbeit: Was soll die Kriminalisierung bringen?«, Frankfurter Rundschau vom 7.3.2021.

[8] sexhum.org/key-findings/.

terstützungsangebote, u.a. für Prostituierte in Notlagen weiterentwickelt werden.

Prostitution ist kein Beruf wie jeder andere; es ist ein Gewerbe, das Frauen zur Ware macht. Von daher dürfte bei der Mehrzahl der in der Prostitution Tätigen von Selbstbestimmung keine Rede sein. Bei 4.000 Euro Monatsmiete für ein Zimmer in einem Bordell ist eine autonome Freierwahl und damit eine selbstbestimmte Arbeit schwierig. Und wer sich auf der Straße oder in einem Campingwagen prostituieren muss, ist ohnehin von Selbstbestimmung weit entfernt. Für diese Frauen gilt eher das Gesetz der Gewalt und der Dominanz. Die coole selbstbewusste Frau, die ihre Freier selbst aussucht, den Preis vorgibt, die Regeln bestimmt und deren Einhaltung durchsetzen kann, gehört einer Minderheit an.

Das Gros der Frauen in der Prostitution in Deutschland stammt aus Osteuropa, vor allem aus Bulgarien und Rumänien, den beiden ärmsten Ländern der EU. »Sie kommen aus Rumänien, Bulgarien, Ungarn und führen ein Schattenleben mitten unter uns. Frauen aus Osteuropa sind seit der EU-Osterweiterung die Billigware auf dem deutschen Prostitutionsmarkt. Kaum ein Bordell oder Straßenstrich, an dem sie nicht anzutreffen sind.«[9]

Die angebliche Freiwilligkeit ist gerade für Frauen aus armen Ländern eine Mär. Ihre Biografie ist vielfach geprägt von Armut, Perspektivlosigkeit, aber auch aktueller Gewalt und Gewalterfahrungen in der Kindheit: »Wenn man sich die meisten Frauen in der Prostitution anguckt, findet man entweder Armut, Geldnot, irgendwas in der Vergangenheit. Armut vor allem auch im Herkunftsland. Außerdem findet man auch Drogenabhängigkeit, Alkoholabhängigkeit, aber auch Missbrauch in der Kindheit oder Vernachlässigung. Das findet man bei den meisten Frauen.«[10] Wir können und müssen diesen Ländern anders helfen, als ihre qualifizierten Arbeitskräfte abzuwerben und zuzulassen, dass junge Frauen in die Prostitution getrieben werden.

Akute Hilfen bietet zum Beispiel »Amalie« in Mannheim, ein Projekt, das die Sozialarbeiterin Julia Wege im Juli 2013 gegen den Widerstand der Stadtverwaltung ins Leben gerufen hat und das heute in der Trägerschaft der Diakonie Prostituierten Halt und Unterstützung gibt – auch Frauen, die aus der Prostitution aussteigen wollen. »Amalie« ist ein heller und freundlicher Ort, an dem die Prostituierten duschen, waschen, gemeinsam ko-

---

[9] Günter Balci: »Armutsprostituierte aus Osteuropa. Eine Frau für fünf Euro«; 9.3.2020; www.deutschlandfunkkultur.de/armutsprostituierte-aus-osteuropa-eine-frau-fuer-fuenf-euro.976.de.html?dram:article_id=472069.

[10] Ebd.

chen und durchatmen und einmal wöchentlich eine kostenlose Arztsprechstunde erhalten können.

Um ein realistisches Bild der Prostitution in Deutschland zu erhalten, ist eine breit angelegte Studie zu Ausmaß, Erscheinungsformen und zur Lebenssituation der Prostituierten dringend notwendig.

Kopftuch, Niqab, Burka

Für die einen ist das Kopftuch die »Flagge des politischen Islam« (Alice Schwarzer), für die anderen stehen Schleier oder Kopftuch für »emanzipatorische Freiheit« (Khola Maryam Hübsch).[11] »Ja zum Kopftuch – wenn es freiwillig getragen wird«, fordert auch der Psychoanalytiker Wolfgang Schmidbauer.[12] Christa Stolle, Geschäftsführerin von Terre des Femmes, hält dagegen, dass »die Verschleierung die Menschenwürde der Frau (verletzt) und Ausdruck von Sexismus (ist)«. Insbesondere öffentliche Bildungseinrichtungen müssten ein sicherer und neutraler Ort der freien Entwicklungs- und Entfaltungsmöglichkeit sein.[13] Auch der Deutsche Lehrerverband fordert ein Verbot von Gesichtsschleiern nicht nur in Schulen, sondern in allen Bildungseinrichtungen: »Ich plädiere für ein bundesweites Niqabverbot in allen Bildungseinrichtungen. Das passt nicht zu dem offenen Umgang, den wir im Unterricht pflegen wollen.« Der Niqab sei ein ganz starkes Zeichen der Abgrenzung und gegen Integration. »Wir wollen ein Klima der Toleranz und des offenen wertschätzenden Miteinanders und dazu gehört es, Gesicht zu zeigen.«[14]

Der Streit wird auf allen Ebenen ausgetragen: kulturell, politisch und juristisch.

---

[11] Alice Schwarzer/Khola Maryam Hübsch; Konferenz »Das islamische Kopftuch – Symbol der Würde oder der Unterdrückung?«, Frankfurter Forschungszentrum Islam, 8.5.2019 in Frankfurt; video.uni-frankfurt.de/Mediasite/Showcase/events/Channel/kopftuch/Info.

[12] Wolfgang Schmidbauer: »Ja zum Kopftuch – wenn es freiwillig getragen wird«; Die Welt; www.welt.de/debatte/kommentare/ article193468281/Islam-Debatte-Ja-zum-Kopftuch-wenn-es-freiwillig-getragen-wird.html.

[13] Christa Stolle: »Lernen braucht offene Kommunikation – Nach OVG-Urteil gegen Niqab-Verbot: Senator will Schulgesetz ändern«, domradio, 4.2.2020; www.domradio.de/themen/islam-und-kirche/2020-02-04/lernen-braucht-offene-kommunikation-nach-ovg-urteil-gegen-niqab-verbot-senator-will-schulgesetz.

[14] Süddeutsche Zeitung vom 3.3.2020; www.sueddeutsche.de/bildung/schulen-hamburg-lehrerverband-fuer-nikab-verbot-in-bildungseinrichtungen-dpa.urn-newsml-dpa-com-20090101-200203-99-756574.

Zunächst ist zu differenzieren, worüber man streitet: über das Kopftuch (Hidschab), die Vollverschleierung, bei der nur die Augen sichtbar bleiben (Niqab) oder über die Vollverschleierung, bei der die Augen mit einem Gitter verdeckt sind (Burka)? Die Burka und der Niqab sind sicher die Kleidungsstücke, die in den westlichen Ländern das meiste Unbehagen auslösen, werden sie doch als fremd in unserer offenen Kultur angesehen und als rigide frauenfeindliche Zwangsmaßnahmen, die unserem emanzipatorischen Verständnis von Frauen und Männern widersprechen.

Es geht aber nicht lediglich um kulturell geprägte rigide Haltungen, sondern es geht auch um religiöse Fragen; dabei ist der in Artikel 4 Abs. 1 und 2 Grundgesetz verankerte Schutz zu beachten: »(1) Die Freiheit des Glaubens, des Gewissens und die Freiheit des religiösen und weltanschaulichen Bekenntnisses sind unverletzlich. (2) Die ungestörte Religionsausübung wird gewährleistet.«

Rechtsgrundlagen und -politische Bewertung hierzulande

Das Bundesverfassungsgericht hat sich schon mehrfach zum Kopftuch geäußert. Während in europäischen Ländern wie Frankreich das Kopftuch ebenso wie andere religiöse Kleidungsstücke oder deutlich sichtbare religiöse Symbole aller Religionen im öffentlichen Raum verboten, in anderen nur für bestimmte Berufsgruppen erlaubt sind (Belgien, Dänemark, Niederlande, Österreich), hat in Deutschland das Bundesverfassungsgericht 2015 ein generelles Kopftuchverbot an Schulen in Nordrhein-Westfalen als schweren Eingriff in die Glaubensfreiheit der Klägerin angesehen. Mit Hinweis auf die Religionsfreiheit sei ein Kopftuchverbot an Schulen daher nur zulässig, wenn dadurch eine hinreichend konkrete Gefahr für den Schulfrieden oder für die staatliche Neutralität bestehe.

Schon am 24.9.2003 hat das Bundesverfassungsgericht geurteilt: »Ein Verbot für Lehrkräfte, in Schule und Unterricht ein Kopftuch zu tragen, findet im geltenden Recht des Landes Baden-Württemberg keine hinreichend bestimmte gesetzliche Grundlage.«[15] Es könne aber ein »verfassungsrechtlich anzuerkennendes Bedürfnis (bestehen), äußere religiöse Bekundungen nicht erst im konkreten Einzelfall, sondern für bestimmte Schulen oder Schulbezirke über eine gewisse Zeit auch allgemeiner zu unterbinden«, wenn es aufgrund »substanzieller Konfliktlagen über das richtige religiöse Verhalten bereichsspezifisch zu einer hinreichend konkreten Gefährdung

---

[15] Bundesverfassungsgericht, Urteil vom 24.9.2003 – 128 2 BvR 1436/02; www.haufe.de/oeffentlicher-dienst/personal-tarifrecht/entscheidung-des-ovg-hamburg-zur-verschleierung-von-schuelerin_144_509928.html.

oder Störung des Schulfriedens oder der staatlichen Neutralität in einer beachtlichen Zahl von Fällen komme«.

Ein solches Verbot wäre allerdings nur dann zulässig, »wenn es sich allgemein auf das Tragen religiöser Symbole bezöge, ohne bestimmte Religionen herauszugreifen«, so das Gericht. Eine abstrakte Gefahr reiche dazu nicht aus. Für Rechtsreferendarinnen allerdings, die im Rahmen ihrer Ausbildung als Richterin oder Staatsanwältin im Prozess auftreten, hat das BVerfG in seinem Beschluss vom 14.1.2020 ein Kopftuchverbot nicht als einen Verstoß gegen die Verfassung angesehen: Es sei zwar ein »Eingriff in die Glaubensfreiheit und weiterer Grundrechte der Beschwerdeführerin. Dieser Eingriff ist aber gerechtfertigt.«[16] Ein Minderheitenvotum hält dagegen, dass ein Kopftuchverbot jedenfalls dann verfassungsrechtlich nicht haltbar sei, wenn für alle Beteiligten und für die Öffentlichkeit klar erkennbar sei, dass die Trägerin des Kopftuchs keine Richterin oder Staatsanwältin sei, sondern eine Referendarin in der Ausbildung.

Mit der Frage, ob ein Burka-Verbot in öffentlichen Gebäuden zulässig sei, hat sich auch der Wissenschaftliche Dienst des Bundestages schon im Jahr 2010 auseinandergesetzt. Er kam zu dem Ergebnis, dass ein Burka-Verbot in Gebäuden, zu deren Betreten eine Burka-Trägerin verpflichtet sein könnte, gegen die in Artikel 4 Grundgesetz garantierte Religionsfreiheit verstoße. Auch ein Verbot des Zugangs mit einer Burka zu Gebäuden, deren Betreten Voraussetzung für die freie Berufswahl sei, könne nur bei einer nachweisbaren oder höchstwahrscheinlichen schweren Gefahr für ein überragend wichtiges Gemeinschaftsgut verboten werden.[17] Nicht nur der private Glaube, sondern auch das öffentliche Bekenntnis zur eigenen Religion seien grundrechtlich geschützt: »In einer Gesellschaft, die unterschiedlichen Glaubensüberzeugungen Raum gibt, (hat) der einzelne kein Recht darauf, von fremden Glaubensbekundungen verschont zu bleiben.«[18] Mit anderen Worten: In einer pluralistischen Gesellschaft muss man auch eine Burka-tragende Frau hinnehmen, selbst wenn sie für viele ein fremder oder verstörender Anblick ist.

Dass es zu diesen Fragen nicht sehr häufig zu rechtlichen Auseinandersetzungen gekommen ist, dürfte daran liegen, dass Frauen mit Burka in Deutschland ein eher seltener Anblick sind (und dort, wo dies der Fall ist, zum Beispiel in München, sind sie in Nobelgeschäften gern gesehene, weil

---

[16] Ebd.

[17] Burka-Verbot in öffentlichen Gebäuden – Lassen sich Burkas in öffentlichen Gebäuden verbieten?« – AZ WD 3 – 3000 – 444/10, 10.12.2010.

[18] Ebd.

zahlungskräftige Kundinnen). Für die Schulen haben die Bundesländer in ihren Schulgesetzen verfassungskonforme Regelungen und somit Rechtsgrundlagen zum Umgang mit Kopfbedeckungen und religiösen Symbolen allgemein im Unterricht getroffen. Dazu hat das Bundesverfassungsgericht Leitplanken aufgestellt.[19]

Der Bundestag hat am 22.4.2021 das »Gesetz zur Regelung des Erscheinungsbildes von Beamtinnen und Beamten sowie zur Änderung weiterer dienstrechtlicher Vorschriften« beschlossen – bei Enthaltung der Fraktionen Die Grünen und der FDP und gegen die Stimmen der LINKEN. Darin heißt es in »§ 61 Wahrnehmung der Aufgaben, Verhalten und Erscheinungsbild«:

»Beamtinnen und Beamte haben bei Ausübung des Dienstes oder bei einer Tätigkeit mit unmittelbarem Dienstbezug auch hinsichtlich ihres Erscheinungsbildes Rücksicht auf das ihrem Amt entgegengebrachte Vertrauen zu nehmen. Insbesondere das Tragen von bestimmten Kleidungsstücken, Schmuck, Symbolen und Tätowierungen im sichtbaren Bereich sowie die Art der Haar- und Barttracht können von der obersten Dienstbehörde eingeschränkt oder ganz untersagt werden, soweit die Funktionsfähigkeit der Verwaltung oder die Pflicht zum achtungs- und vertrauenswürdigen Verhalten dies erfordern. (…) Religiös oder weltanschaulich konnotierte Erscheinungsmerkmale nach Satz 2 können eingeschränkt oder ganz untersagt werden, wenn sie objektiv geeignet sind, das Vertrauen in die neutrale Amtsführung der Beamtin oder des Beamten zu beeinträchtigen. (…) Die Verhüllung des Gesichts bei der Ausübung des Dienstes oder bei einer Tätigkeit mit unmittelbarem Dienstbezug ist stets unzulässig, es sei denn, dienstliche oder gesundheitliche Gründe erfordern dies.«

Damit haben die jeweils zuständigen obersten Dienstbehörden eine Rechtsgrundlage für entsprechende Verbote, zum Beispiel ein Verbot, eine religiös motivierte Kopfbedeckung zu tragen oder diese Möglichkeit einzuschränken.

Kulturelle und politische Deutungshoheit

Die rechtliche Auseinandersetzung ist aber nur der Austragungsort über den Streit um die politische und kulturelle Deutungshoheit in dieser Frage. Schonungslos geht Mely Kiyak in »Zeit online« mit den Feministinnen ins Gericht, die das Kopftuch als Symbol patriarchaler Unterdrückung verdammen (und die Frauen als sich nicht wehrende Opfer gleich mit): »Warum

[19] Bundesverfassungsgericht, Beschluss vom 27.6.2017 – 2 BvR 1333/17 –; www.bundesverfassungsgericht.de/SharedDocs/Entscheidungen/DE/2017/06/rk20170627_2bvr133317.html.

diese sich nicht gleich mit dem islamistischen Patriarchat anlegen, statt einen Umweg zu gehen und sich an den mutmaßlichen Opfern abzuarbeiten?«, fragte sie in ihrer Kolumne über die »Islamkonferenz« in Frankfurt an die Adresse der Feministinnen, die sich mit dem Kopftuch auseinandersetzen: »Man kann Menschen nicht gegen ihren Willen befreien. Und niemand hat das Recht, ihnen überhaupt Befreiungsbedarf zu unterstellen.«

Das Kopftuch stehe in einer Reihe von Fragen, die Frauen in orthodoxen Gemeinschaften betreffen, häufig an allerletzter Stelle: »Es geht ihnen um Freiheit, Angst und Selbstbeschränkung. Um ein fehlendes Selbstvertrauen. Es geht um einen Halt, der einem sagt: Dieses Leben ist auch für dich bestimmt! Für solche Frauen kann man nur eines tun: ihre Freundinnen sein.«[20]

Dagegen hat der Verein »Terre des Femmes« am 11. Dezember 2020 dem Bundesjustizministerium eine Petition »DEN KOPF FREI HABEN!« übergeben, in der er »ein gesetzliches Verbot des Kinderkopftuchs im öffentlichen Raum vor allem in Ausbildungsinstitutionen für alle minderjährigen Mädchen« fordert. Die Verschleierung von Mädchen sei keine harmlose religiöse Bedeckung des Kopfes, sondern stelle »eine geschlechtsspezifische Diskriminierung und eine gesundheitliche (psychische und körperliche) Gefahr dar«, die die Chancen der Mädchen auf eine gleichberechtigte Teilnahme am gesamtgesellschaftlichen Leben massiv einschränke und die Mädchen so konditioniere, dass sie das Kopftuch später nicht mehr ablegen könnten.[21]

Diese Position ist in der Organisation nicht unumstritten: Im Juni 2017 hatten sich 24 Frauen von »Terre des Femmes« in einem offenen Brief gegen einen entsprechenden Antrag des Vorstands der Organisation gewandt. Mit einem Kopftuchverbot für Minderjährige würden diese »ausgeschlossen, rassistische Ressentiments reproduziert und rechtspopulistische Tendenzen in der Gesellschaft könnten legitimiert werden«.[22] Die Konstruktion eines undifferenzierten Bildes kopftuchtragender Muslima entmündige genau jene betroffenen Frauen und Mädchen, die ohnehin oft zu den Benachteiligten gehörten. Wichtig sei es daher, zu erkennen, dass jede Frau (und jedes Mädchen) ihre eigene Lebensrealität hätte und nur ein respektvoller und toleranter Umgang miteinander im Rahmen eines Diskurses aller Beteiligten Feministinnen vereinen könne.

---

20 Mely Kiyak: »Freundinnen sein«; www.zeit.de/kultur/2019-05/kopftuch-debatte-konferenz-rassismus-feminismus-solidaritaet.

21 Petition DEN KOPF FREI HABEN! www.frauenrechte.de/unsere-arbeit/themen/gleichberechtigung-und-integration/kinderkopftuch/3338-terre-des-femmes-unterschriftenaktion-den-kopf-frei-haben.

22 taz.de/Streit-bei-Terre-des-Femmes/!5420070/ vom 23.6.2017.

Für den Schweizer Religionsforscher Andreas Tunger-Zanetti von der Universität Luzern »besteht kein Zweifel, dass die allermeisten Frauen in Europa die Vollverschleierung aus eigenen Stücken und nicht auf Druck des Umfelds gewählt haben«. Die Annahme, dass hinter jeder verschleierten Frau ein Ehemann, ein Bruder oder der Vater stehe, sei der größte Irrtum. »Oft versuchen Angehörige sogar, die Frau davon abzuhalten, mit dem Niqab auf die Straße zu gehen, weil sie genau wissen, dass dies Schwierigkeiten bringt.«[23]

Zum gleichen Ergebnis kam die Konrad-Adenauer-Stiftung schon in einer Studie aus dem Jahr September 2006 »Das Kopftuch – Entschleierung eines Symbols?«: »Die Annahme, das Kopftuch stehe für die Unterdrückung der Frau, wird nicht belegt. Die befragten Frauen favorisieren gleichberechtigte Modelle der Partnerschaft und wollen keineswegs hinter ihren Partnern zurückstehen. In diesen Ansichten gleichen sie in hohem Maß der deutschen Mehrheitsgesellschaft.«[24]

Auch die frühere Integrationsbeauftragte der Bundesregierung, Annette Widmann-Mauz (CDU) hat ein Kopftuchverbot für Mädchen kritisch gesehen: »Ein Verbot löst auch noch nicht das Problem, das dahintersteht. Wir müssen die Eltern erreichen und die Mädchen stark machen, eine selbstbestimmte Entscheidung zu treffen.«[25] Ähnlich äußerte sich die damalige Leiterin der Antidiskriminierungsstelle des Bundes, Christine Lüders: »Wer das muslimische Kopftuch an Schulen verbieten will, der löst damit keine Integrationsprobleme, sondern trägt dazu bei, dass sich Schülerinnen ausgegrenzt und diskriminiert fühlen.«[26]

Ich bin oft erstaunt gefragt worden, wie ich als Feministin, als für Frauenpolitik und Gleichstellung zuständige Abteilungsleiterin gegen ein Verbot der Verschleierung sein könne. Ein solches Verbot sei doch nicht frauenfeindlich, frauenfeindlich sei vielmehr der Zwang für Frauen, ein Kopftuch

---

[23] Andreas Tunger-Zanetti: »Der grösste Irrtum? Dass hinter jeder Nikabträgerin ein Ehemann, ein älterer Bruder oder der Vater steht, der sie dazu zwingt«, Neue Züricher Zeitung, 8.1.2021 www.nzz.ch/schweiz/burkaverbot-warum-viele-annahmen-ueber-vollverhuellte-falsch-sind-ld.1594888.

[24] Frank Jessen/Ulrich von Wilamowitz-Moellendorff: »Das Kopftuch – Entschleierung eines Symbols?«, Zukunftsforum Politik; Broschürenreihe Nr. 77, Hrsg. Konrad-Adenauer-Stiftung e.V., Sankt Augustin/Berlin, September 2006.

[25] Marcel Leubecher/Sabine Menkens: »Kopftuchverbot löst nicht das Problem, das dahinter steht«, Die Welt, 10.4.2018; www.welt.de/politik/deutschland/article175299778/Integrationsbeauftragte-Annette-Widmann-Mauz-sieht-Kopftuchverbot-kritisch.html.

[26] Christine Lüders: »Kopftuchverbot hätte Konsequenzen für andere Religionen«, chrismon, Das evangelische Magazin, 10.4.2018; chrismon.evangelisch.de/nachrichten/38499/lueders-kopftuchverbot-haette-konsequenzen-fuer-andere-religionen.

tragen zu müssen. Für mich hat aber die emanzipatorisch daherkommende Position, Frauen müssten mit einem Verbot der Verschleierung vor ihren Partnern, Vätern oder Brüdern geschützt werden, etwas Paternalistisches: Wieso geht man oder frau automatisch davon aus, dass die Frauen, die einen Schleier tragen, keine eigenen Entscheidungen treffen und durchsetzen können? Sind uns nicht allen schon Schleier tragende Frauen begegnet, die klug, selbstbewusst und zielstrebig ihren Weg gehen und für sich entscheiden, was sie tragen, wie sie es tragen und wo sie es tragen? Damit soll nicht geleugnet werden, dass es Frauen und Mädchen gibt, die ihr Kopftuch nicht freiwillig tragen! Aber das als Annahme anzusehen, die für alle Kopftuch tragenden Frauen und Mädchen zutrifft, halte ich für problematisch.

Übrigens hat während meiner Zeit im Frauen- und Sozialministerium in Rheinland-Pfalz nur eine einzige, junge und selbstbewusste Frau mit Kopftuch gearbeitet; im Bundesfrauenministerium, wo dieses Thema durchaus kontrovers diskutiert wurde, ist mir keine einzige begegnet. Im BMFSFJ hatte ich aber oft die Gelegenheit, an Sitzungen mit Vertreterinnen von Migrantinnen-Organisationen teilzunehmen. Oft trugen Teilnehmerinnen ein Kopftuch. Und ich hatte manchmal den Eindruck, dass das auch ein Statement war: Das ist ein Teil meiner Kultur, ich habe sie mitgebracht, und ich möchte sie behalten. Warum fällt es manchen so schwer, das zu akzeptieren? Warum glauben manche, so genau zu wissen, dass diese Frauen und Mädchen zum Kopftuch gezwungen werden? Man sieht es einer Frau, die ein Kopftuch trägt, schließlich nicht an, warum sie es trägt oder warum sie verschleiert ist. Deshalb sollte man auch nicht generell einen Zwang unterstellen, damit den Frauen eine eigene Entscheidung absprechen und sie so erst recht in den Status von Unterdrückten verweisen.

Wir müssen es meines Erachtens in einer liberalen Gesellschaft aushalten, dass Frauen aus anderen Kulturkreisen dieses Kleidungsstück in der Öffentlichkeit tragen und es nicht mit unserer eigenen Deutung überziehen oder gar aus dem öffentlichen Leben verbannen – es sei denn, es gibt dienstliche Kleidervorschriften, die dann natürlich für alle gelten, zum Beispiel für Richter/-innen oder Staatsanwält/-innen im Gericht oder für Polizist/-innen.

Das gilt meines Erachtens umso mehr, als Frauen, die ein Kopftuch tragen, ohnehin Diskriminierungen und Anfeindungen ausgesetzt sind. Der »Tagesspiegel« berichtete im Oktober 2020 darüber, dass Frauen mit Kopftuch in Fitnessstudios häufig der Zutritt verwehrt werde[27] – ein klarer Verstoß ge-

[27] Inga Hofmann: »Keine Frage des Stoffes«, Der Tagesspiegel vom 21.10.2020; plus.tagesspiegel.de/sport/fitnessstudios-nur-fuer-frauen-ich-habe-keine-lust-angemacht-zu-werden-werden-52730.html.

gen das Allgemeine Gleichbehandlungsgesetz (AGG), für den angeblich sachliche Gründe wie Sicherheitsbedenken oder Hygieneregeln vorgeschoben wurden. Toleranz, Akzeptanz, Unterstützung und ein bisschen mehr Gelassenheit würden der Debatte sicher guttun. »Wir haben uns an den Bikini gewöhnt, wir werden uns auch an die Burka gewöhnen«, so der Professor für jüdische Philosophie an der University of Virginia, USA, Asher D. Biemann.[28]

[28] Asher D. Biemann: »Es gibt gravierendere Probleme im Land«, Neue Züricher Zeitung, 9.1.2021.

11. Von der Männerbewegung zur Männerpolitik?

»Ich finde die gegenwärtige Debatte über Geschlechterverhältnisse, die so nicht bleiben können, auch für Männer eine große Ermutigung.«
(Wolfgang Schorlau, Schriftsteller)

Anfänge der Männerbewegung

Bereits in den 1970er-Jahren haben Männer aus dem linken Spektrum begonnen, sich in Männergruppen zu organisieren und die Männerrolle sowie ihr eigenes Rollenverhalten kritisch zu hinterfragen. Ihr Ansatz war zwar weitgehend selbsterfahrungsorientiert, setzte aber dennoch eine kritische Auseinandersetzung mit Mannsein und Patriarchat und damit auch einen gesellschaftlichen Prozess in Gang.

Als die ersten Frauen- und Gleichstellungsministerien gebildet wurden, rief das auch eine Diskussion um Männerpolitik hervor – begünstigt durch die Quotendiskussionen im Rahmen der Landesgleichstellungsgesetze. Doch die Debatten drehten sich nicht nur darum, die Fragen waren grundsätzlicher: Wo bleiben die Männer in der Gleichstellungspolitik? Braucht es neben der Frauen- und Gleichstellungspolitik auch eine Männerpolitik? Wie sollte diese konkret aussehen? Und natürlich wurde auch befürchtet, dass Männer durch die Frauenförderung benachteiligt werden könnten.

Ein wichtiger Repräsentant eines neuen Männerbildes und -selbstverständnisses ist der Schweizer Soziologe Walter Hollstein, der sich schon früh konsequent für eine Veränderung der eingefahrenen Rollenbilder für Männer stark gemacht hat – mit Blick auf die mit der Männerrolle verbundenen Einschränkungen, die er als Hemmnisse einer freien und gleichberechtigten Partnerschaft zwischen Frauen und Männern ansieht. In seinem Buch »Machen Sie Platz, mein Herr! – Teilen statt herrschen« dokumentierte er bereits 1992 »die Fortschritte wie auch die Schwierigkeiten der Männer in Bewegung«[29] und stellte fest: »Die traditionellen Eigenschaften der Männer sind obsolet geworden. Unsere jahrtausendealte Qualität des Kriegers und Eroberers, der die Seinen beschützt, den Urwald rodet, neues Territorium erschließt und sichert, wird in der Sicherheit von Sozialstaat und Betonstadt überflüssig.«

Neun Jahre später analysiert er im Berliner »Tagesspiegel«: »Das Frauenbild hat sich in den vergangenen Jahrzehnten modernisiert und um Qua-

---

[29] Walter Hollstein: Machen Sie Platz, mein Herr – Teilen statt herrschen, Reinbek bei Hamburg, 1992, S. 7.

litäten wie Durchsetzungsfähigkeit, berufliche Kompetenz oder Wettbewerbsfähigkeit erweitert. Im Gegensatz dazu hat sich das Männerbild sogar traditionalisiert (...) Männlichkeit wird nach wie vor primär an Leistung, dem Berufserfolg und dem eigenen Status festgemacht.«[1] Dieses kollidiere aber mit den neuen Entwicklungen: mit wachsender finanzieller Unabhängigkeit von Frauen und daraus resultierender Rollenverunsicherung bei Männern.

Vor diesem Hintergrund ist in den 1990er-Jahren eine Gegenbewegung von Männern entstanden, die sich vom Feminismus, von der Frauenpolitik und der Frauenförderung und vermutlich auch vom Selbstbewusstsein und der Selbstverständlichkeit, mit der Frauen gleiche Rechte und Chancen einforderten, vernachlässigt, überfordert oder bedroht fühlten. Männer diskutierten über ihre Identitätskrise, deren Ursprung sie in der Vernachlässigung »spiritueller Männerenergie« sahen und fragten sich, wer die Männer befreie[2] – nicht nur in Deutschland. Das ist nicht trivial und daher nicht zu unterschätzen, denn auch der Verlust von Privilegien ist ein Verlust! Tatsächlich bedeuten mehr Chancen und bessere Positionen für Frauen notwendigerweise weniger Chancen und Plätze für Männer. Das Instrument Quote und den Begriff Gender haben viele Männer daher als Angriff auf männliche Lebensweisen und -realitäten empfunden.

Väter, die sich im Rahmen einer Trennung oder Scheidung übervorteilt sahen, forderten teilweise lautstark ihre Väterrechte ein. In ihrer Wahrnehmung müssten nicht die Frauen gefördert werden, sondern sie, die übervorteilten Männer, deren Männlichkeitsbild dramatisch gelitten hatte und die sich jetzt als Opfer in einem Scheidungskrieg fühlten und gekränkt und frustriert aus einer gescheiterten Ehe in eine unbekannte Zukunft katapultiert sahen.

In Gesprächen mit Mitgliedern solcher Vereine habe ich erfahren, wie stark bei ihnen gerade eine Trennung oder Scheidung zu Verletzungen und Frustrationen geführt hat. Die meisten hatten das Scheitern ihrer Ehe als Niederlage empfunden, die sie sich aber nicht eingestehen wollten und das Problem stattdessen auf eine politische Ebene gehoben. Sie machten tatsächliche oder gefühlte Benachteiligung als geschiedene und unterhaltspflichtige Väter zum politischen Thema und zu ihrem Vereinszweck – was neue Enttäuschungen nach sich zog.

---

[1] Walter Hollstein: »Mann, oh Mann – Das vergessene Geschlecht«, Der Tagesspiegel, 28.8.2011.

[2] Alexander Harder: »Gorillataktik - Ideologie: Im Internet wächst die Gemeinde der neuen Maskulinisten. Deren Gedankengut hat schon Leben gekostet«, Der Freitag 24/2018.

Ein ähnliches Muster habe ich bei den »Maskulisten« wahrgenommen, die mir in ihrer Männlichkeit tief gekränkt schienen und mit denen eine gemeinsame Gesprächsebene über das Thema Gleichstellung der Geschlechter nur sehr schwer und teilweise auch gar nicht mehr herzustellen war. Manche Männer empfanden aber auch einfach ein großes Unbehagen und wurden von der Sorge umgetrieben, dass sie zu »Quotenopfern« werden könnten – oder sahen sich bereits als solche. Dass die Quoten oder Bevorzugungsregeln grundsätzlich strikt leistungsbezogen waren und damit lediglich Chancengleichheit hergestellt worden war, wurde dabei übersehen oder verdrängt.

Umgekehrt habe ich auch die Erfahrung gemacht, dass manche Frauen eher zurückhaltend mit dem Instrument Quote umgingen, weil sie sich in die Situation von Männern versetzten und den Vorwurf ungerechtfertigter Bevorzugung von Frauen befürchteten.

Auseinandersetzung mit der Männerrolle

Während auf der einen Seite Beratungsangebote und Anlaufstellen für betroffene Männer entstanden (zum Beispiel die Väterberatung), kamen auf der anderen Seite schrille Polemiken gegen Frauen, Gleichstellung und Gender Mainstreaming auf. »Die Angst mag im Einzelfall verständlich sein, ist aber nur teilweise berechtigt. Denn die männliche Hegemonie in den Spitzenpositionen von Politik, Wirtschaft und Kultur ist höchstens angekratzt. Benachteiligung durch Frauenförderung erleben Männer nicht so sehr auf der Führungsebene, eher schon in mittleren Positionen«, hält Thomas Gesterkamp dagegen.[3]

Er benennt die Probleme, die Jungen und Männer haben und die nach seiner Auffassung Gegenstand einer »progressiv ausgerichteten Männerpolitik« sein sollten: »mehr Förderung für männliche Schüler, stärkere Erforschung der Faktoren, die Männer krank machen, Unterstützung für getrennte Väter sowie ein Beratungssystem, das männlichen Gewaltopfern hilft, sich mit ihrer eigenen Verletzbarkeit auseinanderzusetzen.« Die Förderpraxis der Europäischen Union kritisiert er als »Gender means women«, und die 2012 und 2017 vorgelegten Gleichstellungsberichte der Bundesregierung ignorierten seiner Meinung nach Männerprobleme.

Dabei hat sich schon der 1. Gleichstellungsbericht »Neue Wege – Gleiche Chancen – Gleichstellung von Frauen und Männern im Lebensverlauf« aus-

[3] Thomas Gesterkamp: »Kampf der Angekratzten – Maskulinismus; Im Netz klagen Männer laut über ihre Benachteiligung. Manche ihrer Beschwerden haben in der Tat einen wahren Kern«, Der Freitag 27/2018.

führlich mit dem Thema Gleichstellung mit dem Fokus der Lebensverlaufsperspektive von Frauen *und* Männern auseinandergesetzt. In dem Bericht wurden erstmals die politischen Handlungsbedarfe an den Übergängen zwischen wichtigen Lebensphasen (berufliche Orientierung, Familiengründung oder Wiedereinstieg in das Berufsleben) analysiert und sowohl in der Analyse als auch in den daraus abgeleiteten Empfehlungen beide Geschlechter in den Blick genommen.

Die Bundesregierung hat dazu in ihrer Stellungnahme, die neben dem Gutachten der Sachverständigen-Kommission Bestandteil des Gleichstellungsberichts ist, betont, dass es auch Ziel der Gleichstellungspolitik sei, »Jungen und Männern neue Verwirklichungsperspektiven in Berufs- und Lebensplanung zu eröffnen«. Dazu sei »eine aktive Jungen- und Männerpolitik« ein wichtiger Baustein: »Nur wenn Männer die Chance haben, anders zu leben als frühere Generationen von Männern, ist der Weg frei für gleichberechtigte Partnerschaften.«[4]

Thema des Gleichstellungsberichts war also nicht in erster Linie die Analyse von Frauen- und Männerbelangen, sondern die Analyse wichtiger Weichenstellungen in den jeweiligen Lebensverläufen von Frauen und Männern und daraus abgeleitete Handlungsempfehlungen.

Auch ein Blick in den 2. Gleichstellungsbericht widerlegt die vermeintliche Ignoranz. Der Bericht der Bundesregierung zum Gutachten der Sachverständigenkommission verfolgt als Leitidee »Erwerbs- und Sorgearbeit gemeinsam neu gestalten«. Auch in diesem Bericht geht es nicht um Frauen und Männer im Allgemeinen oder im Besonderen, sondern es geht im Gutachten der Sachverständigenkommission und damit auch im Bericht insgesamt um die Gestaltung der Rahmenbedingungen für wichtige Entscheidungen, die Frauen und Männer an den bedeutsamen Knotenpunkten ihres Lebens und ihrer Erwerbsbiografie treffen. Dem liegt ein Verständnis von Gleichstellung zugrunde, das darin besteht, »eine Gesellschaft mit gleichen Verwirklichungschancen von Frauen und Männern anzustreben«.

Die Bundesregierung betont auch stets, »Männerpolitik nicht als Nachteilsausgleich zu konzipieren oder in Konkurrenz zur Frauenpolitik aufzustellen«, sondern »begrüßt die Anstrengungen der Kommission, auch spezifische Belange von Männern herauszuarbeiten, um daran anknüpfend Empfehlungen für geeignete Rahmenbedingungen für mehr Partnerschaftlichkeit, eigenständige Existenzsicherung und gleichzeitige Übernahme von

---

4 Erster Gleichstellungsbericht der Bundesregierung: Neue Wege – Gleiche Chancen, Gleichstellung von Frauen und Männern im Lebensverlauf, 16.6.2011, Drucksache 17/6240.

Sorgearbeit durch Frauen und Männer herauszuarbeiten«.[5] Sie zeigt damit fortschrittlicher Männerpolitik eine Perspektive auf. Mit Gender Mainstreaming – richtig und konsequent angewandt – steht auch eine geeignete Strategie zur Verfügung, um die Interessen von Männern an einer gleichberechtigten Gesellschaft zu berücksichtigen.

Männerbewegung und die soziale Frage

Das reicht meines Erachtens aber nicht, um Männer und die Männerbewegung zu Mitstreitern für eine gerechte Gesellschaft zu gewinnen. Das gelingt nur, wenn man die soziale Frage mit in den Blick nimmt. Denn es geht nicht darum, wer mehr politische Aufmerksamkeit bekommt oder wer *auch* benachteiligt ist. Sondern es geht darum, strukturelle Barrieren zulasten von Frauen zu beseitigen. Das ist Teil eines politischen Kampfes bzw. einer politischen Aufgabe – je nachdem, an welcher Stelle man dafür streitet. Und es ist Teil der *sozialen* Frage. Auch bei Männern.

Beispiel Schulerfolg: Ja, männliche Schüler sind schon Mitte der 1980er-Jahre als »Bildungsverlierer« identifiziert worden. Jungen haben mehr Schwierigkeiten als Mädchen in einer von Lehrerinnen geprägten Schule. Aber das ist nicht in erster Linie ein Geschlechterproblem, sondern hängt maßgeblich mit der sozialen Lage zusammen, wie Gesterkamp zutreffend feststellt: »Jungen aus gut situierten Familien kommen dort (in der Schule) meist glänzend klar, sie erbringen häufig Leistungen weit über dem Durchschnitt. Sie füllen die naturwissenschaftlichen Leistungskurse der Gymnasien, werden nach dem Studium gut bezahlte Ingenieure, sind alles andere als ›Bildungsverlierer‹.«[6] Deshalb seien »spezielle pädagogische Konzepte etwa für männliche Migrantenjugendliche (...) sinnvoll und notwendig, Mädchen- und Frauenförderung an Schulen, Hochschulen und später im Beruf sind damit aber keineswegs überflüssig«.[7]

Obwohl Gleichstellungspolitik beiden Geschlechtern zu einem guten Leben verhelfen soll, löst sie offenkundig Gefühle von Benachteiligung und Widerstände bei manchen Männern aus. Damit muss man umgehen, ohne sich davon vereinnahmen zu lassen oder gar eine korrespondierende Gleichstellungspolitik für Männer auf den Weg zu bringen, die sachlich nicht gerechtfertigt wäre. Dazu gehört, sowohl für Frauen als auch für Männer zu analysieren, was genau die Probleme und ihre Ursachen sind: ob sie durch

---

[5] Zweiter Gleichstellungsbericht der Bundesregierung vom 21.8.2017, Drucksache 18/12840.

[6] Thomas Gesterkamp (siehe Anm. 4).

[7] Ebd.

die Ungleichheit der Geschlechter entstehen oder aus der sozialen Situation, ob es um »gefühlte« Benachteiligung geht oder um tatsächliche gesellschaftliche Barrieren. Auch eine gefühlte Benachteiligung sollte man ernst nehmen, allerdings ohne sie gleich mit struktureller Benachteiligung zu verwechseln oder gleichzusetzen. Ausgangspunkt frauen- und gleichstellungspolitischer Konzepte und Maßnahmen müssen die strukturelle Ungleichbehandlung der Geschlechter *und* die soziale Frage sein.

Gesonderte Gleichstellungspolitik für Männer?

Bleibt die Frage: Brauchen wir neben der Frauen- und Gleichstellungspolitik und neben Gender Mainstreaming eine gesonderte Gleichstellungspolitik für Männer? Natürlich betrifft Gleichstellung auch die Männer. Aber was heißt das in Bezug auf Männerpolitik? Und für die Zusammenarbeit mit Männerorganisationen? Gemeinsames Handeln oder getrennte Wege? Nach Markus Theunert, dem ersten und bisher einzigen Männerbeauftragten in der Schweiz, der nur drei Wochen (im Juli 2012) in diesem Amt verblieb, »brauchen (wir) keine Geschlechter- oder Grabenkämpfe, sondern eine Allianz zukunftsorientierter Frauen und Männer, die sowohl eigenständig wie auch gemeinsam die Vision einer geschlechtergerechten Gesellschaft verfolgen«. »Den Pionierinnen (gehöre zwar) unsere Wertschätzung für ihren Kampf gegen die Benachteiligung der Frauen.« Die Zukunft gehöre aber dem gemeinsamen Engagement für Chancengleichheit und Gestaltungsfreiheit.[8]

Er empfiehlt der Männerpolitik das Konzept des »*Triple Advocacy*« mit den Elementen

- »geschlechtsspezifische Anliegen von Jungen, Männern und Vätern formulieren und vertreten,
- als Partner im Geschlechterdialog geschlechtsspezifische Anliegen von Frauen unterstützen und
- als Teil einer größeren Allianz für Geschlechtergerechtigkeit, d.h. eine fundamentale Neugestaltung der Geschlechterverhältnisse, kämpfen«.[9]

Auch für ihn ist Gleichstellung »untrennbar mit dem Ringen um soziale Gerechtigkeit verbunden«.[10] Gemeinsam mit Matthias Luterbach, Geschlech-

---

8 Markus Theunert: »Weshalb ich ging – Wir brauchen keine Geschlechter – oder Grabenkämpfe«, Zeit Online vom 2.8.2012.

9 Markus Theunert: Vortrag auf der Jahrestagung der Katholischen Männerarbeit, 14.5.2014 in Fulda; www.maenner.ch-wp-content/uploads/2015/11/theunert_referat.pdf.

10 Zitiert nach Thomas Gesterkamp: »Nicht als Männer geboren«; Zwei Schweizer Autoren versuchen den Brückenschlag zwischen Gender-Theorie und Praxis; Der Freitag 11/2021.

terforscher an der Universität Basel hat er einen »Orientierungsrahmen« für eine »geschlechterreflektierte Arbeit mit Jungen, Männern und Vätern« herausgegeben.[11]

Das Bundesforum Männer e.V.

Lange Zeit fehlten in Deutschland Strukturen und Ansprechpartner aufseiten der Männer, gab es keine der Frauenbewegung vergleichbare fortschrittliche Männerbewegung, weil die Voraussetzungen bei Frauen und Männern ganz unterschiedlich waren. Männer begannen erst, ihre Rolle infrage zu stellen, als es bereits lang erkämpfte Organisationen für und von Frauen gab. Die Männer, die sich in der Öffentlichkeit mit dem Thema Männerpolitik befassten, taten dies meist aus persönlicher Betroffenheit heraus (z.B. als Scheidungsgeschädigte). Die persönliche Erfahrung war zwar auch bei der zweiten Frauenbewegung ein wichtiges Moment; sie hatte aber das individuelle Schicksal von Frauen in einen gesellschaftlichen Kontext gestellt und aus ihren Analysen Forderungen, Strategien und Bewegungen entwickelt, die in eigene Strukturen mündeten und zu einem neuen Politikfeld führten.

Bei der Männerbewegung hat es lange gedauert bis zur eigenen Organisation auf Bundesebene: 2010 wurde mit Unterstützung des BMFSFJ das Bundesforum Männer e.V. gegründet. Ziele des Vereins sind u.a. die Förderung der Männerarbeit und der Arbeit mit Jungen, der Vernetzung, der Forschung zu Männlichkeiten und Geschlechterverhältnissen sowie die Förderung der Gleichstellung der Geschlechter und der Geschlechterdemokratie insbesondere mit Blick auf die Lebenslagen von Jungen und Männern.[12]

Die Zusammenarbeit des BMFSFJ mit diesem Verein ist sehr konstruktiv: Man tauscht sich auf Augenhöhe aus, konzipiert und unterstützt Projekte und ist gern gesehener Gast auf den jeweiligen Veranstaltungen. Das Bundesforum Männer versteht sich nicht in Abgrenzung zur Frauen- und Gleichstellungspolitik, sondern arbeitet parteiisch für die Männer und partnerschaftlich mit den Frauenorganisationen. Gleichwohl ist aufgrund der Tatsache, dass Männerarbeit eher in Reaktion auf die Frauenbewegung und -politik entstanden ist, eine gewisse latente Konkurrenz und Abgrenzung nahezu unvermeidlich.

---

[11] »Ein Geschlechterforscher und ein Fachmann mit aktivistischem Hintergrund entwerfen gemeinsam einen ›Orientierungsrahmen‹ für eine ›geschlechterreflektierte‹ Arbeit mit Jungen, Männern und Vätern«, Thomas Gesterkamp befragte die Schweizer Autoren Matthias Luterbach und Markus Theunert; Heinrich-Böll-Stiftung Baden-Württemberg, 15.2.2021.

[12] bundesforum-maenner.de/.

Für eine gute Zusammenarbeit ist es deshalb notwendig, sich der jeweiligen Positionen, des jeweiligen Selbstverständnisses und der Gemeinsamkeiten und Differenzen bewusst zu sein und diese offen zu thematisieren. Das gelingt nach meiner Erfahrung sehr gut. Eine eigenständige Männerpolitik muss, wie Theunert es einmal auf einer Männerkonferenz in Brüssel darlegte, drei Ebenen im Blick haben: die Männerfrage, die Frauenfrage und die soziale Frage.

Das dürfte das Bundesforum Männer e.V. genauso sehen – im Gegensatz zu den sogenannten Maskulisten, die vielfach einen harten Abgrenzungskurs zur Frauenpolitik und deren Strukturen fahren und damit eine Konfrontation aufbauen, die nicht zu gemeinsamem Handeln führen kann. Auch da habe ich aber die Hoffnung, dass sich die Kräfte durchsetzen, die ihre Arbeit mit dem politischen Ziel verbinden, einengende Rollenstereotype aufzubrechen und Geschlechtergerechtigkeit als ein Ziel ansehen, das man gemeinsam anstreben sollte. Anders als bei den Gruppierungen, zum Beispiel dem Verein Väteraufbruch, für die es überhaupt keine Frauenfrage gibt, sondern allenfalls einen familienpolitischen Handlungsbedarf.

Männerförderung oder Männerpolitik?

Meines Erachtens muss aber auch zwischen Männerpolitik und Männerförderung deutlicher unterschieden werden. Eine gesonderte Männerpolitik als eigenes Politikfeld auf Regierungsebene erscheint mir weder sinnvoll noch notwendig, da die Gleichstellungspolitik den klaren Verfassungsauftrag in Artikel 3 Grundgesetz hat, Förderung der tatsächlichen Durchsetzung der Gleichberechtigung von Frauen und Männern umzusetzen und bestehende Nachteile zu beseitigen (Satz 2). Deswegen ist es meines Erachtens auch nicht berechtigt, wenn teilweise gefordert wird, den Begriff »Männer« in Titel und Bezeichnungen von Ministerien, Kommissionen oder Expertisen aufzunehmen. Denn es geht eben nicht um »Frauenbelange« und »Männerbelange« und auch nicht um subjektives Leid, sondern es geht um die objektive strukturelle Diskriminierung von Frauen. Das muss im Blick bleiben, damit die Frauenfrage nicht marginalisiert wird, indem sie aus dem gesellschaftlichen Kontext gelöst und damit die strukturelle Diskriminierung von Frauen individualisiert wird.

Die Frauenfrage ist auch nicht nur eine Frage der Sozialisation. Sie lässt sich daher nicht lediglich auf ein tradiertes Rollenverständnis zurückführen, das man durch individuelle Verhaltensänderungen aufbrechen könnte. Natürlich bemisst sich der Erfolg von Frauen- und Gleichstellungspolitik auch nicht (allein) an der zahlenmäßigen Repräsentanz. Vor allem aber kann sie nicht losgelöst von ihrem politischen und rechtlichen Hintergrund gesehen werden: der gesellschaftlichen Zuordnung von Rollen, die den Frauen traditionell die Haus- und Familienarbeit zugewiesen hat und den Männern die des Ernährers. Diese Arbeitsteilung stellt(e) sicher, dass Männer in der Erwerbsarbeit ihre volle Arbeitskraft zur Verfügung stellen konnten, weil sie von Haus- und Familienarbeit entlastet waren und ihre Regeneration durch die Fürsorge der Ehefrauen sichergestellt war.

Diese Arbeitsteilung ist keineswegs nur das Ergebnis individueller Vereinbarung von Eheleuten oder nur eines gesellschaftlichen Musters. Sie war sogar rechtlich festgeschrieben: Das Leitbild der Hausfrauenehe war seit 1900 im Bürgerlichen Gesetzbuch (BGB) verankert. Danach war die Ehefrau »berechtigt und verpflichtet (!), das gemeinschaftliche Hauswesen zu leiten«. Berufstätig zu sein, war ihr nur mit Erlaubnis ihres Ehemannes gestattet: Dagegen stand »dem Manne die Entscheidung in allen das gemeinschaftliche Leben betreffenden Angelegenheiten zu«.

Zwar gab es bereits zu dieser Zeit Bemühungen, Töchtern aus bürgerlichen Kreisen eine Ausbildung zu ermöglichen und sie unabhängig von einer Eheschließung zu machen. Deren Erwerbstätigkeit endete in der Regel aber mit der Heirat. Auch das im Mai 1957 verabschiedete und im Juli 1958 in Kraft getretene »Gesetz über die Gleichberechtigung von Mann und Frau auf dem Gebiet des bürgerlichen Rechts« änderte das Rollenmodell nicht grundlegend: Jetzt durfte die Ehefrau zwar den Haushalt »in eigener Verantwortung« führen. Erwerbstätig durfte sie aber nur sein, wenn das mit ihren Pflichten in Ehe und Familie vereinbar war. Dieses Leitbild der Hausfrauenehe wurde erst mit der Familienrechtsreform 1976 aufgegeben. Danach führen die Eheleute den Haushalt in »gegenseitigem Einvernehmen«.

Gleichwohl prägt die traditionelle Arbeitsteilung (mit der Zuständigkeit der Frau für Haushalt und Familie) noch heute den Alltag vieler Familien und wird teilweise auch weiterhin staatlich gefördert: Mit dem Ehegattensplitting und der Steuerklassen-Kombination 3 und 5 werden bis zum heutigen Tag Anreize dafür geschaffen. Auch die Arbeitsmarktpolitik hat sich für Frauen sehr lange am sogenannten 3-Phasen-Modell orientiert: Erwerbstätigkeit bis zum ersten Kind, danach Unterbrechung der Erwerbstätigkeit und anschließend der Wiedereinstieg, meist in Teilzeit. Männer profitier(t)en – wenngleich nicht jeder Einzelne, so doch strukturell – von dieser geschlechtsspezifischen Arbeitsteilung. Das zeigt sich daran, dass der Arbeitsmarkt nach wie vor zu Ungunsten von Frauen geteilt ist.

Damit soll nicht gesagt sein, dass Männer nicht auch durch die Zwänge, die mit der traditionellen Männerrolle einhergehen, belastet sein können. Das zeigen u.a. die Statistiken über die niedrigere Lebenserwartung von Männern, höhere Suizid- und Kriminalitätsraten und höhere Gesundheitsrisiken von Männern. Insofern ist es selbstverständlich, die Frauenfrage auch immer mit Blick auf die Lage der Männer zu sehen – aber nicht aus (formalen) Gleichbehandlungsgründen und nicht, weil Männer ebenfalls benachteiligt seien, sondern weil das eine nicht ohne das andere geht.

Wenn sich die Rollen(erwartungen) an Frauen ändern und damit auch ihre Möglichkeiten, selbstbestimmt zu arbeiten und zu leben, dann werden und müssen sich auch die Rollen und Rollenbilder von Männern ändern – nicht automatisch, sondern mit einer an diesem partnerschaftlichen Rollenbild orientierten Politik unter Berücksichtigung der Zwänge, die mit dem traditionellen Rollenbild für Männer einhergehen. Das findet sich auch im Zweiten Gleichstellungsbericht der Bundesregierung, der auf die geschlechtsspezifischen Barrieren und Hindernisse für Männer ausdrücklich hinweist.

(Männer-)Politik des BMFSFJ

Diese Politik ist längst im Gange: Die Vereinbarkeit von Beruf und Familie zum Beispiel ist seit den 1980er-Jahren ein wichtiges familien-, frauen- aber auch männerpolitisches Thema. Neben dem Girls'Day findet schon seit vielen Jahren ein Boys'Day statt, der auch Jungen das ganze Spektrum an Ausbildungsberufen zugänglich machen soll. Das BMFSFJ unterstützt seit Jahren das Bundesforum Männer e.V. und dessen Ziele,

- »durch gleichstellungsorientierte Männerpolitik nachhaltige Veränderung für alle Geschlechter zu erreichen«, indem »alle Geschlechter berücksichtigt werden und Männer als Adressaten und Akteure in eine moderne Gleichstellungspolitik eingebunden sind«,
- »Männer in ihren unterschiedlichen Lebenslagen und Identitäten (zu stärken)«.[13]

Darüber hinaus fördert das BMFSFJ gemeinsame Projekte der Jungen- und Männerarbeit, darunter schon seit 2005 das Online-Portal »Neue Wege für Jungs«, unter dessen Dach seit 2011 jährlich der bundesweite Berufsorientierungstag für Jungen, der Boys'Day, organisiert wird und das Online-Portal www.männerberatungsnetz.de.

Ich halte diese Arbeit für eminent wichtig – nicht, weil nach meiner Auffassung Männer einen ebenso großen Bedarf an Gleichstellungspolitik und -maßnahmen hätten wie Frauen, bei denen sich diese Notwendigkeit aus der ihnen jahrhundertelang zugeschriebenen Rolle als Hausfrau und Mutter ergibt. Sondern weil diese Arbeit maßgeblich dazu beiträgt, positive Bilder von Männlichkeit zu entwickeln, indem sie Jungen und Männer ermutigt,

---

13 bundesforum-maenner.de/wp-content/uploads/2019/09/BFM _Positionen_ Perspektiven.pdf; S. 7.

ihren eigenen Wünschen und Interessen bezüglich ihrer Lebensweise, ihrer Familienplanung, ihrer schulischen und beruflichen Entwicklung zu folgen und sich nicht von überholten Vorstellungen in ein Rollenkorsett zwingen zu lassen. Eine solchermaßen entwickelte Männlichkeit ist ein Gewinn für sie selbst und für die Gesellschaft insgesamt. Sie ist das Gegenteil von dem, was als toxische Männlichkeit bezeichnet wird, die sogar zu einer Bedrohung für die Demokratie werden kann.

Allerdings: Nur auf Rollenbilder und gleiche Repräsentanz von Frauen und Mädchen, Jungen und Männern in den jeweiligen Bereichen zu schauen, greift – wie dargelegt – zu kurz. Es lohnt ein genauerer Blick: Dass Mädchen die besseren Schulabschlüsse machen und damit eher eine Zugangsberechtigung für Hochschulen erhalten (und trotzdem mehr Männer als Frauen die höheren Bildungsabschlüsse aufweisen), bedeutet nicht, dass Mädchen bevorzugt und Jungen ausgegrenzt würden, sondern zeigt, dass der Fokus primär auf der Geschlechterverteilung liegt und nicht auch die soziale Herkunft in den Blick nimmt. Darauf weist Andreas Kemper im Interview mit der Zeitschrift an.schlaege.at hin. Er empfiehlt, in Frauenförderprogrammen sehr viel genauer zu schauen, »wie Race, Class, Gender ineinandergreifen«.[14] Dieser Blick würde auch die Chance für eine gezieltere Förderung von *sozial benachteiligten* Jungen und Mädchen erleichtern.

Auch für Männer, die Ausgrenzung, Diskriminierung und Gewalt ausgesetzt sind (meist durch Männer – aber teilweise auch durch Frauen), sind deshalb Unterstützungs- und Hilfsangebote wichtig – gerade, weil es für Männer oft noch schwieriger ist, sich Hilfe zu holen. In Nordrhein-Westfalen gibt es bereits analog zum Hilfetelefon für von Gewalt betroffene Frauen (an das sich im Übrigen auch Männer wenden können) ein Hilfetelefon speziell für von Gewalt betroffene Männer. Im BMFSFJ sind weitere Projekte im Bereich Gewaltschutz für Männer vorgesehen.

---

[14] Andreas Kemper im Interview mit Lea Susemichel: »Männliche Abstiegsangst – zum Zusammenhang zwischen Männlichkeit und Klasse«, an.schläge – Das feministische Magazin, Oktober 2014; anschlaege.at/maennliche-abstiegs-angst/.

12. Gleichstellung, Antidiskriminierung und Diversity

»Indem ich eine Transgender-Frau wurde, ... sind mir die Machtverhältnisse zwischen Männern und Frauen klargeworden. Das ist eine unannehmbare Wirklichkeit, die mich feministischer gemacht hat als die Feministen.... Ich stelle mir den umgekehrten Fall vor, den eines Transgender-Mannes. Für ihn ist der Eintritt in die Welt der Männer wie ein Lotto-Gewinn. Von heute auf morgen gehört er zur herrschenden Schicht, für die alles eingerichtet ist.«
(Olivia Chaumont)

Gleichstellungspolitik und Antidiskriminierungspolitik

Ist Antidiskriminierungspolitik ein Teil von Gleichstellungspolitik? Oder umgekehrt? Oder sind es zwei unterschiedliche Handlungsfelder mit jeweils eigenen Ansätzen, Strategien und Strukturen?

Die Bekämpfung von Diskriminierung aufgrund des Geschlechts ist Teil der Antidiskriminierungspolitik. Grundlage ist das Allgemeine Gleichbehandlungsgesetz (AGG), mit dem die Antidiskriminierungsrichtlinien der Europäischen Union aus dem Jahr 2000 umgesetzt wurden und das im August 2006 in Kraft getreten ist. Es soll vor Benachteiligungen im Arbeitsleben und im allgemeinen Zivilrechtsverkehr schützen. Der Schutz umfasst »Benachteiligungen aus Gründen der Rasse, der ethnischen Herkunft, des Geschlechts, der Religion oder Weltanschauung, einer Behinderung, des Alters oder der sexuellen Identität« und soll diese »verhindern oder (...) beseitigen«.

Mit Antidiskriminierungspolitik soll jeder Form der ungerechtfertigten Benachteiligung oder Ungleichbehandlung von Personen oder Gruppen aufgrund verschiedener wahrnehmbarer beziehungsweise nicht unmittelbar wahrnehmbarer Merkmale entgegengewirkt werden. Der Begriff Geschlecht bezieht sich dabei allgemein auf das Geschlecht. In der im Oktober 2016 vorgelegten Evaluation wird daher eine Klarstellung durch den Gesetzgeber dahingehend empfohlen, dass der Begriff »Geschlecht« auch Inter*- und Trans*Menschen einbezieht.[1]

Nach der Istanbul-Konvention bezeichnet der Begriff Geschlecht »die gesellschaftlich geprägten Rollen, Verhaltensweisen, Tätigkeiten und Merkmale, die eine bestimmte Gesellschaft als für Frauen und Männer

[1] Berghahn/Klapp/Tischbirek, Evaluation des AGG, erstellt im Auftrag der Antidiskriminierungsstelle des Bundes, Oktober 2016, S. 42.

angemessen ansieht«.[2] An dieser Definition setzt auch Frauen- oder Gleichstellungspolitik an; sie zielt nicht darauf ab, das biologische Geschlecht sichtbar zu machen, wie teilweise angenommen wird,[3] sondern darauf, die *strukturelle* Benachteiligung von Frauen zu beseitigen. Dazu ist eine Veränderung gesellschaftlicher Strukturen und Muster und ihrer Folgen erforderlich. Kernstück fortschrittlicher Gleichstellungspolitik war und ist es daher auch von Anfang an, die gesellschaftlich bedingte Hierarchie der Geschlechter infrage zu stellen und zu verändern. Dabei ging und geht es um Machtverhältnisse!

Frauen- oder Gleichstellungspolitik wird aber nicht nur immer häufiger in einem Atemzug mit Geschlechterpolitik für LSBTIQ genannt, sondern vielfach werden beide Politikfelder auch organisatorisch zusammengeführt: Gleichstellungsstellen und -abteilungen sind inzwischen zunehmend auch für die Diversity-Strategie und/oder für die Rechte von LSBTIQ* zuständig (oder das wird zumindest diskutiert). Damit wird das wichtige Politikfeld Gleichstellung der Geschlechter zu einem Unterthema der Antidiskriminierungspolitik, und das so mühsam gewonnene Verständnis für den Unterschied zwischen biologischem und sozialem Geschlecht geht verloren.

Das zeigt sich auch am Zukunftsprogramm der SPD für die Bundestagswahl 2021. Darin findet sich nicht etwa ein eigenes Kapitel Gleichstellung von Frauen und Männern, sondern ein allgemeines Kapitel »Gleichstellung verwirklichen«, in dem die Gleichstellung von Frauen zwar gut und mit wichtigen Vorhaben dargestellt ist, im gleichen Kapitel jedoch gemeinsam mit der Gleichstellung und rechtlichen Absicherung von LSBTIQ*-Familien sowie von Trans*- und Inter*Personen abgehandelt wird.[4] Im Koalitionsvertrag werden die Bereiche richtigerweise getrennt behandelt: Gleichstellung von Frauen und Männern unter der Überschrift »Gleichstellung« und LSBTIQ* unter der Überschrift »Vielfalt«.

Eine saubere Begriffsklärung von Antidiskriminierungspolitik und Frauen- oder Gleichstellungspolitik ist wichtig. Antidiskriminierungspolitik ist ein wichtiges Feld, und es ist gut, dass dafür auch die entsprechenden gesetzlichen Grundlagen und die notwendigen Strukturen geschaffen wurden. Aber die Behandlung von Minderheiten bzw. von Menschen mit bestimm-

---

[2] Übereinkommen des Europarats zur Verhütung und Bekämpfung von Gewalt gegen Frauen und häuslicher Gewalt und erläuternder Bericht; Istanbul, 11.5.2011; www.coe.int/conventionviolenc.

[3] Nele Pollatschek: »Der Weg zur Gleichheit ist Gleichheit«, Tagesspiegel vom 30.8.2020.

[4] SPD-Zukunftsprogramm, S. 54.

ten Merkmalen und die gesellschaftliche Gleichstellung von Frauen und Männern sind ganz unterschiedliche Kategorien.

Frauen sind keine Minderheit, in keiner Gesellschaft. Es gibt nicht in jeder Gesellschaft Menschen mit einer anderen Hautfarbe, Menschen jüdischen Glaubens, anderer Herkunft oder Sinti und Roma. Es gibt aber in jeder Gesellschaft Frauen; Frauen sind die Hälfte der Menschheit. Eine Politik, der es um den Schutz von Minderheiten vor Diskriminierung geht, liegt deshalb auf einer anderen Ebene. Wer die tatsächliche Gleichstellung von Frauen und Männern gleichsetzt oder verwechselt mit dem Kampf gegen die Diskriminierung von Minderheiten, der fügt zusammen, was nicht zusammengehört und schadet damit beiden Zielen.

Trotzdem gibt es eine Schnittmenge: Wenn Frauen heute bei gleichen Voraussetzungen für die gleiche Arbeit schlechter bezahlt werden als Männer, ist das eine Diskriminierung, die unter das Antidiskriminierungsgesetz (AGG) fällt), aber es ist vor allem auch eine strukturelle Diskriminierung und damit ein Thema für die Gleichstellungspolitik.

Gleichstellungspolitik muss ein eigenständiges Politikfeld bleiben:

- weil sie das Ziel verfolgt, die seit Jahrhunderten bestehende Benachteiligung von Frauen abzubauen;
- weil sie an den *realen* Ungleichheiten zwischen Frauen und Männern ansetzt und nicht daran, welches Geschlecht ein Mensch fühlt oder mit welchen Merkmalen er ausgestattet ist;
- weil sie ein Vorreiter gegen Stereotype und für Vielfalt sein kann
- und weil eine eigenständige Gleichstellungspolitik die Problemlagen anderer Bevölkerungsgruppen einbeziehen kann und muss.

Querschnittspolitik innerhalb einer Querschnittsgruppe ist notwendigerweise schwach. Eine eigenständige Gleichstellungspolitik aber ist stark – auch für Menschen mit Behinderungen, für Menschen jeden Alters, für Menschen mit Migrationshintergrund und für Menschen jeder sexueller Orientierung. Deshalb sehe ich Gleichstellungspolitik als eigenständiges Politikfeld, die vom Gedanken der Antidiskriminierung durchzogen – aber nicht mit ihr gleichgesetzt werden und auch nicht in ihr aufgehen darf.

Eine starke Gleichstellungspolitik ist auch wichtig vor dem Hintergrund, dass in einigen Ländern Europas die Entwicklung in die entgegengesetzte Richtung geht: Die Vorstellung, dass die Frau primär als Mutter ihre Erfüllung finden kann und soll, hat in Ungarn, Polen und in der Türkei eine Renaissance erfahren. Dort werden mit allen Mitteln – politisch, ideologisch und monetär – konservative Rollenbilder reaktiviert; die Frauen werden aufgefordert, mehr Kinder zu bekommen und dafür teils recht üppig finanziell belohnt. Die private Entscheidung, ein Kind oder mehrere Kinder zu bekommen, wird zu einem Politikum, indem sie quasi zur Staatsraison erhoben wird.

Diese Entwicklung macht deutlich, dass Gleichstellungspolitik alle gesellschaftlichen Bereiche und den jeweiligen politischen Kontext mitdenken muss und nicht als isoliertes Politikfeld behandelt werden darf. Die Rückschritte sind real, und es muss alles dafür getan werden, dass sie nicht zu einer Bedrohung für Gleichstellung und Frauenrechte insgesamt werden.

Dazu braucht man einen klaren Kompass. Denn die Debatten sind heute zuweilen von einem Verständnis von Identitätspolitik geprägt, das seinerseits sehr heterogen ist. Nach dem Verständnis des Gabler-Lexikons geht »die Identitätspolitik von der Identität von Einzelnen und Gruppen aus. Mit ihrer Hilfe wehren und befreien sich diskriminierte Gruppen, etwa Frauen, Homosexuelle, Vegetarier und Veganer, People of Color (PoC), Ureinwohner, Obdachlose und Sexarbeiter. Es geht insgesamt um sexuelle, ethnische, politische, kulturelle, weltanschauliche, altersbezogene, soziale oder berufliche Merkmale bzw. Zugehörigkeiten.«[5] Frauen passen nicht in diese Aufzählung – schon deshalb nicht, weil sie keine gesellschaftliche Minderheit sind!

Identitätspolitik ist die Antwort auf die verschiedensten Formen von Diskriminierung aufgrund der genannten Merkmale. Aber mit welchem Ziel? Mit dem Ziel, eine Gesellschaft zu schaffen, in der alle Menschen gleich und gleich angesehen sind und in der das Zusammenleben von gegenseitiger Anerkennung und Respekt geprägt ist? Oder eine Gesellschaft, in der jede Gruppe ihren besonderen Status betont und somit eher Gruppenegoismen pflegt und fördert?

Sich gegen Diskriminierung aufgrund bestimmter Merkmale oder soziokultureller Hintergründe zu wehren und dem eine Kultur der Akzeptanz und der Gleichwertigkeit entgegensetzen zu wollen, ist nur allzu verständlich. Identitätspolitik sollte sich aber meines Erachtens nicht »auf Anerkennung immer kleinteiligerer Gruppenidentitäten … beschränken, nicht auf Subjektivität und Ausschluss«, wie Michael Bröning es in einem Gastbeitrag in der »Zeit« vom 25.3.2019 formuliert,[6] sondern eine Veränderung der Verhältnisse anstreben, die diese Diskriminierung, mit der die Spaltung der Gesellschaft vertieft wird, erst ermöglichen und befördern.

---

[5] Oliver Bendel; wirtschaftslexikon.gabler.de/definition/identitaetspolitik-123136.

[6] Michael Bröning: »Identitätspolitik – Karl Marx war auch nur ein alter weißer Mann – Identitätspolitik hat eine dunkle Seite: Subjektivität und Ausschluss. Linke Politik sollte sich diese nicht zu eigen machen«; www.zeit.de/politik/deutschland/2019-03/identitaetspolitik-kommunismus-arbeiterklasse-diskriminierung-emanzipation-karl-marx/komplettansicht.

Ähnlich äußerte sich auch Wolfgang Thierse: »Identitätspolitik, wenn sie links sein will, stellt auf radikale Weise die Gleichheitsfrage. Sie verfolgt das berechtigte Interesse, für (bisherige) Minderheiten gleiche soziale, ökonomische und politische Rechte zu erringen.«[7] Und: »Themen kultureller Zugehörigkeit scheinen jedenfalls unsere westlichen Gesellschaften mittlerweile mehr zu erregen und zu spalten als verteilungspolitische Gerechtigkeitsthemen.«[8] Es ist kein gutes Zeichen, dass Wolfgang Thierse wegen dieses Artikels massiv angegriffen wurde – auch aus der eigenen Partei.

Mittlerweile mehren sich die Stimmen, die in der Identitätspolitik eine problematische Engführung sehen: »Identitäten sollten nicht als Wesensmerkmale gesehen werden, die Gruppen essenziell voneinander unterscheiden«, rät etwa Barbara Stiegler.[9] Dazu gehöre auch »die Einsicht, dass nicht die Gruppenzugehörigkeit, sondern die Zustimmung zu einem gemeinsamen Ziel solidarische Aktionen ermöglicht«. Das scheint aber nicht der Fokus der Identitätspolitik zu sein. Diese »lenkt (vielmehr) die Aufmerksamkeit weg von gesellschaftlichen Strukturen und Besitzverhältnissen und richtet sie auf individuelle Eigenschaften wie Ethnie, Hautfarbe oder sexuelle Orientierung (…) So werden soziale Gruppen gespalten«, wie Sarah Wagenknecht zu Recht einwendet.[10]

Eine Identitätspolitik, die sich auf immer kleinteiligere Gruppenidentitäten beschränkt, schwächt das Engagement für eine Gesellschaft der sozialen Gerechtigkeit, der sozialen Gleichheit, der Freiheit und der Akzeptanz von Andersdenkenden und für die, die anders sind – sei es aufgrund ihrer Herkunft, ihrer Hautfarbe, ihres Glaubens, ihrer sexuellen Orientierung, ihrer Lebensweise oder weil sie eine Beeinträchtigung haben.

Wer für Antidiskriminierung und für Gleichstellung kämpft, der sollte nicht verschiedene Strategien und Kämpfe gegeneinander ausspielen. Die Antidiskriminierungspolitik hat ihren eigenen Stellenwert. Sie ist notwendig, um die Individualität und Einzigartigkeit jedes Individuums zu gewährleisten und das gesellschaftliche Bewusstsein dafür zu schärfen, dass alle Menschen gleich sind – mit welchen Eigenschaften auch immer.

---

[7] Wolfgang Thierse: »Wie viel Identität verträgt die Gesellschaft – Identitätspolitik darf nicht zum Grabenkampf werden, der den Gemeinsinn zerstört: Wir brauchen eine neue Solidarität«, www.thierse.de/startseite-meldungen/22-februar-2021/.

[8] Ebd.

[9] Barbara Stiegler: »Gleichstellungspolitik auf dem Vormarsch: aber was macht die Basis?«, zwd Politikmagazin Frauen–Bildung–Kultur–Gesundheit, Ausgabe 389/2022 S. 10f.

[10] Sarah Wagenknecht: Die Selbstgerechten. Mein Gegenprogramm – für Gemeinsinn und Zusammenhalt, Frankfurt a.M./New York, 2021, S. 106.

Identitätspolitik scheint mir allerdings ein sehr stark auf einzelne Gruppen bezogenes Politikfeld sui generis zu sein. Gleichstellungspolitik zielt dagegen darauf ab, die *strukturellen* Barrieren abzubauen, die Frauen an einem gleichberechtigten und selbstbestimmten Leben hindern. Gleichstellungspolitik ist weitaus mehr. Das heißt nicht, dass Fragen anderer Geschlechter und damit verbundene Vorstellungen von Identität außer Acht bleiben sollen.

Sie gehören aber nicht in den Kontext der Gleichstellung von Frauen und Männern. Und wohl auch nicht in den Kontext einer Politik, die auf soziale Gleichheit ausgerichtet ist, denn soziale Kriterien, zum Beispiel die (soziale) Herkunft, scheinen in der Identitätspolitik nicht vorzukommen. Eine starke Frauenbewegung, die Gleichstellungspolitik unterstützt und einfordert, die die Situation nicht nur der Frauen, sondern auch der Männer im Blick hat, die auf echte Emanzipation von Benachteiligung, Ausgrenzung und einengenden Rollenkorsetts setzt, hat hier einen wesentlich breiteren und integrativen Ansatz.

Diversity

Die Begriffe »Diversity« und »Vielfalt« werden zuweilen synonym verwandt. Vielfalt meint dabei die Heterogenität (Alter, Geschlecht, Ethnizität, soziale Herkunft, sexuelle Orientierung, physische und psychische Verfassung etc.), Diversity meint den bewussten Umgang mit der Vielfalt in Organisationen: »wertschätzend, bewusst und respektvoll«. Bei Diversity geht es darum, »die vielfältigen Leistungen und Erfahrungen von Menschen zu erkennen und sie als Potential zu begreifen und zu nutzen«.[11]

Mit der »Charta der Vielfalt für Diversity in der Arbeitswelt« des eingetragenen Vereins »Charta der Vielfalt« soll der »Vielfalt der Gesellschaft, beeinflusst durch die Globalisierung, den demografischen und gesellschaftlichen Wandel, Rechnung« getragen werden, indem die vorhandene Vielfalt anerkannt, gefördert und genutzt wird. »Das betrifft die Vielfalt in unserer Belegschaft und die vielfältigen Bedürfnisse unserer Geschäftspartner_innen bzw. Bürger_innen. Die Diversität der Mitarbeitenden mit ihren unterschiedlichen Fähigkeiten und Talenten eröffnet Chancen für innovative und kreative Lösungen.«[12] Mitglieder des Vereins sind u.a. Automobilkonzerne, Pharmaunternehmen, Banken, die Deutsche Bahn und die Telekom – und die Beauftragte der Bundesregierung für Migration, Flüchtlinge und Integration.

---

11 www.hm.edu/allgemein/hochschule_muenchen/familie_gender/ diversity/definition.de.html.

12 Charta der Vielfalt; www.charta-der-vielfalt.de/.

Diversity bedeutet somit, die Unterschiedlichkeit, Andersartigkeit und Individualität aller Beschäftigten anzuerkennen – neben den oben genannten Antidiskriminierungsmerkmalen können das auch weniger offensichtliche Merkmale sein wie unterschiedliche Wahrnehmungs-, Denk- und Handlungsmuster. Mit einer möglichst vielfältigen Zusammensetzung der Gremien, der Organe und der Belegschaft will man zu einem besseren Ergebnis und zu einem besseren Image kommen: »Wir sind überzeugt: Gelebte Vielfalt und Wertschätzung dieser Vielfalt haben eine positive Auswirkung auf unsere Organisation und auf die Gesellschaft in Deutschland.«[13]

Diversity in Unternehmen wird oft als Ausweis einer fortschrittlichen oder gar emanzipatorischen Unternehmenskultur angesehen. Das kann es in der Umsetzung auch durchaus sein. Aber Diversity ist eben vor allem eine betriebswirtschaftliche Strategie, oder – wie es die IG Metall formuliert – »ein Konzept zur Unternehmensführung, das die Unterschiede der Beschäftigten nach Alter, Herkunft oder Geschlecht berücksichtigt und versucht, zum Vorteil aller Beteiligten im Betrieb zu nutzen«.[14]

Das ist natürlich nicht verwerflich – auch wenn es nicht aus Altruismus geschieht. Diversity ist aber etwas anderes als Gleichstellungspolitik, wenngleich es in den Handlungsfeldern Schnittmengen gibt. Diversity Management ist weder eine Ausweitung von Gender Mainstreaming noch eine Synthese von Antidiskriminierung und Gender Mainstreaming; sein Handlungsfeld ist vielmehr das interne betriebliche Personalmanagement, während Antidiskriminierung ein rechtlicher Auftrag ist und Gender Mainstreaming eine Strategie, mit der die *strukturellen* Ursachen von Geschlechterungleichheit bekämpft werden sollen.[15]

Ruth Sonderegger, Professorin für Philosophie und ästhetische Theorie an der Akademie der Bildenden Künste in Wien bringt es auf den Punkt, wenn sie feststellt, dass das Reden über Diversität nicht dabei helfe, Ungleichheit zu reduzieren, sondern vielmehr die Machtverhältnisse verschleiere, die mit Klassenstrukturen einhergingen. Zentral sei daher die Frage: Warum gibt es Klassen, wer will sie, und warum werden sie von wem mitgetragen.[16]

---

[13] Ebd.

[14] www.igmetall.de/service/arbeitslexikon?buchstabe=D& begriff=Diversity%20 Management.

[15] www.esf-gleichstellung.de/fileadmin/data/Downloads/Aktuelles/ diskussionspapier_antidiskriminierung.pdf.

[16] Ruth Sonderegger: »Frau Professor aus dem Arbeitermilieu? – Die Debatte über Diversität an Hochschulen hat einen blinden Fleck: nämlich die soziale Herkunft des akademischen Personals. Der Weg zur Professur wird für Arbeiterkinder immer schwieriger. Das gilt besonders für Frauen«, 4.1.2021, science.orf.at/stories/3203646/.

Ähnlich verhält es sich mit dem Begriff »Wokeness«, der heute häufig gebraucht wird, wenn von Antidiskriminierung, Respekt und Achtsamkeit die Rede ist. »Wokeness« wurde 2021 zum prägendsten Wirtschaftswort des Jahres gewählt, weil *es* »stellvertretend für eine aktivistische Moralität rund um Themen wie Diversität, Gendern oder Nachhaltigkeit (stehe), der sich keiner entziehen kann – ob er will oder nicht. Auch die Wirtschaft nicht«, wie Michael Oelmann, Herausgeber von »Die Deutsche Wirtschaft« und Sprecher der Jury erläutert.[17] Dagegen ist natürlich nichts einzuwenden – wenn es nicht bei der Moralität und bei schönen Etiketten bleibt, sondern wenn damit auch eine wertschätzende Unternehmenspolitik verbunden wird, die zum Beispiel nicht Arbeitnehmer/-innen gegeneinander ausspielt, Unternehmensteile auslagert, um Personalkosten zu sparen und den Mindestlohn für den Untergang der Wirtschaft hält.

Intersektionalität

Ein anderer Begriff, der in letzter Zeit in den Debatten häufig auftaucht, ist »Intersektionalität«. Dabei geht es um das Zusammenspiel mehrerer Diskriminierungsformen und deren Wirkungen. Der Begriff ist keineswegs neu: 1989 hat ihn die US-amerikanische Professorin für Rechtswissenschaften, Kimberlé Crenshaw geprägt, die sich mit Gerichtsurteilen befasste, welche Mehrfachdiskriminierung (weiblich und schwarz) nicht anerkannten, weil das zu einer *»Übervorteilung«* der betroffenen Frauen führen könne, so die damalige Erklärung.[18]

Intersektionalität bedeutet, »das Zusammenwirken verschiedener Positionen sozialer Ungleichheit zu analysieren« und dabei die unterschiedlichen Formen von Unterdrückung und Benachteiligung »in ihren Verschränkungen und Wechselwirkungen zu betrachten«, zu erkennen und zu bewerten.[19]

Auch im Zweiten Gleichstellungsbericht der Bundesregierung haben die Sachverständigen mit dieser Analysekategorie gearbeitet.[20] Wenn undiffe-

---

[17] »›Woke‹ ist das Wirtschaftswort des Jahres 2021«, www.wirtschaftswort-des-jahres.de/.

[18] »Reach everyone on the planet« – Kimberlé Crenshaw und die Intersektionalität, Herausgegeben vom Gunda-Werner-Institut der Heinrich-Böll-Stiftung und dem Center for Intersectional Justice.

[19] Marta Roca i Escoda/Farinaz Fassa/Eléonore Lépinard: »Intersektionalitätsforschung als Hegemoniekritik«, Februar 2018, www.gendercampus.ch/de/blog/post/intersektionalitaetsforschung-als-hegemoniekritik/.

[20] Erwerbs- und Sorgearbeit gemeinsam neu gestalten, Gutachten zum 2. Gleichstellungsbericht der Bundesregierung, Drucksache 18/12840, 18. Wahlperiode, 21.6.2017; S. 59.

renziert von »den« Frauen gesprochen werde, könne leicht aus dem Blick geraten, dass es »verschiedene Achsen der Differenz« gebe, weil verschiedene Gruppen von Frauen unterschiedliche Lebensbedingungen, Bedürfnisse und Interessen hätten.

Das ist wichtig im Blick zu behalten: Die weiße Mittelschichtsfrau befindet sich in einer anderen sozialen Lage als die schwarze Kellnerin; Frauen mit Behinderungen haben andere Probleme als Frauen ohne Beeinträchtigungen, und die jeweiligen Differenzkategorien können sich verschränken und verstärken. Der Zweite Gleichstellungsbericht der Bundesregierung weist zutreffend darauf hin, dass aus diesem Grund genauere und differenziertere Analysen im Hinblick auf das Zusammenspiel von Race, Class und Gender erforderlich sind.

Die Differenzierungen der jeweiligen sozialen Kontexte dürfen aber nicht dazu führen, in der Gleichstellungspolitik und in der gleichstellungspolitischen Debatte das Geschlecht Frau als eigenständige Kategorie aus dem Blick zu verlieren, denn die Frauenfrage setzt am *sozialen* Geschlecht an. Das ersetzt natürlich nicht die »Analyse entlang des Begriffs ›Geschlecht‹«, der auch (u.a.!) »sexuelle Orientierungen (wie heterosexuell, lesbisch, schwul, bisexuell) wie auch Geschlechtsidentitäten (Mann, Frau, Trans*, Inter*, ›Queer‹« umfasst.

Vielmehr müssen, worauf die Sachverständigen in ihrem Gutachten zum Zweiten Gleichstellungsbericht hinweisen, »entlang des Begriffs Geschlecht auch die Probleme thematisiert werden (können), die mit gesellschaftlichen Erwartungen und Zuschreibungen verbunden sind, die Menschen auf ihr Geschlecht reduzieren (Stereotypen). Denn diese beschränken die Verwirklichungschancen aller Menschen (…) Geschlecht und andere soziale Unterschiede müssen deshalb in ihren Verwobenheiten (›intersections‹) und Wechselwirkungen analysiert werden.«[21]

Wobei meines Erachtens in umgekehrter Reihenfolge geprüft werden sollte: Die »Probleme (…), die mit gesellschaftlichen Erwartungen und Zuschreibungen verbunden sind, die Menschen auf ihr Geschlecht reduzieren«, können nicht *auch* und »am Rande des Geschlechts« thematisiert werden, sondern umgekehrt: Im Rahmen der Kategorie Geschlecht – und zwar des sozialen Geschlechts Frau oder Mann mit seinen Zuschreibungen und Rollen – müssen weitere Differenzierungen stattfinden. *Das* meint der Begriff »Gender« – nicht die Identität!

Mit Gender war und ist im Zusammenhang mit der Strategie Gender Mainstreaming immer das Geschlecht als soziales Konstrukt gemeint. Na-

---

21 Ebd.

türlich ist es aber auch bei diesem Grundverständnis sinnvoll und notwendig, spezifische Diskriminierungsformen mit ihren Wechselwirkungen in den Blick zu nehmen und zu analysieren, um daraus richtige Strategien ableiten zu können. Auch das ist so neu nicht: Schon im Erfurter Programm von 1891 hat sich die SPD dafür ausgesprochen, »nicht bloß die Ausbeutung und Unterdrückung der Lohnarbeiter, sondern jede Art der Ausbeutung und Unterdrückung« bekämpfen zu wollen, »richte sie sich gegen eine Klasse, eine Partei, ein Geschlecht oder eine Rasse«.[22]

Das ist für ein Parteiprogramm auch ein richtiger und wichtiger Ansatz. In der Gleichstellungspolitik geht es aber um die Gleichstellung von Frauen und Männern. Daher halte ich es für problematisch, wenn ihr Kernauftrag mehr und mehr verwässert wird, weil man glaubt, bei frauenpolitischen Analysen, Fragen, Strategien und Programmen gleichzeitig auch andere Gruppen automatisch mit einbeziehen zu müssen. Natürlich ist es geboten, alle benachteiligten Gruppen in den Blick zu nehmen und die Politik darauf auszurichten. Die Frauenfrage ist aber ein eigenständiges Politikfeld; sie ist kein Unterfall der Antidiskriminierungspolitik.

Das ist auch keine akademische Debatte, sondern eine gesellschaftspolitische Frage. Echte Emanzipation im Sinne von Freiheit vor Ausbeutung und Unterdrückung wird nur mit einer konsequent an den sozialen und gesellschaftlichen Rahmenbedingungen orientierten Politik und darauf aufbauenden Zielen gelingen. Dazu kann die Intersektionalität einen Beitrag leisten, indem sie die verschiedenen Unterdrückungs- und Ausgrenzungsformen analysiert, benennt, auf ihre Ursachen zurückführt und es so ermöglicht, sie in einer gemeinsamen Strategie zu verankern. Letzteres ist allerdings der entscheidende Punkt: Es kann nicht darum gehen, die Gesellschaft in immer kleinere Gruppen zu zerlegen, sondern darum, auf Basis einer fundierten Analyse eine geeignete Strategie zur Überwindung der Spaltung der Gesellschaft zu finden.

Auch die Genderforschung, mit der die Geschlechterverhältnisse analysiert werden, betrachtet Geschlecht als Produkt sozialer, kultureller, sich historisch verändernder Zuschreibungen und analysiert sie in ihrem komplexen Wirkungsmechanismus mit anderen Kategorien wie zum Beispiel Ethnizität, Klasse oder Alter. Allerdings umgekehrt: Auf Basis dieses Ansatzes untersucht sie die Ursachen und Wirkungsweisen der Geschlechterverhältnisse in ihrer Verwobenheit mit diesen Differenzkategorien in den verschiedenen gesellschaftlichen Bereichen. Die Geschlechterforschung ist damit

[22] Kai Sina: »Worin unsere Stärke besteht«, FAZ vom 1.12.2021.

ein wichtiges interdisziplinäres Forschungsfeld, das andere Forschungsfelder um Fragen der Geschlechterverhältnisse und -hierarchie ergänzt.

Manche schütten das Kind aber lieber mit dem Bade aus und stellen die Genderforschung insgesamt infrage wie ein Autor im ZEITmagazin vom 6.6.2013, der erleichtert feststellte: »Genderforschung ist wirklich eine Antiwissenschaft. Sie beruht auf einem unbeweisbaren Glauben, der nicht in Zweifel gezogen werden darf. (...) In Wirklichkeit ist die Biologie längst weiter. Sie kann zeigen, dass Männer und Frauen in vielen Bereichen gleich sind, in anderen verschieden. Sonst wäre die Evolution ja sinnlos gewesen – wozu zwei Mal das gleiche Modell entwickeln? Beide Geschlechter haben Stärken und Schwächen, die sich ergänzen, und ganz sicher ist keines ›besser‹ als das andere.«[23]

Mit diesem »zentralen Missverständnis« räumt die Schweizer Philosophin Carola Meier-Seethaler auf: »Seit Simone de Beauvoirs revolutionärem Werk ›Das andere Geschlecht‹ sollte die Erkenntnis Allgemeingut sein, dass die Geschlechts*rollen* (Hervorhebung C.M.) der Frau nicht angeboren sind, und sie in diesem Sinne erst zur Frau gemacht wird. Das Gleiche gilt für den Mann, der erst durch das ihm aufgedrängte Rollenklischee das gesellschaftlich bedingte Männerbild erfüllt. Was heißt, dass die polarisierenden Zuordnungen bestimmter Fähigkeiten und Charaktereigenschaften an das weibliche und an das männliche Geschlecht eine ideologische Konstruktion darstellen: Frauen seien schwach, reproduktiv, passiv, gefühlsbetont und labil; Männer dagegen stark, kreativ, aktiv, rational und konsequent, was sie ›von Natur aus‹ zur Herrschaft über die Frauen bestimmt.

Die Dekonstruktion dieser Gender-Polarisierung gab den Auftakt zur Emanzipation der Frauen, die längst bewiesen (haben), dass sie ebenso intelligent, kreativ und willensstark sein können wie Männer. Und, mit großer Verspätung, zur Emanzipation des Männerbildes, wonach Männer ebenso sensibel, gefühlsfähig und zur Fürsorge geeignet sind wie Frauen.«[24]

---

[23] Harald Martenstein: ZEITmagazin Nr. 24/20136, Juni 2013.

[24] Carola Meier-Seethaler: »Verwechslung von Ideologiekritik und Ideologie«, 27.10.2019 und »Queer trübt Blick auf patriarchale Strukturen – Die Absage an die Zweigeschlechtlichkeit erschwert die Kritik an der patriarchalen Gesellschaft«, 26.9.2017; meier-seethaler.ch/kolumnen; frauensicht.ch/lobbys/frauen/queer-truebt-blick-auf-patriarchale-strukturen/.

13. Sprache spiegelt die Welt – eine geschlechtergerechte ist notwendig!

»Wenn 99 Lehrerinnen in einem Raum sind und ein Lehrer kommt dazu, werden daraus laut Grammatik 100 Lehrer.« (Luise Pusch)

Die skizzierten Diskussionen zeigen, wie Begriffe von ihrer ursprünglichen Bedeutung gelöst werden, was nicht nur zu Unschärfen in der Debatte führt, sondern auch die Frauen- und Gleichstellungspolitik schwächt, wenn die prägende Kraft der gesellschaftlichen Ordnung aus dem Blick gerät. Deutlich wird das auch, wenn diverse Geschlechter in Stellenausschreibungen und in der Amts- und Rechtssprache sprachlich zum Ausdruck kommen sollen.

Worum geht es bei der Notwendigkeit einer geschlechtergerechten Sprache? Es geht nicht um die sprachliche Sichtbarmachung von Minderheiten![1] Gender meint zwar das Geschlecht – aber das *soziale* Geschlecht. Der Grund für eine gendergerechte Sprache ist also nicht das Sichtbarmachen der *biologischen* Geschlechter, sondern das politische Anliegen, die hinter dem generischen Maskulinum steckende Rollenzuschreibung des sozialen Geschlechts aufzubrechen! Frauen auch sprachlich sichtbar zu machen, ist eine der vielen Maßnahmen zum Abbau struktureller Diskriminierung von Frauen, mit denen sichergestellt werden soll, dass Frauen nicht nur mit*gemeint* sind, sondern eigenständig gedacht und genannt werden.

»Sprache ist unser wichtigstes Mittel, uns auszudrücken und mitzuteilen. In ihr spiegelt sich unsere Wahrnehmung der Welt wider – gleichzeitig beeinflusst sie die Art und Weise, wie wir denken und die Welt wahrnehmen«, heißt es so oder ähnlich in Leitfäden zur geschlechtersensiblen Sprache.[2]

Die ausschließliche Verwendung der männlichen Sprachform schließt mit den Frauen die Mehrheit der Bevölkerung aus, denn Frauen werden dabei keineswegs mitgedacht, ja nicht einmal mit assoziiert! Wenn sie sprachlich nicht sichtbar werden, assoziiert man mit dem männlichen Begriff auch keine weibliche Person. So werden stereotype Vorstellungen über Frauen perpetuiert und die traditionellen Rollen verfestigt. »Frauen sind in der Männersprache nicht unsichtbar, sondern untergeordnet«, stellte die Sprachwissenschaftlerin Luise F. Pusch[3] unter Verweis auf entsprechende

---

1 Aurelie von Blazekovic: »Genderstern, N-Wort, Binnen-I – Zum Stand der Dinge in der deutschen Sprachdebatte«, Kleine Pause; Süddeutsche Zeitung vom 17.8.2021.

2 Geschlechtersensible Sprache – ein Leitfaden des Koordinationsbüros für Frauenförderung und Gleichstellung der Technischen Universität Berlin.

3 Luise Pusch: »Debatte geschlechtergerechte Sprache – eine für alle«, taz, 8.3.2019; taz.de/Debatte-Geschlechtergerechte-Sprache/!5577446/.

psycholinguistische Tests fest. Manche Sprachwissenschaftler sehen das anders und wollen die Sprache gerne vor Veränderungen dieser Art schützen. Die Sprache, so deren Argumentation, sei neutral, weshalb das generische Maskulinum auch keine Diskriminierung sei. Das geht aber am Problem vorbei, denn die meisten Menschen sind keine Sprachwissenschaftler und denken auch nicht wie diese, sondern reagieren auf das, was gesagt wird und nicht auf das, was mitgemeint sein könnte.

Sprache ist immer auch ein Spiegel der gesellschaftlichen (Macht)Verhältnisse. Sie wirkt auf unser Denken und auf die gesellschaftliche Wirklichkeit ein, wie die Professorin für Sozialpsychologie an der Universität Bern Sabine Sczesny in einem Interview mit der »Frankfurter Rundschau« anhand einer Studie darlegte. Dazu waren deutschen und belgischen Kindern zwischen acht und neun Jahren Listen mit Berufen vorgelegt worden. Das Ergebnis: »Wenn die Bezeichnungen sowohl männlich als auch weiblich waren, interessierten sich mehr Mädchen für männlich typisierte Berufe wie bei der Polizei und trauten Frauen in diesen Berufen mehr Erfolg zu.«[4] Langfristig könne sich so Sprache auf die Gesellschaft auswirken. Darauf kommt es an und nicht auf sprachwissenschaftliche Spitzfindigkeiten des generischen Maskulinums!

Die Debatte um eine geschlechtergerechte Sprache hatte die damalige Bundesjustizministerin Christine Lambrecht am 19.9.2020 mit ihrem Gesetzentwurf zur Reform des Insolvenzrechts couragiert belebt, in dem sie ausschließlich die weibliche Form verwandt hat. Bedauerlicherweise hat nach diesem fulminanten Signal das Bundesinnenministerium wieder fantasielos das generische Maskulinum durchgesetzt. Dies steht in offenkundigem Widerspruch zur Gemeinsamen Geschäftsordnung der Bundesregierung, nach der »die Gleichstellung von Frauen und Männern auch sprachlich zum Ausdruck« zu bringen ist.

Die FAZ hat dazu einen vielsagenden Beitrag veröffentlicht. Unter der Überschrift »Wer redet von wem? Gender-Narzissmus« befasst sich der Autor Anatol Stefanowitsch mit den Überlegungen des früheren Bildungs- und Finanzministers von Mecklenburg-Vorpommern, Mathias Brodkorb im online-Magazin des »Cicero«. Brodkorb erkennt darin zwar an, dass das generische Maskulinum das »sprachliche Unsichtbarmachen von Frauen und damit die symbolische Überformung der männlichen Vorherrschaft« bedeute, hält aber das Bemühen, dem entgegenzuwirken, eher für einen »Ausdruck eines »narzisstischen Syndroms«, welches das »Zeitalter der Identitätspolitik« kennzeichne.

---

[4] Karin Dalka und Viktor Funk im Interview mit Sabine Sczesny: Die Macht des Genderns – »Sprache wirkt sich auf die Gesellschaft aus«, Frankfurter Rundschau, 19.9.2020; www.fr.de/politik/sprache-gender-sternchen-gesellschaft-interview-90047574.html.

Schließlich abstrahiere das generische Maskulinum gerade von der Frage des Geschlechts. Das zeige sich am Beispiel der Wörter »Mann« und »Frau« und dem dafür verwandten Oberbegriff »Mensch«, der nicht die Frauen zum Verschwinden bringe, sondern »die Geschlechtlichkeit als solche«.[5]

Stefanowitsch widerlegt das überzeugend: Die Idee des »*generischen Maskulinums*« beziehe sich nicht auf einzelne Wörter, sie sei »vielmehr die kuriose Hypothese, dass maskuline Formen ganz allgemein gleichzeitig semantisch männlich und semantisch geschlechtsneutral und damit ihre eigenen Oberbegriffe« seien.[6] Dass diese Widersprüchlichkeit nicht auf den ersten Blick erkannt werde, liege an der lange stillschweigend akzeptierten gesellschaftlichen Übereinkunft, das Problem der geschlechtsneutralen Bezugnahme auf Menschen so zu lösen, dass grundsätzlich nur Männer erwähnt werden und es der sprachlichen Fantasie des jeweiligen Gegenübers überlassen bleibe, ob und wann sie damit möglicherweise auch Frauen meinen.

»Diese Übereinkunft macht aus den Maskulina aber nicht geschlechtsneutrale Oberbegriffe, sondern bestenfalls Metonymien, bei denen wir einen Teil (den Mann) nennen und das Ganze (den Menschen) meinen. Das sagt uns nicht nur die Logik – ein Wort kann nicht sein eigener Oberbegriff sein – das sagen uns auch zwanzig Jahre psychologischer Experimente.« Oder wie es Luise Pusch formuliert: »Wenn der Oberbegriff mit einem seiner Unterbegriffe identisch ist, kann er nicht neutral sein.«[7]

Dass es dabei nicht nur um sprachliche Korrektheit geht und auch nicht darum, die Vielfalt der (biologischen) Geschlechter abzubilden, sondern um die gesellschaftliche Vorstellung, die durch Sprache erzeugt wird, wird oft verkannt: »Seit der höchstrichterlichen Anerkennung eines dritten Geschlechts, das sich allerdings auch noch in dutzende Spezialidentitäten zerlegen lässt, stehen Feministinnen und Feministen sowie Gendersprachbewegte daher vor einem unlösbaren Dilemma. Mit der postmodernen Vervielfältigung der Geschlechter werden Frauen unweigerlich von einer ehemals besonders zu fördernden Gruppe zu bloß einer unter vielen. Jeder Versuch, ihnen weiterhin einen förderungspolitischen Sonderstatus verschaffen zu wollen, macht sie zu den neuen Männern, die alle anderen genau dadurch benachteiligen.«[8]

---

[5] Matthias Brodkorb, »Der Narzissmus der gendergerechten Sprache«, Cicero, 13.10.2020; www.cicero.de/innenpolitik/gendersternchen-generisches-femininum-narzissmus-sprache.

[6] Anatol Stefanowitsch, »Wer redet von wem? Gender-Narzissmus«, FAZ 21.10.2020.

[7] Luise Pusch: »Heutige Feministinnen«, FemBio, 20.9.2009; www.fembio.org/biographie.php/frau/comments/heutige-feministinnen/.

[8] Brodkorb (siehe Anm. 5).

Nein! Der Finanzminister a.D. Brodkorb täuscht sich und andere: Feministinnen und Feministen stehen nicht vor einem Dilemma! Denn Frauen sind keine Gruppe unter vielen, sondern die Mehrheit – mit oder ohne Sternchen. Es geht darum, die mit dem biologischen Frausein verbundenen sozialen Zuschreibungen und die daraus resultierenden Benachteiligungen abzubauen.

Es geht nicht um sexuelle Identität, also nicht darum, welchem biologischen Geschlecht sich eine Person zugehörig *fühlt*, und erst recht nicht darum, das *biologische* Geschlecht zu betonen oder alle biologischen Geschlechter mitzumeinen. Es geht vielmehr darum, zu verhindern, dass Frauen durch die rein männliche Sprachform (oder euphemistisch durch das generische Maskulinum) nicht nur sprachlich, sondern auch real ausgegrenzt werden. Das perpetuiert Geschlechterstereotype und erschwert oder verhindert tatsächliche Gleichstellung. Deshalb ist es gleichstellungspolitisch kein Gewinn, den Genderstern zu verwenden. Die erste Frau als Richterin am Bundesverfassungsgericht ist eben eine Richter*in*. Bezeichnet man sie als Richter*in am Bundesverfassungsgericht, wird verdeckt, dass es sich um eine Frau handelt. Gleichstellungspolitisch hat man sich damit gerade einmal im Kreis gedreht, weil man in der Absicht, eine geschlechtergerechte Sprache zu verwenden, das Geschlecht zum Verschwinden bringt und damit seiner Aussage die Bedeutung nimmt.

Das Sternchen oder der Doppelpunkt sind ja auch kein Sieg der Frauenbewegung – aus meiner Sicht eher das Gegenteil: Das Gendersternchen ist der Sieg einer kleinen Gruppe, die erfolgreich für ihre Belange gekämpft hat. Die erste und die zweite Frauenbewegung hätten sich nicht dafür stark gemacht, denn Sternchen, Doppelpunkt oder Unterstrich bevorzugen zwar sprachlich nicht ein bestimmtes Geschlecht, sondern jede/r kann damit jedes Geschlecht meinen, oder aber seine bzw. ihre Vorstellung darauf projizieren. Damit wird jedoch – was die Frauen angeht – der gleiche Effekt erzielt wie mit dem generischen Maskulinum, bei dem eine weibliche Person nicht mitassoziiert wird, wenn zum Beispiel in einer Stellenausschreibung ein Referent oder ein Physiker gesucht wird, denn die gesellschaftliche Realität wirkt auf das, was wir assoziieren ein.

Die Geschlechter sichtbar zu machen, erreicht man damit also gerade nicht. Sternchen, Doppelpunkt oder Unterstrich sind zudem beim Schreiben wie beim Sprechen holprig und dürften eher wenig zu einem Wandel des Bewusstseins beitragen. Denn wie schon Johannes Rau einmal so schlicht feststellte: »Die Verhunzung der deutschen Sprache ist kein Beitrag zur Gleichberechtigung.«

14. Antifeminismus und Nationalismus – Renaissance des Patriarchats?

> *»Antifeminismus und Anti-Gender-Rhetorik spielen bei der ›Einmittung‹ rechter Weltanschauungen eine zentrale Rolle. Sie machen rechte Denkweisen in der gesellschaftlichen Mitte salonfähig und ermöglichen es Teilen der Gesellschaft, nach rechts zu rücken, ohne dass es rechts aussieht.«*
> (Franziska Schutzbach, Gunda-Werner-Institut).

Antifeminismus, verstanden als eine pauschale, oft organisierte Zurückweisung oder Bekämpfung feministischer Anliegen und Positionen, zielt darauf ab, Frauen ihren angeblich natürlichen Platz in der Gesellschaft (wieder) zuzuweisen. Sie sollen Kinder bekommen und sich um die Familie als »Keimzelle der Nation« kümmern. Antifeminismus ist heute aber auch mehr und mehr im Kontext nationalistischer Strömungen zu sehen – nicht nur in Deutschland. Berichten und Bildern, aber auch empirischen Untersuchungen zufolge, ist der Zulauf zu rechtsnationalen Gruppen und Parteien eher ein Männerphänomen. Sie fühlen sich vom Nationalismus eher angesprochen, weil er ihnen das Gefühl vermittelt, »dass sie dazugehören in einer sich rasch verändernden, globalisierten Welt, in der sie sich ihres Platzes nicht sicher sind, (...) Frauen (seien) nicht mehr auf Männer angewiesen, um gut leben und sogar Kinder haben zu können«.[1] Frauen spielen – wenn überhaupt – eine untergeordnete Rolle.

Vokabeln wie »Genderwahn« oder »Genderismus«, die zunächst wie ein Abwehrkampf wirkten gegen Erfolge des Feminismus und gegen eine weitgehend erfolgreich etablierte Frauenpolitik, sind der Beginn einer Gegenbewegung, in der sich zunehmend reaktionäre, frauenfeindliche, nationalistische und fremdenfeindliche Strömungen miteinander verbinden, die sich (allerdings nicht nur) gegen die Gleichstellung von Frauen wenden. Diese geht einher mit einer Reaktivierung von Geschlechterrollen der 1950er-Jahre mit dem Mann als Familienoberhaupt und Versorger und der Frau als Hausfrau, Hüterin des Heims, Mutter (möglichst vieler Kinder) und treusorgender Ehefrau.

Das klingt vorgestrig, und tatsächlich sind nicht nur diese Vorstellungen, sondern auch der Antifeminismus – sogar unter diesem Begriff – schon über 100 Jahre alt. Bereits 1902(!) hatte Hedwig Dohm in ihrem Buch »Die Antifeministen« unterschieden nach »Altgläubigen«, »Herrenrechtlern«,

---

1 Annabelle Chapman, »Gender und Nationalismus – Die Renaissance des Patriarchats«, Der Tagesspiegel, 10.9.2019; www.tagesspiegel.de/politik/gender-und-nationalismus-die-renaissance-des-patriarchats/25000374.html.

»praktischen Egoisten« und »Rittern der mater dolorosa«:[1] Die »Altgläubigen« wollten das Bestehende erhalten, weil es einer für sie bewahrenswerten Tradition folge. Den »Herrenrechtlern« ginge es um die Sicherung ihrer Vormachtstellung und Dominanz. »Praktische Egoisten« seien die »Profiteure« der bestehenden Ordnung, die die geschlechtsspezifische Arbeitsteilung beibehalten wollten, weil es ihnen nutzte. Die »Ritter der Mater dolorosa« idealisierten zwar Frauen, sahen sie aber in vorgegebener Rolle als Ehefrau, Hausfrau und Mutter. Diese vier Antifeministen repräsentierten für Hedwig die vorherrschende Sichtweise.

Und heute?

Heute sind in Deutschland, in den meisten Teilen Europas und in vielen Ländern dieser Welt die Gleichberechtigung und Gleichstellung von Frauen Werte mit Verfassungsrang und daher in der Regel in (fast) allen Rechtsbereichen verankert. Dennoch oder vermutlich gerade deshalb werden nicht nur aggressive Stimmen gegen die Gleichstellung der Geschlechter und für die Restaurierung der alten Rollenbilder lauter. Der Antifeminismus ist vielmehr zu einer Offensive gegen feministische Anliegen und Positionen geworden. Er tritt dabei gerne als Anti-Gender-Bewegung auf, die gegen Gender Studies und Geschlechterforschung als angebliche »Gender-Ideologie« polemisiert und mobilisiert und dabei mit platten Feindbildern aufwartet, wie der Behauptung, der Feminismus wolle die Männer unterdrücken und ein gutes Miteinander von Frauen und Männern verhindern.

Das geschieht teilweise in kruden, aber gefährlichen Erscheinungsformen und Zusammenschlüssen – etwa in der Gruppe der »Incels« (»involuntary celibates«). So bezeichnen sich manche Männer, die unfreiwillig keinen Geschlechtsverkehr mit Frauen haben. Was zunächst bizarr klingt, ist tatsächlich hochtoxisch; verheerende Massaker werden damit in Verbindung gebracht und von »Incels« verherrlicht: etwa der Attentäter, der im April 2018 in Toronto mit einem Lastwagen zehn Menschen tötete und zahlreiche Menschen teils schwer verletzte. Er hatte vor seiner Tat auf Facebook vermeldet, die »Incel Rebellion« habe bereits begonnen.[2]

Die Schweizer Geschlechterforscherin Franziska Schutzbach hat die Entwicklung der maskulistischen Szene in den letzten Jahren untersucht und die einzelnen Gruppierungen und deren Entwicklung, ihre Radikalisierung und Politisierung und vor allem deren Frauenbild und die Nähe zum Rechts-

---

[1] Hedwig Dohm, Die Antifeministen. Ein Buch der Verteidigung, Berlin 1902.

[2] Inga Barthels: »Frauenhass und Rechtsnationalismus – Die Rache verunsicherter Männer«, Der Tagesspiegel, 20.3.2019.

nationalismus und Rechtsextremismus beschrieben. Eine dieser Gruppierungen, die Pick-Up-Artists (PUA) hätten in den USA als eine Art Selbsthilfegruppe für verunsicherte Männer begonnen und seien heute weltweit u.a. in Blogs und Foren aktiv. Sie hätten eine krude Vorstellung vom angeblichen Wesen der Frau als emotional und irrational und vom Mann als vernunftbegabtem Wesen, der ein Recht auf jederzeitigen Sex mit Frauen habe. Auch bei dem rechtsextremen Attentäter, der 2011 in Schweden in einem Camp der schwedischen Jungsozialisten 77 junge Menschen ermordet hatte, hätten sich Antifeminismus, Frauenhass und rechtsnationalistisches Denken zu einer mörderischen Symbiose verschmolzen.[3]

Tatsächlich bestehen zwar einerseits männliche Privilegien bis heute fort und sind strukturell tief in unserer Gesellschaft verankert. Andererseits geraten patriarchalisch geprägte Verhaltensweisen und Strukturen ethisch, normativ, diskursiv und im Alltag immer stärker unter Druck. Das erzeugt Spannungen und führt zu einer Radikalisierung bestimmter Männer, die abgehängt sind oder sich abgehängt fühlen. Das allein macht sie aber noch nicht so gefährlich, vielmehr die Kombination von fanatischem Frauenhass mit »Frauenverachtung, Antifeminismus, Maskulismus, Rassismus und Rechtsnationalismus«, so Schutzbach[4] – eine Entwicklung, die durch die frauenfeindliche Politik einiger Regierungen innerhalb der EU begünstigt wird. Die Leipziger Autoritarismus-Studie 2020 zeigt, wie brandgefährlich diese Melange ist und dass sie eine Bedrohung für die Menschen und für die Demokratie insgesamt darstellt.[5]

Bei dieser Entwicklung spielt auch die soziale Lage eine Rolle: Andreas Kemper hat schon vor einigen Jahren hingewiesen, dass der Maskulismus »ein Mittelschichtsprojekt (ist), das sich im Kampf um die Deutungsmacht von Männlichkeit befindet. Maskulisten sehen sich in ihrer Autorität bedroht, was mit ihrer Klassenlage in Zeiten der kapitalistischen Krise zu tun hat. Im Zuge ihrer mittelschichts- und geschlechtsspezifischen Normierungsversuche werden allerdings proletarische Männlichkeiten unsichtbar gemacht. Insofern ist Maskulismus auch klassistisch.«[6]

3 Franziska Schutzbach: »Dominante Männlichkeit und neoreaktionäre Weltanschauungen in der Pick-Up-Artist-Szene«, Feministische Studien, vol. 36, no. 2, 2018, pp. 305-321. doi.org/10.1515/fs-2018-0034Franziska Schutzbach:.

4 Ebd.

5 Oliver Decker/Elmar Brähler (Hrsg.): Autoritäre Dynamiken, Alte Ressentiments – neue Radikalität, Leipziger Autoritarismus-Studie, Gießen 2020.

6 »Männliche Abstiegsangst« Interview von Lea Susemichel mit Andreas Kemper zum Zusammenhang zwischen Männlichkeit und Klasse, 2014; anschlaege.at/maennliche-abstiegsangst/.

Backlash in der EU

Das Aufkommen solcher Bewegungen ist Teil bzw. Folge des Backlash, der EU-weit die gleichstellungspolitischen Errungenschaften bedroht. Die Rückschritte in Ländern der EU belegt eine Studie der Europäischen Kommission und des EU-Parlaments vom Juni 2018 zum Stand der Gleichstellung insbesondere in den Ländern Österreich, Ungarn, Italien, Polen, Rumänien und der Slowakei: Danach habe es in diesem Jahrzehnt einerseits deutliche Fortschritte bei der Gleichstellung der Geschlechter und der Menschenrechtsagenda für Frauen auf allen Kontinenten gegeben. Andererseits sei es aber auch »in den letzten Jahren zu Gegenreaktionen bei der Gleichstellung der Geschlechter und den Rechten der Frauen gekommen«,[7] unter anderem in den Bereichen Bildung, sexuelle und reproduktive Gesundheit und Rechte sowie Verhütung und Bekämpfung von Gewalt gegen Frauen. Diese Gegenreaktion sei in erheblichem Maße mit einer Intensivierung der Kampagne gegen die sogenannte Genderideologie verbunden. Franziska Schutzbach vermutet, »dass gerade der Bedeutungsverlust der (väterlichen) Autorität und der Niedergang der klassischen patriarchalen Herrschaft die Herausbildung radikalisierter Männlichkeit produziert«.[8]

In Ungarn ist die Regierung schon seit einiger Zeit dabei, die Geschlechterrollen mit aggressiver Rhetorik und Überhöhung der Mutterschaft (nicht zum Wohle der Frauen, sondern angeblich zum Wohle der Nation!) wieder zu retraditionalisieren: Anfang 2019 versprach der ungarische Ministerpräsident Frauen unter 40 Jahren zu ihrer ersten Hochzeit zinsvergünstigte Kredite bis umgerechnet rund 30.000 Euro. Mütter von mindestens vier Kindern sollten von der Einkommenssteuer befreit werden, um »das Überleben der ungarischen Nation zu sichern«.[9] Geschlechterforschung (Gender-Studies) wurde als Studienfach abgeschafft mit der vorgeschobenen Begründung, sie werde nicht nachgefragt. Der eigentliche Grund aber dürfte sein, dass das Fach nach Auffassung der Regierung »die Fundamente der christlichen Familie« untergrabe.[10]

Auch in Polen stehen die Rechte der Frauen unter massivem Dauerbeschuss: Abtreibungsgegner haben bereits ein Verbot des Sexualkundeun-

---

[7] »Gewalt gegen Frauen in der EU«, Aktueller Stand, Anna Dimitrova-Dull, Sept. 2019, Herausgegeben vom Wissenschaftlichen Dienst des Europäischen Parlaments; EPRS_BRI(2019)644190_DE-1.pdf.

[8] Franziska Schutzbach: »Rechtspopulismus – Frau als Feind«, Süddeutsche Zeitung, 14.2.2020.

[9] Annabelle Chapman (siehe Anm. 1).

[10] Zeit Online vom 16.10.2018; www.zeit.de/politik/ausland/2018-10/gender-studies-ungarn-studienfach-abschaffung-universitaeten-viktor-orban.

terrichts an Schulen erreicht – trotz massiver Proteste und trotz der in einem Urteil des obersten Gerichts des Landes formulierten Bedenken, dass der entsprechende Gesetzentwurf gegen das in der Verfassung verankerte Recht auf Bildung und Gesundheit verstoßen könne und deshalb nicht mit dem Unterrichtsauftrag der Schulen vereinbar sei.[11] Das polnische Abtreibungsrecht zählt mit seinem generellen Verbot von Abtreibungen mittlerweile zu den rigidesten weltweit; nach einem Urteil des polnischen Verfassungsgerichts vom 20.10.2020 sind Abtreibungen nur noch in Fällen von Inzest, Vergewaltigung oder Gefährdung des Lebens der Schwangeren zulässig und – anders als bisher – nicht mehr bei zu erwartender schwerwiegender Missbildung des Kindes. Dazu passt auch der Austritt Polens aus der Istanbul-Konvention, die durch eine »Konvention über die Rechte der Familie« ersetzt werden soll.

In ihrem Kampf gegen die Frauenrechte stützt sich die Regierung Polens auf die stockkonservative Juristen-Denkfabrik Ordo Iuris, die ihren Einfluss auf die Politik und den gesellschaftlichen Mainstream in den vergangenen Jahren massiv ausgebaut hat. Auf sie geht die dramatische Verschärfung des einst liberalen Abtreibungsrechts in Polen zurück; hier wird der Kampf gegen Menschenrechte rechtlich und ideologisch vorbereitet und flankiert.[12] Das EPF (European Parlamentary Forum of sexual and reproductive Rights) hat sich mit den Aktivitäten dieser Organisation näher befasst und die wichtigsten zusammengestellt:

- den Entwurf des Gesetzestextes von 2016 zum Verbot der Abtreibung,
- Argumentationshilfen für den Austritt aus der Istanbul-Konvention,
- einen Gesetzentwurf zur Kriminalisierung von Sexualerziehung,
- einen Gesetzentwurf zur Einschränkung der In-vitro-Fertilisation,
- eine Charta, mit der in Polen mittlerweile »LGBT-freie Zonen« geschaffen wurden.[13]

Diese Entwicklung in Ländern der EU ist nach meinem Verständnis auch eine Reaktion auf eine strikt marktorientierte Politik. Untersuchungen deuten darauf hin, dass die Zustimmung für die jetzige Regierungspartei viel mit deren Unterstützungsleistungen für kinderreiche Familien und für Rentner/-innen zu tun hat. Nationalistische Bewegungen verknüpfen geschickt das Nationale und das Soziale miteinander durch massive finanzielle Unterstüt-

---

[11] »Tausende Polen protestieren gegen Strafen für Sexualkundeunterricht«, Zeit Online vom 14.11.2019; www.zeit.de/gesellschaft/zeitgeschehen/2019-10/warschau-proteste-sexualkunde-unterricht-gefaengnisstrafe-pis;.

[12] Joanna Schild, »Eine Denkfabrik zum Fürchten«, Der Freitag vom 31.3.2021.

[13] European Parlamentary Forum of sexual and reproductive rights: Foundation Ordo Iuris Institute for Legal Culture; EPF Intelligence Briefing, 24.3.2021.

zung von Heirat und Mutterschaft, von Kinderreichtum bei gleichzeitigem Abbau von Frauenrechten und mit der Überhöhung aggressiver Männlichkeit in Verbindung mit Nationalismus.

Der Kampf gegen die Frauenrechte hat also eine nationalistische Komponente und der neue Nationalismus eine Geschlechterkomponente; beides gerät in letzter Zeit stärker in den Blick. Diese Kombination wahrzunehmen, ist »unverzichtbar, um das Wiederaufleben des Nationalismus in unseren Gesellschaften zu verstehen und darauf zu reagieren«.[14]

Und um die Bedrohung für die Erfolge der Frauen- und Gleichstellungspolitik zu erkennen, ihr entgegenzuwirken und zu verhindern, dass unter dem Deckmantel vordergründiger Familienfreundlichkeit tradierte Rollenbilder wieder belebt werden. Dem neuen Nationalismus geht es ja auch keineswegs um die (reproduktiven) Rechte der Frauen, sondern darum, der Nation möglichst viele Kinder zu sichern: »Die Entscheidung, Kinder zu haben, (wird) in den Kontext des Überlebens der Nation gestellt, statt dass es um die Rechte, Wahlmöglichkeiten und Ziele von Frauen geht. Im schlimmsten Fall werden Frauen auf die Rolle von Werkzeugen zur Erzeugung der nächsten Generation reduziert.«[15]

Maßnahmen zur Abwehr des Backlash

Die Autorinnen und Autoren der EU-Studie sprechen sich u.a. dafür aus, das starke Engagement für die Gleichstellung der Geschlechter und die Rechte der Frau als einen der Werte der Europäischen Union beizubehalten und in den (untersuchten) EU-Mitgliedsstaaten zu fördern. Gender Mainstreaming solle als horizontaler Ansatz auch mit Blick auf Verteilung und Verwendung der Mittel für die Arbeit zivilgesellschaftlicher Organisationen für Demokratie und Menschenrechte, einschließlich der Rechte von Frauen und Mädchen, sichergestellt und gestärkt werden.

Weiter empfehlen sie Maßnahmen zum Schutz bestimmter Gruppen von Frauen, die Opfer mehrerer, sich überschneidender Formen der Diskriminierung sein können (z. B. Roma-Frauen, Migrantinnen, Asylsuchende oder Flüchtlingsfrauen) und Strategien zur Armutsbekämpfung, die das Geschlecht als Schlüsselindikator nutzen und damit Frauen als wichtige Zielgruppe für die notwendigen Maßnahmen identifizieren. Die EU-Studie macht – trotz ihrer besorgniserregenden Erkenntnisse – aber auch Hoffnung: Sie zeigt, dass »Länder mit einer längeren und ununterbrochenen Geschichte demokratischer Regierungsführung, einer starken Frauenbe-

---

[14] Annabelle Chapman (siehe Anm. 1).

[15] Ebd.

wegung und einer lebendigen Tradition der zivilen Organisation in der Lage waren, die Kräfte hinter der Debatte über die ›Gender-Ideologie‹ auszugleichen«. Das ist sehr wichtig, denn in vielen Ländern werden aktive Feministinnen zum Ziel von Hass-Attacken und digitaler Bedrohung.

Nationale Maßnahmen allein werden angesichts der frauenfeindlichen und rückwärtsgewandten Strömungen in vielen Ländern daher nicht ausreichen: »Wir brauchen eine weltweite feministische Bewegung, über Generationen, über Landesgrenzen, über Geschlechter und über etwaige politische Anliegen hinweg, um dem erstarkenden Nationalismus und dem Antifeminismus zu begegnen«, stellt Jana Prosinger, Referentin für internationale Geschlechterpolitik und LGBTI bei der Heinrich-Böll-Stiftung fest.[16]

In Deutschland brauchen wir, um den Backlash abwehren zu können, nach meinem Dafürhalten auch eine gemeinsame Strategie und eine Fokussierung. Gleichstellungspolitik muss einen klaren Kompass haben: Neue Politikfelder und Strategien sollten auch daran gemessen werden, ob sie die Gleichstellung von Frauen und Männern tatsächlich fördern bzw. unter welchen Voraussetzungen sie dazu beitragen können. Dazu gehört es, von Anfang an die soziale Lage einzubeziehen. Besonders wichtig sind auch Bündnisse mit anderen Bewegungen – neben den im obigen Zitat genannten auch mit der Gewerkschaftsbewegung, der Umweltbewegung, der Friedensbewegung, den fortschrittlichen Gruppen in den Kirchen und Menschenrechtsorganisationen zum Beispiel im Bereich der Migration und natürlich auch mit fortschrittlichen Männerorganisationen.

---

[16] Jana Prosinger: »Backlash im Feminismus – Raus aus dem Rückwärtsgang«, Der Tagesspiegel, 25.5.2019.

15. Die Frauenfrage und die soziale Frage

> *»Lippenbekenntnisse zum Feminismus in den Industriestaaten sind eine geschickte Verschleierung der Vermännlichung der Macht und der Verweiblichung der Armut in den Entwicklungsländern.«* (Germaine Greer)

In der ZEIT vom 30.7.2016 erschien vor den Präsidentschaftswahlen in den USA ein Artikel über die Kandidatin Hillary Clinton mit der Überschrift »Wäre sie doch lesbisch oder arm«.[1] Die Autorin rätselte, weshalb die »Frauenkarte« nicht ziehe, Clinton vielmehr im Vorwahlkampf in vielen Bundesstaaten deutlich hinter ihrem innerparteilichen männlichen Konkurrenten Bernie Sanders lag. Eine Kolumnistin des Harvard Crimson, der Studentenzeitung dieser Universität, mutmaßte, dass sich mehr Millennials für Clinton erwärmt hätten, wäre sie nicht nur weiblich, sondern schwarz, lesbisch oder arm gewesen. Das darf getrost bezweifelt werden: Auch dann hätten sich vermutlich nicht mehr Millennials für Clinton erwärmt, sie hätte aber ein breiteres Spektrum abdecken können – jedenfalls dann, wenn sie für mehr gestanden hätte als dafür, dass Frauen in gehobenen und höheren Positionen besser vertreten sind.

Was Clinton gegenüber Sanders zum Nachteil gereicht hatte, war nicht, dass sie eine Frau und reich ist und keine irgendwie geartete Vision für die Zukunft hatte, sondern dass in ihrem Programm die soziale Frage keine Rolle spielte. Natürlich wünschten sich viele Frauen eine Frau als Präsidentin – aber Hillary Clinton stand zu sehr für das »Establishment«. In einer Zeit, in der die Kluft zwischen Superreichen und Durchschnittsverdiener/-innen immer größer wurde, Aufstiege kaum noch möglich und gute Bildung für viele unerschwinglich geworden sind, vermittelte sie den Menschen jenseits der »oberen Zehntausend« keine Perspektive und der Mehrheit der Frauen nicht das Gefühl, »eine von uns« zu sein, sich für die Interessen der Wählerinnen mit geringen oder durchschnittlichen Einkommen einzusetzen. Dazu kam, dass viele den wohl zutreffenden Eindruck hatten, sie habe Bernie Sanders mindestens genauso stark bekämpft wie Donald Trump.

Die Frauenfrage und ihr Verhältnis zur sozialen Frage ist und bleibt aktuell. Fortschritte bei der Gleichstellung von Frauen und Männern sind eng verbunden mit sozialer Gerechtigkeit und sozialer Gleichheit. Doch obwohl die soziale Frage derzeit nicht im Fokus steht, ist im Politikbereich Gleichstellung jeder Fortschritt nur gegen massive Widerstände zu erkämpfen.

---

[1] Heike Buchter: »Hillary Clinton – wäre sie doch lesbisch oder arm«, Die Zeit vom 30.7.2017; www.zeit.de/politik/ausland/2016-07/hillary-clinton-us-wahl-frauen.

Frauen an die Spitze – und alles wird gut?

Das zeigt(e) sich zum Beispiel am FüPo-Gesetz. Aus dem beinharten Widerstand, gegen den es durchgesetzt werden musste, hätte man schließen können, dass es sich um grundstürzende Veränderungen im Interesse aller Frauen und gegen die Wirtschaft handelte, oder wenigstens um eine 50%-Frauenquote für die Aufsichtsräte und Vorstände sowohl der börsennotierten als auch der mitbestimmungspflichtigen Unternehmen. Am Ende stand nur eine 30%-Frauenquote für die Aufsichtsräte börsennotierter *und* mitbestimmter Unternehmen.

Im Zuge der Debatten um das FüPo-Gesetz im Jahr 2015 erhob sich allerdings auch die kritische Frage, welchen Unterschied Frauen an der Spitze von Konzernen und Banken machen könnten. Schließlich seien »vor allem jene Frauen erfolgreich, die sich den jeweils herrschenden Spielregeln anpassen, was zeigt, dass Gerechtigkeitskämpfe aus einer Geschlechterperspektive mit Kämpfen für ein anderes Wirtschafts- und politisches System einhergehen müssten«, wie Christa Wichterich kritisch feststellte.[2]

So ist es! Gleichstellungspolitik muss deshalb in eine konsequente Gesellschafts-, Wirtschafts- und Sozialpolitik eingebunden sein, die die gesellschaftliche Spaltung überwinden will und Selbstbestimmung und soziale Gerechtigkeit für alle Bürgerinnen und Bürger zum Ziel hat. In diese Richtung geht auch das 2019 erschienene Manifest »Feminismus für die 99%«, das Nancy Fraser gemeinsam mit Cinzia Arruzza und Tithi Bhattacharya veröffentlicht hat.[3] Darin fordern sie »einen antikapitalistischen Feminismus – einen Feminismus der 99%«. Gemeint ist ein Feminismus, als »Sache aller, die ausgebeutet, beherrscht und unterdrückt werden«. Lohngleichheit zum Beispiel könne für arme Frauen nur »Gleichheit im Elend« bedeuten, wenn die Löhne »nicht kostendeckend seien und mit einklagbaren Rechten sowie einer Neuorganisation von Haus- und Pflegearbeit« einhergingen. Ihrer Auffassung nach sollte sich der Feminismus daher mit den Bewegungen verbünden, die sich für die 99% einsetzen, z.B. für die Umwelt, für Arbeitnehmerrechte, für eine gute Gesundheitsversorgung, gegen Rassismus und gegen Krieg.

Auch die US-amerikanische Autorin Jessa Crispin beklagt in ihrem Buch »Warum ich keine Feministin bin. Ein feministisches Manifest« den »Mainstream-Feminismus« und fordert ihre Zeitgenossinnen auf: »Hört auf, euch

---

[2] Christa Wichterich: »Große Frauenrechte – der große Backlash«, Blätter für deutsche und internationale Politik 9/2015, S. 31.

[3] Cinzia Arruzza/Tithi Bhattacharya/Nancy Fraser: Feminismus für die 99% – ein Manifest, Berlin, 2019, S. 24f.

dem Kapitalismus und dem Patriarchat anzudienen! Zeigt euch solidarisch mit der schwarzen Bürgerrechtsbewegung, mit Frauen, die einen geringeren Bildungsstand und ein geringeres Einkommen haben als ihr. Und hört auf, so weinerlich und selbstgerecht zu sein!«[4]

Ein neuer Feminismus also? Auf jeden Fall eine klare Abkehr vom Feminismus der autonomen Frauenbewegung, die zwar vieles in der Gesellschaft nach vorne gebracht und viele Tabus aufgebrochen hat, bei der aber die soziale Frage nicht im Mittelpunkt stand – anders als bei der ebenfalls mit der Neuen Frauenbewegung erstarkten gewerkschaftlichen Frauenarbeit und der Frauenarbeit in Parteien sowie der 1976 gegründeten Demokratischen Fraueninitiative (die es heute in dieser Form nicht mehr gibt).

Der »Feminismus der 99%« ist auch eine Abkehr von einem heute verbreiteten Verständnis von Feminismus, mit dem frau oder man sich schmücken kann. Heute ist es in manchen Kreisen salonfähig geworden oder gilt als Teil geschickter Selbstinszenierung, sich als Feministin (oder Feminist) zu bekennen, wie das folgende Beispiel zeigt: Der W 20-Gipfel (Women20) im Rahmen der deutschen G-20-Präsidentschaft im Oktober 2017 in Berlin stand unter dem Motto »Vielfältig – belastbar – zukunftsfähig – Stabilisierung von Wirtschaft und Gesellschaft – durch die Stärkung der Rolle der Frau«. In der Abschlussrunde fragte die Moderatorin das prominent besetzte Podium (die damalige Bundeskanzlerin Angela Merkel, die damalige Chefin des Internationalen Währungsfonds und heutige Präsidentin der Europäischen Zentralbank, Christine Lagarde, die kanadische Außenministerin Chrystia Freeland, die niederländische Königin Maxima, Ivanka Trump, die Tochter des damaligen US-amerikanischen Präsidenten und die damalige Präsidentin des Verbands der Unternehmerinnen Stephanie Bschorr), ob sie sich selbst als Feministinnen bezeichnen würden. Alle bejahten diese Frage, außer der Bundeskanzlerin, die – so ihre Begründung – sich nicht die hart erkämpften Erfolge der Frauenbewegung ans Revers heften wollte.

Feministinnen!? Deutliche Kritik an diesem Selbstbild kam zu Recht von Christa Wichterich: »Es ist eine Farce und ein Betrug an den weltweiten Interessen benachteiligter Frauen, dass sich mehrere der Spitzenfrauen auf diesem Podium überhaupt mit dem Titel ›Feministin‹ schmückten, ohne über die Rechte der Armen auf eine sichere Lebensgrundlage, auf Verfügung über Ressourcen, Anerkennung ihrer Arbeit und soziale Sicherheit zu

[4] Jessa Crispin: Warum ich keine Feministin bin. Ein feministisches Manifest, Berlin 2018.

reden.«[5] (Ich ergänze: oder auch nur daran zu denken!) Es handele sich um einen »neuen, knallharten Businessfeminismus, der die neoliberale Strategie eines Empowerments von Frauen durch die Märkte, vor allem aber zum Wohle der Märkte, auf die Spitze treibt«.[6]

Olympe de Gouges und Simone de Beauvoir hätten sich im Grabe umgedreht! Auch wenn es nicht *die* Definition und *die* politisch-strategische Stoßrichtung von Feminismus gibt, so wird Feminismus doch beginnend mit der Französischen Revolution über die Studenten- und Bürgerrechtsbewegung bis heute mit Frauen und Frauenbewegungen verbunden, die für die Befreiung der Frauen von Herrschaft und Unterdrückung gekämpft haben. Wenn Frauen aus der Oberschicht und der oberen Mittelschicht den Feminismus kapern und einen »Business-Feminismus« pflegen, einen Feminismus der Eliten, dann hat das nichts mehr mit der zweiten Frauenbewegung zu tun und erst recht nichts mit dem Alltag der Mehrheit der Frauen oder gar mit der sozialen Frage.

Das zeigt für mich auch, wie wichtig es ist, in der Auseinandersetzung um gesetzliche Regelungen zur Erhöhung des Frauenanteils in Führungspositionen klar zu bleiben: Es geht nicht um eine Verbesserung der Bilanzen und auch nicht darum, einigen privilegierten Frauen den Aufstieg zu erleichtern. Das BMFSFJ betont deshalb im Rahmen des FüPoG auch immer wieder, dass es darum gehe, einen Kulturwandel herbeizuführen. Frauen in Führungspositionen müssten zu einer Selbstverständlichkeit werden, und das müsse sich auch in ihrer Repräsentanz niederschlagen.

Die Veränderung muss aber darüber hinausgehen: Frauen in Führungspositionen sollten Teil eines gesellschaftlichen Veränderungsprozesses sein, der die Situation aller abhängig beschäftigten Frauen in den Unternehmen insgesamt verbessert: ihre Arbeitsbedingungen, ihre Löhne und ihre Aufstiegsmöglichkeiten.

»Davos der Frauen«

In der deutschen Ausgabe von »Le Monde diplomatique« erschien am 10.12.2020 ein Artikel mit der Überschrift »Davos der Frauen – Lobby des elitären Feminismus«.[7] Gemeint ist das Women's Forum for the Economy

---

[5] Christa Wichterich: »Der neue Business-Feminismus«, Blätter für deutsche und internationale Politik, 7/2017.

[6] Ebd.

[7] Mailys Khider/Thomothée de Reauglaudre: »Davos der Frauen – In Frankreich setzen sich über 500 wirtschaftsnahe feministische Netzwerke für Frauen in Führungsetagen ein. Das nennt man Marktfeminismus«; taz.de/Aus-Le-Monde-diplomatique/!5737179/.

and Society (WF), ein Eliteklub in Frankreich, von den Medien auch als »Davos der Frauen« bezeichnet, weil sich dort seit 2005 regelmäßig einflussreiche Frauen aus Wirtschaft, Organisationen und Netzwerken treffen, die mehr Frauen in die Führungsetagen bringen wollen. Sie haben sich in ihrem Land bereits erfolgreich für eine gesetzliche Verpflichtung für mehr Frauen in Führungspositionen eingesetzt: Seit 2011 müssen private und öffentliche Unternehmen mit über 500 Angestellten und einem Umsatz von mehr als 50 Millionen Euro ihre Kontrollgremien zu jeweils mindestens 40% mit Männern und Frauen besetzen. Wo diese gesetzliche Verpflichtung nicht gilt, bei den Vorständen und Geschäftsleitungen, lag der Frauenanteil im Jahr 2019 bei nur 17,9%.

Die Soziologin Sophie Pochic spricht im Zusammenhang mit dem WF von »Marktfeminismus«[8] – zu Recht, denn dem WF geht es keineswegs um die Gleichstellung der Geschlechter, sondern um die Förderung des wirtschaftlichen Wachstums durch mehr Frauen in Führungspositionen. Ja: Gleichstellung fördert das Wachstum! Der Co-Präsident des Club 21e Siècle zur Förderung von Diversität in Unternehmen, Boris Janicek wird mit den Worten zitiert: »Hier geht es nicht um Altruismus oder gesellschaftliche Verantwortung seitens der Firmen. In Unternehmen, deren Leitung divers aufgestellt ist, liegt die Wertsteigerung bei 44% in vier Jahren, in anderen bei nur 13%.«[9]

Den Frauen unterhalb der Führungsetagen widmet das große Netzwerk WF daher kaum Aufmerksamkeit. Dabei liegt auch in Frankreich die Hauptlast für die Care-Arbeit bei den Frauen, verdienen Frauen durchschnittlich 20% weniger als Männer und arbeiten deutlich häufiger in Teilzeit.[10]

Die »zweite Stufe der Demokratisierung«

Den Begriff Feminismus nehmen heute also viele Frauen für sich in Anspruch – auch sehr arrivierte Frauen. Dabei ist der Feminismus eine politische Bewegung und als solche weitaus umfassender und umwälzender als jede andere Bewegung, wie Eva Illouz, Professorin an der »Ecole des Hautes études en sciences sociales« feststellt: »Der Feminismus wird oft als ›soziale‹ Bewegung verstanden oder als ›Protestbewegung‹.« Das sei ein grundlegender Irrtum. Der Feminismus sei keine »*Bewegung*«, sondern »nichts weniger als die zweite Stufe des Prozesses der Demokratisierung der europäischen Gesellschaften, die im 18. Jahrhundert begann. Solange die Frauen ausge-

---

[8] Sophie Pochic, Davos der Frauen, Le Monde diplomatique, Januar 2021.

[9] Boris Janicek in der gleichen Ausgabe von Le Monde diplomatique.

[10] Knut Krohn: »Frauen in Frankreich – Gleichberechtigung ja – aber nur auf dem Papier«, Stuttgarter Nachrichten, 13.7.2020.

schlossen wurden, war die Demokratie ein unvollendetes, abgerissenes und verstümmeltes Projekt, von Männern für Männer gemacht, denen nicht einmal bewusst war, dass sie die Hälfte der Menschheit beiseiteschieben.«[11]

Feminismus wird heute verbunden mit den vielfältigen nationalen und internationalen Kämpfen der Frauen auf unterschiedlichsten Gebieten. Ohne diese Kämpferinnen gäbe es heute keine institutionalisierte Frauenpolitik und auch nicht die Fortschritte und die Stärkung der Frauen und Frauenrechte in vielen Ländern unserer Welt.

Doch bei aller Institutionalisierung und Professionalisierung der Frauenpolitik auf den verschiedenen Ebenen, bei all den positiven Entwicklungen bleibt die Gleichberechtigung weltweit noch immer ein nicht eingelöstes Versprechen. Deshalb ist es umso wichtiger, dass sich der Feminismus heute wieder stärker mit der sozialen Lage *aller* Frauen befasst und damit seine Breitenwirkung insgesamt entscheidend erhöht und wiedergewinnt. Feminismus darf nicht zum schick gewordenen Aushängeschild für die besseren Kreise verkommen!

Vermögensverteilung und Verwirklichungschancen

Die Vermögen sind in Deutschland sehr ungleich verteilt, auch zwischen den Geschlechtern, wie eine Untersuchung des DIW aus dem Jahr 2020 zeigt: Danach besitzt 1% der Bevölkerung 35,5(!)% des gesamten Vermögens. Bisher war man nach den Daten des Sozioökonomischen Panels (SOEP) von knapp 21,6% ausgegangen.[12] Die oberen 10% verfügen demnach über gut zwei Drittel (!) des gesamten individuellen Nettovermögens, zuvor war man von knapp 59% ausgegangen.

Etwa 1,5% der Erwachsenen – überwiegend Männer, die älter, besser gebildet, selbständig und zufriedener mit ihrem Leben sind – verfügen über ein individuelles Nettovermögen von mindestens einer Million Euro: »In der Gruppe der (Vermögens-)MillionärInnen befinden sich ... ganz überwie-

[11] Eva Illouz: »Les femmes exigent une profonde transformation ›par le bas‹, fait sans précédent dans l'histoire«, Le Monde, 16.10.2020; www.lemonde.fr/idees/article/2020/10/16/eva-illouz-les-femmes-exigent-une-profonde-transformation-par-le-bas-fait-sans-precedent-dans-l-histoire_6056199_3232.html.

[12] »MillionärInnen unter dem Mikroskop: Datenlücke bei sehr hohen Vermögen geschlossen – Konzentration höher als bisher ausgewiesen«, DIW Berlin, Wochenbericht Nr. 29/2020, Seite 511ff. www.diw.de/de/diw_01.c.793802.de/publikationen/wochenberichte/2020_29_1/millionaerinnen_unter_dem_mikroskop__datenluecke_bei_sehr_ho___geschlossen______konzentration_hoeher_als_bisher_ausgewiesen.html.

gend Männer, der Frauenanteil liegt dort bei lediglich etwa 31%.«[13] In der unteren Hälfte der Vermögensverteilung befinden sich dagegen rund 53% Frauen (erfasst sind dabei alle Frauen und Männer mit einem Brutto»vermögen« ab etwa 11.000 Euro). Für viele abhängig Beschäftigte hat sich die Arbeitsmarktsituation durch Niedriglöhne, befristete Beschäftigungsverhältnisse, unfreiwillige Teilzeit oder durch unzureichende Sozialversicherungsansprüche deutlich verschlechtert.

Der 6. Armuts- und Reichtumsbericht, den das Bundeskabinett am 12. Mai 2021 beschlossen hat, bestätigt diese Befunde. Im Kapitel »Gleichstellung von Frauen und Männern« verweist er auf den nach wie vor großen Gender Pay Gap, der im Jahr 2020 unbereinigt bei 19% lag (bereinigte Lohnlücke 6%).[14] Frauen sind von benachteiligten Lebenslagen stärker betroffen als Männer, weil etwa der Alleinerziehenden-Status, eine Behinderung oder altersbedingte Einschränkungen für Frauen ein höheres Armutsrisiko bedeutet als für Männer in der gleichen Lebenslage.

Die Sozialwissenschaftlerin Gisela Notz wies schon im Zusammenhang mit früheren Armuts- und Reichtumsberichten der Bundesregierung auf die wesentlichen Gründe für das Armutsrisiko Geschlecht hin:

- schlechterer Zugang zu Bildung und Ausbildung,
- Erwerbslosigkeit, prekäre Arbeitsverhältnisse,
- mehr unbezahlte Arbeit als Männer,
- geringerer Verdienst,
- alleinerziehend oder alleinlebend,
- Anderssein (soziale Herkunft und Migrationshintergrund),
- Benachteiligung im Rentensystem.[15]

Die ungleiche Vermögensverteilung in Deutschland wird meines Erachtens viel zu wenig problematisiert, vor allem weil es bisher zu wenig empirische Daten zu den Reichsten gab, die in Bevölkerungsumfragen bis dahin so gut wie gar nicht vorgekommen waren. Dabei ist die dramatisch ungleiche Vermögensverteilung nicht nur eine gesellschaftliche Ressourcenverschwendung sondergleichen, sondern engt auch den Spielraum für eine fortschrittliche Gleichstellungspolitik und für gleiche Verwirklichungschancen für alle Menschen ein.

---

[13] Ebd.

[14] 6. Armuts- und Reichtumsbericht der Bundesregierung, S. 224; www.armuts-und-reichtumsbericht.de/DE/Bericht/Der-sechste-Bericht/sechster-bericht.html.

[15] Gisela Notz auf der Nationalen Armutskonferenz am 16.10.2017; www.nationale-armutskonferenz.de/wp-content/uploads/2017/10/Statement-Gisela-Notz.pdf.

16. Herausforderung Corona

»Indem wir die Interessen und Rechte der Frauen in den Vordergrund stellen, können wir diese Pandemie schneller bewältigen und gleichberechtigte und widerstandsfähigere Gemeinschaften und Gesellschaften aufbauen, von denen alle profitieren.« (Antonio Guterres, Generalsekretär der UN)

In Zeiten der (Corona-)Krise ist die Frauenfrage wieder wichtiger geworden – weil es um Gesundheit geht, um Leben und Überleben, weil Frauen weit überproportional in den systemrelevanten Berufen arbeiten und weil sich in dieser Krise das Gefälle zwischen den Geschlechtern nicht nur deutlicher widerspiegelt, sondern noch verstärkt. Insgesamt hat die Pandemie laut Global Wealth Report 2020 der Credit Suisse Geringqualifizierte, Minderheiten, junge Menschen und Kleinunternehmen besonders betroffen, vor allem aber »weibliche Arbeitskräfte *überdurchschnittlich*..., nicht zuletzt, weil sie oft in hart betroffenen Branchen wie Gastronomie, Hotellerie, Einzelhandel und personenbezogene Dienstleistungen vertreten sind«.[1] Besonders in den Entwicklungs- und Schwellenländern ist eine große Zahl von Arbeitnehmerinnen ohne grundlegenden sozialen oder rechtlichen Schutz und daher von Arbeitsplatzverlust besonders betroffen.

Zunahme der Gewalt an Frauen weltweit

Vertreter und Vertreterinnen der Vereinten Nationen warnten weltweit vor Verschlechterungen der Situation von Frauen: durch fehlende Fluchtmöglichkeiten vor häuslicher Gewalt wegen der Ausgangsbeschränkungen und durch wachsende Armut, die auch ein gefährlicher Weg in die Prostitution werden könne.[2] Besonders gefährdet sind laut UNHCR geflüchtete, vertriebene und staatenlose Frauen und Mädchen. Die Direktorin des Bevölkerungsfonds der Vereinten Nationen (UNFPA), Natalia Kanem, warnte vor einer starken Zunahme von Gewalt gegen Frauen und vor Zwangsverheiratung von Mädchen. Und die Vereinten Nationen prognostizierten, dass »Mädchen, die in ärmeren Ländern ohnehin nur erschwerten Zugang zu Bildung haben, in Zeiten von Schulschließungen vermehrt sexuelle und häusliche Gewalt erfahren. Die Zahl der minderjährigen Schwangeren steigt, viele

---

1 Global Wealth Report 2020; www.credit-suisse.com/ch/de/about-us/research/research-institute.html.

2 ntv: »Häusliche Gewalt in Corona-Krise – UN hat jetzt noch mehr Angst um Frauen«, 20.4.2020; www.n-tv.de/panorama/UN-hat-jetzt-noch-mehr-Angst-um-Frauen-article21725386.html.

der Mädchen kehren nie wieder in die Schulen zurück.« Deshalb müssten Gleichstellung und Frauenrechte gerade in Krisenzeiten Priorität haben.[3]

Tatsächlich schätzt die Organisation »Save the children«, dass allein im Jahr 2020 eine halbe Million Mädchen mehr zwangsverheiratet worden sein könnten als in den Jahren davor.[4] Bis 2025 könnten zusätzlich zu den rund zwölf Millionen Minderjährigen, die bereits vor der Pandemie jährlich zwangsverheiratet wurden, weitere 2,5 Millionen Mädchen Opfer von Zwangsverheiratung werden. Das sei der größte Anstieg seit 25 Jahren.

Und in Deutschland?

Auch in Deutschland hat sich die Situation von Frauen, die von Gewalt betroffen sind, durch die Pandemie verschärft, ist der Schutz von Frauen schwieriger geworden: Die Beratungsanfragen beim Hilfetelefon »Gewalt gegen Frauen« lagen im April 2020 gegenüber dem Vergleichsmonat des Vorjahres um gut 20% höher, wie aus der Antwort der Bundesregierung auf eine Kleine Anfrage der Linksfraktion hervorgeht.[5] Danach sei die Nachfrage beim Hilfetelefon mit Ausnahme geringfügiger Schwankungen auf diesem höheren Niveau geblieben. Die Frauenhäuser, schon vor der Pandemie an und über der Belastungsgrenze, konnten von Gewalt betroffene Frauen nur noch unter Einhaltung der Corona-Maßnahmen aufnehmen. Dadurch reduzierten sich die verfügbaren Plätze.

Die Schwierigkeiten hatten aber schon vorher begonnen: Während der Lockdowns gab es kaum noch Außenkontakte, über die die betroffenen Frauen sich hätten Hilfe holen können. Auch Homeoffice und Kurzarbeit konnten in dieser Situation wie Brandbeschleuniger wirken: Soziale Kontrolle fiel weg, räumliche Enge trug zu einem Klima der Aggression bei, Frauen konnten Gewalt noch schwerer entkommen als sonst.

Um von Gewalt betroffene Frauen auch während der pandemiebedingten Einschränkungen über Hilfsmöglichkeiten breit zu informieren, hat das Bundesfrauenministerium im April 2020 die bundesweite Aktion gegen

---

[3] dpa: »UN warnen: ›Katastrophale Auswirkungen‹ der Corona-Krise auf Frauen«; www.onvista.de/news/un-warnen-katastrophale-auswirkungen-der-corona-krise-auf-frauen-353997955.

[4] Redaktion Save the Children: »Tödliche Praxis: Täglich sterben 60 Mädchen an den Folgen von Frühverheiratung«; www.savethechildren.de/news/toedliche-praxis-taeglich-sterben-60-maedchen-durch-die-folgen-von-fruehverheiratung/.

[5] Antwort der Bundesregierung auf die Kleine Anfrage der Abgeordneten Cornelia Möhring, Doris Achelwilm, Gökay Akbulut, weiterer Abgeordneter und der Fraktion DIE LINKE - Drucksache 19/26414 – Corona-Hilfsmaßnahmen für das Hilfesystem bei Gewalt an Frauen.

häusliche Gewalt »Zuhause nicht sicher?« in Kooperation mit großen Einzelhandelsketten aufgelegt. Mehr als 120 Partner und Unterstützer und 26.000 Supermärkte beteiligten sich deutschlandweit und informierten auf Plakaten und Kassenzetteln über die Initiative und über Hilfsangebote.[6]

Retraditionalisierung der Geschlechterrollen

In dieser langen Pandemiezeit sind gesamtgesellschaftlich alte Geschlechterbilder wieder zum Tragen gekommen. Das WSI stellte einen »Rückfall in traditionelle Muster der geschlechtsspezifischen Arbeitsteilung« fest: »Nur noch 60% der Personen, die mit mindestens einem Kind unter 14 Jahren im Haushalt leben und die angaben, sich die Sorgearbeit mit dem jeweils anderen Partner*in vor der Corona-Krise fair zu teilen, geben an, dies auch während der Krise zu tun. Unter den Paaren mit einem Haushaltseinkommen von unter 2000 Euro sind es sogar nur 48%.«[7]

Auch die Präsidentin des Wissenschaftszentrums für Sozialforschung Berlin, Jutta Allmendinger, konstatierte »eine entsetzliche Retraditionalisierung. (...) Sie ist entsetzlich, da Frauen heute ganz andere Vorstellungen von einem guten Leben haben als früher. Sie möchten das umsetzen, was sie gelernt haben; sie wissen, dass finanzielle Unabhängigkeit von den Partnern und Partnerinnen auch ein großes Stück Freiheit bedeutet – eine Existenzgrundlage allemal.«[8]

Verschärfung der sozialen Ungleichheit

Auch wenn alle Menschen scheinbar gleichermaßen betroffen waren, weil während des Lockdowns niemand ins Kino gehen, niemand sich mit Freunden treffen oder verreisen konnte: Im Einfamilienhaus mit Garten und Klettergerüst war das besser zu verkraften als in einer kleinen Zweizimmerwohnung mit arbeitslosem Partner oder Partnerin, mit kleinem Budget und kleinen Kindern. Maßnahmen, um die vertieften sozialen Verwerfungen auszugleichen, wie Einmalzahlungen, haben die wirklich Bedürftigen und sozial Schwachen zu wenig erreicht bzw. den Effekt nicht annähernd mindern können.

---

6 Pressemeldung des BMFSFJ vom 29. Februar 2021; www.bmfsfj.de/bmfsfj/aktuelles/presse/pressemitteilungen/zuhause-nicht-sicher-bundesfrauenministerin-giffey-startet-bundesweite-kooperation-mit-supermaerkten-gegen-haeusliche-gewalt-155170.

7 Bettina Kohlrausch/Aline Zucco: »Die Corona-Krise trifft Frauen doppelt hart – weniger Erwerbseinkommen und mehr Sorgearbeit«, WSI Policy Brief Nr. 40 05/2020.

8 Jutta Allmendinger: »Familie in der Corona-Krise – Die Frauen verlieren ihre Würde«; Zeit Online, 12.5.2020.

Gesamtgesellschaftlich hat die Pandemie laut dem Armutsforscher Christoph Butterwegge »schwere wirtschaftliche Verwerfungen (erzeugt) und macht so das Kardinalproblem der Bundesrepublik, die wachsende Ungleichheit nicht bloß wie unter einem Brennglas sichtbar, sondern wirkt auch als Katalysator, wodurch sich die Ungleichheit weiter verschärft. Die Pandemie wirkt polarisierend – ökonomisch, sozial und politisch.«[9] Eva Illouz fordert daher auch einen »neuen Sozialvertrag«.[10]

Dem 6. Armuts- und Reichtumsbericht der Bundesregierung zufolge mussten allein bis Ende August 2020 bereits 15,5 Millionen Haushalte in Deutschland Einkommenseinbußen hinnehmen – betroffen waren vor allem »Gering- und Normalverdiener«. Auch auf dem Jobmarkt habe die Pandemie die Schwächeren in der Gesellschaft härter betroffen.[11]

Ein noch dramatischeres Bild vermittelt der Armutsbericht »Armut in der Pandemie« des Deutschen Paritätischen Wohlfahrtsverbandes 2021: Demzufolge hat die Armutsquote in Deutschland im Jahr 2020 mit 16,1% der 13,4 Millionen Menschen einen neuen Höchststand erreicht: »Noch nie wurde auf der Datenbasis des Mikrozensus eine höhere Armutsquote in Deutschland gemessen als 2020. 16,1% der Bevölkerung – das entspricht 13,4 Millionen Menschen – müssen danach in diesem Lande zu den Armen gerechnet werden – ein neuer trauriger Rekord«, kommentierte Ulrich Schneider, Hauptgeschäftsführer des Paritätischen Gesamtverbands diesen Befund.[12]

Überdurchschnittlich von Armut betroffen seien vor allem Alleinerziehende mit 40,5%, gefolgt von Haushalten mit drei und mehr Kindern (30,9%), Erwerbslose und Menschen mit niedrigen Bildungsabschlüssen. Die Armutsquote der Frauen sei mit 16,9% höher als die der Männer (15,3%). Vor allem bei den über 65-Jährigen seien deutlich mehr Frauen von Armut betroffen (18,4% zu 13,9% bei Männern). Zu Recht weist der DPWV darauf hin, dass »der Regelsatz die zentrale Stellgröße im Kampf gegen Armut und für den Zusammenhalt dieser Gesellschaft ist und bleibt« und kritisiert, dass diese »heiß diskutierte Frage … in Hartz IV und in der Altersgrundsicherung im

---

9 Christoph Butterwegge, »Die polarisierende Pandemie«, Blätter für deutsche und internationale Politik, 3/2021.

10 Eva Illouz im Interview: »Wir machen im Moment das Gegenteil von dem, was wir moralisch vertreten«, Süddeutsche Zeitung, 31.1.2021.

11 6. Armuts- und Reichtumsbericht der Bundesregierung, S. 43 und XXXIII.

12 Der Paritätische Armutsbericht 2021: »Armut in der Pandemie«; www.der-paritaetische.de/themen/sozialpolitik-arbeit-und-europa/armut -und-grundsicherung/armutsbericht.

Koalitionsvertrag 2021–2025 zwischen SPD, Grünen und FDP überhaupt keine Rolle mehr spielt«.[13]

Stattdessen wird allgemein die Ablösung »der Grundsicherung durch ein neues Bürgergeld« versprochen, »damit die Würde des Einzelnen geachtet und gesellschaftliche Teilhabe besser gefördert wird«.[14] Doch auch davon ist noch nichts zu erkennen. Die Anpassung des Arbeitslosengeldes II um drei (!) Euro monatlich bezeichnete Ulrich Schneider als »bitter« für die Betroffenen; sie käme »faktisch einer Kürzung gleich, denn eine Anpassung von unter einem% gleiche nicht einmal die Inflation aus«.[15] Zum 1.1.2023 soll der Regelsatz dann um 46 Euro auf 502 Euro angehoben werden.

Auch die Altersarmut vor allem von Frauen wird weiter zunehmen: Im Koalitionsvertrag ist zwar vereinbart worden, die Entgeltgrenze für Midijobs von monatlich 1.300 auf 1.600 Euro zu erhöhen. Doch das dürfte nicht viel helfen. Der DGB – interessanterweise auch die Bertelsmann Stiftung – schlagen stattdessen steigende Sozialversicherungsbeiträge in diesem Bereich vor. Danach solle der Beitragssatz bis zu 1.800 Euro langsam steigen, bis die volle Sozialversicherungspflicht erreicht wäre. So könnten mehr Frauen in sozialversicherungspflichtige Beschäftigung gebracht und Altersarmut von Frauen und Geschlechterungerechtigkeit bekämpft werden.[16]

Die Leiterin des Wirtschafts- und Sozialwissenschaftlichen Instituts (WSI) der Hans-Böckler-Stiftung, Bettina Kohlrausch, konstatierte neben der sich verstärkenden Einkommensungleichheit zwischen den Geschlechtern auch eine Verschärfung der Kluft zwischen den Haushalten mit hohen und geringen Einkommen. Vergleiche man in Abhängigkeit vom Haushaltseinkommen, wie häufig Männer und Frauen wegen der Kinderbetreuung ihre Arbeitszeit reduzieren mussten, so zeige sich, dass die Kluft zwischen Männern und Frauen in den unteren Einkommensgruppen am größten war.[17]

Auch die Mannheimer Corona-Studie vom 9. April 2020 hat deutlich gezeigt, dass vor allem die Einkommensschwächsten von Freistellung, Kurz-

---

13 www.nd-aktuell.de/artikel/1159670.armutsbericht-des-paritaetischen-armutsrekord- im-ersten-coronajahr.html.

14 Koalitionsvertrag 2021–2025, S. 6.

15 Der Paritätische Gesamtverband: Hartz IV, Paritätischer kritisiert geplante Anpassung der Regelsätze um drei Euro als »lächerlich gering« und warnt vor realen Kaufkraftverlusten, Pressemitteilung, 26.8.2021.

16 Dagmar Schlapeit-Beck: »Keine Abschaffung, sondern – nach FDP-Gusto – eine Erweiterung der Minijobs. Eine Chance vertan«, zwd Politikmagazin Ausgabe 388, November 2021.

17 »Wir müssen an die Lohnstruktur ran«, Bettina Kohlrausch (WSI) im Interview mit Vera Rosigkeit, vorwärts 3/2020, S. 9.

arbeit und Arbeitslosigkeit betroffen waren und aufgrund ihrer Arbeit, die meist nicht im Homeoffice erledigt werden konnte, einem größeren Ansteckungsrisiko ausgesetzt und auch viel früher von den negativen wirtschaftlichen Auswirkungen der Corona-Pandemie belastet waren.[18] Bei den Hilfsprogrammen wäre daher eine geschlechtergerechte Betrachtung im Sinne von Gender Budgeting dringend erforderlich gewesen. Das hat auch die Präsidentin des Deutschen Juristinnenbundes, Prof. Maria Wersig gefordert und eine Gender-Budgeting-Analyse des Konjunkturpaketes angemahnt – sowohl was die Einzelmaßnahmen als auch die Gesamtschau angeht.[19]

Der Deutsche Frauenrat hat ebenfalls eine geschlechtergerechte Krisenpolitik gefordert, damit die zur Krisenbewältigung eingesetzten Mittel Frauen gleichermaßen zugutekämen. Nicht nur männerdominierte Wirtschaftszweige und Branchen sollten unterstützt werden, sondern auch Beschäftigungsfelder und -verhältnisse, in denen überwiegend Frauen arbeiten. Die Krise müsse nicht nur sozial und ökologisch, sondern auch geschlechtergerecht bewältigt werden. Dafür müsse die frauenpolitische Perspektive ab sofort bei allen politischen Entscheidungen berücksichtigt werden, insbesondere bei der Verteilung von Finanzmitteln.[20] Das DIW hat für diese Situation Gender Budgeting gefordert: »Allgemein lässt sich festhalten, dass ein umfassendes Gender Budgeting eines Konjunkturpaketes von einer solchen Größe im Vorfeld wünschenswert gewesen wäre.«[21]

Corona hätte die Chance geboten, vieles neu zu denken und zu organisieren und die Frage der öffentlichen Finanzen anders zu diskutieren. Das wäre wenigstens ein positiver Effekt dieser Pandemie mit ihren ungeheuren Belastungen gerade für Familien mit kleinen Einkommen und für die Beschäftigten in den »systemrelevanten« Berufen gewesen.

Könnte Gender Budgeting doch noch zum Einsatz kommen? Die Wahlprogramme der Regierungsparteien zur Bundestagswahl 2021 haben sich dazu

---

[18] Mannheimer Corona-Studie, 9.4.2020, www.uni-mannheim.de/media/einrichtungen/Corona_Studie/2020-04-05_Schwerpunkt-bericht_Erwerbsttätigkeit_und_Kinderbetreuung.pdf.

[19] Maria Wersig: »Das Konjunkturpaket zur Überwindung der Corona-Krise aus Geschlechter- und Klimaperspektive«, zitiert von Regina Frey und Ulrike Röhr; www.genanet.de/fileadmin/user_upload/dokumente/ Themen/Corona/20200910-GIA-Konjunkturpaket.pdf.

[20] »Geschlechtergerecht aus der Krise!« - Forderungen und Positionen der DF-Serie, Berlin, September 2020.

[21] Julia Schmieder/Katharina Wrohlich: »Gleichstellungspolitische Antworten auf die Arbeitsmarktwirkungen der COVID-19-Pandemie«, DIW Politikberatung kompakt 2020; www.diw.de/documents/publikationen/73/diw_01.c.799680.de/diwkompakt_2020-154.pdf.

in großer Einmütigkeit ausgeschwiegen. Immerhin enthält der Koalitionsvertrag 2021–2025 aber eine entsprechende Absichtserklärung: »Wir werden das bereits praktizierte Gender Budgeting auf Bundesebene im Sinne einer verstärkten Analyse der Auswirkungen finanzpolitischer Maßnahmen auf die Gleichstellung der Geschlechter weiterentwickeln und auf geeignete Einzelpläne anwenden«, heißt es da im Kapitel Haushaltspolitik (S. 162). Das ist ein Anfang, wenngleich hier sicher noch sehr viel Luft nach oben ist.

17. Global denken und handeln

Internationale Verantwortung: Das Lieferkettengesetz
Jahrelang haben Entwicklungsminister Gerd Müller und der Arbeits- und Sozialminister Hubertus Heil, Gewerkschaften, Menschenrechtsorganisationen, Umweltschutzverbände und viele andere für ein Lieferkettengesetz gekämpft. Immerhin hat der UN-Menschenrechtsrat seine Leitprinzipien für Wirtschaft und Menschenrechte schon im Jahr 2011 (!) verabschiedet, nach der Unternehmen dafür verantwortlich sind, Menschenrechtsverletzungen in ihren globalen Wertschöpfungsketten zu verhindern. Auch das BMFSFJ hat sich für das Lieferkettengesetz sehr stark gemacht.

Dessen ungeachtet hatte die Bundesregierung zunächst weiter auf Freiwilligkeit gesetzt – man könnte auch sagen, auf das Prinzip Hoffnung – und einen »Nationalen Aktionsplan Wirtschaft und Menschenrechte« aufgelegt. Danach wollte »die Bundesregierung weitere Schritte bis hin zu gesetzlichen Maßnahmen prüfen, wenn weniger als 50% der Unternehmen ihre menschenrechtliche Sorgfaltspflicht erfüllen«. Ein bescheidener Schritt, denn im Koalitionsvertrag von CDU, CSU und SPD vom 12.3.2018 war schon ganz konkret vereinbart worden, »eine gesetzliche Regelung auf den Weg (zu bringen), wenn die freiwillige Selbstverpflichtung der Unternehmen nicht ausreicht«. Immerhin hatten schon 2015 die G-7-Staaten in ihrer Abschlusserklärung die Notwendigkeit einer stärkeren Beachtung von Menschenrechtsstandards betont und entsprechende Maßnahmen angekündigt.

Doch auch diesem Gesetz ging der gescheiterte Versuch voraus, die Unternehmen ohne gesetzliche Verpflichtung zur Umsetzung der UN-Leitprinzipien für Wirtschaft und Menschenrechte zu bewegen. Im Dezember 2016 hat die Bundesregierung dazu den Nationalen Aktionsplan Wirtschaft und Menschenrechte (NAP) verabschiedet und mit einem Überprüfungsmechanismus versehen. Das wenig überraschende Ergebnis der Überprüfung war, dass zu wenig Unternehmen ihre menschenrechtlichen Sorgfaltspflichten erfüllten: »Bei einer ersten Unternehmensbefragung 2019 füllten nur 400 von mehr als 3.000 angeschriebenen Unternehmen den Fragebogen aus.« Von diesen erfüllten lediglich 20% die Anforderungen des NAP. Noch desaströser fiel die zweite Unternehmensbefragung im Jahr 2020 aus: An dieser beteiligten sich 450 von 2.250 kontaktierten Unternehmen, von denen ganze 17% die Anforderungen erfüllten.[1] Trotzdem haben die Wirt-

1 www.bmz.de/de/entwicklungspolitik/lieferketten/hintergrund-lieferketten-lieferkettengesetz.

schaftsverbände das Gesetz bis zum Schluss bekämpft, verwässert und für den Fall seines Inkrafttretens den Untergang der Wirtschaft prognostiziert.

Am 11.6.2021 hat der Deutsche Bundestag schließlich das Gesetz über die unternehmerischen Sorgfaltspflichten in Lieferketten (Sorgfaltspflichtengesetz) beschlossen. Am 22.7.2021 wurde es im Bundesgesetzblatt veröffentlicht und soll am 1.1.2023 in Kraft treten; die Vorschriften zu den erforderlichen Verordnungsermächtigungen (§§ 13 Abs. 3 und 14 Abs. 2, §§ 19 bis 21) sind bereits mit der Verkündung des Gesetzes in Kraft getreten. Der Untergang der Wirtschaft muss danach nicht befürchtet werden, denn das Gesetz enthält Regelungen, die für seriöse Unternehmer selbstverständlich sein sollten – sowohl im Ziel als auch in der Umsetzung. Ziel ist es laut Allgemeinem Teil der Gesetzesbegründung »die internationale Menschenrechtslage durch eine verantwortungsvolle Gestaltung der Lieferketten in der Bundesrepublik Deutschland ansässiger Unternehmen zu verbessern«.

Danach werden Unternehmen mit 3.000 und mehr Mitarbeiter/-innen und Sitz oder (Zweig-)Niederlassung in Deutschland ab 2023 verpflichtet, die Einhaltung der Menschenrechte in der Lieferkette zu beachten, im Jahr 2024 werden Unternehmen ab einer Größe von 1.000 Mitarbeiterinnen dazu verpflichtet, ebenso ausländische Unternehmen mit einer Niederlassung oder einer Tochtergesellschaft in Deutschland. Die Unternehmen müssen zudem bei direkten Zulieferern generell, bei indirekten Zulieferern anlassbezogen Risiken für Menschenrechtsverletzungen ermitteln, ggf. die erforderlichen Gegenmaßnahmen ergreifen und gegenüber dem Bundesamt für Wirtschaft und Ausfuhrkontrolle (Bafa) dokumentieren. Das Bafa erhält dafür behördliche Eingriffsbefugnisse und kann bei Verstößen hohe Buß- und Zwangsgelder verhängen.

Positiv ist auch die Einführung einer Prozessstandschaft im Gesetz, also die Befugnis für Gewerkschaften und Nichtregierungsorganisationen, Rechtsverletzungen, die anderen widerfahren, für diese gerichtlich geltend zu machen. Betroffene müssen damit nicht mehr selbst als Einzelkämpfer/-innen ihre Rechte einklagen, sondern können sich von Gewerkschaften oder Nichtregierungsorganisationen vertreten lassen. Ansonsten werden die Unternehmen eher geschont; sie sollen vor allem für Menschenrechtsverletzungen nicht zivilrechtlich belangt werden können. Das haben Verbände, insbesondere Entwicklungshilfe- und Umweltorganisationen zu Recht kritisiert.

Gleichwohl warnen weite Teile der Wirtschaft bis zum heutigen Tag vor den Belastungen, besonders für kleine und mittelständische Unternehmen. Der Vorstand des Bundesverbandes Nachhaltige Wirtschaft sieht in dem Gesetz dagegen einen »absolut wichtigen Schritt in die richtige Richtung – hin zu mehr sozialer und ökologischer Verantwortung in der Lieferkette«. Auch sei es »entgegen der von Industrieverbänden bewusst verzerrten Darstellung« keineswegs so, dass in Deutschland ansässige Unternehmen durch das Gesetz einem hohen Risiko ausgesetzt seien. Das Gesetz lege nämlich keine Erfolgspflicht fest, sondern eine »Bemühungspflicht« zur Verhinderung von Menschenrechtsverletzungen.[2]

Der Deutsche Frauenrat begrüßt das Gesetz grundsätzlich, weist aber auf die Schwachstellen hin und hat in seiner ersten Stellungnahme eine Weiterentwicklung der Regelungen gefordert, darunter eine Ausweitung des Geltungsbereichs auf alle in Deutschland ansässigen oder geschäftstätigen Unternehmen ab 250 Beschäftigten und eine Verpflichtung zur Verantwortung für die gesamte Wertschöpfungskette. Das Gesetz dürfe »nicht hinter die Anforderungen zurückfallen, wie sie die UN-Leitprinzipien für Wirtschaft und Menschenrechte formulieren«. Es müsse sichergestellt werden, dass Unternehmen ihr Risiko proaktiv und systematisch analysieren, wirksame Maßnahmen ergreifen und darüber berichten. Darüber hinaus fordert er eine zivilrechtliche Haftungsregelung, mit der bei Missachtung der Sorgfaltspflichten die Rechte von Betroffenen gestärkt werden.[3]

Ein Gesetz, das die Unternehmen für die Arbeitsbedingungen und Löhne ihrer Zulieferer in die Verantwortung nimmt, war längst überfällig: Die Textilindustrie ist ein erschütterndes Beispiel dafür, wie prekär die Arbeitsbedingungen der dort Beschäftigten lange vor der Corona-Krise waren und sind. Das haben nicht zuletzt die Katastrophen in Textilfabriken in Bangladesch und Pakistan gezeigt, wo vor einigen Jahren weit über 1.500 Menschen beim Brand einer Fabrik und beim Einsturz eines Fabrikkomplexes ums Leben kamen. Es gab nicht einmal zugängliche Rettungswege – geschweige denn, dass im Nachgang Schadensersatz geleistet wurde für die Opfer und deren Familien, die auf den kärglichen Lohn angewiesen waren und sind.

Hinzu kommt, dass mit Corona »die globale Krise viele Probleme verschärft, die vorher auch schon da waren«, wie Miriam Saage-Maaß vom European Center for Constitutional and Human Rights (ECCHR) feststellte. So seien infolge des Lockdowns in Europa während der Corona-Pandemie in der Textilindustrie in Bangladesch »innerhalb von wenigen Wochen die Umsätze (eingebrochen) und rund eine Million Arbeiter und Arbeiterin-

---

[2] »Das Lieferkettengesetz kommt: ein Schritt in die richtige Richtung«, 11.6.2021; www.bnw-bundesverband.de/blog/2021/06/11/das-lieferkettengesetz-kommt-ein-schritt-in-die-richtige-richtung/.

[3] »Wirksames Lieferkettengesetzt jetzt!« – Beschlüsse vom 23.6.2021; www.frauenrat.de/wirksames-lieferkettengesetz-jetzt/.

nen arbeitslos und ohne jedes Einkommen dem Hunger ausgesetzt worden«.[4] Insofern ist das Gesetz ein wichtiges Signal und ein guter Anfang. Es gibt den Behörden eine gewisse Handhabe auch für hohe Bußgelder, wenn die Unternehmen ihren gesetzlichen Verpflichtungen nicht nachkommen.

Frauenpolitisch ist das Bemühen erkennbar, Geschlechtergerechtigkeit zu berücksichtigen. Das ist gerade angesichts der prekären Arbeitsbedingungen von Frauen – vor allem im Textilbereich – mehr als notwendig; es hätte aber noch ambitionierter ausfallen können. So bleibt es beim Bemühen. Allein, dass die Gesetzesbegründung keine Gender-Mainstreaming-Prüfung enthält, zeigt, dass man sich mit der Geschlechtergerechtigkeit eher oberflächlich und formelhaft befasst hat. Dennoch verbessert das Gesetz die bisherige Rechtslage deutlich. Es enthält Anhaltspunkte, um zum Beispiel ungleiche Bezahlung oder Diskriminierung am Arbeitsplatz zu dokumentieren und Maßnahmen dagegen zu ergreifen bzw. zu veranlassen. Kritisch zu sehen ist dagegen u.a., dass nur *konkrete* Risikolagen die Sorgfaltspflichten für die gesamte Lieferkette auslösen und dass die Unternehmen zivilrechtlich nicht haftbar gemacht werden können.

Jetzt wird es sehr darauf ankommen, wie aufmerksam die Zivilgesellschaft den Umsetzungsprozess begleitet. Eine wichtige NGO ist hier FEMNET, die sich für die Rechte der Frauen in der globalen Textilindustrie einsetzt. Ich hatte für das BMFSFJ mit FEMNET zu tun und war sehr beeindruckt von der engagierten Arbeit, der guten Vernetzung mit den hiesigen Akteurinnen und mit den in den Ländern des globalen Südens, die teilweise unter Lebensgefahr für die Rechte der Textilarbeiterinnen kämpfen.

Und Europa?

Auch auf EU-Ebene ist ein entsprechendes Gesetz notwendig, damit die Unternehmen in allen EU-Ländern in die Pflicht genommen werden können. Die Europäische Kommission hatte das bereits für Juni 2021 angekündigt, dann aber vertagt. Im Koalitionsvertrag 2021–2025 des Bundes haben sich die Regierungsparteien darauf verständigt, »ein wirksames EU-Lieferkettengesetz, basierend auf den UN-Leitprinzipien Wirtschaft und Menschenrechte (zu unterstützen), das kleinere und mittlere Unternehmen nicht überfordert«. Das fordern auch mehr als 130 Nichtregierungsorganisationen, die sich in der Initiative Lieferkettengesetz zusammengeschlossen haben, dar-

[4] Miriam Saage-Maaß: »Lieferkettengesetz: Die Supply Chain soll transparenter werden – Gesetz verpflichtet zu mehr Kontrolle in der Lieferkette«; recht-und-logistik.de/wp-content/uploads/2021/01/BA-2020_Gesetz-verpflichtet-zu-mehr-Kontrolle-in-der-Lieferkette.pdf.

unter der DGB, der BUND, Amnesty International, Brot für die Welt, Greenpeace, Deutsche Umwelthilfe und die Entwicklungsorganisation VENRO.[5]

Am 23.Februar 2021 hat die EU-Kommission einen Entwurf für ein europaweites Lieferkettengesetz vorgestellt, der teilweise deutlich über das deutsche Gesetz hinausgeht.[6] Danach müssen Unternehmen ihre ganze Lieferkette überprüfen – nicht nur die direkten Zulieferer – und können wegen Missständen entlang ihrer Lieferkette verklagt werden.[7] Umweltschäden sind im EU-Vorschlag ebenfalls stärker berücksichtigt. Auch der Geltungsbereich ist deutlich weiter: Der EU-Entwurf nimmt Unternehmen ab 500 Mitarbeiter/-innen in die Pflicht, für Unternehmen in Branchen mit höherem Risiko für Missbrauch (z.B. Textil, Landwirtschaft oder Bergbau) ab 250 Mitarbeiter/-innen und 150 Millionen Euro Jahresumsatz. Kritisch ist dagegen, dass die Sorgfaltspflichten nur bei »etablierten Geschäftsbeziehungen« greifen sollen.[8]

UN-Resolutionen zu Frauen und Frieden

Am 30. Oktober im Milleniumsjahr 2000 hat der Sicherheitsrat der Vereinten Nationen die Resolution 1325 »Frauen, Frieden und Sicherheit« verabschiedet. Mit ihr sollen Frauen und Mädchen in Kriegsgebieten vor Gewalt geschützt und die Beteiligung von Frauen an »politischen Prozessen und Institutionen bei der Bewältigung und Verhütung von Konflikten« sichergestellt werden.[9]

Damit wurde ein Paradigmenwechsel eingeleitet: Frauen werden danach nicht mehr fast ausschließlich als Objekte und Opfer in Krisen- und Kriegssituationen gesehen, sondern als aktiv Handelnde in den postkonfliktären und friedenspolitischen Initiativen. Die Resolution trägt der Erkenntnis Rechnung, dass Friedensabkommen nur dann wirksam und nachhaltig sein können, wenn Frauen und ihre Interessen aktiv und gleichberechtigt in die entsprechenden Verhandlungen eingebunden sind, wenn ihre An-

---

[5] lieferkettengesetz.de/.

[6] Entwurf für EU-Lieferkettengesetz: Der Grundstein ist gelegt; 2.3.2022; lieferkettengesetz.de/2022/03/02/eu-lieferkettengesetz-der-grundstein-ist-gelegt/.

[7] Nils Salecker: »Menschenrechte und Umweltschutz – EU stellt strenges Lieferkettengesetz vor«, Brüssel, 23.2.2022; www.zdf.de/nachrichten/politik/eu-lieferkettengesetz-menschenrechte-umweltschutz-100.html.

[8] Initiative Lieferkettengesetz; Pressemitteilung vom 23.3.2022; lieferkettengesetz.de/pressemitteilung/statement-entwurf-eu-lieferkettengesetz/.

[9] UN-Women Deutschland: UN-Sicherheitsratsresolution 1325 »Frauen, Frieden und Sicherheit«; www.unwomen.de/informieren/frauen-und-ihre-rolle-in-friedensprozessen/die-resolution-1325-mit-der-agenda-frauen-frieden-und-sicherheit.html.

liegen und Ansprüche berücksichtigt werden und wenn ihre Rollen in und nach Konflikten klar definiert sind. Nur dann können die Vereinbarungen tatsächlich umgesetzt werden, Gesellschaften wieder in die Normalität zurückfinden und bleiben Frauen dabei nicht außen vor.

Mit den insgesamt neun nachfolgenden Resolutionen, zuletzt in der am 29.10.2019 vom Sicherheitsrat verabschiedeten UN-Resolution 2493 werden diese Ziele bekräftigt; zusammen bilden diese Resolutionen die Agenda »Frauen, Frieden und Sicherheit«. Im Frühjahr 2021 hat die Bundesregierung den Dritten Aktionsplan zur Umsetzung der Resolution 1325 beschlossen. Der damalige Außenminister betonte, es sei »Priorität unserer Außenpolitik, Frauen stärker an Friedensprozessen zu beteiligen und sexualisierte Gewalt in Konflikten zu bekämpfen«.[10] Man darf davon ausgehen, dass die Nichtregierungsorganisationen darauf ein wachsames Auge haben werden!

Agenda 2030

Die Zahl der Menschen, die weltweit vor Krieg, Konflikten, Verfolgung und vor Umweltkatastrophen fliehen, war noch nie so hoch wie heute: Ende 2020 waren laut UNO- Flüchtlingshilfe weltweit 82,4 Millionen Menschen auf der Flucht. Sie sind vor Verfolgung geflohen, vor Konflikten, vor Gewalt und vor Menschenrechtsverletzungen. Allein aus Syrien flohen 6,8 Millionen Menschen, aus Afghanistan 2,8 Millionen. Der Krieg in der Ukraine hat Millionen Menschen zu Flüchtlingen gemacht: Stand 10. Juni 2022 sind nach Angaben der UNO-Flüchtlingshilfe seit Ausbruch des Krieges 7,2 Millionen Menschen aus der Ukraine geflohen.[11]

Am 25.9.2015 haben die 193 Mitgliedsstaaten der Vereinten Nationen in New York die Agenda 2030 für nachhaltige Entwicklung beschlossen. Damit hat sich die Weltgemeinschaft erstmals auf einen gemeinsamen Katalog von ökologischen, ökonomischen und sozialen Nachhaltigkeitszielen verständigt. Mit den 17 Nachhaltigkeitszielen der Agenda 2030 und ihren 169 Unterzielen soll ein globaler Rahmen für die Nachhaltigkeitspolitik der kommenden 15 Jahre abgesteckt werden. Es geht unter anderem um die weltweite Bekämpfung der Armut, die Verbesserung des Umwelt- und Klimaschutzes und die Gleichstellung von Frauen und Männern.

---

[10] »Ohne Frauen kein Frieden: Agenda ›Frauen, Frieden und Sicherheit‹«; www.auswaertiges-amt.de/de/aussenpolitik/themen/menschenrechte/05-frauen/frauen-konfliktpraevention/209848 und Außenminister Maas zum Aktionsplan Frauen, Frieden und Sicherheit, Pressemitteilung vom 24.2.2021; www.auswaertiges-amt.de/de/newsroom/maas-frauen-frieden-sicherheit/2443860.

[11] UNO Flüchtlingshilfe Deutschland für den UNHCR: Humanitäre Krise in der Ukraine; www.uno-fluechtlingshilfe.de/.

Die Agenda 2030 nennt zu diesen Zielen und den Unterzielen auch die Instrumente zur Umsetzung. In Ziel 17 sind dazu eine globale Partnerschaft aller Akteure, ein Follow-up und ein Überprüfungsmechanismus vorgesehen. Ziel 5 der Agenda – »Geschlechtergleichstellung erreichen und alle Frauen und Mädchen zur Selbstbestimmung befähigen« – ist mit acht Einzelzielen unterlegt. Der Umsetzungsprozess wird von VENRO, einem Bündnis bzw. dem »Dachverband der entwicklungspolitischen und humanitären Nichtregierungsorganisationen (NRO) in Deutschland« intensiv und produktiv fordernd begleitet.[12] Ziel deren Arbeit ist die »Überwindung globaler Ungleichheit und Armut«.

[12] venro.org/ueber-venro/wer-wir-sind.

18. Was ist zu tun?

> *»... eine Welt, die so ungerecht bleibt, wie sie ist, nur dass das Verhältnis von Frauen und Männern überall fifty-fifty beträgt (...), ist kein Fortschritt (...) Ungerechte Geschlechterverhältnisse (...) sind lediglich Symptome von Ungerechtigkeiten, die viel tiefer liegen. Deshalb können sie auch nicht mit oberflächlichen Gleichstellungsinitiativen gelöst werden, sondern verlangen radikale, an die Wurzel gehende Analysen und Aktionen.«* (Antje Schrupp)

Eine offensive Gleichstellungspolitik

Die alte und die Neue Frauenbewegung haben maßgeblich dazu beigetragen, dass scheinbar rein private Bereiche wie Ehe und Familie, Sexualität, Schwangerschaft, Kindererziehung und Gewalt zu gesellschaftlichen und politischen Themen geworden sind. Sie haben das Bewusstsein dafür geschärft, dass diese Bereiche im Lichte der politischen und gesellschaftlichen Verhältnisse zu sehen sind und dass strukturelle Verbesserungen für Frauen in Richtung Gleichberechtigung nur mit strukturellen Maßnahmen erreicht werden können. Dazu ist eine Politik notwendig, die *insgesamt* auf eine gerechte Verteilung von Arbeit, Macht, Geld und Zeit abzielt.

Für die Frauen- und Gleichstellungspolitik bedeutet das: Die traditionelle Arbeitsteilung zwischen Frauen und Männern, die noch immer prägende Kraft hat, muss im Lichte der gesellschaftlichen Verhältnisse gesehen und grundlegend verändert werden. Sie sichert die volle Arbeitskraft der männlichen Erwerbstätigen, die von Haus- und Familienarbeit lange Zeit vollkommen entlastet waren, und den Nachwuchs an Arbeitskräften. Diese »Reproduktionsarbeit«, die auch heute noch überwiegend von Frauen geleistet wird und die essenziell für die Familie und für die Gesellschaft (auch für die Wirtschaft!) ist, blieb und bleibt quasi unsichtbar, weil sie nicht als »Arbeit« wahrgenommen wird, sondern als Ausdruck von Liebe und Fürsorge.

Dort wo sie auf dem Arbeitsmarkt sichtbar ist, in den sozialen Berufen (typischerweise »Frauenberufen«) wird sie skandalös schlecht bezahlt, nicht zuletzt, weil sie keinen »Marktwert« hat. Dahinter steht ein Menschenbild, das »einen Finanzberater oder einen Waffenproduzenten besser (honoriert) als einen Menschen, der tatsächlich einen Wert für die Gesellschaft erzeugt, also zum Beispiel gesunde Kinder großzieht oder alte Leute versorgt. Ein Frauenthema ist Care-Arbeit nur deshalb, weil sie als weiblich gilt – und Frauen nach wie vor häufiger und mehr Care-Arbeit verrichten als Männer«, wie Ina Praetorius, die in der Schweiz 2015 den Verein »Wirtschaft ist Care« gegründet hat, feststellt.[1]

---

[1] Ina Praetorius: »Care-Arbeit: ›Wer hat eigentlich verdient, gut zu leben?‹«, 11.2.2019; www.zeit.de/arbeit/2019-01/care-arbeit-pflege-kinder-eltern-ina-praetorius.

Viele Hürden wurden bereits genommen, um die geschlechtsspezifische Rollenverteilung aufzubrechen: im Ehe- und Familienrecht, mit dem Ausbau der Ganztagsbetreuung und den Gleichstellungsgesetzen, mit dem Ausbau des Hilfesystems für von Gewalt betroffene Frauen und Mädchen und mit wichtigen Gesetzen und Kampagnen. Gleichstellung im Sinne von echter Emanzipation ist aber mehr als moderne Familienpolitik, mehr als Schutz vor Gewalt, mehr als Quoten und Parität. Zur Gleichstellung von Frauen und Männern im Sinne echter Emanzipation gehören ebenso Schutz vor Armut, vor Ausbeutung, vor Diskriminierung und vor Marginalisierung. Nur wenn die Gleichstellungspolitik auch diese sozialen Themen in den Blick nimmt, und auf die politische Tagesordnung setzt mit dem Ziel einer gleichberechtigten und sozial gerechten Gesellschaft, wird die Emanzipation aller Frauen nachhaltig zu erreichen sein.

Es geht um nicht weniger als um eine Gesellschaft, die *allen* Menschen ein gutes Leben ermöglicht, in der der gesellschaftliche Reichtum nicht bei ganz wenigen konzentriert ist, in der Umwelt und Natur geschützt und so die natürlichen Ressourcen auch für die nachfolgenden Generationen gesichert werden. Es geht um eine Gesellschaft, die nicht zulässt, dass einige wenige nicht nur die Erde zerstören, sondern jetzt auch noch dabei sind, sich das Weltall anzueignen und zu vermüllen. August Bebel gab schon 1895 zu bedenken, dass es »keine Befreiung der Menschheit (gebe), ohne die soziale Unabhängigkeit und Gleichstellung der Geschlechter«.[2] Für ihn gab es aber auch umgekehrt keine Befreiung der Frauen ohne die Lösung der sozialen Frage.

Was bedeutet das für die Perspektiven der Frauenbewegung heute? Nancy Fraser beschreibt die Wege der Frauenbewegung so: »In dem einen Szenario fasste (die Bewegung zur Befreiung der Frauen) eine Welt ins Auge, in der Gender-Emanzipation mit partizipatorischer Demokratie und sozialer Solidarität Hand in Hand ging; in einem zweiten Szenario aber verhieß sie eine neue Form des Liberalismus, der Frauen ebenso wie Männern zu den Segnungen individueller Autonomie, vermehrter Wahlmöglichkeiten und eines meritokratischen Aufstiegs verhelfen könne.«[3]

Für mich liegt auf der Hand: Der erste Weg ist der schwierigere, denn es geht um eine Veränderung der Verhältnisse. Ohne Veränderung der Verhältnisse wird es auch nicht den »Respekt für alle« geben, von dem die SPD in ihrem Wahlprogramm »Aus Respekt vor deiner Zukunft – Das Zukunftspro-

---

[2] August Bebel: Die Frau und der Sozialismus, Einleitung zur 25. Auflage 1895, Frankfurt a.M. 1977, S. 30.

[3] Nancy Fraser: »Neoliberalismus und Feminismus: Eine gefährliche Liaison«, Blätter für deutsche und internationale Politik, 12/2013.

gramm der SPD« gesprochen hat. Darin kommt das Wort Respekt 66-mal vor, das Wort soziale Gerechtigkeit zweimal. Als gäbe es keinen Zusammenhang zwischen dem Respekt für jeden Einzelnen und den Verhältnissen, in denen die Menschen leben! Respekt allein genügt da nicht.

Wir brauchen eine Veränderung der Verhältnisse für eine Gesellschaft, in der jeder Mensch *tatsächlich* – nicht nur auf dem Papier – die gleichen Chancen und Rechte hat, in der eine menschenwürdige Existenz gesichert ist, eine Gesellschaft, in der eine gute Gesundheitsversorgung und bezahlbares Wohnen ebenso selbstverständlich sind wie die Versorgung mit Energie und Wasser, digitale Teilhabe und eine auskömmliche Rente im Alter.

Gleichstellungspolitik hat den Vorteil und die Herausforderung, dass sie als Querschnittsaufgabe auf alle Politikbereiche einwirken und auf die Beseitigung struktureller Ungerechtigkeit und Diskriminierungen aller Art hinwirken kann und soll. Fortschrittliche Gleichstellungspolitik sollte, wenn sie wirksam und nachhaltig sein will und wenn sie in einem entsprechenden politischen und gesellschaftlichen Umfeld den notwendigen Spielraum hat, auch auf eine Neuverteilung von Arbeit, Macht, Geld und Zeit setzen. Sie muss strukturelle Ungleichheiten nach Klasse, Geschlecht und Migration hinterfragen und auf ihre Überwindung hinarbeiten. Wichtige Handlungsansätze dafür sind

- eine gerechte Verteilung und Organisation der gesellschaftlich notwendigen Arbeit: sowohl der (bezahlten) Erwerbsarbeit als auch der (unbezahlten) Haus- und Familienarbeit, um Frauen und Männern ökonomische Unabhängigkeit zu ermöglichen. In der Familienpolitik sind weitere Anreize erforderlich, um die Elternschaft gleichberechtigt zu gestalten;
- eine gerechte Verteilung des Geldes: Väter und Mütter müssen Erwerbsarbeit und Familienarbeit miteinander in Einklang bringen können, ohne in finanzielle Probleme zu geraten. Sowohl in der bezahlten Erwerbsarbeit als auch steuerrechtlich müssen Fehlanreize zulasten erwerbstätiger Frauen abgebaut werden (zum Beispiel das Ehegattensplitting und die Steuerklassenkombination 3/5);
- die Abschaffung der Minijobs, mindestens aber eine deutliche Absenkung der Geringfügigkeitsgrenze, um existenzsichernde Einkommen zu ermöglichen und Negativanreize zu vermeiden, ebenso gleicher Lohn für gleiche und gleichwertige Arbeit. Dazu ist ein höherer Mindestlohn unumgänglich;
- Steuergerechtigkeit: Jährlich werden in Deutschland 80 bis 150 (!) Milliarden Euro an Steuern den Finanzämtern vorenthalten.[4] Diese Mittel fehlen für den Ausbau der sozialen Infrastruktur, für die Unterstützung bedürf-

---

[4] Kai Bussmann: »Jan Disteldorf, Klaus Ott, Nils Wischmeyer: Neue Steueraffäre – Auch in Frankfurt ermittelt die Staatsanwaltschaft«, Süddeutsche Zeitung, 19.10.2021.

tiger Menschen, im Bildungsbereich und an vielen anderen Ecken und Enden. Nur wenn die Vermögenden einen angemessenen Beitrag zum Gemeinwohl und zum gesellschaftlichen Zusammenhalt leisten, können unsere sozialen Sicherungssysteme wieder ausreichend finanziert und dauerhaft stabilisiert werden.

- Schließlich gehört dazu auch, Gewaltverhältnisse zu überwinden: sowohl die Gewalt auf der individuellen Ebene, als auch die strukturelle Gewalt, die sich in Ausgrenzung zeigt, in Diskriminierung, Ungleichbehandlung, in Abwertungsmechanismen und in einer Politik, die ein Gegeneinander statt ein gutes Miteinander fördert und die Gesellschaft spaltet: Erwerbstätige gegen »Hartzer«, Junge gegen Alte, Kinderlose gegen Familien mit Kindern, Deutsche gegen Zugewanderte, Geimpfte gegen Ungeimpfte – die Liste ließe sich endlos fortsetzen.

Die Frauenbewegung kann ein wichtiger Motor sein, um die notwendigen Veränderungen voranzubringen. Frauen- und Gleichstellungspolitik ist in den letzten Jahren vor allem deshalb so erfolgreich, weil sie gut und intensiv mit einer wirkmächtigen und hervorragend vernetzten Frauenbewegung zusammenarbeitet. Diese ist in den vergangenen Jahren wieder stärker geworden – auch, weil sie mit anderen Bewegungen zusammenarbeitet und weil sie sich professionalisiert hat. Das hat der Frauen- und Gleichstellungspolitik Rückenwind gegeben für Gesetze, Initiativen und Projekte, die sonst am Widerstand der Konservativen gescheitert wären. Dieses Pfund gilt es, noch stärker zu nutzen und den Blick darauf zu richten, dass man die Situation von Frauen langfristig nur in einer sozial gerechten Gesellschaft verbessern kann.

Auch wenn die institutionalisierte Frauen- und Gleichstellungspolitik nur begrenzte Möglichkeiten hat, die Verhältnisse insgesamt zu verändern, sollte sie diese Veränderungsnotwendigkeit immer im Blick haben und ihre Möglichkeiten nutzen. In meiner langjährigen gleichstellungspolitischen Arbeit habe ich immer wieder die Erfahrung gemacht, dass die größeren und erst recht die großen Schritte nur gemeinsam, in Offenheit und wechselseitigem Vertrauen möglich sind.

Die Frauen- und Gleichstellungspolitik braucht nach wie vor eine Frauenbewegung, die sie fordert, antreibt und ihr in stürmischen Zeiten Rückenwind geben kann. Die Frauenbewegung wiederum braucht eine Frauen- und Gleichstellungspolitik, die ihre weiter gehenden Forderungen ernst nimmt und möglichst transparent kommuniziert. Beide Akteure müssen sich dabei ihrer unterschiedlichen Rollen und Möglichkeiten bewusst sein.

Was Anfang der 1990er-Jahre zu Beginn meiner Arbeit in Rheinland-Pfalz wie Konkurrenz aussah, weil die Frauenbewegung und die Gleichstellungsbeauftragten für uns im Ministerium durchaus kritisch und fordernd waren, hat sich als notwendige Schubkraft herausgestellt. Vor allem dann, wenn die Forderungen nicht nur an das für Gleichstellung zuständige Ministerium adressiert wurden, sondern auch an die Fachressorts, an den Ministerpräsidenten und an den Landtag. Je gemeinsamer, konkreter und fachlich fundierter die Forderungen an die Adresse der gesamten Regierung, an die Verwaltung und an das Parlament herangetragen wurden, desto mehr wuchs die Bereitschaft, sich damit auseinanderzusetzen.

In Rheinland-Pfalz führte auch die Nähe des Landesfrauenbeirats zur Landesregierung, für die er als Beratungsgremium eingerichtet worden war, zu einem sehr guten Austausch, der – wenngleich nicht immer sofort – häufig perspektivisch wirksam wurde. Auf Bundesebene gibt es viele Zusammenschlüsse, die wichtige Kooperationspartner der Bundesregierung sind: Der Deutsche Frauenrat als Dachverband ist hier an erster Stelle zu nennen, aber auch der Deutsche Juristinnenbund und viele Initiativen, Vereine und Projekte.

Die Frauenministerinnen, die ich in meiner Zeit auf Landes- und auf Bundesebene erlebt habe, hatten das Vertrauen und die Rückendeckung der Frauenorganisationen und -verbände, was maßgeblich zu ihrer Durchsetzungskraft und zu ihren Erfolgen beigetragen hat. Ein wichtiger Erfolgsfaktor ist natürlich auch eine politisch starke Frauenministerin, die sowohl die Frauenfrage als auch die soziale Frage im Blick hat und im Parlament und im Kabinett gut verankert ist.

Gleichberechtigung – ein universelles Menschenrecht

Gleichberechtigung von Frauen und Männern gehört zu den Menschenrechten, die die Vereinten Nationen in der »Allgemeinen Erklärung der Menschenrechte« beschlossen haben (Resolution 217 A III vom 10.12.1948). Für die Frauenpolitik und für die Frauenbewegung bedeutet das, eine »Welt ins Auge (zu fassen), in der Gender-Emanzipation mit partizipatorischer Demokratie und sozialer Solidarität Hand in Hand« gehen.[5]

Zwei Milliarden Menschen auf der Welt leiden unter Mangelernährung, die große Mehrheit, 1,4 Milliarden, sind Frauen und Mädchen. Hohe Müttersterblichkeit, Hunger, Mangelernährung, schlechtere Bildungschancen für Mädchen und sexualisierte Gewalt kennzeichnen vielfach ihre Lage.[6]

Gleichberechtigung von Frauen und Männern kann die Gesellschaften insgesamt stärken und ihre wirtschaftliche Leistungsfähigkeit erhöhen:

---

[5] Nancy Fraser (siehe Anm. 3).

[6] Carsta Neuenroth: »Geschlechtergerechtigkeit als Weg aus Hunger und Armut«; www.brot-fuer-die-welt.de/themen/gleichberechtigung.

»Wenn Landwirtinnen den gleichen Zugang zu produktiven Ressourcen bekommen, wie Männer ihn haben, steigt ihre Produktivität so stark, dass hochgerechnet auf alle Entwicklungsländer rund 3% mehr Nahrung produziert würde und damit etwa 15% weniger Menschen hungern müssten.«[7] Es lohnt sich also doppelt, in Gleichberechtigung zu investieren, weil sie allen zugutekommt.

Die Welt retten – mit einem starken Bündnis

1979 mahnte die »International League for Peace and Freedom« in einem Appell, dass »die Frauenbewegung keinen Sinn (habe), wenn aus ihr nicht der Wille der Frauen (erwachse), den Kampf um ihre eigene Freiheit mit dem Kampf für die Befreiung von allen Formen der Unterdrückung zu verbinden. Die befreite Frau (könne) es nicht zulassen, dass ein Land das andere« unterdrücke.[8]

Das kann die Frauenbewegung allein nicht schaffen. Überall auf der Welt brennt es – auch im wörtlichen Sinne: Wälder, Steppen, ganze Landschaften, die durch Umweltkatastrophen vernichtet und ganze Länder, die durch Kriege zerstört wurden und werden. Das eine geht nur zu oft mit dem anderen einher, wie man an den brennenden Ölfeldern im Irak gesehen hat, an den verheerenden Giftgasangriffen mit Agent Orange im Vietnam-Krieg und an den gigantischen Schäden, die Atombombenversuche und -abwürfe angerichtet haben. Die fürchterlichen Zerstörungen in der Ukraine sind das jüngste Beispiel.

Wir brauchen deshalb ein breites und starkes Bündnis all derer, die sich für Geschlechtergerechtigkeit engagieren, für soziale Gerechtigkeit und für Frieden und Abrüstung. Kurzum: für ein gutes Leben für alle Menschen – in Deutschland, in Europa und in der ganzen Welt. Dazu gehören auch die Bewegungen, die sich für den Erhalt und die Schonung unserer natürlichen Lebensgrundlagen einsetzen. Denn wenn das Klima kollabiert, stirbt der Planet und stirbt der Mensch.

Im Pariser Klimaabkommen, das auf der 21. Klimakonferenz am 12.12.2015 beschlossen wurde, haben sich die unterzeichnenden Staaten politisch verpflichtet, die Erderwärmung im Vergleich zum vorindustriellen Zeitalter auf »deutlich unter« zwei Grad Celsius zu begrenzen, mit Anstrengungen auf 1,5 Grad Celsius. Dazu müssen die Treibhausgasemissionen drastisch redu-

---

7 Carsta Neuenroth: »Geschlechter-Ungerechtigkeit hat viele Gesichter«, www.brot-fuer-die-welt.de/blog/2021-gleichberechtigung-ist-eine-schnecke/.

8 Kristen R. Ghodsee: »Die roten Großmütter der Frauenbewegung«, Le Monde diplomatique, 8.7.2021; monde-diplomatique.de/artikel/!5783386.

ziert, die Fähigkeit zur Anpassung an den Klimawandel gestärkt und die dafür notwendigen Mittel aufgebracht werden. Das muss politisch so gestaltet werden, dass das ökologisch Notwendige nicht zulasten des Sozialen geht.

Eine solchermaßen konsequente Klimapolitik muss *alle* Bereiche einbeziehen! Derzeit fällt ein maßgeblicher Bereich aus den Überlegungen zum Erreichen des Klimaziels ganz heraus: das Militär. Allein der Irakkrieg soll einer Studie der Nichtregierungsorganisation »Oil Change International« zufolge 141 Millionen Tonnen CO_2-Ausstoß in vier Jahren verursacht haben! Das entspreche 25 Millionen zusätzlicher Autos auf Amerikas Straßen, über ein ganzes Jahr hinweg.[9] Trotzdem bleiben Rüstung und kriegerische Interventionen zurzeit völlig außen vor – obwohl auch sie dramatisch zur Klimakrise beitragen!

Ein Forscherteam der Brown University in Rhode Island, USA, bezifferte in einer Studie den Kohlendioxidausstoß des US-Verteidigungsministeriums zwischen 2001 und 2017 auf 1,2 Milliarden (!) Tonnen. Allein im Jahr 2017 seien es 59 Millionen Tonnen gewesen. Das ist mehr, als ein Industrieland wie Schweden insgesamt verursacht.

Die Ärzt/-innenorganisation IPPNW (International Physicians for the Prevention of Nuclear War; Name der deutschen Sektion: IPPNW Deutschland – Internationale Ärzte für die Verhütung des Atomkrieges, Ärzte in sozialer Verantwortung e. V.) weist im Zusammenhang mit dem Koalitionsvertrag 2020–2025 auf die umweltzerstörenden Effekte militärischer Aufrüstung hin: »Militär, Rüstungsindustrie und Krieg verbrauchen ungeheure Mengen an fossilen Brennstoffen und verursachen massive Umweltschäden durch verseuchte Böden und Gewässer, Brände und Flächenverbrauch.«[10]

Und kein Ende in Sicht. Im Gegenteil: Die Ost-West-Beziehungen befinden sich nicht nur an einem gefährlichen Kipppunkt. Der Krieg gegen die Ukraine könnte zum Funken im Pulverfass werden, der die Welt an den Abgrund bringt. Die Frauenrechtsorganisation Medica Mondiale hat in der Stellungnahme eines breiten Bündnisses zur Umsetzung des 3. Aktionsplanes der Bundesregierung zur UN-Resolution 1325 deutlich gemacht: »Außerdem bedauern wir, dass die Bundesregierung sich auch im 3. NAP nicht zu einer expliziten Friedenspolitik bekennt und einen stärkeren Fokus auf zivile Krisenintervention legt. Militärische Strategien sind keine nachhalti-

[9] Felix Eick: »Krieg und Rüstung – Die vergessenen Klimasünder«, 29.8.2020; www.welt.de/wirtschaft/article211016375/CO2-Emissionen-Krieg-und-Ruestung-die-vergessenen-Klimasuender.html.

[10] »Wegweisender Klimaschutz« mit Militär und Atomenergie unvereinbar; IPPNW-Pressemitteilung vom 25.11.2021; www.ippnw.de/presse/artikel/de/wegweisender-klimaschutz-mit-milit.html.

gen Instrumente zur Friedensförderung, auch wenn diese geschlechtergerecht ausgestaltet werden.«[11] Hätte sie das mal getan!

Auch das Frauennetzwerk für Frieden kritisiert, dass nach dem Koalitionsvertrag 2021–2025 »die Rüstungsausgaben sehr wahrscheinlich weiter ansteigen (werden), direkt zu Beginn der neuen Legislaturperiode soll über die Tornado-Nachfolge entschieden werden, und mit bewaffneten Drohnen wird die Bundesregierung nun auch aufgerüstet«.[12] Genau diese neue Rüstungsspirale ist jetzt durch den Krieg Russlands in der Ukraine eingetreten. Und sie wird durch das ausschließlich auf militärische Konfliktlösung ausgerichtete Agieren der Staaten des Westens weiter angeheizt.

Frauenbewegung, Umweltbewegung und Friedensinitiativen engagieren sich für die elementaren Grundlagen nicht nur unserer Gesellschaft, sondern der ganzen Welt. Im Idealfall könnte sich daraus ein starkes Bündnis für ein gerechtes, gesundes und friedliches Zusammenleben entwickeln. Diese Themen zusammenzudenken, vielleicht in einer gemeinsamen Zukunftskonferenz, auf der globale Zukunftsperspektiven und ein gemeinsames Vorgehen beschlossen werden, wäre ein großer Schritt. Es geht um unser aller Zukunft.

---

[11] Medica Mondiale: Frauen, Frieden und Sicherheit – Zivilgesellschaftliche Stellungnahme vom 25.2.2021 zum 3. Nationalen Aktionsplan der Bundesregierung »Frauen, Frieden und Sicherheit«; www.medicamondiale.org/frauen-frieden-sicherheit-frauenrechte-un-resolution-1325.html.

[12] www.frauennetzwerk-fuer-frieden.de/.